Jeremias Gotthelf
Die schönsten Erzählungen 2
Illustriert von Albert Anker

Jeremias Gotthelf
Die schönsten Erzählungen 2
Illustriert von
Albert Anker

Fischer-Verlag, Münsingen-Bern

Die Texte dieser Ausgabe wurden folgenden Bänden entnommen:
Gotthelf, Hauptwerke, Kleinere Erzählungen, Erster Teil und Zweiter Teil
Gotthelf, Sämtliche Werke, 16. Band, Erster Teil
Mit freundlicher Genehmigung des Eugen-Rentsch-Verlages, Erlenbach ZH

1992, 2. Auflage
© 1985
Buchverlag Fischer Druck AG, 3110 Münsingen-Bern
Umschlag: Ruedi Becker, Zürich
Druck: Fischer Druck AG
Alle Rechte vorbehalten
ISBN 3-85681-134-6

INHALTSVERZEICHNIS

Michels Brautschau	7
Dursli der Brannteweinsäufer	
oder Der heilige Weihnachtsabend	175
Wie Joggeli eine Frau sucht	307

Zum Thema «Albert Anker und Jeremias Gotthelf»
findet sich ein Beitrag von Robert Meister im ersten Band
von «Die schönsten Erzählungen» von Jeremias Gotthelf

MICHELS BRAUTSCHAU

Ein klarer Himmel lag über der Erde, und über dieselbe strich von Osten her ein frischer Wind. Der Ostertag war da, der schöne und hehre, der alle Jahre uns das Zeugnis bringt, daß aufersteht, was begraben worden, daß an die Sonne soll, was im Verborgenen liegt. Er bringt als Frühlingsengel Freude allen Kreaturen, auch denen, welche weder Jahre noch Tage zählen können, welche keine Ahnung haben von des Tages hoher Bedeutung als des immer wiederkehrenden Boten, der das Dasein einer andern Welt verkündet. Die Amseln schlagen im Busche, vielleicht daß bereits ein frühererwachter Kuckuck ruft; munter gackeln die Hühner, verkünden es der Welt, wie sie ein Ei gelegt, aus dem was werden kann, was noch im Verborgenen liegt, ein verschlossenes Grab, in welches ein Leben geschlossen sei. Darum haben die Eier am Ostertage ihre wahre, hohe Bedeutung, sie sind gleichsam Wappen und Sinnbild dieses Tages. Man hat viel über der Ostereier Ursprung und Bedeutung gedacht, wenigstens geschrieben, und ist die Sache doch so einfach. Das Ei ist eine geheimnisvolle Kapsel, welche ein Werdendes birgt, ein rauhes Grab, aus welchem, wenn die Schale bricht, ein neues, feineres Leben zutage tritt. Darum freut sich absonderlich der Ostereier, dessen eigentlich Leben in der Zukunft ist, dessen eigentlich Wesen noch verhüllt und verborgen liegt. Darum ist Ostern der Kinder Freudentag, darum lieben sie so sehr die Ostereier. Der Kinder Leben liegt in der Zukunft, das Beste in ihm, Zeitliches und Ewiges, ist noch verhüllt im Kinde, muß erst auferstehen. Darum lieben Mädchen, in denen soviel steckt, was werden möchte, die Ostereier so sehr, lieben das Eierspiel, welches wir Düpfen heißen, in welchem Schalen zerbrochen, Eier gewonnen und verloren werden, so sehr, laufen stundenweit auf einen Platz, wo das Düpfen munter geht, lassen unverdrossen die Eier

sich von Buben zerschlagen, rauben, und verschenken holdselig, was ihnen nicht geraubt, nicht zerschlagen wird.

Für dieses Düpfen am Ostertag ist weit und breit kein Platz berühmter als Kirchberg mit der langen Brücke über die wilde Emme. Nach Kirchberg strömt weit umher das junge Volk, füllt die Brücke, füllt die weiten Plätze diesseits und jenseits der Emme, füllt die Wirtshäuser, düpft und brüllt, trinkt und zankt unverdrossen bis tief in die Nacht hinein, daß der ganze Himmel voll Getöse und es dem Pfarrer auf dem Berge oft ganz übel wird und derselbe jedes Ohr mit einem Baumwollenballen verpalisadieren muß, um bei Gehör und Verstand zu bleiben. Viel tausend Eier, hart gesotten, bunt gefärbt, oft mit schönen Sprüchen verziert, werden hergetragen und verdüpft. Doch auch in diese harmlose Freude mischt sich der Betrug. Lose Buben fabrizieren hölzerne, ja steinerne Eier, füllen ausgehöhlte Eier mit Harz, wodurch die Spitzen stärker werden als die Spitzen der natürlichen Eier, diese einschlagen und somit gewinnen, denn wer mit der Spitze seines Eies die Spitze von des Gegners Ei bricht, hat dasselbe gewonnen. Starke Eier werden gesucht und gefürchtet, vor den künstlichen sucht man sich zu hüten, besichtigt des Gegners Ei, handelt darum, es in die Hand nehmen zu dürfen. Ein Hauptwitz besteht darin, daß ein Bursche, der von einem Mädchen ein Ei zum Besichtigen in die Hand bekommt, damit davonläuft. Natürlich das Mädchen in vollen Sprüngen auf und nach, und wie dann dies schreit, sich zerrt und sich reißt und doch nicht beißt! Wer alle Witze und Streiche erzählen wollte, welche an einem solchen Tage verübt werden, der müßte viel Zeit und Papier zu seiner Verfügung haben.

An den Ostertagen, von welchen wir reden wollen, ging es zu Kirchberg ganz besonders laut und lustig zu. Ein Eieraufleset sollte stattfinden, die Hühner hatten mit Legen nicht gekargt, besonders da, wo man den Haber nicht sparte. Der schöne Himmel und der trockene Weg erlaubten auch den Mädchen mit minder guten Schuhen und Strümpfen, an der Fröhlichkeit teilzunehmen. So zottelte es von allen Seiten her Kirchberg zu, noch ganz anders als die eidgenössischen Truppen Luzern. Die Brücke war gedrängt voll, die Verbindung zwischen beiden Ufern war äußerst mühsam geworden, und wer hinüberwollte, der mußte gut mit Geduld versehen sein, denn er verbrauchte viel. Fuhr ein Fuhrwerk auf die Brücke, welcher Art es sein mochte, so war es akkurat wie ein Keil, der in hartes Holz getrieben werden soll. Kein Mensch wich einen Zoll breit, bis ihn ein Pferd mit der Nase stieß und auf die Füße trat, dann wich er fluchend so weit, daß ihn entweder die Gabel in die Seite stieß oder die Räder seine Beine streiften und ihm alle möglichen Verwünschungen gegen Horn- und alles andere Vieh auspreßten. Der Fuhrmann konnte nichts dafür, warum wich man nicht aus; und wer nicht auswich, war auch nicht schuld, denn da ists eine Kunst, auszuweichen, wo man gepreßt ineinandersteht und zwar auf einer Brücke, welche seit Menschengedenken morsch gewesen ist und wahrscheinlich noch zu Kinder und Kindeskinder Zeiten morsch sein wird und alle Augenblicke die Geländer krachen.

Es ist kurios mit dieser Brücke. Die Emme erbarmte sich schon mehrmals dieser altersschwachen Brücke, riß Fetzen weg und begrub sie. Und siehe, handkehrum stand die alte, morsche Brücke wieder da, streckte sich lang und matt über die Emme hin alswie ein matter Mensch, der sich zu Bette legen will. Die Geländer krachten wohl, aber brachen nicht, ein Wunder, welches alle Jahre sich wiederholt, wohl das größte, das je in Kirchberg sich zugetragen. Großes Unglück wärs nicht, wenn einmal ein Geländer brechen würde, Beine würden kaum gebrochen, die Brücke liegt ja fast mehr unter als über der Emme und hat bedeutende Anlagen zu Ähnlichkeiten mit dem berühmten Tunnel zu London; einige würden etwas naß, die kriegten den Schnupfen, würden abgeschreckt für ein andermal, und um die, welche nicht naß geworden, abzuschrecken, würde der Herr Pfarrer das Ereignis anziehen in der Predigt und klar darlegen, wie schrecklich es hätte gehen können, daß es ein Wunder, daß es nicht so gegangen, daß es aber das nächste Mal sicherlich und bestimmt so gehen werde.

Fast wie einem Fuhrwerk oder einem schweren Schiffe, welches zu Berg fährt mit den Wellen, ging es einem großen und mächtig breiten Burschen, der mit gespreizten Beinen, die Arme weit vom Leibe weg, über die Brücke segeln wollte. In selbstbewußter Ruhe schob er sich vorwärts, schob beiseite, was ihm im Wege war, doch nicht buben- und boshaft, sondern ganz kaltblütig, weil es ihm eben im Wege war, und vollkommen gleichgültig, wars ein trotziger Junge oder ein hübsches Mädchen. Was leicht wich, schob er leicht, was sich schwer machte, schob er halt bis es ging. Ein großer, schwer mit Silber beschlagener Kübel hing ihm im Maule und rauchte bedenklich; am kleinen Finger der rechten Hand hatte er einen schweren silbernen Ring, Schlagring genannt. Solche Ringe waren ehedem sehr in der Mode und wirklich ganz besonders dienlich, Löcher in die Köpfe oder Zähne in den Hals zu schlagen, es waren so gleichsam die Siegel großer Bauernsöhne, welche sie auf die Köpfe ihrer Nebenmenschen drückten. Ums Düpfen kümmerte er sich nicht, Eier merkte man nicht bei ihm, bei keinem Mädchen stellte er sich. Und doch war sein Gesicht so, wie es die Mädchen gerne sehen, und er war auch im Alter, in welchem man die Mädchen am liebsten sieht. Sein Ziel, nach welchem er segelte, schien in der Ferne zu liegen. Ihm auf der Ferse war ein gewaltiger Hund, und drei muntere, aber grobe Bursche steuerten hinter ihm in gleichem Fahrwasser.

«Was ist das für ein Gusti (junges Rind)?» schrie plötzlich ein Mädchen auf. Es war eben mitten in einem interessanten Märten ums Düpfen mit einem sehr interessanten Burschen und meinte, das Recht, zu stehen, wo es wolle, so gut zu haben als irgend jemand, und meinte nicht, es müsse seine Geschäfte abbrechen, um einem dicken Mannsbild Platz zu machen, ward aber um seiner freien Meinung willen gar hart und unsanft auf die Seite mehr geschleudert als geschoben. «Nit so laut!» sagte ein anderes großes, schönes Madchen, aber mit kühnen, wilden Augen. «Es ist Michel auf dem Knubel, ein ungeleckt Kalb, aber es lohnte sich der Mühe, es zu lecken. Seine Eltern sind im Kirchhof, er hat einen bezahlten Hof, ausgeliehenes Geld. Wart, den will ich stellen!» Und rasch ging das Mädchen vor, ergriff den Michel bei einem seiner dicken Arme und rief: «Seh, Michel, düpfen, oder hast keine Eier, mußtest die

Hühner verkaufen, weil du den Haber selbst gebrauchtest für Habermus und Haberbrei?» Das war starker Tusch. Habermus und Haberbrei sind gegenwärtig auf einem reichen Bauerntisch, was Kutteln und Krös auf einem Herrentisch, und mit Unrecht; Haberspeisen waren unserer Väter Speisen, sind sicher nahrhafter als dünne Kaffeebrühe und bloße Kartoffel. Michel fühlte den Tusch, doch langsam ging er ihm ins Fleisch. Langsam drehte er sich um und sagte: «Wenn dein Vater Hühner nach Solothurn fährt, so sag ihm, er solle auf dem Knubel vorbeikommen, vielleicht daß noch was für ihn zu handeln wäre, wenn er Geld hat für ein Huhn oder zwei.» «Mein Vater hat noch nie auf sieben Höfen herumspringen müssen um Geld, wenn er den Mauser hat zahlen sollen, wie es andern begegnet sein soll», antwortete das Mädchen. «Wie lange ist es denn», antwortete Michel, «daß er den letzten Kreuzer wechseln ließ, um Schnaps zu kaufen?» «He,» sagte das Mädchen, «das war gerade am gleichen Tage, wo du deine letzten Eier an ein kreuzerig Weggli tauschtest, aus welchem dir deine Kindermutter den letzten Milchbrocken machte, der so grausam gut gewesen, und dem du jetzt noch nachplärest.» Dieser Schuß traf einigermaßen, Michel stellte daher den Witz ein, er sagte bloß: «Selb lügst!» wollte abbrechen und weiter. «Ich wollte mich doch schämen», sagte hartnäckig das Mädchen, «der Bauer auf dem Knubel sein wollen und nicht ein einziges Ei vermögen an der Ostern.» Zornig sagte Michel: «Wer sagt, ich habe keine Eier?» «He,» antwortete das Mädchen, «hast welche, so zeig sie, komm und düpf!» «Meinst?» sagte Michel. «Ich hätte viel zu tun, wenn ich mit allen Hagstüdene und allen Bauerntöchtern vom Gitzigrat und von Schattenhalb düpfen wollte. Wenn du düpft haben mußt, so frage hinter mir die Knechte; vielleicht daß einer mit dir macht, vielleicht auch nicht.» Nach diesen Worten segelte Michel unaufhaltsam weiter vor seinem Gefolge her. Stolzer ist nie ein Sohn von Frankreich vor seinem Gefolge hergeritten als Michel vor seinem Gefolge, dem Hunde und den drei Knechten, einherschritt. Die Knechte neckten begreiflich das Mädchen. Das Mädchen würdigte dieselben keiner Antwort, sah dem Michel nach mit stillschweigend zornigen Blicken, in welchen mit großen Buchstaben geschrieben sind: «Wart du nur, dir will ich!»

Wie oben gesagt worden, war an diesem Tage noch ein Eieraufleset angestellt. Wir wissen nicht, ist diese Sitte bloß bernerisch oder weiter herum verbreitet. Dieses Spiel hat gewöhnlich an Ostern oder Ostermontag statt. Die Bursche eines Dorfes oder eines Bezirks teilen sich in zwei Partien: der einen liegt ob, Eier aufzulesen, der andern, zu laufen an einen bestimmten Ort und zurückzukehren, ehe die Eier aufgelesen sind. Begreiflich springt nicht die ganze Partie, sondern jede derselben wählt sich den bestgebauten, langatmigsten Burschen als Läufer aus. Nun wird der Ort bestimmt, wohin der Läufer einer Partie vom Platze weg, wo die Eier aufgelesen werden, zu laufen, einen Schoppen zu trinken und zurückzukehren hat. Dieser Ort ist zumeist eine halbe Stunde entfernt, doch näher und weiter nach der Lokalität. Im Verhältnis zu der bestimmten Entfernung werden nun zwei- bis dreihundert Eier in einer Entfernung von einem Fuß auseinander, zumeist in zwei Reihen nebeneinander auf die Erde gelegt. Der Läufer der zweiten Partie hat die Aufgabe, diese Eier eins nach dem andern aufzulesen und je eins nach dem andern in eine am obern Ende mit Spreue gefüllte Wanne hinzutragen. Doch ist es ihm vergönnt, sie in die Wanne zu werfen, von so weit her er will, und einer aus seiner Partie kann auch die Wanne halten, drehen und vorstrecken, doch nicht näher gehen. Indessen ist dieses Werfen nicht immer fördernd und um so weniger, je mehr der Läufer erhitzt und gespannt und somit im Werfen unsicherer wird, denn für jedes im Werfen oder sonstwie zerbrochene Ei wird ihm ein neues hingelegt, welches wiederum aufgelesen werden muß. Von der Wanne weg laufen beide miteinander ab, von der einen Partie wird der Aufleser beaufsichtigt, von der andern Partie sind einige im bestimmten Wirtshause, sehen zu, daß dem Läufer der Wein nicht entgegengetragen und von ihm ordentlich ausgetrunken werde. Darauf kommt es also an, wer mit seiner Aufgabe zuerst fertig und wieder bei der Wanne ist; fast immer gewinnt der, welcher die Eier aufliest. Es ist eine lustige Art von Wettlauf, doch waltet ein eigener Unstern darüber, denn gewöhnlich endet dieses Spiel mit blutigen Köpfen oder doch mit Streit und Zank.

Jede ordentliche Sache hat eine Spitze, das Eierlesen deren sogar zwei. Auf dem Spiel steht eine Wette, bestehend in einer Üerti. Die verlierende Partie muß eine Zeche bezahlen, das bringt Ärger und Unmut, und je mehr Wein dazugegossen wird, desto mächtiger gären beide Elemente. Dazu kommt noch, daß zumeist jeder Bursche ein Mädchen einladet, das Fest mit einem Ball eröffnet und beschlossen wird. Man ist auf dem Lande, in der jungen Welt nämlich, noch nicht so selbstsüchtig wie in der Stadt, so blasiert, huldigt so ganz dem Grundsatze: «Selber essen macht fett.» Bei solchen Gelegenheiten haben die Burschen gerne ihre Mädchen bei sich, machen ihnen gern auch eine Freude und zwar gratis. Geiger und Mädchen sind aber wiederum zwei Elemente, welche nicht besonders zum Frieden dienen, wenn ohnehin das Blut kocht.

Dieses sogenannte Eiermahl, wobei die Wirtin je nach ihrer Kunst Eier verbraucht, wird jedoch einstweilen noch nicht am heiligen Tage selbst, an Ostern gehalten, wenigstens in jener Zeit nicht, in welche unsere Erzählung fällt. Man war damals noch nicht so gebildet wie jetzt, stand noch nicht auf der heutigen Kulturstufe, ließ den Geiger nicht die heiligen Töne verquiken und verquaken, hielt für nötig, ruhige Punkte zu haben im Weltgetümmel, damit der Mensch zur Besinnung komme und sich zurechtfinden könne, wo er sei, und ob er auf dem Kopf oder auf den Füßen stehe. Nun gibt es aber auch Zeiten und Regierungen, wo alles darauf ankommt, daß männiglich sturm bleibe, nicht wisse, stehe er auf dem Kopfe oder auf den Füßen, da ists dann freilich nötig, daß man alle Töne losläßt Tag und Nacht, daß blasen und brüllen, klarinetten und kanonieren, geigen und gruchsen, posaunen und prasten, singen und springen muß, und zwar so scharf er es vermag, wenn er nicht verdächtig werden will, wer nur immer blasen und brüllen, klarinetten und kanonieren, geigen und gruchsen, posaunen und prasten, singen und springen kann vom Säuglinge weg bis zum Greis. Das ist einer der wichtigsten Punkte in der demagogischen Staatskunst. Begreiflich gehen die rechten

Staatskünstler mit dem Beispiel voran und zwar unnachahmlich Es ist wohl möglich, daß man einmal in den Kirchen gegenüber der Kanzel eine Bühne errichtet für solche Künstler, welche der Teufel angestellt hat und als Hanswürste figurieren läßt, alles Heilige dem dummen Volke wegzubugsieren.

Mit Eiermahl, Tanz und obligater Prügelei mußte man warten wenigstens bis Ostermontag, des Publikums wegen und nicht wegen der eigenen Religion. Unsere Staatsherren haben seit langem im Sinn und Gemüte gehabt und zu einem Ziele hingearbeitet, an die Stelle der christlichen Religion die Staatsmoral zu plazieren, deren endlich Resultat die Sitte ist, jedem Regenten, heiße er wie er wolle, höchstens sechs Wochen nach seiner Erhebung den Schuh in den Hintern zu geben und den Kopf ins erste beste Mistloch zu tauchen. Man ist noch nicht am Ziel, aber man nähert sich demselben mit sehr schnellen Schritten. Auch damals also ließ man in Kirchberg Ostern Ostern sein und tat, wozu man Lust hatte, bis ans Geigen, und die Polizei hatte keinen Sinn für Ostern, war ihr auch nicht zuzumuten, ja, man gibt ihr schuld, sie hätte Zwecke verfolgt, welche eben durchaus nicht österlich waren. Die Wirtshäuser waren überfüllt, es wurden es allgemach auch die Köpfe; und wenn es voll in den Köpfen wird, fängt es bekanntlich an in den Fingern zu spuken, und dann Ostern hin, Ostern her!

Michel auf dem Knubel gehörte zu keiner der Partien, er wohnte nicht in der Nähe, aber er sah solchen Dingen gern zu, und wenn er sich auch nicht ungern zeigte, wo viele Menschen zusammenkamen, so kann man es ihm nicht verübeln. Seine Vasallen hatten ihm einen großen Begriff von seiner Majestät beigebracht, ihm eingeredet, er sei mehr als Goliath, mehr als die sieben Haimonskinder alle miteinander. An solchen Orten sah er dann, wie die Leute ihn betrachteten, als wäre er eine fremdländische Kreatur, mit Erstaunen und mit Grauen, sah, wie einer dem andern die Ellbogen freundschaftlichst in die Nieren stieß, und hörte mit der größten Wonne: «Sieh, dort der Große, wo breit ist wie ein Tennstor, das ist der junge Bauer auf dem Knubel, das ist ein Grüsel, mit Geld und Kraft mag den keiner, der schwingt obenaus im Schweizerland.» Michel war ein junger Laffe, tat dümmer als er war, meinte, unter den Leuten müsse er so recht spienzeln seinen Kübel im Maul, seinen Ring am Finger und dazu ein Gesicht machen, als ob er nicht bloß allen Pfeffer auf dem ganzen Erdboden gefressen hätte, sondern auch das Land, wo er wächst, mit allen Pfefferstäuchen dazu.

Darum eigentlich kam er mit Gefolge nach Kirchberg und weder des Düpfens noch des Eierauflesens wegen. Er hatte zwar des allgemeinen Gebrauchs wegen auch Eier im Sack und düpfte sogar und zwar selbst mit Mädchen. Aber sie mußten ihm bekannt sein und ihn ansprechen dafür, unbekannte Bauerntöchter vom Gitzigrat fertigte er über die Achsel ab. Ward er angesprochen, tat er es wie eine Gnade, als ob er Sultan wäre, schritt dann fürbaß ebenso. Aus dem Weibervolke machte er sich durchaus nichts; tanzte er einmal und hielt das Mädchen zu Gast, so war es nur, um zu zeigen, der Bauer auf dem Knubel vermöge, den Geiger zu bezahlen und eine Üerti obendrein. Wollte ihm ein anderer das Mädchen abjagen, so konnte er eine vaterländische Prügelten anstellen, aber nicht des Mädchens wegen, sondern um zu zeigen, wie stark er sei. Wollte ihm aber niemand das Mädchen abjagen, so ließ er es sonst laufen. Michel war so eine rechte, wahrhaftige Lümmelmajestät, aber eine gutmütige.

Als das Eierauflesen aus war, der Aufleser, welcher sehr geschickt im Werfen der Eier nach der Wanne gewesen war, gewonnen hatte, wälzte sich die Masse den Wirtshäusern zu, um abzusitzen und zu erwarmen. Michel tat auch also, wälzte sich mächtig durch die Menge und pflanzte sich hinter einem Tische auf, als ob er hier den jüngsten Tag erwarten wolle. Zu seinen Füßen lag Bäri, der Hund, auf dem Vorstuhl saßen die Knechte, ließen sich wohlsein, denn Michel kargte nicht beim Traktieren. Das Wirtshaus, in welchem Michel war, füllte sich zum Ersticken, und zwar mit allerlei Volk von verschiedenen Dörfern. Aus allen Ecken schrie man nach Wein, mit den Mädchen ward um die letzten Eier gerungen, was mit einer radikalen Plünderung endigte. Lärm und Spektakel waren groß. Man verstand sein eigen Wort kaum, und schwer wars, sich durchs Getümmel zu drängen, schwerer als auf der Brücke. Dort nahm mans kaltblütig, hier wars, als sei alles mit Büchsenpulver angefüllt, als schwirrten böse Geister in der Luft und bliesen die Menschen mit Zanksucht an. Warf man Streitende zur Türe hinaus, kamen sie durch die Fenster wieder herein und zehnmal wilder als vorher. Löschte man Streit in der Stube, flammte er in den Gängen um so gewaltiger auf. Die Frühlingsluft spukte in den starken Gliedern, und zumeist tut dann der Mensch am wüstesten, wenn es sich am wenigsten ziemt. Michel saß, vom Streite unberührt, hinterm Tisch in guter Ruhe und rauchte einen Kübel Tabak dazu. Nur zuweilen knurrte Bäri, der Hund, oder einer der Knechte stand auf und trieb einen Knäuel Streitender, der sie belästigte, mit einem tüchtigen Stoß ins Fahrwasser des Streites hinaus. Hinter Knechten, Hund und Tisch saß Michel in der vollständigsten Sicherheit, hätte in allem Behagen genießen können, was ihn gelüstete.

Wahrscheinlich stach ihn der Böse, es gramselte ihm in allen Gliedern: plötzlich mitten im wildesten Lärm schrie er nach seiner Üerti und wollte fort samt Gefolge, welches vielleicht lieber länger gesessen wäre, indessen keine Einwendungen versuchte. Langsam, gsatzlich rückte Michel aus, drückte sich ins Gedränge, wollte durch Stube und Haus, wie er diesen Nachmittag über die Brücke gekommen. Aber jetzt war anderes Wetter. Damals war die Luft rein gewesen, jetzt flogen Gläser und Flaschen drin herum, als ob es Schneeflocken wären. «Will der schon heim?» hörte Michel eine Stimme fragen. «Für den ists hohe Zeit, um diese Zeit müssen die Kinder ins Bett, längst wird ihm die Kindermutter sein Breili zweghaben», antwortete eine andere Stimme. Zornig sah Michel sich nach dieser Stimme, welche er heute schon einmal gehört zu haben glaubte, um, da splitterte ihm ein Glas am Backen. Nun ging das Pauken los, Michel hielt sich berechtigt, auf den Wurf hin dreinzuschlagen, ganz gleichgültig, wen er traf, und hinter ihm her hielten die Knechte sich für ebenso berechtigt als der Meister. Michels Ring schien ein wahrhafter Zauberring zu sein; von ihm berührt, beugten sich die kühnsten Häupter, und mancher fiel in tiefen Schlaf. Alles schlug nun auf Michel ein, und je mehr Schläge Michel kriegte, desto munterer schien er zu werden, es schien, als erwache er eigentlich erst jetzt so recht. Es wäre eine ordentliche Freude gewesen, ihm zuzusehen, wenn dabei nicht Augen, Nasen, Zähne usw. gefährdet gewesen wären. Michel brach sich Bahn mitten durch das wildeste Getümmel, schlug sich auf gesunden Beinen ins Freie.

Draußen hielt er still, rüstete sich auf den Heimweg, zog seinen sorgfältig geborgenen Kübel aus der Tasche, brachte ihn ins Gleis, stopfte frisch, achtete sich der Steine und Scheite wenig, welche um ihn herumflogen. Eben hatte er Stein und Schwamm zur Hand genommen, den Kübel ins Maul gesteckt und wollte Feuer schlagen, da traf ein Scheit hauptsächlich die Pfeife, daß sie ihm aus dem Maule flog und die Zähne wackelten. «Bäri, faß!» rief er, und wie ein Pfeil schoß Bäri in die Nacht hinein, als ob er nur auf diesen Ruf gewartet hätte. Bäri war ein ganz vortrefflicher Hund, mit Löwenkraft und Menschenverstand, daher auch wie ein Zwillingsbruder von Michel geliebt. Im größten Streit half Bäri seinem Meister nie ungeheißen, außer wenn derselbe fiel, dann hätten wir niemanden, dem sein Leben lieb gewesen, raten mögen, Michel anzurühren. Wurde er irgendwie getroffen oder geschlagen, dann hatte er das Recht, ungeheißen zuzubeißen. Sagte aber Michel: «Bäri, faß!» oder: «Bäri, nimm!», so faßte Bäri und nicht für Spaß und ließ nicht los, bis Michel sagte: «Bäri, gang dänne!» oder: «Bäri, hintere!» Bäri hörte auf der Welt kein Wort lieber als das: «Bäri, faß!» Wie es aus Michels Mund war, schoß er fort wie ein Pfeil vom Bogen, und ungesäumt lag am Boden, was Bäri fassen sollte.

So geschah es auch jetzt. Laut fluchte es in der Nähe, dann hörte man einen dumpfen Fall, einen lauten Schrei, Bäris zornig Knurren. «Geht und luegit!» sagte Michel zu den Knechten, suchte kaltblütig seine Pfeife zusammen, richtete sie ein und ging langsam nach. Sie fanden Bäri schrittlings stehend über einer dunkeln Gestalt, die blanken Zähne knurrend dicht an deren Gesicht, und zorniger ward das Knurren, und das Maul tat sich über dem Gesichte zum Fassen auf, sobald die Gestalt einen Laut von sich geben wollte. Die Knechte fanden sich nicht berufen, den Menschen zu erlösen, auch sprangen sie denen nicht nach, welche sie in der Ferne laufen hörten. Zu gwunderig sein in dunkler Nacht, kann unheimlich werden. Sie hatten ihr Gespött mit dem armen Teufel, und wenn der reden wollte, sperrte Bäri das Maul auf, drückte ihm die Zähne ins Gesicht, doch ohne zu beißen. Eben eine bequeme Stellung ist dies nicht für einen Menschen, sie ist ungefähr die eines konservativen Freiburgers, mit dem Unterschiede, daß der Bäri, der auf dem Freiburger steht mit dem Maule am Gesicht, keine Regierung ist, sondern ein Hund. Michel hielt von je Pressieren für ungesund, fand sich auch nicht bewogen, diesmal eine Ausnahme zu machen. Er kam langsam nach, und erst als seine Pfeife ordentlich brannte, sagte er: «Hintere, Bäri, hintere!» Bäri meinte ebenfalls nicht, daß besondere Eile am Platze sei, langsam zog er das Bein zurück, ließ ab von den zärtlichen Berührungen und entfernte sich mißmutig von dem Menschen.

Sobald dieser frei war, fluchte er schrecklich und begehrte mörderlich auf. Als er sich endlich erhoben hatte, sah man, daß es ein Landjäger war. «Du Knubelkalb, du verfluchtes, habe ich dich endlich, jetzt will ich dirs zeigen, du mußt mir dahin, wo du längst hingehört; morgen mache ich die Anzeige im Schloß, dein Hund muß zum Schinder, du unter die Roten (Schweizer in französischen Diensten). Der Bonaparte ist die rechte Kindermutter für solche Kälber, der putzt ihnen die Nase. Der Bigelpeterli wird Freud haben, wenn er dich in die Lieferung bekommt.»

Die Schweiz mußte Napoleon laut Vertrag vier Regimenter oder sechzehntausend Mann stellen und vollzählig erhalten. Napoleon verbrauchte rasch seine Soldaten, plagte daher seine sogenannten Verbündeten beständig mit Befehlen zur Ergänzung. Nun war die Freiwilligkeit nicht mehr sehr groß, seitdem man vernahm, wie heiß es in Spanien zugehe, und wie kalt es in Rußland sei. Die Werbung ging daher sehr schläfrig, und die Regierungen mußten zu allerlei künstlichen Mitteln die Zuflucht nehmen. Die schlausten Werber wurden angestellt, alle Listen ihnen erlaubt, bei allen

Streichen durch die Finger gesehen, und wen sie einmal hatten, den hatten sie, wenn sie wollten. Unter diesen Werbern blieb Bigelpeterli berüchtigt und wegen seinem Witz berühmt bis auf den heutigen Tag. Es geschah aber auch, daß man Bursche, welche wegen Schlägereien oder anderm Frevel ins Zuchthaus oder in die Verbannung sollten, nach Frankreich spedierte, angeblich zwar mit ihrem Willen. Dieser modus procedendi wurde dann aber auch von Landjägern und Werbern zu schweren Brandschatzungen mißbraucht, wenn sie einmal einen Reichen in die Hände bekommen konnten. Auch sollen die Manieren der reichen Bauernsöhne nie so fein gewesen sein als dazumal.

Es war, als Michel das begegnete, noch nicht die böste Zeit, und doch erschrak er sehr. Er war tapfer auf den Straßen, aber vor dem Krieg hatte er einen heiligen Schrecken, er tauschte seinen Knubel nicht an ganz Rußland. Er wollte daher begütigende Worte versuchen, der Hund habe ihn nicht gekannt und nicht gedacht, daß, wo mit Scheiten geworfen werde, ein Landjäger zugegen sei. Aber solchen Menschen manierlich zu kommen, ist gefährlich, sie werden gern um so gröber und unverschämter. Der Landjäger war vorher bloß grob gewesen, jetzt ward er fürchterlich, tat, als ob er Michel Handschellen anlegen und ihn noch in dieser Nacht nach Frankreich spedieren wolle. Da trat Sami, Michels Lieblingsknecht und gleichsam sein Milchbruder, vor und sagte: «Nur sachte, und jetzt hast Zeit, zu schweigen und dich zu streichen, du Unglücksmacher, sonst geht es mit dir dem Teufel zu; du hast den ganzen Streit angezettelt und immer wieder angeblasen, um Bußen zu ziehen oder zu brandschatzen. Anderer Unglück ist eure Ernte. Es sind Leute da, welche es reden werden, wo man will, wie du und dein Kamerad das ganze Spiel abgekartet haben. Hast du das Scheit nicht selbst geworfen, so warst du doch dabei, als es geworfen ward, und weißt, wer es getan. Ist das nicht genug, so soll dir bewiesen werden, wie du dich kaufen lässest, kurz, der schlechtest Lumpenhund bist, welcher in unserer Herren Kutte herumläuft. Morgen gehe ich ins Schloß, zähl darauf, und zeige dem Oberamtmann an, welche Lausbuben und Unglücksmacher er zu Landjägern habe. Er ist ein stolzer Herr, aber kein ungerechter, der wird mit solchem Pack sauber ausfahren, zähl darauf!» Diese Sprache machte Eindruck auf den Landjäger, von wegen derselbe kannte den Oberamtmann, wußte wohl, was er ihnen oft gesagt, und daß er nicht Spaß verstehe, am allerwenigsten von den Landjägern. Der Landjäger ließ die Milch hinunter, und endlich kam ein Vergleich zustande, welcher ungefähr in den Worten enthalten ist: «Schweigst du mir, so schweig ich dir.»

So geht es gewöhnlich. Eine Floh, welche uns gebissen, jagt man, bis man sie hat, dann zerdrückt man sie; menschliches Ungeziefer aber schüttelt man bloß von sich ab, läßt es laufen, ja, hat noch Freude daran, wenn es von uns weg nach andern springt und beißt. «Können jetzt auch luegen, wie sie es abschütteln!» denkt man. Mit dieser Selbstsucht richtet man unsäglichen Schaden an, erhält die Macht der Schlechten, mehrt deren Trotz und Übermut, denn sie haben ja nichts zu fürchten, als an einem oder andern Orte vergeblich anzuspringen und abgeschüttelt zu werden. Müßten sie das Zertreten fürchten, es wäre anders. Wie mancher wohl wurde durch diesen Spitzbuben von Landjäger später noch unglücklich, der sein Wesen sicherlich forttrieb, nur vorsichtiger und schlauer! Nun, unserm Michel war es nicht zuzumuten, des allgemeinen Besten wegen freiwillig einen Gang ins Schloß zu tun, dem Oberamtmann unter die Augen zu stehen und eine Anzeige zu riskieren. Versetzen doch solche, welche was ganz anderes vorstellen wollen als unser Michel, keinen Fuß, wenn es gilt, Schaden zu wenden vom ganzen Vaterlande, geschweige denn, daß sie das Maul auftäten und die verzeigten und offenbar machten, welche es ins Verderben führen.

Im schönen Bewußtsein, viel verrichtet zu haben, zog Michel mit seinem Gefolge unangefochten heim. An vier solche Bursche und einen Hund traut man sich auf offener Straße und freiem Felde nicht so leicht. Die angetrunkenen Knechte im Siegesübermut hätten gern noch ein zur Seite liegendes Dorf besucht, wo Kampf und Blut nicht gefehlt hätten. Aber Michel wollte nicht, nicht weil er sich fürchtete, aber er meinte nicht, daß alles an einem

Tag getan werden müsse, er war mit dem an diesen Ostern Vollbrachten vollständig befriedigt. Es sei morgen auch noch ein Tag, sagte er. Michel hatte einige Löcher im Kopf, Beulen am Leibe, aber er achtete sie so wenig als Bremsenstiche, hatte sie vergessen, als er heimkam, legte sich zu Bette, ohne nach ihnen gesehen zu haben.

Am andern Tag schlief Michel bis hoch am Himmel die Sonne stand. Endlich begann es zu tagen vor seinen Augen; aber Michel pflegte nicht eines Satzes aus dem Bette zu springen; selbst wenn unter ihm das Bett gebrannt, so hätte er sich noch gedreht, gestreckt, einigemal gegähnt, dann erst hätte er das Bett verlassen, in einem Satze vielleicht oder vielleicht auch langsamer. Als nun Michel mit etwelchem Geräusch seine Vorübungen zum Aufstehen mit Gähnen und Strecken machte, öffnete sich die Türe, und eine ältliche Frau trat ins Stübchen. Aber sowie sie einen Blick auf das Bett getan, schrie sie laut auf und schlug die Hände über dem Kopfe zusammen. «Ach, du meine Güte, Micheli, mein Micheli (ein beiläufig über zwei Zentner schwerer Micheli), wie siehst du aus, wie haben sie dich aber zugerichtet!» «Was ist, Anni?» fragte Michel und hob das Haupt aus dem Kissen. Da erst schrie Anni recht: «Mein Gott, mein Gott, lebst oder bist tot? Bist du denn nicht sicher, wenn du von Hause gehst? Oh, wärst daheim geblieben, ich hielt dir so dringlich an, wollte dir Küchli zweimal backen und Nidle stoße, aber es mußte nicht sein, es mußte erzwängt sein, und jetzt kommst du so mir heim! Und wo waren die Knechte, was taten Sami und Bäri? Was nützen die alle, wenn du so zwegkommst?» «Was ist Aparts, daß du so machst?» fragte Michel verwundert. «Bist denn so sturm im Kopf, daß du nichts weißt? Es ist sich aber nicht zu wundern, man muß sich nur wundern, daß du noch lebst. Sieh selbst!» sagte die Frau, nahm ein Spiegelchen von der Wand und hielt es ihm vor.

Da wäre doch Michel beinahe vor sich selbst erschrocken. Er sah aus wie ein alter Märtyrer, gepeitscht, halbgeschunden und halb von den Hunden gefressen, voll Blut und Striemen. Das blutgetränkte Haar hing ihm über das dicke Gesicht hinunter, das blutige

Hemd klebte ihm am Leibe, daß man es für den blutigen, geschundenen Leib selbst hätte halten können. Noch andere Leute als Anni wären über ihn erschrocken; denn man hätte wirklich meinen sollen, es sei nur eine Wunde. «Das ist wüster als bös», sagte Michel zu Anni, welche sich gebärdete wie eine gedungene hebräische Klagefrau. «Hol Wasser, mach das Blut ab und gib ein frisches Hemd, so ist dSach richtig.» Anni, welche von vielen Berichten her einige Sachkenntnis in solchen Fällen hatte, fragte, ob es nicht besser sei, ehe es wasche, zu Männern zu schicken, um Zeugen zu haben, wie er ausgesehen, und zu einem Arzt, um ihn zu verbinden, damit man den Mördern und Schindhunden, welche ihn so zugerichtet, den Meister zeigen könne. Aber Michel meinte, es wäre gut, es wäre heut niemand übler zweg als er, und wollte nicht; Anni mußte sich bequemen, laues Wasser zu holen, um seinem Micheli sein Köpfli zu waschen. Je eifriger es wusch, desto eifriger redete und jammerte es dazu. Als das Werk vollbracht war, sah Michel wieder ganz ordentlich aus, daß Anni es fast ungern hatte und tat, als ob es Michel lieber halb tot gesehen, um dann nach Herzenslust über ihn weinen und klagen, über die Täter schimpfen und lästern zu können. Um desto brünstiger wandte es nun sein Mitleid Michels Kleidern zu. Er hatte natürlich am Ostertag all sein Bestes angezogen, da war nichts mehr sauber, das eine zerrissen, das andere mit Blut getränkt und dieses eingetrocknet. Er komme noch um all seine Sachen, jammerte Anni, wenn er sich seiner Sache so wenig achte; so kostbare Kleider und alle dahin! Hätte er ihns gestern geweckt, daß es das Blut noch feucht hätte auswaschen können, so wollte es nichts sagen, jetzt möge er zusehen, wie es werde! Wenn es ihm nicht eingefallen, so hätte es Sami in Sinn kommen sollen, dem stünde es wohl an, der Witzigere zu sein, sei er doch sieben Wochen und drei Tage älter als Michel. Aber wenn er nicht besser tue, müsse der ihm aus dem Hause. Bei allen Lumpengeschichten sei er der erste und der letzte und vielleicht der Urheber. Zu gut dazu sei er nicht.

Sami war Annis leiblicher Sohn, und Anni war Michels Kindermagd gewesen, jetzt die ihm um die Nase geriebene Kindermutter.

Michels Mutter war nämlich gestorben, als derselbe noch in den Windeln war, darauf vertrat Anni Mutterstelle an ihm und zwar so, daß ihr fast gleich alter Sohn Sami gegen Michel immer den kürzern ziehen mußte, Michel ihr immer der Liebere schien. Im Grunde des Herzens war er es aber nicht, aber bei Michel kam zu der Liebe die Treue der Pflicht. Michels Mutter hatte auf dem Sterbebett zu Anni gesagt: «Gäll, du luegst immer zu ihm und luegst, daß er nit unterdrückt wird, wenn es hier eine Änderig (Stiefmutter) geben sollte?» Das hatte Anni versprochen und hielt es. Aber Michels Vater dachte nicht mehr ans Heiraten. Er war ein Mann von wenig Worten und einförmigem Tun; eine neue Frau zu suchen und sie zu dressieren oder sich in neu eingezügelte Gewohnheiten zu fügen, wäre ihm in Tod zuwider gewesen. Er war brav, soweit er es verstand, hatte den üblichen Glauben, daß ein Gott sei und man durch Christum selig werde, während er eigentlich zwei Mächten diente, dem Gelde und der Kraft, das waren ihm die höchsten Worte auf Erden.

Die größte Freude hatte er an seinem Micheli, in dessen Person sollten ihm die beiden Worte verehelicht werden. Der Micheli brachte bereits Tatzen auf die Welt wie ein junger Bär. Anni mästete ihn, als wäre er ein junges Kalb, bei welchem die Mastung die Hauptsache ist. Es hatte seine größte Freude am Erfolg seiner Erziehung, als dem Micheli die Glieder aufschwollen wie einem jungen Ochsen, und dachte nicht daran, daß das das größte Wunder sei, daß Micheli nicht an dieser Erziehung starb, sondern sie aushielt und sogar gesund. Vom achten Jahr an mußte er alle Frühjahre eine Kur machen, aber nicht so mit dünnem Wasser, welches nach Eisen oder Schwefel riecht und nichts kann als durchziehen, sondern mit Roßmilch. «Stark wie ein Roß», sagt man, wenn man den höchsten Grad von menschlicher Stärke bezeichnen will, und stark wie ein Roß werde, wer brav Roßmilch trinke. Und wie man Rosse, welche man stark und ausdauernd haben will, frei laufen läßt, spät einspannt, erst wenn die Knochen hart geworden, so wurde Michel zu keiner Arbeit streng gehalten, er konnte etwas machen oder nichts, dazu und davon, wie er wollte. Er wurde auch

stark, das freute den Vater sehr, fürs Geld wolle er schon sorgen, dachte derselbe. Als Michel zum ersten Male einen Mütt Korn aufnahm aus freier Hand, ein Mäß Roggen über den Daumen ausleerte, den schwersten Knecht am Rockkragen in den Zähnen durch die Tenne trug, ward es als häusliches Fest gefeiert, und das ganze Hofgesinde pries Michelis Kraft und Herrlichkeit acht Tage lang. Michel war wirklich sehr stark und von einer Beschaffenheit, daß man fast hätte glauben sollen, er könne sich eisern machen. Man konnte mit Zaunstöcken auf ihn schlagen, er bog sich darunter so wenig, als er sich viel daraus machte.

Es war ein großes Glück, daß er bei solcher Erziehung sehr gutmütig und sehr behaglich war. Er beleidigte niemand mutwillig, hatte nicht Freude daran, irgendeinen armen Teufel zu peinigen, nur mußte ihm niemand den Streit auf den Leib bringen, er wußte ihn nicht zu vermeiden, er war zu jung dazu. Es muß einer so recht gefeckt und gewogen sein, wenn er mitten unter neidischen oder zanksüchtigen Leuten keinen Streit mehr kriegen soll. Michel war es wohl daheim, eine Pfeife Tabak, ein ruhiger Sitz, ein gutes Stück Brot oder Fleisch und ein Schluck Milch dazu waren ihm

die liebsten Sachen. Er hatte nicht die unstete Natur einer Wespe, welche von einer Pinte zur andern fahren muß wie eine Wespe von einer Fensterscheibe zur andern, er war am liebsten daheim, und es bedurfte ein ordentliches Aufrütteln, wenn er ausziehen sollte. Und wo ist eigentlich ein rechter Bauer am schönsten als eben daheim, sei es hinter dem Pflug oder auf der Bank vor dem Hause? Nun gab es aber viele Bauernsöhne, welche ebenfalls stark sein wollten und reich genug waren, ihre Kraft zu erproben. Die wuchsen an Michel und hetzten andere an ihn, und bis man an Michels Kraft glaubte, kostete es viel Blut und Geld. Aber das war gerade das Geld, welches Michels Vater am allerwenigsten reute. Als er das erstemal zweihundert Taler Schmerzensgeld zahlen mußte, hatte er größere Freude daran, als wenn er zweitausend Taler geerbt hätte. Wenn Michel von Natur nicht so friedfertig gewesen, so hätte des Vaters Art, wie er Prügeleien aufnahm, ihn dazu bringen können, den ganzen Knubelhof zu verklopfen. Gar manches

Knechtlein und manch armer Bauernsohn ließ von Michel sich gerne prügeln, um ein tüchtig Schmerzensgeld zu erpressen, welches Michels Vater ohne viel Federlesens und ohne zu prozedieren zahlte. Derselbe genoß indessen diese Freude nicht lange, sondern starb, als eben Michel das Alter erreicht hatte, wo er sein Gut selbst verwalten konnte.

Michel war nun ein reicher Mann, eine der besten Partien des Landes, um sich gehörig auszudrücken. Der Knubelhof gehörte unter die schönen Höfe: reich an Weide und Wald, Wasser und Wiesen, Baumgarten und Ackerland, kurz einer von den Höfen, auf welchen ein rechter Bauer ein Edelmann und eine rechte Bäuerin eine kleine Königin ist. Zu dem Hofe erbte Michel viel Geld, bares und angelegtes, und Hülle und Fülle in Spycher und Kasten, in Ställen und Keller und Kammern. Zu einem guten Bauer, der die Sachen nicht erst erwerben muß, sondern sie bloß zu erhalten braucht, hatte er gute Anlagen. Begreiflich muß man einen sehr großen Unterschied machen zwischen Erwerben und Erhalten. Mancher ist trefflich zum Erwerben, aber behalten kann ers nicht; mancher könnte behalten, wenn er was hätte, aber zum Erwerb taugt er nicht. Michel konnte alle Arbeiten, und leicht gings ihm von der Hand, aber er meinte nicht, daß er alles allein machen müsse, er arbeitete bloß der Ehre, nicht der Lust wegen. Michel verstand sich auf Kühe und Pferde ziemlich, aber Handelsgeist hatte er nicht, er kaufte und verkaufte, was der allgemeine Gebrauch mit sich brachte. Der Vater hatte ihn von früher Jugend an auf alle Märkte mitgenommen, angeblich damit er den Handel kennenlerne, eigentlich aber um wohlzuleben an der Bewunderung, welche man allenthalben dem reichen Knubelbauer um seines schönen Bubens willen spendete. Neben diesen Eigenschaften war Michel gar nicht vertunlich, und den größten Teil der Zeit brachte er daheim zu, da liebte er allerdings gute Nidle, guten Anken, guten Käs, ein schön Stücklein Fleisch, Speck und Schinken, Küchli, einen guten Schluck Kirschwasser und Tabak. Von dem hatte er aber keinen Verstand; wenn ihm das Pfund vier Batzen kosten sollte, so kratzte er sich in den Haaren. Schöne beschlagene Pfeifen liebte er und schwere, große Uhren, mit diesen händelte er einigermaßen, und das mochte ihn im Jahr vielleicht einige Taler kosten. Nun freilich kostete ihn das Wirtshaus etwas, weil er meist mit Gefolge darin erschien, indessen geschah es bei weitem nicht alle Sonntage. Was ihn am meisten kostete, waren Schlägereien und die damit verbundenen Brandschatzungen. Indessen ein Bauer, der seine zweitausend Taler Einkünfte hat, mag schon etwas ertragen, selbst wenn er aus einer Art Übermut niemand Geld abfordert, zwölf bis fünfzehn Zinse von den Kapitalien ausstehen läßt, obgleich nach dem zehnten Zins das Gesetz die Verjährung erklärt, wenn der Schuldner davon Gebrauch machen will.

Anni, seine Kindermutter, war auf dem Knubel nicht die Majestät, aber das Faktotum, führte die Haushaltung treu, als ob es die eigene wäre, und mit Einsicht und Verstand dazu. Es ließ nichts zuschanden gehen, übte Guttaten, wie es dem Hofe wohl anstand, aber nicht zur Erhebung der eigenen Person wie der ungerechte Haushalter im Evangelium, und pflegte seinen Micheli noch immer, als ob er ein Wickelkind wäre. Es war überhaupt eine eigentümliche Haushaltung, wie schwerlich mehr eine im ganzen Lande zu finden ist. Michel war der Angel, um welchen sich alles drehte, der große Bauer, der Gewaltige und doch eigentlich das Kind, welches alle als Kind behandelten, verhätschelten, jedoch mit Respekt. Der Knubelhof war so eine Art Schlaraffenland, von allen gesucht, von niemand freiwillig verlassen. Michel gönnte es seinen Leuten, Speise und Trank waren gut und im Überfluß, die Löhne nicht besser als an andern Orten, aber auf einige Taler extra kam es Michel nicht an, wenn man es ihm zu treffen wußte. Mit der Arbeit brauchte sich niemand zu übertun, in Wind und Wetter sprengte Michel seine Leute wenig herum, jedenfalls nie aus Bosheit, wie es hie und da zu geschehen pflegt, sondern nur, wenn Not vorhanden war. Er hatte Leute genug und nicht halb zu wenig, keiner war gezwungen, für zwei zu schaffen, wenn er nicht pfuschen und im Rückstand bleiben wollte, jeder konnte gut und bequem machen, was ihm oblag. Darum sah der Knubelhof auch schöner aus als so viele andere, wo mit den Händen gekargt wird und die Zeit immer zu kurz ist für die wenigen Leute und die viele Arbeit; denn Michel plagte der Geiz nicht, sein Lebenszweck war nicht, noch reicher zu werden, des Jahres so- und soviel tausend Gulden vorzuschlagen, sondern er wollte auf dem schönsten Hofe der berühmteste und stärkste Bauer sein. Wenn nun ein sogenanntes großes Werch anging, Heuet, Ernte usw., wo die Leute sich gegenseitig aufpassen, wann angefangen und was täglich geschafft wird, und jeder der Beste sein will, dann wollte Michel sich auch zeigen, dann trat er an seines Volkes Spitze, und dreingeschlagen mußte werden, daß Funken stoben, damit allenthalben es heiße: «Seht, wie es bei Michel geht! Der ist aber los; wenn er will, mag ihn keiner, er ist fertig, wenn die andern kaum angefangen haben.» Sein Volk gönnte ihm auch diese Freude, schaffte sich fast die Seele aus dem Leibe und nicht zu seinem Schaden, denn je größere Freude Michel hatte, desto offener war seine Hand, und desto freigebiger war er mit Speise und Trank; und war der Sturm vorbei, so hatten es die Arbeiter um so besser, er ließ sie ordentlich verschnaufen.

So hatte Michel auch sehr selten über Untreue zu klagen. Der Wächter fehlte nicht, Anni hatte die Augen offen, man hätte meinen sollen, wie ein Hase Tag und Nacht. Anni ward nicht mit den aufrührerischen Augen betrachtet als eine Dienstmagd, welche eine unrechtmäßige Gewalt sich angemaßt, sondern als Hausmutter, wie Anni es auch wirklich war. Und wenn Anni auch immer sagte: «Meine Schweine, mein Flachs, unsere Kühe» usw., so hatte es doch reine Hände, ein sauber Gewissen, sah treuer zu Michels Sache als manche Mutter zum Vermögen ihres Sohnes, Anni hatte also nicht Ursache, jemanden durch die Finger zu sehen, es konnte niemand zu ihm sagen: «Schweigst du mir, so schweig ich dir.» Da also niemand droben gerne fort wollte, so nahm jedes sich sehr in acht, daß es nicht fort mußte. Es gab ein ordentlich Aufsehen, wenn ein Knecht oder eine Magd vom Knubel ging. Es kam daher wie der Landsturm, daß man zehn Höfe mit den Aspiranten um eine einzige Stelle hätte versehen können, es ging wie in einem hungerigen Lande um eine Staatsstelle, oder wie wenn die Tauben ziehen auf einen vereinzelten Erbsacker. So lebte Michel in vollem Behagen und Genügen, in weiter Runde war er sicher der einzige Mensch, der keine Wünsche hatte, deren Erfüllung nicht in seiner Macht stand. Und wenn er schon wie jetzt Löcher am Kopf und Beulen am Leibe hatte, störte dies sein Behagen nicht im mindesten, im Gegenteil, er genoß das frohe Selbstgefühl, andere hätten noch viel größere Löcher und noch viel mächtigere Beulen.

Als er frisch gewaschen aufgestanden war, setzte er sich mit gutem Appetit ans Frühstück und ließ sichs wohlsein trotz einem Engländer. Sein Frühstück glich aber auch einem englischen, bestand nicht bloß aus dünnem Kaffee und hartem Brot, Käs und Butter waren auch da samt Eiertätsch und Erdäpfelrösti. «Und wenn du durch den Morgen hungrig wirst, so ist Schinken und sonst noch Fleisch im Kuchischaft», sagte Anni. «Ich hätte es auch aufstellen können, aber ich wußte nicht, ob es dir recht sei, du wirst mir so wunderlich, es ist dir gar nichts mehr zu treffen, es erleidet mir, so dabeizusein.» «Wird öppe nit sein, oder was mache ich Wunderliches?» sagte Michel, der an solche Vorwürfe gewöhnt schien, kaltblütig. «Da mag ich dir auftragen, was ich will, und anwenden, wie ich will, du sagst nie mehr, daß es dich gut dünke, und daß es dir recht sei. Das muß einem gmühen, selb glaub!» Anni gehörte zu der großen Klasse der Köchinnen, welche nicht zufrieden ist, wenn man zeigt, daß die Speisen gut sind, indem man tapfer davon ißt, sondern die auch will, daß man rühmt, wie gut sie seien.

Michel pressierte nicht mit dem Essen, mußte auch zwischendurch Anni Rechenschaft ablegen, wie er gestern den Tag verbraucht. Anni war mit dem Bericht durchaus nicht zufrieden. «Aber Micheli, Micheli», sagte es, «denkst du denn nie daran, daß du auch ein Mensch bist und totgeschlagen werden könntest, und wer erbt dann den Hof? Und noch dazu an einem so wichtigen Tage, an der heiligen Oster, denk, wenn du da in der schweren Sünd ungesinnet hättest sterben müssen! Denkt doch das junge Volk nie, was es für ein Tag ist! An dir dünkt es mich nichts anders, du hast den Verstand noch nicht, bist noch zu jung dazu. Aber Sami sollte ihn haben, der Lümmel wäre alt genug dazu. Wenn er nicht anders tut, muß er mir weg. Ich will nicht, wenn es ein Unglück gibt, daß alle Leute es mir vorhalten, mein Bub sei schuld daran.» Michel redete dem Sami zBest, erzählte, wie er es dem Landjäger gemacht, und wie man den noch jetzt verklagen könnte, wenn man wollte. Aber darin fand Anni keinen Trost, sondern Stoff zu neuem Jammer. «Was, jetzt noch den Landjäger trappen, das ist ärger, als wenn ihr dem Landvogt Schelm gesagt. Der vergißt euch das nicht, der ruht nicht, bis er dich unglücklich gemacht hat, bis er dich fort hat nach Frankreich in den Krieg. Denkst du denn auch gar nicht, wie es dir wäre, wenn du den Hof mit dem Rücken ansehen und in den Krieg müßtest, wo sie mit Kanonen schießen und expreß auf die Leute und keinem Menschen borgen, sei er, wer er wolle? Micheli, gingest gerne? Und gehen mußt, wenn es so fortgeht!» Das machte Michel wirklich bedenklich, denn einstweilen begehrte er nicht, ein Kriegsheld zu werden. Er dachte wohl daran, im Notfall vermöchte er, einen zu kaufen. Aber er wußte auch Fälle, wo Haß dahinter war oder man einen Menschen forthaben oder strafen wollte, daß man keinen Stellvertreter annehmen wollte.

Wie oben gesagt, schickte man besonders gern Schläger und Händelsüchtige hin. Dort, kalkulierte man, könnten sie ihre Lust am besten büßen, dreinschlagen nach Herzenslust und sogar pflichtgemäß. Michel sagte, den Krieg fürchte er nicht, es würde ihm gar nichts machen, zu gehen, wenn er wäre wie andere Leute. Aber er habe oft gehört, im Kriege käme ungefähr die Hälfte mit dem Leben davon und jetzt unterm Napoleon nicht einmal. Nun sei er so dick als zwei deren Hungerleider, welche sich gewöhnlich anwerben ließen, da wüßte er ja im voraus, daß er das Leben nicht davonbrächte, denn täte es nicht den einen halben Teil treffen, so nähme es doch den andern. Und wenn man das voraus wüßte, wäre es ja dumm, wenn man ginge. Allweg lachte, wer diesen Kalkul hörte.

Anni verschwatzte sich selten und nie, solange noch was abzuwaschen war. Sobald Michel fertig war mit Essen, trug es ab und machte sich ans Waschen. Michel aber griff nach seiner Pfeife und

machte seine übliche Runde ums Haus und in den Ställen. Dies ist eine Übung, welche kein Bauer, auch wenn er nicht mehr selbst arbeitet, je versäumen sollte. Es ist denn doch des Herrn Auge, welches die Ordnung erhalten soll. Michel hatte sonst sehr große Freude an diesen Ställen und mit Recht, denn schönere Pferde, stattlichere Kühe sah man selten, aber diesmal sah er wenig von diesen Schönheiten, es lag ihm zu dick vor den Augen. Es kam ihm immer in Sinn, wenn der Landjäger ihn doch verklagen würde, wenn er dies alles verlassen müßte. Dann kam ihm großer Ärger an über sein Wüsttun und starke Entschlüsse, alle Ausflüge zu unterlassen und auf seinem Knubel zu bleiben, da könne er machen, was er wolle, und fechte ihn hier jemand an, so habe er das Recht, ihn totzuschlagen. So studierte Michel tief, vielleicht zum erstenmal in seinem Leben, so tief, daß er das Horn, mit welchem man die Leute auf dem weiten Hof herum zusammen- und zum Essen rief, fast überhört hätte.

Der Hunger plagte ihn zwar nicht, aber des allgemeinen Gebrauchs wegen nahm er doch seinen Platz oben am Tische ein, hinter dem Tisch pflanzte sich das Mannevolk auf, auf dem Vorstuhl saßen die leichten Truppen, das Weibervolk nämlich, welches frei ab- und zugehen mußte. Drei große Milchkacheln voll ganzer Milch, das heißt, die Nidle (Sahne) nicht abgestreift, standen auf dem Tische. Ein besonderer Napf stand neben Michel, gefüllt mit purer Nidle, so gut und dick, als Anni sie zwegbringen konnte. So hätte es Michel von Kindesbeinen an gehabt, sagte Anni, und es wüßte nicht, warum er es als Bauer schlechter haben solle, als er es als Kind gehabt. Solche Nidle ist bekanntlich eben nicht gegen den Durst, daher Michel sehr oft seinen Löffel über den Napf weg in die große Milchkachel steckte. Das nahm ihm aber Anni allemal übel. Es sehe wohl, sagte es, er schätze je länger je weniger, was es an ihm tue. Es selbst versuchte nie etwas von der Nidle; was Michel über ließ, wanderte in den Ankenkübel. Es hätte schrecklich schlecht gelebt, wenn es seine Milch an die Nidle hätte tauschen sollen, aber Micheli sollte Nidle brauchen. Das sei nur Bosheit und ihm zTrotz. Sie sei ihm als Kind gut gewesen und hätte so wohl angeschlagen, so wüßte es gar nicht, warum er sie jetzt nicht mehr brauchen wolle.

Sobald man gebetet hatte, brachten die Knechte das Gespräch auf die gestrigen Heldentaten, sie taten zwei Würfe mit einem Stein, einen nach dem Wohlgefallen des Meisters und einen nach der Huld der Jungfrauen, welche auf dem Vorstuhl saßen. Homer machte es wohl etwas fließender, wenn er von Achill oder Ajax sprach, als diese Knechte, da sie die Taten ihres Meisters priesen, aber größer stellte er seine Helden nicht dar als diese Knechte den ihren. Zu Hunderten seien die Dörfler da unten an ihn geschossen wie Bremsen an ein Roß, aber Michel habe sich nicht umgesehen, habe seine Streiche geführt wie vom Himmel herab, und wen er nur angerührt, habe sich gestreckt, so lang er gewesen. Er hätte nicht gebraucht, nachzubessern und, was beim erstenmal sich nicht gegeben, zum zweiten- und drittenmal zu versuchen. Wunder täte es sie nicht nehmen, wenn sie jetzt noch dort lägen, wo sie hingefallen. Was der Meister nicht niedergeschlagen, das hätten sie gebürstet, daß die Haut samt den Haaren davongefahren. Jeder wollte Streiche aufgefangen haben, welche dem Meister gegolten, niedergeschlagen haben, wer ihn im Rücken angegriffen. Jeder hatte Heldentaten begangen, darüber zankten sie, aber darin waren sie einig, daß sie alle gegen den Meister nichts gewesen, der sei durch alles durchgefahren wie ein Ochse durch einen Bohnenplatz. Auch Samis und Bäris wurde mit Ehren gedacht, der Landjäger ausgescholten, beraten, wie man es ihm das nächste Mal machen wolle. Es wurde erzählt, was das vor dem Meister einen Respekt gegeben, wie sie mitten im Streit und Schlagen gehört, wie der Knubelbauer sei doch keiner, selb sei wahr. Das sei doch dumm, daß man den nicht ruhig lasse, er täte ja niemanden was zuleid, aber wer sich an ihn wage, komme entweder weg wie ein Hund oder liege am Boden wie ein Kalb. Kurz, sie redeten schön, vertrieben dem Meister die Grillen, füllten ihn wieder mit Selbstbewußtsein, wie man mit Gas einen Luftballon füllt, daß nicht bloß keine Wolke mehr auf seiner Seele lag, sondern daß ihn dünkte, er sei zunächst an der Sonne und glänze selbst wie die Sonne.

Anni redete beständig drein, vernütigte alles, wollte abbrechen, aber man hatte heute keine Ohren für ihns, man sah zu deutlich, wie es dem Meister wohltat, und wie gern es die Jungfrauen hörten. Man spann den Faden fort, da hob Anni, als es den letzten Löffel niedergelegt sah, rasch die Tafel auf, raffte einiges Geräte zusammen und befahl den Mägden, das übrige nachzubringen. Diese mußten gehorchen so gut als englische Damen, wenn die Hausfrau sich erhebt und in das Teezimmer schreitet. Ob gern oder ungern, was sein muß, muß sein, sowohl auf dem Knubel als in Engeland. Aber wie in Engeland die Herren, blieben hier die Knechte sitzen, denn der Meister blieb ebenfalls sitzen, und die Knechte spannen fort an ihren homerischen Gesängen, und dem Meister schwoll das Herz mehr und mehr, kühn leuchteten seine Augen, und auf die Zunge wälzten sich, ungefähr wie man ein Zuckerfaß aus dem Keller schrotet, die Worte: «Z'arbeiten trägt heute nichts ab, z'arbeiten ist nicht viel; wie wärs, wenn wir heute wieder nach Kirchberg gingen, luegten, ob die noch da lägen, wo sie gestern gelegen, und dann luegten, wie es am Eiermahl geht, es soll heute sein. Es wäre zu probieren, ob man auch tanzen dürfte, oder ob nur die Kirchberger Prinzen das Recht dazu hätten.»

Doch ehe noch diese Worte hinauf bis auf die Lippen geschrotet waren, was bei Michel immer etwas Zeit brauchte, streckte eine Magd die Nase zur Türe herein und rief: «Michel, söllest usecho, sind zwei da, wollen mit dir reden!» «Kennst sie?» fragte Michel. «Habe sie nie gesehen», sagte die Magd, «aber allem an sind sie unten aus den Dörfern.» Die Knechte sahen einander an, als ob sie sich gegenseitig fragen wollten, ob sie wüßten, was die wohl wollten. Natürlich ward die Tafel nun auch vom männlichen Geschlechte aufgehoben. Im Herausgehen sagte Sami zu Michel: «Sie mögen an dich bringen, was sie wollen, so laß dich nicht erschrecken, mach nit öppe drNarr!» Draußen standen zwei, auch Michel kannte sie nicht. Sie fragten Michel, ob er der Knubelbauer sei, sie hätten ein Wort mit ihm zu sprechen. Michel hieß sie in die Stube kommen. Ho, sagten sie, sie hülfen da ein wenig nebenausgehen, sie hätten mit ihm etwas im Vertrauen zu reden. Wer nämlich recht vorsichtig sein will, redet vertrauliche Worte am liebsten im Freien, wo keine Wand ist, an welche ein Ohr sich legen und hinter welcher man das daran gelegte Ohr nicht sehen kann.

Wahrscheinlich hatten sie sich bereits den passendsten Platz auserlesen, wie, wenn man angreifen will, man sich erst das Terrain besichtigt. Sie gingen neben dem Hause einem kleinen Hügelchen zu, wo höchstens nur eine Maus im Loche unbemerkt horchen konnte. Dort sagte der eine: «Es wird dir zSinn cho, warum wir da sind. Du weißt, wie du gestern in Kirchberg getan, jetzt liegen in Kirchberg zwei in der Leistung (liegen bleiben im Wirtshaus auf Rechnung des Schlägers). Sie sind bös zweg; so Gott will, stehen sie wieder auf, aber gewiß ist es nicht. Jedenfalls werden sie zeitlebens ein Näggis (Schaden, böse Folgen) davontragen. Übrigens brauchst du uns nicht zu glauben, da ist das Doktorzeugnis, da lies, wennd kannst! Der Doktor hatte es gleich anzeigen wollen; wenn solches permittiert sei und nicht handlich gestraft werde, sei ja niemand seines Lebens sicher, hat er gesagt. Wenn es der Oberamtmann vernehme, würde der wohl dem Knubelbauer das Handwerk legen ein für alle Male. Aber wir haben dir nicht zBösem wollen, unglücklich zu machen begehren wir dich nicht, du wirst wissen, wie man jetzt mit Schlägern und Händelmachern abfährt. Es sind zwei arme Bursche, welche ihr Brot verdienen müssen, so schien uns, wenn du ein Namhaftes tun würdest, so könnte man schweigen und stille sein bei der Sache. Wie meinst?»

Da machte Michel ein dumm Gesicht und hatte beide Hände in den Westentaschen, wie es damals Mode war, später fuhr man damit in die Hosensäcke, gegenwärtig in die Rocktaschen, denn etwas muß der Mensch haben, wohin er mit den Händen fahren kann. Hat er nichts, so hat er auch keine Haltung, und das ist fatal. Und wenn er auch etwas hat, darein er fahren kann, so schützt es ihn doch nicht immer vor Verlegenheit, das erfuhr Michel jetzt. «Was duecht dich, was willst? Red!» sagte der, welcher bis dahin geschwiegen. «Wir haben weit heim, es pressiert uns.» Da sagte Michel endlich, etwas sei gegangen, selb sei wahr; aber es hätten noch viele andere geschlagen als er, die Bursche könnten von andern geschlagen sein so gut als von ihm, selb sei doch vorerst zu untersuchen, ehe er eintrete. «Die Sache ist ausgemacht, untersuchen mangelt sich da nicht», sagte der eine der Anschicksmänner, «wie man den Roßeisen gleich ansieht, welcher Schmied sie gemacht hat, so kennt man alsbald die Köpfe, welche der Knubelbauer beschlagen hat. Daneben wie du willst! Es war uns um dich; und willst nicht, so hast gehabt, anhalten wollen wir dir nicht. Wir können auf dem Heimwege gleich beim Schloß vorbei, die Anzeige machen und das Doktorzeugnis abgeben.» «He, einen Tag oder zwei Bedenkzeit, daß man sich öppe besinne cha, wird doch wohl zu haben sein?» sagte Michel. Dazu hätten sie keinen Auftrag, sagten sie. Unterdessen könnte die Sache von einer andern Seite angezeigt werden, dann sei sie aus ihren Händen. «Mach aus, so ist es ausgemacht!» Daneben, zwingen wollten sie ihn nicht. Er solle ihnen nur, wenn er schreiben könne, ein Zeugnis machen, daß sie da gewesen seien. Das hätte Michel zu einer andern Zeit vielleicht getan; denn er konnte sich gar nicht erinnern, jemand so gedroschen zu haben, daß er in der Leistung liegen mußte, und seine Knechte konnten es auch kaum getan haben. Sie hatten sich bei niemand besonders aufgehalten, nur so gleichsam im ununterbrochenen Vorrücken aus dem Wege geschlagen, was darauf gewesen, und Schweizerköpfe mögen mehr als einen Schlag ertragen, und werden sie auch sturm geschlagen, hat es nicht viel zu sagen, und fällt auch einer hin, steht er zumeist alsbald wieder auf. Aber die Umstände, die Geschichte mit dem Landjäger, Bigelpeterli und Napoleon und der Teufel, den Anni ihm im Gütterli gezeigt, hatten Michel angst gemacht, er fürchtete sich vor einer Untersuchung. Michel suchte diese Angst freilich zu verbergen, so gut er konnte, aber er hatte noch zu wenig Brot gegessen, um die zwei Anschicksmänner zu täuschen. Ein Bauer merkt es dem andern auf der Stelle an, ob er fest ist im Gemüt oder erschrocken. Man hört hundertmal: «Diese Kuh habe ich wohlfeil, aber sie war feil. Ich merkte es dem Mannli gleich an, daß ihm angst war, sie zu verkaufen, weil er Geld haben mußte. Da hielt ich nieder und schüttelte dazu die Taler im Hosensack, bis er mir sie gab. Was nützen dVörtel, wenn man sie nicht braucht!»

Die Männer wandten sich zum Gehen, taten so gleichgültig und sicher, daß es Michel immer katzängster wurde, er sie in die Stube kommen hieß, ihnen dort Kirschenwasser aufstellte, es endlich mit ihnen zTod und Amen ausmachte. Aber es kostete Michel ein schweres Geld, und mit schweren Seufzern gab er es. Michel liebte, wie gesagt, das Geld nicht vorzugsweise, dachte eigentlich wenig daran, aber ein solcher Lümmel war er doch nicht, daß er es unbeschwert so mir nichts, dir nichts zum Fenster auswarf oder verschlenggete, wie man zu sagen pflegt. Aber zKrieg, zKrieg wollte er nicht, den Knubelhof konnte er nicht mitnehmen, und was halfen ihm Bäri und Schlagring im Krieg gegen Dragoner und Kanonen! Als die Männer das Geld hatten, pressierten sie fort und strichen sich mit so langen Schritten, daß Michel dachte: «Die fürchten, ich könnte reuig werden, denen hätte ich es anders machen können!» Aber es war eben jetzt eine ausgemachte Sache. Er seufzte über das schwere Sündengeld und dachte, das sei am Ende doch keine Sache, welche sein müßte, in Zukunft könne man sich davor hüten. Die Lust, ans Eiermahl zu gehen, wo es sicherlich wieder Schläge gab, war ihm durchaus vergangen, sein Selbstbewußtsein hatte gar keinen Flug mehr.

Schwermütig trappte er ums Haus herum, und siehe da, plötzlich standen wieder zwei Männer vor ihm, und wieder waren es zwei sogenannte Anschicksmänner. In Wynigen liege einer krank in der Leistung, den Michel in Kirchberg geschlagen. Derselbe habe es zwingen wollen, heimzugehen, aber in Wynigen müssen liegen bleiben. Er sei so zweg, daß sie nicht wüßten, ob sie ihn noch lebendig antreffen würden, wenn sie keimkämen. Wenn er ausmachen wolle, wohl und gut, sonst könne man es auch anders machen. Diese zweite Hiobspost fuhr Michel ins Gebein, trieb ihm das Blut ins Haupt. «Glaubt ihr denn, der Knubelbauer sei nur da, um sich brandschatzen zu lassen? Da könnte mir jeder Schelm im Lande kommen und sagen: ‹Michel, hast mich geschlagen, gib Geld!› Das ist mir ganz das gleiche, wie wenn mir einer auf der Straße sagt: ‹Blut oder Geld!› Jetzt macht, dieweil eure Beine noch ganz sind, daß ihr mir vom Hause wegkommt!» Aber diese Männer waren weder erschrockenen Herzens noch auf den Kopf gefallen. Sie liefen nicht alsbald davon, sondern sie ließen scharfe Worte fallen, welche Michel ins Herz schnitten. Sie redeten vom Krieg, sagten, Michel schicke sich wohl dahin, aber ungewohnt werde es ihm denn doch sein, wenn er von allem fort müsse, und die Kindermutter mitzunehmen, schicke sich doch nicht wohl. Nun, wie mans mache, hätte mans! An einem andern Orte könne man auch sein, warum nicht, wenn man das Leben hätte; und sei man tot, da mangle man nichts mehr, dann sei es an einem Orte wie am andern. «He nun so dann, so adieu wohl, und es wäre dir zu wünschen, daß du nie reuig würdest!» Kurz, sie redeten, stachen, hieben, mürbten Michel, daß sie endlich statt mit einem Abschlag mit einem schönen Schübel Geld ablaufen konnten.

Das tat Michel mehr als weh, er dachte, das werde gehen wie bei Hiob, bis er fertig sei, und hinterher komme doch der Landjäger und nehme ihn. Er ging ins Bett; da ließe man ihn doch ruhig schlafen, dachte er, aber seine Gedanken irrten ihn am Schlaf. Michel war nicht dumm, aber unerfahren fast wie ein Kind und erschrockenen Herzens in gewissen Dingen, so furchtlos er in andern war. Der Mut und die Furcht wohnen in den meisten Herzen friedlich beisammen, der gleiche Mensch kann Löwe oder Hase sein, je nachdem die Gefahr ist, die an ihn kommt, und je nachdem das Element ist, aus welchem sie kommt. Es kann einer ein Utüfel gegen das Feuer sein, vor dem Wasser aber springt er, so weit er kann. Michel sah wohl, er war gemolken worden nicht bloß wie eine Kuh von einem Melker, sondern wie ein Staat, an dessen Euter jedes Kalb im Lande sein durstiges Maul hängt.

Neben diesem Ärger tauchte ein zweiter auf. Gestern zweimal, einmal auf der Brücke und einmal im Wirtshause, und heute wieder hatte man ihm die Kindermutter, Bröckeli, Breili um die Nase gerieben. Für ein Kind schien man ihn nicht bloß zu halten, sondern im Publikum zu verschreien, zu verlachen und weit umher, sonst hätte man es ihm nicht in Kirchberg vorgehalten. Das ist für einen, welcher meint, er sei hochberühmt so weit sein Name genannt werde, eine fatale Entdeckung, und das Fatalste, daß er, als er anfing darüber nachzudenken, selbst finden mußte, etwas sei an der Sache. Anni war seine Kindermutter auf den Dupf wie vor zwanzig Jahren. Anni band ihm noch immer die Schuhe, band ihm das Halstuch, zog ihm den Hemdenkragen zweg, ja, kämmte ihm das Haar hinten schön über den Kragen und vorne über die Stirn herab, kochte ihm Eiertätschli, stellte ihm Nidle zweg, buk seine Küchelschnitte doppelt, trug Kümmernisse um ihn im Herzen und zutage wie um ein fünfjährig Bübchen. Das wurmte ihn sehr, aber guter Rat, wie helfen, fiel ihm über Nacht nicht ein.

Darum war er am folgenden Tage sehr übler Laune, wie man es immer ist, wenn man entweder sich bewußt ist, dumm getan zu haben in der Vergangenheit, oder witzig tun möchte in der Zukunft und nicht weiß wie. Er war wunderlich, Anni konnte es ihm nicht treffen, ja, er schnauzte es sogar. Darüber weinte und grollte Anni. Das sei sein Lohn, sagte es, daß es sein Schuhwisch sein solle und alles entgelten, was er dumm anstelle. Es vermöge sich dessen ja doch nichts, daß er vorgestern den Lümmel gemacht und alle geprügelt, gestern den Löhl und von allen sich hinwiederum habe brandschatzen lassen. So wolle es nicht dabei sein, sondern aufpacken und gehen; für ein Plätzlein, ruhig zu sterben, werde der liebe Gott wohl sorgen. Er wisse, wie es es gemeint habe, und wie man es ihm jetzt mache. Dieses Grollen tat Michel wieder weh, denn er hatte ein weich Herz und Anni lieb, aber er hatte eben wieder die Manieren nicht, mit welchen man grollendes Weibervolk versöhnt. Sie sind ziemlich bekannt und nicht schwer zu lernen, wenn man nicht durchaus ein Stock ist, aber es muß halt doch alles gelernt sein auf der Welt bis an die gehörigen Ausnahmen, unter welche begreiflich das Regieren gehört, von dem man neuerdings wieder die Entdeckung gemacht, daß es keine Kunst, sondern eine Naturanlage sei, deren Organ aber nicht am Schädel, sondern im Maule sitzt.

Als im trüben Grollen der Morgen verflossen war und über Mittag das Wetter nicht heiterer wurde, ging Michel ins Stübli und wollte ein Rühigs (Mittagsschläfchen) nehmen. Kaum hatte er sich gelegt, klopfte es draußen hart. Hochauf fuhr Michel und sagte: «Ist aber so ein – da?» Da fragte eine grobe Stimme: «Habt ihr nichts Feißes (Fettes)?» Solche Stimmen sind, wenn auch nicht die letzten Posaunen, welche aus dem Grabe wecken, so doch Instrumente, welche jeden Bauer aus dem Schlafe sprengen, besonders wenn er was Feißes hat oder die Stimme bekannt tönt. «Du sollest hinauskommen!» rief eine Stimme zur Türe hinein, «es ist ein Bernmetzger da.» Michel ging, kannte aber den Metzger nicht, war störrisch ohnehin und gab ablehnenden Bescheid. Er hätte doch vernommen da unten, er hätte ein besonders fettes Milchkalb, wie man lange keins gesehen das Land auf, das Land ab, es wiege über zwei Zentner. Er möchte es wenigstens sehen, sie würden doch vielleicht des Handels einig, wenn es nicht schon verheißen sei, sagte der Metzger. «Nun», sagte Michel, «das Kalb kann ich dir zeigen», ging mit Schritten, wie er sie lange nicht gemacht, in die Stube, holte hinter dem Zeithäusli, wo die Stöcke gewöhnlich verwahrt stehen, einen Dornenstock und fuhr mit flammendem Gesichte auf den Metzger los und schrie: «Siehst jetzt das Milchkalb, gschaus recht!» Der Metzger sagte erschrocken: «Nit, nit, ich habe nichts Böses gemeint, man hat mir es so angegeben, mich heraufgeschickt!» Aber Michel hörte keine Einsprache des Metzgers, sondern schlug unbarmherzig auf ihn los. Da versuchte des Metzgers Hund was zur Sache zu sagen, aber da war Bäri bei der Hand, gab bündig Bescheid, daß Metzger und Hund nichts Besseres wußten, als ihr Heil in der Flucht zu suchen. Sie stoben übers Feld durch Korn und Bohnen aus Leibeskräften. Michel konnte nicht viel daran machen, des Metzgers Beine waren um etwas leichter, aber Bäri wohl, der überschoß den armen Metzgerhund, daß er das Rad schlug wie ein Hase, den man in den Kopf geschossen.

Der Lärm hatte die ganze Mannschaft auf die Beine gebracht, welche sich über die Exekution fast totlachen wollte, nur Anni schlug unter der Küchentüre die Hände über dem Kopf zusammen und jammerte über die heutige Welt, die seit Adams Zeiten nie so schlecht gewesen, solche Frechheit hätte es doch nicht gedacht zu erleben. Es nehme ihns nur wunder, daß der liebe Gott so lange Geduld hätte, daß er nicht vierzig Tage und vierzig Nächte nicht bloß Wasser, sondern Pulver regnen lasse und am einundvierzigsten den Blitz dreinschlagen. Das gäbe eine rechte Aufräumeten, den wüsten Leuten müßte man es gönnen, sie wüßten dann einmal, wer Meister, und die brävern hätten es besser und wieder Platz auf der Welt. Als Metzger und Hund verstoben waren und jedes wieder an seine Arbeit gegangen, polterte Michel in die Stube hinein, wo Anni im Samzeug kramte, da es die Zeit war, wo rechte Weiber das Gartenfieber haben. Er polterte in der Stube herum, sein Zorn wuchs, statt sich zu verflüchtigen. Anni wollte ihn bedauern, ihm zusprechen. «Micheli, sei nit böse!» sagte es. «Das sind wüste Leute, mußt dich denen nicht achten!» Aber dieser Zuspruch war Öl ins Feuer. So wolle er nicht mehr dabei sein, sagte er, aller Leute Narr im Spiel wolle er nicht sein, so erleide ihm das Leben. Am besten seis, er gehe in Krieg, da bleibe er an einem Orte dahinten, wo er niemand zum Gespött mehr sei. Hier könnten ihn die Leute doch nicht in Ruhe lassen, wenn er auch keinem sterblichen Menschen was zuleide tue. Begreiflich rechnete Michel die Löcher, welche er den Leuten in die Köpfe schlug, für nichts, denn sie taten ihm nicht weh. So rechnen bekanntlich die Leute: was ihnen nicht wehtut, ist kein Weh, und was ihnen nicht Leid verursacht, keine Beleidigung.

Nun kehrte sich das Wetter; und daß Michel sterben wollte, drehte Anni das Herz um. «So red mir nicht!» sagte es. «Könntest dich versündigen, ich stehe es nicht aus, und hast nicht Ursache. Wenn schon Brandschatzer da gewesen sind und so ein Metzgerkalb, so macht das die Sache nicht aus. Wenn du daheim bleibst, so kommen die Brandschatzer nicht mehr, und den andern wird es wohl erleiden, wenn du mit ihnen ausfährst, wie du es dem gemacht hast. Von einem solchen Hof weg und so jung, denk, Micheli, so einen gibt es auf Erden und im Himmel nicht. Die Hühner legen vierzehn Tage früher als an allen andern Orten; und wenn ich in die Stadt gehe, so fragen mir die vornehmsten Herrenfrauen nach und geben mir gern einen halben Kreuzer mehr für das Pfund Anken: es sei keiner so süß wie der Knubelanken, sagen sie immer.

Und redest dann von Krieg und Sterben, nein, Micheli, selb ist dir nicht ernst. Red nur nicht mehr so, könntest dich doch verfehlen, wenn es unser Herrgott für Ernst nehmen würde, er ist manchmal viel exakter, als man meint.» «Nun», sagte Micheli und schlug mit der Faust auf den Tisch wie ein trotzig Kind, «wenn ich nicht sterben soll, so will ich heiraten, selb will ich dann, das muß mir sein!»

Da stand nun Anni, alle Löcher im Gesicht angelweit aufgesperrt, nicht bloß wie Frau Lot, als sie hinter sich sah in Sodoms und Gomorrhas Flammenmeer, sondern als ob es sehe den Blitz vom Himmel fahren in das Pulver hinein, welches es vierzig Tage geregnet, als ob es bereits sehe, wie die Menschen als gebratene Gänse gen Himmel führen. Es hatte ihm den Atem gestellt, die Sprache fand es nicht. Endlich begann es zu schnopsen, als ob es eine halbe Stunde unter Wasser gelegen, und schnopsete immer: «Heiraten, heiraten, ach, ach, heiraten, ach, ach, ach Gott und alle Güte!» Das Wort hatte es getroffen wie ein gewaltiger elektrischer Schlag und war ihm in alle Glieder gefahren. Von dem Gedanken, daß Micheli je heiraten könne, war es so weit entfernt, als vom Morgen der Abend ist. Mütter denken schon an das Heiraten der Söhne, wenn sie ihnen zum erstenmal die Brust reichen, halten Musterung unter den Töchtern des Landes, ob wohl eine würdig des Glückes sei, bei ihr Söhnisweib zu werden. Hat eine eine Sohnsfrau, so kann sie möglicherweise Großmutter werden, und dies betrachten Weiber in einem gewissen Alter als ein Avancement, welches mit gewissen Berechtigungen verbunden ist. Kindermütter aber haben es ganz anders, natürlich. Sie denken zwar nicht daran, Sonne, Mond und Sterne zu stellen, wie Josua es getan, indessen was sie als Kind empfangen, möchten sie doch als das gleiche Kind behalten in alle Ewigkeit, denn ist es mit dem Kinde aus, ist es auch aus mit der Mutterschaft. Es ist also nicht bloß Eigennutz dabei, sondern wirkliche mütterliche Liebe, welche nicht um das Kind kommen will. «Du mein Gott», ächzte Anni endlich im Zusammenhang, «jetzt gar noch heiraten, jetzt ist mir nicht mehr zu helfen! Du, Micheli, mein Micheli, heiraten! Was habe ich dir zuleid getan, daß du mir das antun willst? Tust du mir das zuleid, dann ist es aus mit mir, dann bin ich fertig! Nun, mir ist es gleich, aber wer sieht dann zu dir, kocht dir, was du liebst, bettet dir, wie du gerne liegst, sorgt für weiße Hemden, plätzet dir die Strümpfe und nimmt es an mit Geduld, wenn du wüst tust? Du kannst mich erbarmen, Micheli, aber du wirst dich wohl noch anders besinnen.»

«He», sagte Micheli, «wenn ich schon heirate, kannst du die Sache gleich machen, es sagt ja niemand, daß du fortsollest. Was du nicht machen magst, nimmt dir die Junge ab.» «Ja, abnehmen, da bleiben, dSach machen, jawohl, das käme schön, da sieht man, was du für ein Kind bist! Du guter Micheli, du weißt nicht, was das Weibervolk ist heutzutage, und wie die heutigen Meitscheni sind!» jammerte Anni. «Die können nichts und mögen nichts als den Narren machen, Roten saufen, vor dem Haus hocken, zMärit laufen und fressen, was Geld kostet. Mögen niemand leiden, wissen nichts, machen nichts und hassen und verfolgen alle, wo ihnen dSach machen müssen, und gönnen niemand das lautere Wasser. Aufgestrüßt sind sie von Kindsbeinen an wie die Pfauen, und weiß dir doch keine mehr, wo man den Hühnern die Eier greift! Stumphosen trägt dir keine mehr, da müssen dir ganze Strümpfe mit Fürfüßen sein jahraus, jahrein, denk, Micheli, dann ist es auseiertätschlet, und Milch kannst aus Tannzapfen drücken. Eier und Milch werden dir gebraucht, daß du gar nichts davon weißt, du armes Tröpfli! Dem soll ich zusehen, nichts dazu sagen, selb stünde ich nicht aus, und wenn ich mich auch noch leiden wollte bei einem Brösmeli Brot und einem Tröpfli blauer Milch und es abverdienen mit Kuderspinnen und Wollerupfen. Aber sehen, wie du ermagerst und dir die Kleidleni am Lybli umeschlottern wie des Großvaters Kutte an einem Bohnenstecken, nein, Micheli, nein, das will ich nicht sehen, das drückt mir das Herz ab.»

«Tu nicht so!» sagte Michel. «Ich habe einstweilen ja noch keine, und sövli bös wird dSach nit sy. Es läuft ja doch mancher junge Mann herum mit einem Kopf wie ein Käskessi und einem Bauch wie ein Landfaß. Es wird doch wohl ein Weibervölchli zu finden sein, ein freynes und arbeitsames, welches weiß, warum es da ist, und luegt, daß ich nicht ermagere, und dich ästimiert.» «Was Tüfel frage ich dem Gästimier nach, und was mangelst du jemanden, der zu dir luegt? Habe ich bis dahin nicht zu dir gluegt, eine Mutter hätte es nit besser können! Oder sag, wo habe ich gefehlt? Habe ich gestohlen, verschleipft, die Faule gemacht?» begehrte Anni auf. «Nit, nit, Anni», sagte Michel, «aber es ist ja so der allgemeine Brauch, daß man heiratet, und aparti töt hets niemere, und so hets mih dücht, ih chäm damit mängem ab und chäm us dr junge Burscht.» «O Micheli, du gutes Tröpfli (zweieinhalbzentnerigs), du bist dazu noch viel z'dumm, es ist sich aber nicht viel zu verwundern, so jung, wie du noch bist!» entgegnete Anni. «Oh, du weißt nicht, wie das heutige Weibervolk ist, und weißt nicht, wie bös die Welt ist, und wie nirgends mehr Glauben ist und niemand mehr tut, wie es der Brauch ist. In zehn Jahren hast du vielleicht den rechten Verstand und vielleicht auch nicht, aber bis dahin bessert unser Herrgott die Welt, dressiert und rangschiert sie anders. Dann kannst du es in Gottes Namen probieren, wennds zwängen willst, aber zähle darauf, du wirst mir einmal reuig!» «Jetzt schweig mir mit dem Gstürm», sagte Michel, «wenn du mich nicht töten willst! Los, Anni, selb ging doch wohl lang, ich ständ es auch nicht aus, es täte ein Unglück geben, wenn ich mir die Kindermutter sollte vorhalten lassen, wenn ich mein Lebtag ein Kalb sein sollte.»

Nun gab es erst recht Feuer und Jammer bei Anni, als es hörte, wie man seinem Micheli die Kindermutter vorhielt. Das sei doch unerhört, daß man so eine alte Frau so verbrülle in der Welt, und tue es keinem Kindlein was zuleide, und betet und garbeitet hätte es sein Lebtag, es wäre gut, es täte es niemand minder. Es wolle wetten, das käme von Dirnen her, welche ihm es nicht gönnen möchten, daß Michel ihns lieb habe, die gern selbst Kindermutter wären auf dem Knubel. Es wisse wohl, das Weibervolk sei immer gewesen, wie es gewesen von Eva her. Es nehme ihns nur wunder, daß der liebe Gott nicht gleich die Eva abgeschafft, als er gesehen, wie sie geraten, und eine andere gemacht. Aber nicht aus Mannefleisch, da sei es kein Wunder, wenn sie bubig würden. Aber so schlecht wie jetzt sei doch das Weibervolk nie gewesen; zu seiner Zeit hätte man sich doch geschämt, einem so unter die Nase zu stehen und so nötlich zu tun. Es möchte die Täschen nur kennen, welche das getan, denen wollte es sagen, was sie wären. «Wärst du aber was wert gewesen, so hättest es ihnen gemacht wie dem Metzger oder Sami oder Bäri an sie hingereiset, sie hätten dir dein Lebtag die Kindermutter nicht mehr vorgehalten. Oh, hättest mich lieb, du hättest das gemacht, aber ich sehe wohl, du verschämst dich meiner, ich bin dir auch im Weg, und das ist jetzt mein Lohn und mein Dank, daß ich meine besten Jahre hier verbraucht, Tag und Nacht keine Ruhe gehabt und für alles gesorgt, als ob es meine Sache wäre. Ach, wenn ich nur schon weg wäre und sechs Schuh unter der Erde. Wer weiß, was für Elend ich noch erleben muß!» Und in völlige Trostlosigkeit versank Anni, daß Michel schweigen mußte und trösten, es sei ja noch keine gemachte Sache und nicht, daß es sein müßte; wenn es ihm so zuwider sei, könne man es ja unterwegs lassen.

Michel sprach im Ernste so, aber der Gedanke ans Heiraten war einmal da, und er ward seiner nicht mehr los. Es gibt Gedanken, welche stärker sind als alle Michel, Platz nehmen, wo sie wollen, und da bleiben, man mag sie wollen oder nicht. Solche Gedanken vertreibt man nur mit andern Gedanken, aber eben hatte Michel keine andern; oder was er dachte so nebenbei, stärkte nur diesen Gedanken. Er versagte sich aus Furcht vor bösen Folgen seine Hauptfreude, die Schlägereien. Kinder tauschen aber ein Spielzeug nur gegen ein ander Spielzeug; wenn sie vom Ballspiel ablassen, ergreifen sie mit um so größerer Hitze das Stöckeln, von dem bringt sie weder Schulmeister noch Haselstecken ab. Michel mußte immer an die Stimme in Kirchberg und an den Metzger denken, und das Ende von allem war immer: «Heiraten wäre doch gut, und e Frau sött zueche; was will ich sonst, und was habe ich für Freude auf der Welt?»

Sami kam in eine schwere Stellung, denn Michel und Anni machten ihm Mitteilungen; indessen war er der Stellung gewachsen. Anni sagte zu ihm: «Du warst ein Lumpenbub und Nichtsnutz von je und wirst einer bleiben in alle Ewigkeit, du machst mir nichts als Verdruß und hast in Gottes Namen keine Freude als irgendein Lumpenwerk anzustellen oder sonst was Dummes. Du hast ihm das Weiben in Kopf getan und niemand anders und denkst nicht, was du für ein Unglück angerichtet hast, und wie es dem armen Micheli ergehen wird, nein, daran denkst du nicht! Hoffentlich geht es dir zuerst an die Beine, und das erste, was eine junge Frau macht, wenn sie auf den Knubel kommt, ist, daß sie dich fortjagt, und kommt es ihr nicht in Sinn, so gebe ich es ihr an. Dann kannst einen andern Platz suchen, wie du hier einen hast! Tue Micheli die Flausen wieder aus dem Kopfe, welche du ihm hineingemacht, sonst sieh zu, wie es dir ergeht! Es wird dir eingetrieben werden, zähl darauf!» Dann kam Michel zu Sami und sagte: «Was ducht dih, Sami, wär wybe nit gut? Du weißt, wie es mir in Kirchberg ging, wie man mir da die Kindermutter vorhielt, und wie man mich sonst ausspielt an allen Orten, und weißt, wie man mir aufpaßt und mich unglücklich machen möchte. Da dachte ich, eine Frau wäre gut, da könnte ich daheim bleiben und doch Freude haben. Anni ist alt; wenn es dahintenbleiben sollte, wären wir bös dran, wer sollte die Sache machen? Jetzt hingegen könnte es eine Frau brichten, daß die dann wüßte, wie es gehen sollte, wie man es gerne hat, und wie es der Brauch ist, könnte es ihr zeigen, wie man den Hühnern die Eier greift, wie man die Milchkacheln brüht, und was sonst noch Wichtiges vorkommt in einem Bauernwesen. Doch sage ich Anni, ich möchte wybe, so tut es wüst und sagt, es wolle ihns töte. Selb will ich auch nicht, aber es ducht mih, es sött ihm nit sövli mache, und es sött Verstand brauche, so kanns doch nicht immer bleiben. Red mit der Mutter u säg, si söll Verstand brauche, es werd se nit tote, wenn ih scho wybe, und sie könne dann ja die Junge brichten, wie sie es haben wolle!»

Sami war so zwischen zwei Feuern, es ward ihm nicht angst dabei, Sami war nicht dumm, er kalkulierte: «Michel muß heiraten, selb ist natürlich, tät ers nicht, wärs ja dumm! Die Mutter ist übernächtig (kann über Nacht sterben); stirbt sie, kommt eine Magd ans Brett und macht dSach, und der Tüfel weiß, wie dann die tut, und was ihr in Kopf schießt, wenn sie das Heft in die Hand kriegt! Jetzt eine nehmen, ist dsBest, die dressiert dann die Mutter, was der Brauch ist, und wie es Michel liebt, und daß alle wohl dabei sind und es akkurat geht wie jetzt, wo niemand zu klagen hat. Aber wohl auslesen muß man, die Katze nicht im Sack kaufen, darum ist das Beste, man nehme die Sache zur Hand und helfe Michel eine suchen, wehren hülfe doch nichts, und dann könnte man nicht ihm zu einer helfen, welche allen beliebt. Es muß kein Geizhund sein, welche einer Floh den Schmutz ausdrückt, wenn sie eine Suppe machen will. Ein Schlärpli wollen wir auch nicht, welches am Morgen sterben will, wenn es auf muß, den ganzen Tag nichts tut als ums Haus herum gränne, welche die Sonne nicht ertragen mag und den Regen nicht, wo man ein apart Druckli muß machen lassen, um sie im Lande herumzuführen. Auch so einen Ausbund und Meisterlos wollen wir nicht, welcher alles besser weiß und alles neu will, dem man keine Hacke recht in der Hand hat und kein Rübli schabt, wie es ihm anständig ist. Da möcht der Tüfel dabysy, wenn man Mist zetten soll und die Bäuerin kommt, nimmt einem die Gabel aus der Hand und zeigt, wie man Mist zetten müsse, und konnte noch über kein Spänchen springen, als man es schon hundertmal gemacht! Auch eine Werchader mag ich nicht, so eine, wo meint, es solle nie Feierabend sein, und nach Mitternacht auf ruft, den ganzen Tag brüllet, bald vor dem Hause, bald hinter dem Hause, und gar noch vormähen will oder den Pflug halten, wo meint, man solle für drei werchen und für e Halbe fresse. Nei nadisch, so eine wollen wir auch nicht, und Michel kriegte bald genug. Aber eben darum muß man nicht wüst tun, sondern anerbieten, man wolle helfen suchen, so eine eben Rechte, welche es allen gönnt und etwas anrührt, weiß, was Werchen ist, aber Verstand braucht und nit vergißt, daß morgen auch noch ein Tag ist, daß, wie man nicht alles in einem Tage essen mag, man auch nicht alles in einem Tage werchen mag.»

Nachdem also Sami seinen Plan entworfen hatte trotz dem Radetzky, führte er seine Truppen ins Feld. Er sagte zu Michel: «Du hast recht, gwybet muß sy. Es wär lätz, wenn der Hof in fremde Hände käme, die Verwandten würden doch lachen und aufpassen wie die Ährenleser, bis der Bauer mit dem Wagen von dem Acker ist. Und wenn die Mutter stirbt, wer soll dSach machen und zu allem sehen? Aber du weißt, wie das Weibervolk ist, nüt nutz heutzutag. Der Kuhhandel ist e bschißner Handel, aber mit dem Weibervolk wird man noch zehnmal ärger angeschmiert, und dann ists bös, man kann nicht ändern. Darum muß man Vorsicht brauchen und wohl luegen, daß man die Rechte kriegt, eine, welche zu allem luegt und es allen gönnt und bsungerbar dir, von wegen du bist dich dessen gewöhnt von Kindesbeinen an. Es gibt deren, welche den ganzen Tag die Kaffeekanne auf dem Feuer haben, aber dem Mann kein Tröpfli geben; und vernehmen sie, daß er einen Schoppen getrunken oder gar guten Kameraden eine Halbe gezahlt, tröhlen sie sich am Boden herum, bis sie nicht mehr wissen, was oben und was unten ist. Lueg, du weißt gar nit, wie es git. Aber wenn man Vorsicht braucht und sich Mühe gibt, wird doch wohl eine zu finden sein, welche kein Hund ist und doch auch kein Uflat. Aufs Geld brauchst aparti nicht zu sehen, und mit der Hübschi ist es so, sie ist wohl gut, aber man muß sich gar manchmal anders gewöhnen, bis sie alte Weiber sind und aussehen wie zweijährige Äpfel.» Das dünkte Michel sehr verständig, und er fand großen Trost in diesen Worten.

Mit der Mutter mußte Sami andere Worte brauchen, da hatte er einen harten Stand. «Mutter», sagte er, «denk, Michel ist über fünfundzwanzig, und du bist alt, kannst über Nacht dahintenbleiben, wer soll dann die Sache machen und zu Michel luegen? Drum sieh ihm für eine, welche es gut meint und dem Hofe wohl ansteht, für eine Kurzweilige und doch Manierliche, wo dann da ist, wenn du stirbst, und dSach gleich in die Finger nimmt, wie du sie brichtet hast.» Jä, jetzt ging das Wetter schön los! «So», sagte Anni, «meinst, ich sollte über Nacht sterben, bei einer Jungen sei es kurzweiliger. Du bist doch dr wüstest Kerli unter der Sonne, der Mutter das Sterben zu gönnen, du bist gerade wie dein Vater, darum brach er auch beide Beine unter einer Buche und mußte so früh davon. Ich mußte auch plären, als ich mit ihm zur Kirche ging, aber seither mußte ich oft denken, wie wohl es mir gegangen, daß unser Herrgott ihm so früh davonhalf. Mach nicht, daß es dir auch so geht! Jawolle, der Mutter z'sage, sie sollte über Nacht sterben, ist das schon erhört worden!» «Mutter, verkehre mir die Worte nicht!» sagte Sami. «Du weißt wohl, was ich gesagt, und wie ich es gemeint. Aber was ist das gemacht von einer Mutter, wenn sie es ihrem Mann gönnt, daß er beide Beine gebrochen, und ihrem einzigen Sohne anwünscht, daß es ihm auch so gehen möge!» «Lue, wie du lügst!» zankte Anni. «Von dem habe ich kein Wort gesagt; schämst dich nicht, der Mutter die Worte zu verdrehen? Und verdient es denn eigentlich einer, der an der heiligen Oster dem Narrenwerk nachläuft und sogar Menschenblut vergießt, besser? Und wärs schade um solche Beine, welche noch dazu andern vorlaufen auf den Wegen des Teufels?» «Mutter», sagte Sami zornig, «du bist eine wüste Frau und weißt nicht, was du redest.» Annis Antwort kann man sich denken. Kurz, Sami, der nicht absetzen wollte, hatte fünf Tage zu tun, ehe er seine Mutter bloß dahin brachte, daß sie ihm seine Worte nicht verkehrte und zornig wieder an den Kopf warf, sondern sie in stillem Grollen auffing, kaute, verschluckte und darüber nachdachte. Sami hätte vielleicht fünf Wochen oder fünf Monate Zeit dazu gebraucht, aber in dem Maße, als Michel den Gedanken ans Heiraten sich einbürgerte in seinem Kopfe, in dem Maße drängte er Sami an Anni hin. Es sei ihm lieb und wert alswie eine Mutter, aber die Kindermutter wolle er sich nicht mehr vorhalten lassen, und das höre nicht auf, bis eine Frau auf dem Knubel sei; wolle Anni das nicht, so gehe er zKrieg. Die Anhänglichkeit war nicht verwischt, aber der Stolz erregt, der die Liebe nicht verzehrt hatte, aber doch die alte Stellung altershalb unhaltbar fand. Sami begriff dieses und redete der Mutter fernere fünf Tage zu, bis sie endlich nicht bloß nachdachte, sondern sagte: «Na, wenn dus zwängen willst, so zwängs, aber wenn es nicht gut kommt, so gebe mich niemand schuld, es ist dann zu hoffen, daß es an dir vergolten werde.»

Nun, mit dieser Antwort ließ sich schon was machen, sie war

bereits einlässig, sie beruhigte Michel und brachte Anni dahin, daß es den Gegenstand selbst in Anregung brachte, als einige Tage niemand etwas darüber zu ihm sagte. Das ist immer das beste Mittel, über einen einmal angeregten Gegenstand zum Reden und Eintreten zu bringen, wenn man wieder davon schweigt. Der Gwunder, was jetzt gehe, vielleicht gar etwas hinter ihrem Rücken, tut sicher die Zunge in Gang bringen. «Und was hast dann für eine im Gring?» schnellte einmal Anni Michel an, als es bei ihm vorüberfuhr, und eröffnete so die ferneren Unterhandlungen. «Keine aparti», sagte Michel. «Begreif, ich möchte nicht so die Erste die Beste nur des allgemeinen Gebrauchs wegen, eine Gute, die sich brichten läßt und es mir und dir und allen gönnt.»

Diese Worte waren wie Balsam auf Annis Gemüt. «Du armes Tröpfli du, davon verstehst du nichts und kennst die Welt nicht, weißt nicht, was heutzutage die Meitscheni für Schlangen sind. Wenn man meint, man habe einen Engel an der Hand, hat man die wüsteste Kröte am Hals.» «He», sagte Michel, «man muß recht luege, gut nachfragen, sich wohl bsinne, dann wird es doch kaum fehlen können.» «O Micheli, dr gscheitst Händler wird mit Kühen betrogen, wieviel hundertmal leichter nicht ein junger Löffel mit einem Meitschi! Die, wo am meisten dyri däri machen, am schönsten unterngucken können, grad die sind Utüfle und tun, als ob des Teufels Großmutter ihre nächste Base sei.» «He, das ist nit so schlimm», sagte Michel, «nicht halb so bös. Jetzt grad, von des Bauern im Guggeli Töchtern eine, es sind ihrer manche, haben bös, es wäre eine froh, zu kommen und für dih dSach zu machen, es sind brave Menscher, und auf das Geld brauche ich nicht zu sehen.» Potz Türk und Blau, wie es da losging und so während der ganzen Inspektion bei jedem Mädchen, welches Sami oder Michel vorführten, in der ganzen Runde fand keines Gnade. Wenn am Mädchen selbst nicht so viel auszusetzen war, daß ihm seine Verwerfung unzweifelhaft schien, oder Sami oder Michel einwendende Gesichter – zu Worten kam es selten – machten, so machte Anni es wie ein Metzger, wenn das Fleisch auf der Wage zu wenig zieht: derselbe legt Knochen, sogenanntes Ausgewicht bei, etwas, wel-

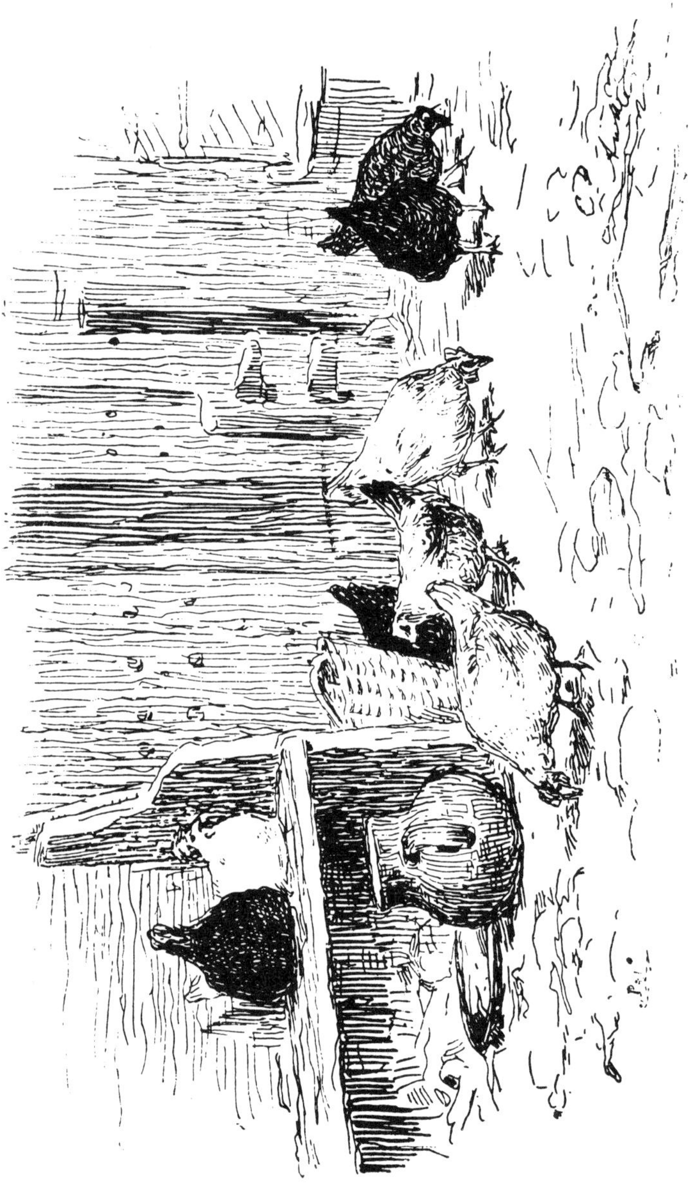

ches den Ausschlag gibt. Solchen Mädchen legte Anni auch Ausgewicht bei, einen Urgroßvater, welcher im Zuchthaus, eine Großmutter, welche im Schwingstuhl oder in der Trülle gewesen, eine Mutter, welche dem Teufel von dem Karren gefallen, einen Vater, der einen Eid getan, von welchem man glaubte, er sei falsch gewesen, Vatersbrüder, welche gröbelige Greule seien, eine Schwester, welche ein unehlich Kind gehabt, einen Bruder, der geschieden sei usw. usw. Wo aber gar nichts Anzubringendes offen auf der Hand lag, was freilich nicht oft vorkam, da sagte Anni, gerade das scheue es am allermeisten. An allen Orten sei etwas, und wo man nichts wisse, da seien die Leute nur schlauer als die andern und hätten um so größere Ursache, es zu verbergen, es sei gewöhnlich zehnmal schlimmer als das, was alle Leute wüßten.

Michel wurde ganz traurig, schlug auf den Tisch und fragte: «So soll ich denn keine haben?» «Warum nicht?» sagte Anni. «Ja freilich, aber nicht die erste beste, gut luege und sich wohl bsinne, hast ja selbst gesagt. Ihr habt sie da ums Haus herum zusammengelesen, und das gefällt mir nicht; nur keine aus der Nähe, sonst bist plaget alle Tage bis ins Grab. Du hast niemand nötig, welcher dir zweghilft mit Zug und Geld, Holz und Leuten, da ist ein Schwäher in der Nähe, der helfen kann, kommod. Nimmst du aber eine aus der Nähe, hast du das ganze Pack beständig vor der Türe. Hat der Schwäher was nötig, schickt er zum Tochtermann oder kommt und nimmt es ungefragt, und niemand sagt dir ‹Danke Gott!› dafür. Hat die Mutter was nötig, Geld, Anken, Schnitz, Fleisch, kurzum, was es ist, muß es die Tochter geben, und dSach wird dir verschleift, du weißt nicht wie. Küchelt man einmal, und kriegt es das Pack in die Nase, so kommt die ganze Haushaltung mit Hund und Katze, frißt, daß sie sich binden müssen, und denken: «Es tuts ihm wohl.» Röstet man Kaffee, so ist ein Kind da mit einem Teller und sagt, Mutter habe keinen gerösteten, man solle ihr doch leihen; sobald sie röste, wolle sie ihn wiedergeben. Aber der muß gute Augen haben, der eine Bohne wiedersieht! Macht der Mann mal der Frau ein sauer Gesicht, läuft sie zur Mutter, weiß sie etwas nicht, läuft sie zur Mutter, soll sie was tun, das ihr zuwider ist, läuft sie zur Mutter, die kommt daher, ist gesotten und gebraten hier, und der Hof ist der ihre, dSach ist ihre, und du hast so wenig mehr zu befehlen als der Türlistock vor dem Hause. Selb wirst nicht wollen.» «Selb nit», sagte Micheli, «aber was machen?» «Mi muß luege», sagte Anni, «gut nachfragen, wenn du es doch willst ghebt ha, man hat Gelegenheit genug dazu, es gibt immer Leute, welche man fragen kann.» Es war Anni selbst nach und nach ernst mit der Sache geworden, seine Gedanken hatten eine Wendung gemacht. Es gibt Köpfe, deren Gedankengang einer verrosteten Türe gleicht. Wo diese steht, da steht sie; bringt man sie mit aller Gewalt einen Ruck weiter, so steht sie da wieder, bis eine neue Gewalttat sie noch weiterbringt. Zuweilen jedoch, durch die eigene Schwere gedrückt, fällt sie ins alte Rostloch zurück, aus dem man sie erst mit so großer Mühe gehoben.

Nun hatte Anni bis dahin immer nur an seinen Micheli gedacht, gedacht, es gehe ihm so gut, besser nütze nichts, jede Veränderung brächte ihm nur Böseres, besonders eine Frau, so eine junge, wüste, tüfelsüchtige, wie man sie heutzutag habe, und die obendrein nichts verstände als zu brauchen, was ihr unter die Finger komme, das hielte Micheli nicht aus, es müßte ihn töten. Nun aber hatte Sami ihm gesagt, es könnte ihns töten und zwar über Nacht; so wenig es an Michels Alter dachte und sah, wie er zum Mann geworden, ebensowenig dachte es daran, wie ihm die Jahre zuwuchsen und es eine alte Frau geworden. Und wenn es nun über Nacht starb, wer sah dann zu Micheli, wer half ihm eine Frau suchen, wer dressierte und rangschierte sie, wenn sie einmal da war, bis sie ein manierlich Mönschli ward?

Es kriegte ordentlich Hitz zur Sach und streckte seine zahlreichen Fühlfäden aus in alle Lande. Anni stand weit umher bei vielen sogenannten untergebenen Leuten in größerm Verkehr und Ansehen als gar manche Bäuerin. Es war zwar nur Kindermutter, aber zugleich auch Verwalterin eines der schönsten Höfe mit uneingeschränkten Vollmachten und hatte Geld in den Händen, geradesoviel als ihm beliebte. Den kleinen Handel mit Eiern, Anken, Hühnern, Milch usw. betrieb es allein, nahm das Geld ein, schaffte an, was nötig war; was es übrig hatte, gab es Michel, und Michel nahm, was Anni gab, in unbedingtem Vertrauen. So gut in diesem Punkt hats selten eine Bäuerin, geschweige denn eine Herrenfrau. Hühner- und Kachelträger, Tauben- und Garnhändler, Besenbinder, Scherenschleifer, Weckenweiber und Lumpensammler, Ankenhändler, Kesselflicker, Kachelhefter, Schweinborsten- und Federnsammler, Metzger, Müller, Hausierer mit Halstüchern, Schmöck- und Karmeliterwasser, Aarwangenbalsam und Tannzapfenöl und andern guten Dingen mehr gingen beständig ab und zu. So ein rechter Bauernhof ist eine unerschöpfliche Fundgrube von unzählbaren Herrlichkeiten und wahrscheinlich eine viel nachhaltigere als die Goldgrube von Kalifornien. Zu diesen allen kamen noch Bettler und Übernächter. Viel der oben genannten Herrschaften samt den Bettlern übernachten, sooft sie können, in Bauernhäusern und auf Höfen. Aber es wandern noch viele Leute durchs Land, welche gern Geld sparen, auf den Höfen um ein Nachtlager bitten. Sind sie einmal so an einem Orte über Nacht gewesen, so betrachten sie sich als Bekannte, als eingeführt, gleichsam als berechtigt, Gastfreundschaft zu fordern; kehren sie ein andermal wieder, sagt einer ganz getrost: «Gottwillche, bin auch wieder da, könnte ich wieder über Nacht sein?» Die Übernächtler hat man bald im warmen Stall, zuweilen auch in einem Bette, denn selbst hier ist Rangunterschied. Mit dem Nachtlager ist zumeist aber auch Abendessen und Frühstück verbunden.

Diese große Gastfreiheit kostet, hat indessen auch ihre Vorteile. Wenn ein Übernächtler, sei er von welcher Sorte er wolle, nicht ganz dumm ist, so sucht er die erhaltene Wohltat zu vergelten, indem er seinen Gastgebern kurze Zeit macht. Auf einsamen Höfen schleicht oft die Zeit gar langsam und einförmig dahin, besonders in langen Abenden dem Mannevolk, welches nicht spinnt, keine Stubenarbeit hat, wenn das morndrige Frühstück gerüstet ist, und dazu nicht lesen mag. Da ist so ein Mensch, der aus der Fremde oder nur aus einer andern Landesgegend kommt und was zu erzählen weiß, gar sehr willkommen. Die Dorfgeschichten vom Pfarrer, Schulmeister, Doktor, Gemeinderat usw. werden ausgetauscht, und wenn der Mensch aus der Fremde was zu erzählen weiß, ob wahr oder gelogen, so lebt die ganze Haushaltung wohl daran. Am Morgen heißt es dann: «Wir haben hinecht einen Übernächtler gehabt, e tusigs e kurzwylige, der konnte brichten, man konnte nicht genug hören, er war aber auch weit umher, einmal auch in Frankreich und ein andermal in Aargau.»

Das ist eine Seite. Die andere Seite ist die, daß man durch diese Leute allerlei Botschaften kann verrichten, Bescheid, Bestellungen machen lassen. Solche Leute stellen gar zu oft die Liebesboten vor. Man würde es ihnen gar nicht ansehen. Am kommodsten kann die Hausfrau ein vertrautes Wort mit solch einem Menschen reden, wenn sie ihn zum Frühstück ruft, nachdem die andern abgegessen haben; da ist die Stube leer und die Mitteilungen unbehorcht. Anni hatte also reiche Gelegenheit, Erkundigungen einzuziehen über alle Bauerntöchter im Unterland und Oberland, im ganzen Vaterland. Aber da stieß es wieder auf Schwierigkeiten, an welche es gar nicht gedacht. Aus triftigen Gründen, wie wir gesehen, wollte es keine Frau aus der Nähe, aber wiederum war ihm kein anderer Landesteil anständig, um darin eine Frau zu suchen, gegen jeden hatte es Vorurteile. Im Unterlande waren sie ihm zu grob und unreinlich, im Mittellande zu langsam und hochmütig, um Bern herum Dienstagsschleipfe und Märitpyggern, im Oberland zu faul und hoffärtig, da war guter Rat teuer. Eine Unzahl von Mädchen, womit man ganz Neuseeland samt Kalifornien hätte versehen können, fielen auf diese Weise aus und wurden gar nicht berücksichtigt. Eine andere Menge Mädchen, welche so gleichsam weder im Oberland noch Unterland, sondern auf zulässigem, neutralem Gebiete wohnten, wurden von den Berichterstattern, welche Annis Anforderungen nicht kannten, mit Rühmen ganz verpfuscht, sie wurden dargestellt, daß es Anni die Haare zu Berge stellte. Von einer sagte man, das sei eine, das gebe eine rechte Bäuerin, die koche ganz allein, und es dünke einen, mit nichts, sie brauche gar nichts. Eier und Anken und deren Zeug könne die verkaufen wie nirgends, nur aus dieser Sache löse sie ein Sündengeld. Michel sei glücklich, wenn er die kriege, da könne er darauf zählen, daß ihm kein Brösmeli nebenausgehe und er ein schrecklich reicher Mann werde. Dann hieß es wieder, dort wäre eine Rechte, das gröbste Mannevolk tue ihr nicht die Schuhriemen auf, die scheue alles nicht, ins Wüsteste gehe sie voran, sei am Morgen zuerst und wecke die Knechte, am Abend zuletzt; wenn alles nieder sei, sehe sie noch zu Feuer und Licht, mache die Haushaltung allein, jage früh am Morgen auf das Feld hinaus, gehe dann auch noch nach, ja, führe den Pflug dem besten Bauern zTrotz. Das sei eine, die könnte ausschwingen am Ostermontag zu Bern oder an der Lüdern Kilbi. Oder aber man redete von einer, das sei doch das styffst und freynst Meitschi, das man weit und breit antreffe, das würde hier dem Hofe doch tusigs wohl anstehen. Es komme immer daher wie aus einem Druckli und sei doch ganz gemein, möge sich mit den ärmsten Leuten gmühen, könne mit einer alten Frau brichten ganze Stunden lang, es habe immer das schönste Maienzeug weit und breit. «Man sagt sogar, es könne neuis auf dem Klavier machen und tanzen dazu bsungerbar schön. Daneben rührt es nicht viel an, meint nicht, es müsse die Finger in allem haben und die Nase noch dazu. Es darf den Leuten etwas anvertrauen, und wie sie es machen, ist es ihm recht. Ja, die Leute haben es bsunderbar gut dort; wenn die Sache schon ihre wäre, sie könnten es nicht besser haben, rühmen sie.» Begreiflich kam man mit solchem Ruhm bei Anni übel an. Anni war eine Justemilieuianerin, es wollte weder eine, die alles machte, noch eine, die nichts machte, weder eine, die alles verkaufte, noch eine, die nichts verkaufte.

Auf diese Weise zog sich die Sache in die Länge, es wollte sich Anni bei seiner Wunderlichkeit gar nichts anziehen, was ihm anständig gewesen wäre. Endlich verlor Sami die Geduld und sagte: «Mutter, so geht dies bis zNiemerlistag, du mußt anders dran, beim bloßen Brichten gibt es keinen Käs, du findst keine, wo alles ist, wie es dich dücht, daß es sein sollte. Vernimmst ein anständig Mensch von braven Leuten her, so muß man zusammen. Michel muß es selbst sehen, man muß ihm Bescheid machen, daß es an ein gnamtes Ort komme. Lue, Mutter, du bist nicht der liebe Gott und kannst es zwegkarten, wie du es in deinem alten Kopf hast, du mußt dem lieben Gott auch etwas überlassen, er hat es sonst ungern. Dücht es Michel, das Meitschi gefalle ihm, so kann man anhängen und luegen; dücht es ihn, er möge es nicht, so läßt mans fahren.» «Geradeso», sagte Anni, «wird man angeschmiert, zähl drauf, Bub! Daß du doch immer witziger sein willst als dMutter! Hinter Wein und Bratis kann jede Gränne ein süßes Maul machen. Wenn man einem den Hals brav salbt, so ist es keine Kunst, holdselig und glatt zu reden, daß man meinen sollte, es pfeife ein Engel vom Himmel herab. Du mußt ein Meitschi sehen am Morgen, wenn es aus dem Gaden (Kammer) kommt, am Sautrog, wenn es ihn ausputzt und das Fressen dreinschüttet, am Tisch, wie es die Erdäpfel schindet und ißt, und was es für ein Maul dazu macht, ob es zum Schein ißt und auf das Hinterstübli hoffet oder aus Hunger, am Sonntag, wenn es zPredig geht, und meinethalb auch im Wirtshaus, wenn die Buben einer am Fürtuch, einer am Kittel hanget und einer es bei der Hand schreißt. Lue, Sami, dann weißt, was es Meitschi ist, und was es cha!»

«Ja, Mutter, wenns so ist, so machet Euch auf die Beine und gucket den Meitscheni nach am Sautrog und im Wirtshaus und hocket nicht da bei Euern alten Weibern hinter dem Ofen, Brichten ist noch lange nicht Gschauen.» «Du bist ein Löhl», sagte Anni, «treibst das Gespött mit der Mutter, und das ist schlecht von dir, daß du es nur weißt!» «Mutter, nit böse sein, aber dSach ist doch so. Wer will das Meitschi auf die Art, wie du sagst, gschaue, wo man keine Bekanntschaft hat; und aus der Nähe willst ja keine. Mit der Bekanntschaft muß doch angefangen sein, und so mir nichts, dir nichts nachts einem Meitschi die Fenster einschlagen und brüllen: ‹Wott yche, bi drKnubelbur›, selb wär doch wohl grob. Aber zähl druf, Mutter, das recht Gesicht, wo es daheim macht, kann man einem Meitschi auch hinter Wein und Bratis füremache, wenn man es recht anfängt. Die Hauptsach ist die, daß man merke, ob ein Meitschi aufrichtig sei und gutmeinend, einem dSach gönnt und Verstand hat und z'brauche weiß. Brichte, wie man dSach will, kann man jeden Menschen, wo Verstand hat, das Gutmeinen aber kann man niemand einschütten wie einer Kuh einen Trank;

wenn das fehlt, so fehlts, und dSach hat gfehlt!» «Wie meinst denn», fragte Anni, «daß man so einer das Gesicht fecken und das rechte füremache söll, wenn du doch witziger sein willst als die andern Leute?»

«He», sagte Sami, «da ist nichts leichter als dies. Michel muß recht wüst tun, fluchen und sonst donnern, das Fleisch an den Wänden herumtreiben und saufen wie eine Kuh bei verbranntem Emd. Da kann man gleich sehen, was die erleiden mag, ob sie es ihm gönnt, oder ob es eine Taubsüchtige ist und meint, es solle alles gehen nach ihrem Gring.» Dagegen erhob sich Michel und zwar mit mehr Anstand als mancher Ratsherr, das heißt mit Verstand. Selb sei ihm doch nicht anständig, so den Unflat zu machen; wenn das Meitschi in einen Grausen käme, so wäre er ja schuld daran; wenn es aber seine Freude hätte am Wüsttun, so wüßte man erst noch nicht, wie man das auszulegen hätte. Es dünke ihn, es zeigte sich am besten, ob es geduldig sei und ihm Freude gönne, wenn er und Sami sagten, es düche sie, sie möchten ein wenig kegeln, wenn es nichts dawiderhabe, und wenn es sage: «Meinetwegen!» ein bis zwei Stunden miteinander machten und das Meitschi sitzen ließen allein. Wäre es dann noch freundlich und manierlich, so könnte man ja sehen, daß es gutmeinend sei. Michel wäre diese Probe natürlich sehr anständig gewesen, er liebte das Kegeln sehr, dabei konnte er seine große Kraft zeigen, und zwei Stunden kegeln gingen ihm leichter als zwei Minuten mit einem Meitschi reden. «Jawolle, ja, so muß man es machen, wenn man wissen will, was ein Meitschi für ein Herz hat! Ich bin eine Alte, aber wenn ich noch jung wäre und ließe mich bescheiden hiehin oder dorthin, und der, welcher mich kommen heißen, ließe mich sitzen und kegelte, ich wartete nicht eine halbe Stunde, ich täte den Weg unter die Füße nehmen und liefe heim. Warum nicht gar, da zwei Stunden in der Einsamkeit sitzen, die Zähne tröcknen und sich auslachen lassen, das wäre ja mehr als am Halseisen stehen. Ihm düchte es, wenn es Michel wäre, so täte es anständig, aber vergeuden mit Aufwarten täte es nicht, sondern die Sache so wohlfeil als möglich machen, dawider kann kein Meitschi was haben, sondern es könne denken, es kriege keinen vertunlichen Mann und komme nicht um seine Sache. Ich ließe es bei einer halben Sechsbatzigen, für sechs Kreuzer Brot und einem Schnifeli Käs bewenden. Das ist für die Notdurft; wenn sie Michel kriegte, wäre das auch für dFreud viel genug. Wenn sie dareinstimmte und bei der Sache vergnügt und zfrieden wäre, so hülf ich da anfangen Bekanntschaft machen und dSach besser untersuchen.» «Aber, Mutter, das wäre ja getan, ein Besenbinder und Schwefelhölzler macht es stölzer; was müßt so eine denken, was Michel wär, und was Michel hätte? Anständig ist anständig! Warum nicht Kaffee und Erdäpfelröste oder langes Kraut und blaue Milch?» sagte Sami, «das wäre eine lustige Aufwart, möchte nicht dabeisein, da kannst dann selbst mit, Mutter, auf deinen alten Beinen.»

Sami war der Unvermeidliche, den Michel immer mitnahm, wenn er drei Schritte aus der Dorfmark ging. Er war eine Art Dolmetsch bei allen Angelegenheiten, bei Lustbarkeiten und beim Kuhhandel; daß er ihn auch auf dem Weibersucht begleiten mußte, verstand sich ganz von selbst, so daß es durchaus nicht als Anmaßung auszulegen ist, wenn Sami annahm, er werde dabeisein müssen. Er unterlag nicht Selbsttäuschungen, wie so manchem Vaterlandsfreund übers Haupt gewachsen sind. Michel hatte weder Ähnlichkeit mit Demosthenes noch mit Cicero, vielmehr mit einem morgenländischen Sultan, der bloß Gebärden macht und neben sich seinen Dolmetsch hat. Michel war stolz wie einer und wieder schüchtern oder unbeholfen, es wohnen manchmal gar seltsame Dinge nebeneinander.

Es ist kein Narrenwerk, eine ordentliche Weiberprobe zu ersinnen, das erfuhren die drei; sie ist noch viel schwerer als eine Milchprobe für die Käsbauern, welche stichhält. Wer so eine erfinden täte, könnte in Zeiten, wo nicht Geldmangel ist und die Leute zu heiraten vermögen, in aller Kürze ein steinreicher Mann werden. Nun, den drei muß man es nachreden, sie ließen sich durch den ersten, mißratenen Versuch nicht abschrecken, sie sannen und sannen, wie schwer ihnen auch das Sinnen ging, bis sie die Rechte gefunden zu haben glaubten und alle drei in dem Glauben einig waren, wenn die nicht gut sei, so nütze alles Sinnen nichts, es gebe keine mehr. Nun pressierte es Anni selbst, die Probe zu probieren, von wegen, sagte es, Suchen sei nicht Finden, man könne vielleicht ein dutzendmal probieren, ehe man zur Rechten komme. Sobald Anni auf diesem Punkte angelangt war, war das Anstellen derartiger Konferenzen sehr leicht, sie sind eine Landessitte und eine sehr naturgemäße. Man bescheidet ein Mädchen, von welchem man gehört, mit welchem man Bekanntschaft machen möchte, weil sich da eine Heirat zu schicken scheint, an einen dritten Ort, redet miteinander, gschaut sich gegenseitig; und gefällt man sich nicht oder wird sonst des Handels nicht einig, so geht man kaltblütig und ohne alle Konsequenz auseinander.

Diese Konferenzen werden zuweilen durch Verwandte, viel öfter aber durch eigene Liebesboten vermittelt, Schwefelhölzler, Kachelhefter, Schwammweiber, ehe die Zündhölzchen das solide Feuerzeug verdrängten, alte Mägde und sehr oft durch eigentliche Weiberhändler, von welchen merkwürdigen Gewerbsleuten an einem andern Orte weitläufiger die Rede sein wird. Es findet es also kein Mensch unanständig, wenn Bauerntöchter und selbst reiche und vornehme einer solchen Einladung Folge leisten. Nur muß der Ruf von einem rechten Bauernburschen kommen; käme er von einem Musterreuter zum Beispiel, und ginge sie, und es käme aus, ja, dann wäre es schon ganz was anderes. In Städten sagt man, wenn davon die Rede ist, eine Tochter hätte Lust, zu heiraten: «Pfi tusig! Wie mag die doch, die muß nicht alles sein!» wenn man Ursache hat, ihr so was nachzureden, das heißt, sie hätte Lust, zu heiraten. «Pfi tusig!» Es ist ungefähr so wie in England, wo in anständiger Gesellschaft kein Mensch das Wort Hosen aussprechen darf, und wo man doch seltsame Augen machen würde, wenn nicht alle Mannsbilder sich gehörig mit Hosen versehen hätten. Nun, auch auf dem Lande sagen sechzehn- bis siebzehnjährige Mädchen, wenn man ihnen vom Heiraten spricht: «Pfi Tüfel, wer möcht!» Es sei einer der ärger Uflat als der ander, es gruse ihnen, wenn sie einen nur von weitem sehen müßten. Aber denen kommt es schon anders und zwar ohne Wallisbad, ganz naturgemäß. Steht die Zahl zwanzig im Rücken, da ändern sich die Redensarten, und nach und nach heißt es wohl: «Warum nicht! Wenn ich es gut machen könnte, wäre ich ja ein Narr, wenn ich es nicht täte; aber er müßte mir gefallen, e Freyne und e Hübsche sy. So einen von der Gasse, e Fötzel oder e alte Gritti, selb nit, lieber ledig sterben!» Indessen nach und nach werden die Ausnahmen geringer und die Anforderungen milder, denn sein Lebtag nur Gotte oder Base sein, wird mit der Zeit doch ungemein langweilig. Es ist daher keiner Bauerntochter zu verargen, wenn sie in eben rechtem Alter gern Bäuerin werden möchte. Erstlich kann eine Bauerntochter nichts naturgemäßer werden als eine Bäuerin, aber zweitens auch nichts Schöneres.

So eine rechte Bäuerin mit offenem Herzen und offener Hand, klarem Verstand, festem Willen und Übung in allen Dingen ist eine wahre Majestät, eine Enkelin der Königin Bertha, welche vom Volk betrachtet wird mit Furcht und Liebe und gläubigem Vertrauen, daß sie helfen werde in jeder Not, Werdenden und Sterbenden eine wahrhaftige Helferin. So eine Bäuerin ist ganz was anderes als eine Königin, welche nichts anderes kann als den König angrännen und die Hofdamen schnauzen. Ja, sie ist ganz was anderes als nur so eine Base oder Gotte, deren Schicksal viel Ähnlichkeit hat mit dem einer Gans, mit dem Unterschied jedoch, daß man eine Gans nur zweimal rupft im Jahre, die Base oder Gotte aber das ganze Jahr durch gerupft wird. So eine Bäuerin tritt in einen Kreis, in welchem die Mittel ihres wahren Lebenszweckes liegen. Wenn nun Hochgebildete und sogenannte Fortschrittler sich die Beine unten ablaufen, um schlechte Ratsherren zu werden und man dies republikanisch, schön und edel findet, so ist es sicher noch republikanischer, schöner und edler und vaterlandsliebender, wenn Mädchen ebenfalls ihre Beine in Bewegung setzen und zwar nicht um schlechte Ratsherren, sondern um gute Bäuerinnen zu werden.

Anni hatte ein Schwammfraueli, welches es mit besonderer Vorliebe herbergete. Dasselbe hatte den allerbesten Schwamm, wie Anni sagte, den es auf der Welt gebe, aber das Fraueli kannte Anni und konnte es ihm treffen und brichten wie keine. Das war gar lange nicht da gewesen, kam einmal an einem heißen Sommernachmittage, als alles auf dem Felde war und Anni ganz allein gaumete, schachmatt auf den Knubel. Der Engel Gabriel hätte Anni in seiner Einsamkeit nicht willkommener erscheinen können als das alte Schwammfraueli. Es erzählte ihm alles, was es auf dem Herzen hatte, wie Micheli das Wybe in Kopf geschossen, es wisse nicht warum und wie es sich gegen ihn verfehlt, es glaube immer, Sami, der Lumpenbub, habe es ihm eingegeben. Es habe in Gottes Namen nachgegeben, von wegen es sei nicht mehr ganz jung, sondern übernächtig, wie Sami, der Unflat, ihm vorgehalten, da möchte es sich doch nicht ein Gewissen machen, wenn es gestorben sei und Micheli niemand hätte, der zu ihm luege und ihm dSach mach; jetzt sollte es ihm eine suchen, das sei ihm ein Tüfelwerk, es könne nirgends eine finden, welche nur halbweg gut sei. Ehedem sei es doch nicht so gewesen, aber jetzt sei in Gottes Namen nichts mehr, es schicke sich alles und besser für das Zuchthaus als für ein Bauernhaus. «Ich glaube, ich wüßte dir was, das sich nicht übel schickte, begreiflich ist nie alles an einem Orte beisammen, selb mußt nie meinen», sagte das Weib. «DBure auf dem Hühnersädel, das sind rechte Leute auf die alte Mode, die beten und arbeiten, haben Gott und den Nächsten lieb, haben Sorg zum Geld, halten nichts auf Hoffart und gönnen doch sich und andern, was recht und billig. Sie haben Arbeit und Sachen genug, gerade wie es am besten ist, sind nicht überkindet, es sind ihrer viere, zwei Buben und zwei Meitli. Die wissen, was Folgen und Arbeiten ist, da widerredet keins Vater oder Mutter, und sind nicht verbypäpelet (verweichlicht), daß sie beim ersten sauren Luft am Rücken liegen, die mögen Regen und Sonnenschein ertragen und sind doch gut gegen die armen Leute. Sie sind aber auch vom rechten Schlag, Bube und Meitli, haben Posturen wie Flüh und Gringe wie Sonneblume, nit so spitzi, bleichi Näheregringli, wo ein an nichts besser mahnen als an ermagerte Gufeknöpf; die stunden jedem Bauernhof wohl an.»

Man sieht es dieser Rede an, daß das Fraueli Anni besser kannte als die andern. Gerade solche möchte es, sagte Anni, die seien wie gemacht für hiehcr, wenn alles so sei und nit Schyn dahinter sei, selb müsse man probieren. Sobald Michel heimkam, wurde er nebenaus genommen, der Fund ihm mitgeteilt und so süß ausgestrichen wie Honig aufs Brot, daß Michel die Füße unter dem Tische nicht mehr stillehalten konnte. Des andern Morgens früh mußte das Fraueli ablaufen dem Hühnersädel zu, welcher glücklicherweise weder im Oberland noch im Mittelland noch um Bern herum lag, sondern auf neutralem Gebiete, etwa drei Stunden vom Knubel.

Als das Fraueli wiederkam, hatte es viel zu brichten. Anfangs hätten sie wunderlich getan und nicht gewußt, wollten sie oder wollten sie nicht. Aber es hätte ihnen brichtet, wie es hier sei und wie Michel sei, und dazu sei noch ein Schafhändler gekommen, der habe seine Sache bestätigt und gesagt, wie das ein Wesen sei und wie eine glücklich sei, wenn sie da zuchechönne. Da seien die Mädchen ganz anders geworden, hätten ihr aufgewartet; wenn sie eine vornehme Base gewesen wäre, sie hätten nicht mehr an die Sache tun können, und Vater und Mutter hätten auch angestrengt, und so hätten sie abgeredet, daß man am nächsten Sonntag über acht Tage, wenn es schön Wetter sei, sonst am nächsten Sonntag, wo es schön Wetter sei, beim Baßgeigentürli zusammenkommen wolle, es sei dort eine gute Wirtschaft und doch nicht zmitts in den Leuten. Es hätte sie wundergenommen, welches von ihnen er lieber wolle, Bäbi oder Eisi. Es hätte das aber nicht gewußt und gedacht, Michel könne selber luegen, und jetzt kämen beide. «Welche meinst, daß sich besser schickte?» fragte Anni. «Weiß meiner Treu nicht», sagte das Fraueli, «Eisi ist um öppes töller am Gring, Bäbi um öppis bräver am Lyb. Es ist gerade, wie wenn man zwischen zwei zweipfündigen Broten auslesen soll, man nimmt eins ums andere in die Finger, und zletzt gfallen einem beide so wohl, daß man beide möchte. Es wird Michel sein wie dem Esel zwischen zwei Heuhaufen.»

So lautete der Bericht, der große Bewegung brachte in das sonst so gleichförmige Knubelleben. Schneider und Schuhmacher mußten plötzlich herbei. Michels beste Kleidung war seit Ostern nicht mehr standesgemäß, und Sami hatte keine reputierlichen Schuhe. Michel ging es kurios, es wäre ihm jetzt lieber gewesen, er wüßte von allem nichts. Es hatte etwas äußerst Unheimliches für ihn, so an etwas Unbekanntes hinzugehen, so an eine Gschaui. Er hätte sich für sein Leben gern hinter sich drausgemacht und schwer Geld gegeben, es hätte siebenzehn Sonntage hintereinander wie mit Melchtern vom Himmel herabgegossen. Aber Anni trieb, Sami machte Mut und sagte, es werde ihn keine fressen, wenigstens an einem Tage nicht, so daß er immer Zeit zur Flucht hätte.

Am ersten bestimmten Sonntage war der Himmel blank, das Wetter prächtig. Bauer und Bäuerin wissen, was man für Arbeit mit einem Tiere hat, welches man zu Markte bringen oder gar auf eine Gschaui, eine sogenannte Zeichnung, welche mit Preisausteilungen verbunden ist, stellen will. Wie man da riebeln, striegeln, bürsten, waschen, reiben, kämmen, ja, flechten (Roßschweife) muß, bis alles blank wie ein Spiegel ist und glatt wie ein Aal. Bauer und Bäuerin werden daher begreifen, was es bei einem Menschen, der kein Tier ist, sondern viel mehr, für Aufwand von Zeit, Kraft, Geschick, Wasser, Seife samt Striegel und Bürste braucht, um ihn so recht schön und glänzend zu einer Gschaui herzurichten.

Wie es auf dem Hühnersädel zuging, wissen wir nicht. Aber wir glauben uns berechtigt, vorauszusetzen, daß sie alles aufgeboten und nichts gespart, was in ihrem Verstand und ihren Mitteln lag, alles nach dem Grundsatze: «Helf, was helfen mag!» Auf dem Knubelhof hatte Anni gewaltig mit seinem Micheli zu tun, um Sami kümmerte es sich nicht. «Kannst selber sehen, deiner wird sich niemand öppe viel achte», hatte es ihm gesagt. An Micheli wendete Anni in Schweiß und Angst all seine Mühe und Kunst mit Waschen, Bürsten und Kämmen. Es weiß kein Mensch, wie oft es ihm das Haar schön glatt vorne über die Stirne und hinten über den Rockkragen hinabzog, den Hemdekragen schön herauf über die Ohren zupfte. Das Halstuch band es um mit all seiner Macht, daß Michel plötzlich eine auffallende Ähnlichkeit mit dem gewesenen Lällenkönig von Basel bekam, knorzete ihm dann mit großer Anstrengung einen Lätsch zweg, von dem es meinte, es sei der schönste, der je gewesen, steckte ihm das schönste Nastuch in die Tasche und ließ wohlweislich einen Zipfel hervorgucken, damit alle Welt sehe, daß Michel wirklich eins hätte, verwandte zwei Stunden auf Instruktionen und lief ihm noch zweimal nach, dieselben zu ergänzen.

So zogen sie in der schönsten Mittagshitze stattlich von dannen, von Bäri in weiten Sprüngen umgaukelt, bis er ausgetobt, wo er dann sittig wie ein Kammerdiener seinem Herrn nachschritt. Es war ein grimmig heißer Tag, Michel schwitzte jämmerlich, daran war Anni schuld. Ob dem Riblen und Rüsten war Michel hungrig geworden, hatte tapfer Bohnen und Speck gegessen. Damit er auf dem Wege nicht durstig werde, brachte ihm Anni eine große Kachel mit guter Milch, die hatte er ausgetrunken. Darauf brachte es ihm die neue Kutte, und die mußte er anziehen. Jeder Fötzel könne ohne Kutte laufen, aber in einer neuen Kutte mitten im Sommer, dafür müßte es schon jemand sein, sagte es. Michel rauchte wie ein Schmelzofen; wäre es Winter gewesen, man hätte ihn von ferne am Rauche erkannt, wie man auf dem Zürichsee an der schwarzen Rauchsäule immer weiß, wo das Dampfschiff ist.

Das Baßgeigentürli war ungefähr zwei Stunden vom Knubel weg und, wie man zu sagen pflegt, sehr romantisch gelegen, das heißt in einem schwarzen Tannenwald, nicht in einem eigentlichen Loche, aber wenn es in einem wirklichen Loch gewesen, wäre der Unterschied nicht groß gewesen. Es war eine alte Wirtschaft und an einem Sonntag zuweilen viel Gäste dort, doch nicht wegen Romantischem, sondern weil man ein trinkbares Glas Wein fand, ein reinlich Essen und billig beides. Das Kegelries (Kegelbahn) lag der Seite zu, woher Michel kam. Wie ein alt Husarenroß, wenn es die Trompete hört, zuckte Michel zweg und kam fast in Sprung, als er Kugelrollen und Kegelgepolter in die Ohren kriegte. Das waren Töne, welche ihn aus dem Grabe gerufen hätten, und schon manche Woche hatte er sie nicht gehört, man denke! Man hätte gar nicht denken sollen, wenn man Michel im Zustand der Ruhe sah, daß er einer solchen Bewegung fähig, so rasch auf seinen dicken Beinen sei. Er glich darin einem Elefanten, welche

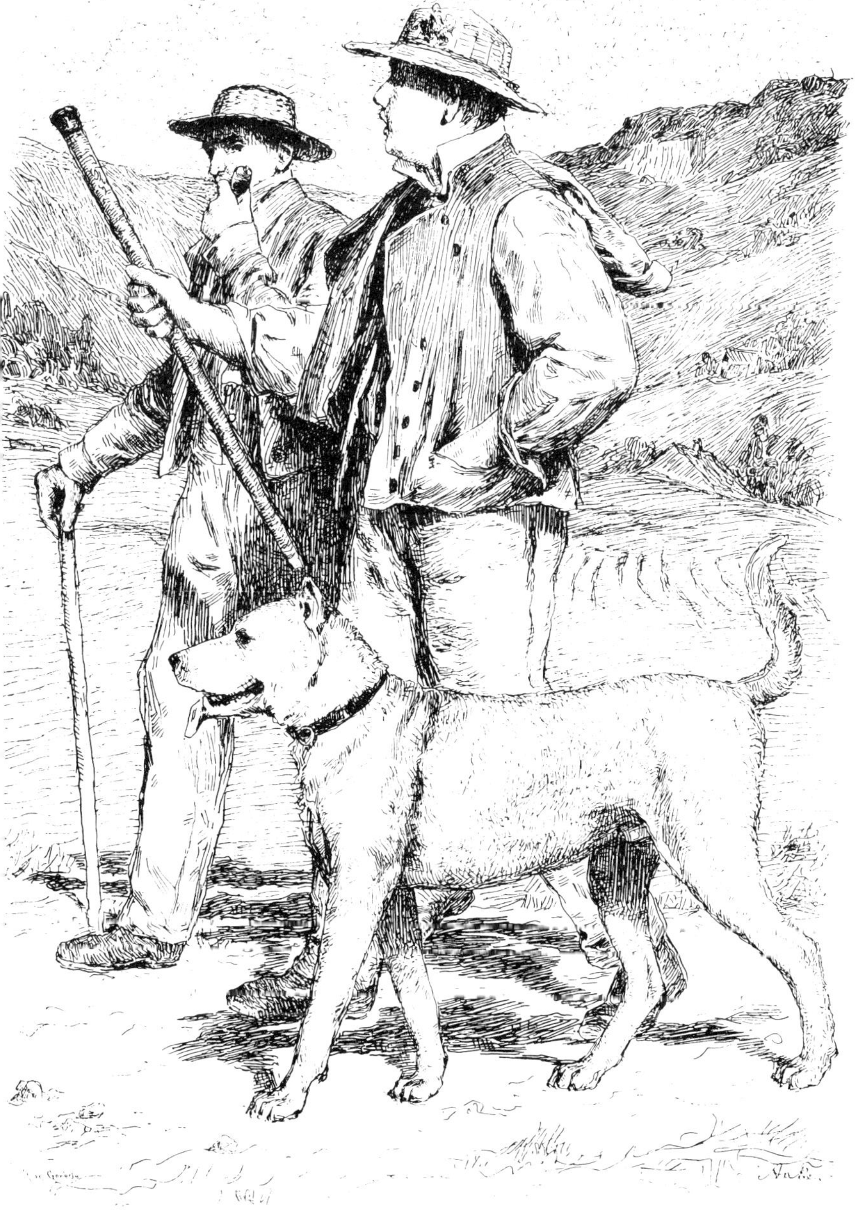

bekanntlich, obschon sie schwer und scheinbar plump sind, denn doch rascher laufen können als es oft den Jägern lieb ist. Er dachte nicht etwa: «Mädchen hin, Mädchen her!» sondern er dachte gar nicht an sie, steuerte dem Kegeln zu, als wenn er extra deswegen gekommen wäre. Er war mitten im Spiel, ehe er an die Mädchen dachte, und wenn er hinter sich sagen hörte: «Potz, lueget doch, wie der Knubelbauer Schmalz im Arme hat!» so waren ihm dies Töne, über welchen er die ganze Welt vergaß.

Sami war besonnener, hatte den Zweck, um weswillen sie da waren, nicht ganz aus den Augen verloren, bemerkte Mädchenköpfe, welche zuweilen an einem Fenster des Wirtshauses erschienen und verschwanden, zog daraus den Schluß, die Bestellten seien bereits da. Er dachte, sie vorläufig und inkognito in Augenschein zu nehmen, könne nicht schaden, tat es und setzte sich zu einem halben Schoppen in ihre Nähe. Sie saßen hinter einem Schoppen und gefielen Sami bsunderbar wohl, töllere Meitli hätte er nicht bald gesehen, und die bräver daherkämen, dachte er, er glaube fast, man könnte eine nehmen ohne Bedenken. Es waren stattliche Mädchen, währschaft gebaut, mit großen, breiten Köpfen, starken Armen, sauber, aber nicht zu hoffärtig und nicht nach der neuesten Mode, kurz, so vom rechten Bauernschlag. Wahrscheinlich hatten sie Michel der Beschreibung nach erkannt oder, ehe Sami kam, Erkundigungen eingezogen. Sami sah, daß sie Michel beobachteten. Bald eine, bald die andere streckte den Kopf ans Fenster. «Macht er noch?» fragte die eine. «Glaubs», sagte die andere, «er steht am gleichen Orte wie ein Ölgötz.» «Mir erleidets», sagte die eine. «Mir auch», antwortete die andere. «Wär doch nicht gerne drNarr im Spiel!» bemerkte eine. «Ich auch nicht», sagte die andere. «Weißt was, geh unter die Türe! Wenn er dich sieht, vielleicht kommt er dann.» «Geh du!» sagte die andere, «ich mag nicht; was frag ich doch so einem Löhl nach! Wenn er nicht bald kommt, so hulf ich weiters.» «Ho, öppe lang möchte ich auch nicht warten, aber z'hert pressiere auch nicht», sagte die andere. Sami wollte sich mit ihnen in ein Gespräch einlassen, so gleichsam ihnen die Langeweile vertreiben, aber sie fertigten ihn kurz ab, sie mußten sich hüten, mit jemanden sich einzulassen, ehe der Rechte kam, damit der seinen Platz nicht schon eingenommen finde, fuhren mit ihren Glossen fort, als ob Sami nicht da sei, welche sehr zart wurden, als eine unter die Türe sich gestellt, die andere zum Fenster aus die Wirkung beobachtet und Michel der gleiche Ölgötz geblieben war.

Die Stimmung wurde so gefährlich, daß Sami es geraten fand, den Versuch zu machen, Michel vom Kegeln weg in die Stube zu bringen. «Komm doch!» sagte Sami, «sie wollen fort, sie warten schon mehr als zwei Stunden.» «Ja», sagte Michel, «gleich, sobald ich fertig bin. Sollen nicht Längizyti haben!» Sami, der wohl wußte, daß Michel, solange jemand mit ihm kegelte, nicht fertig wurde, solange noch ein Stern am Himmel scheine, ließ sich nicht abfertigen. Michel mußte vom Kegeln lassen, wodurch seine Stimmung ebensowenig holdselig ward als die eines Kindes, welchem man ein liebes Spielzeug aus den Händen reißt.

Anni hatte ihm eingeschärft, daß er eine apartige Stube verlange, damit nicht alle Leute sehen könnten, wie er ihnen aufwarten lasse, und was sie zusammen zu brichten hätten. Aber an das dachte Michel jetzt nicht, er dachte bloß daran, was das für ein verfluchter Zwang sei, daß er jetzt in die Stube müsse, er wollte, er hätte von allem nichts gehört, könnte kegeln nach Belieben; zudem war er noch verlegen. Was sollte er sagen und wie tun? Es ist nichts, was so dumm macht als Verlegenheit, und darauf gründete sich hauptsächlich die Berühmtheit des berühmten Talleyrand, daß er nie verlegen ward, daher allezeit die passende Miene und das rechte Wort bei der Hand hatte. Michel stolperte zum Tische, wo die Mädchen erwartungsvoll wieder saßen, setzte sich ohne alle Umstände und einleitende Redensarten zum Tische, als sei er eben erst da weggegangen. Er sagte nicht einmal: «Mit Verlaub, es macht heiß heute, ihr werdet auch brav geschwitzt haben?» Er rief nach einem Maß Wein und sagte zu den Mädchen: «Es wird euch düchen, ihr möchtet auch was essen?» Oh, sie hätten da nichts zu befehlen, sagte Bäbi, sie düchs, sie möchten ein wenig an Schatten. «Ihr werdet doch vom Hühnersädel sein?» fragte Michel halb erschrocken. «Wo wollten wir sonst her sein?» fragte Eisi. Das Ge-

spräch stockte oft, Michel war in Gedanken beim Kegeln, und die
Meitschi dachten, wie sie es ihm hinreichend z'schmöcken geben
könnten, daß sie auch an einem Orte daheim seien und seine Grobheit nicht für Höflichkeit hielten. Sie taten zimpfer, wußten lange
nicht, sollten sie sich von Michel einschenken lassen, und als eingeschenkt war, taten sie, als ob sie den Wein nicht trinken könnten.
Sami bot allem auf und wollte den Artigen spielen. Aber weil die
Mädchen nicht recht wußten, wer er sei, ob ebenbürtig oder nicht,
Ansprüche zu machen hätte auf die, welche den Knubelbauer nicht
wollte, so benahmen sie sich vorsichtig, nahmen so wenig als möglich Notiz von ihm.

Michel war zu keinen Zeiten ein Redner; war ein Faden abgebrochen, fand er einen neuen nicht. Die Mädchen waren sprützig,
kurz, spannen an keinem fort; man kann sich denken, wie belebt
das Gespräch war. Michel redete mit Sami, wie er es denen draußen im Kegeln gemacht, trank fleißig, und beim dritten Glas sagte
er: «Seh, Gsundheit, treichit doch, sust suuffe ne allein!» Endlich
kam Essen, etwas Kraut, Rind- und was von Schweinefleisch. Die
Wirtin sagte, sie hätten noch schönen Braten und Schinken, wenn
er begehre, und mit Dessert könne sie auch aufwarten, sie hätte
bsunderbar schöne Tatere (Kuchen) im Ofen. Michel sagte, sie
solle nur bringen, was sie hätte. Ihretwegen solle er nicht Kosten
haben, sagte Bäbi, sie begehrten nichts, pressierten heim, hätten
weit, und kuhlet werde es haben. «Wirtin, bring!» sagte Michel,
«wenn dMeitschi nit mögen, nimmts ein anderer, und wegen den
Kosten plagt euch nicht; der, welcher die zahlt, hat immer noch
etwas, wenn er die schon gezahlt hat. Jetzt, wenn es angehen muß,
werde ich wohl hören müssen mit Tubaken.» Sprachs, steckte die
Pfeife in Sack, zog das Rindfleisch an sich, hieb eine schöne, fette
Ecke runter, warf sie Bäri dar, nahm ein ähnliches Stück für sich,
schnellte den Rest Sami aufs Teller: «Nimm, wasd magst, und
gibs weiter!» Sami tats, und was Eisi, welche Sami zunächst saß,
aufs Teller kam und mit Bäbi zu teilen war, hätte niemanden
mehr großes Bauchweh gemacht. Mit dem Schweinefleisch beachtete Michel die gleiche Rangordnung, erst er, dann Bäri, auf Bäri

kam Sami, auf Sami Eisi, auf Eisi Bäbi, das konnte haben, was überblieb. Nur mit dem Kraut gings anders. «Mag nicht», sagte Michel, «hab deren auch daheim im Garten. Bäri nimmt auch nicht; Sami, wottsch du?» «Bi nit Liebhaber», sagte Sami. «So näht dihr, was dr meut, es wott sust niemere», sagte Michel und schob den Mädchen das Kraut vor ihre Teller, sich zu bedienen nach Belieben. Potz, was die für Augen machten und Köpfe kriegten wie gesottene Krebse! «Essit, dSach ist recht, und man muß sie brauchen, wenn man sie hat. Macht euch nicht eigelig (Komplimente machen)!» sagte Michel, als er sah, daß die Mädchen Glotzaugen machten und das Essen darob vergaßen. Seine Sache war wohl recht, aber was für die Mädchen abgefallen war, war eben nicht zu rühmen. Die ganze Rede klang ihnen wie Hohn, was sie doch eigentlich nicht war. Michel hatte nur eine Redensart gebraucht, welche ihm geläufig war, da er sie daheim an seinem Tische oft anwendete. «Häb nit Kummer», sagte Eisi, «mr hey o nit Ursach!» Darauf nahm es eine Gabel voll Kraut, schob das Teller Bäbi hin. Bäbi nahm auch und sagte: «He ja, man kann so unverschämt sein und nehmen, weiß man doch, daß man es niemanden vor dem Maul wegißt.» «Deretwegen habe nicht Kummer!» sagte Michel, «nimm, soviel du magst! Habe das Kraut nie geliebet und Bäri auch nicht; ich und er haben es gleich.» «Mit Schyn ists nicht bös, bei dir Hund sein, wenn du und er es gleich haben», sagte Eisi. «He», sagte Michel, «es kommt noch darauf an, was es für ein Hund ist. Selb ist wahr, ich und Bäri könnens miteinander, er hat aber auch mehr Verstand als mancher Mensch.» Und nun ward Michel beredt, denn wenn er auf das Kapitel von Bäri kam, so fehlten ihm weder Stoff noch Worte. Unterdessen war man mit der ersten Auflage fertig geworden bis ans Kraut, zu welchem niemand große Lust zeigte.

Michel schenkte tapfer ein, besonders sich und Sami, die Mädchen redeten immer strenger vom Heimgehen, die Wirtsleute drehten auf übliche Weise mit dem Auftragen. Lange Pausen zwischen den verschiedenen Gerichten sind ein Zeichen, daß der Wirt seinen Gästen das Essen gönnt, von wegen, je langsamer man ißt, und je längere Zeit man am Essen sitzt, desto mehr kann man vertragen. Es ist ganz das Gegenteil von den modernen Wirtschaften, wo die Hotelbuben den Gästen die Teller erst zuwerfen, wie man Hunden Beine darwirft, und ehe dieselben ausgezittert wieder unter den Händen wegreißen, wie die wilde Jagd um den Tisch fahren und abzuräumen anfangen, ehe man den Sessel warm gesessen, ehe man sich besinnen kann, hat man eigentlich gegessen oder eigentlich nicht gegessen. Die Pausen werden bei jener patriarchalischen, gutmeinenden Weise mit Trinken ausgefüllt, was natürlich des Wirtes Schaden nicht ist.

Endlich rückten Wirt und Wirtin an mit einem schönen Stück Nierbraten, der ganz prächtig dampfte und roch, so daß ein ganz verklärter Schein sich auf den verstimmten Gesichtern der Mädchen zeigte, ferner mit Salat, Schinken und Tatere. Sie entschuldigten sich, daß es ein wenig lange gegangen, aber sie hätten gedacht, junge Leute hätten nicht bald Langeweile beieinander, es werde ihnen jetzt nur um so besser schmecken. «Mr wey luege!» sagte Michel, steckte seine Pfeife, die natürlich den Zwischenraum verkürzen mußte, in die Tasche, zog die Schüssel an sich, hieb ein wackeres Stück mit der halben Niere herunter und sagte: «Lueg, Bäri, wie dücht dich das?» und Bäri tat sein großes Maul auf und lebte sichtbarlich wohl daran. Das zweitbeste Stück hieb Michel runter für sich und wandte sich mit dem Reste Sami zu. Mit zornfunkelnden Augen hatten die Mädchen dem Spiel zugesehen, und als Sami Bäbi den Rest, den er um ein Beträchtliches beschrotet hatte, auf den Teller legte, stand dasselbe auf und sagte, es begehre nichts davon, sie sollten das für den Hund sparen oder, wenn der es nicht möge, selbsten fressen, und ging der Türe zu, Eisi auf und nach.

Michel war ganz verblüfft und fand das Wort nicht. Sami rief: «Nume hübschli, nit so prüßisch, es ist alles i guter Meinig.» «Wenn du drLöhl machen willst, so mach ihn, aber dNarre im Spiel sy mer lang gnue gsi, könnt jetzt den Hund dafür haben, wenn ihr wollt!» sagte Eisi, und verschwunden waren die beiden zornigen Schönen. «Das sind Feurige», sagte Sami, «die brennen ohne

Schwefelholz, daneben wären sie brav genug gewesen, hätten tolle Bäuerinnen gegeben. Aber gäb wie eine brav ist, wenn sie ein Faß Büchsenpulver im Leib hat, so ist ein uchummlig Drbysy. Es ist gut, hat sich das noch zu rechter Zeit erzeigt, hintendrein ist es zu spät, wie man sagt.» «Ja», sagte Michel, «es wird so sein. Daneben gefielen sie mir nicht übel, und zwider ist mir, wenn man wieder von vornen anfangen muß.» «Was Tüfels habt ihr mit euren Meitschene?» rief die Wirtin. «Die fahren die Straß aus, als hätte man sie aus einer Kanone geschossen, und täubbeleten durch den Gang wie Hurnussen, wenn man ins Nest geguselt!» «Nichts», sagte Sami, «kein ungut Wort hat man ihnen gegeben. Sie tun wie ertaubet Katzen, weil man dem Hund auch Fleisch gegeben, sie haben es ihm nicht gönnen mögen.» «Mit Schyn vor den Meitschene», sagte die Wirtin. «Es wär noch manches andere nicht gerne dem Hund nachgekommen. Es gibt in der Welt gar viele Gebräuche; wer sich nicht darauf versteht, kann übel fehlen. Hier ist der Brauch, daß die Leute vor den Hunden kommen, bei euch wird es der ander Weg sein; darum sollte man einander brichten, so könnte man einander verstehen. Es gibt kurios Sachen in der Welt.» Das kam Michel ins Haupt, er sagte, sie seien Menschen wie andere und hätten nichts Apartiges an sich. Aber wer zahle, der befehle und könne machen, was ihm anständig sei, so wird der Brauch sein, so weit er gehört. «He ja», sagte die Wirtin, «so wird es sein. Jeder kann tun, was er will, dann kann ihn auch jeder halten, für was er will.» Der Michel machte große Augen zu dieser Rede und sagte: «He nun so dann, wenn man niemanden schuldig ist, so kann einem das doch gragglych sein, heyge dLüt uf eim, was si wey. Was sind wir schuldig, Wirtin?» «Hab ich euch bös gemacht?» fragte die Wirtin, «es wär mir leid. Aber es ist mir doch noch so, wie ich gesagt. Oppe höflich ist das nicht; wär ich Meitschi gewesen, ich wäre auch gegangen oder hätte vielleicht noch was anders gemacht. Nehmts nicht für ungut, aber so junge Bursche muß man brichten und wenn sie den Verstand nicht haben, ihnen denselben machen.» «Häb nit Müh!» sagte Sami. «Aus dieser Aufwart lösest nicht viel; was man nicht befohlen hat, das zahlt man nicht.» «Dir habe ich noch nichts gefordert», sagte die Wirtin, deren geübtes Auge gleich Samis Stand erkannt. «Gäb wie leicht ich was forderte, könnte es dir zu viel sein. Und dann ists nicht, daß ich nichts umsonst zu geben vermag. Ich habe schon manchem aufgewartet; erst sagte er mir wüst, und nach einem Halbdutzend Jahren dankte er mir dafür. Es könnte dir auch so gehen; und geht es dir nicht so, so ists mir leid für dich, und unterdessen nehme ich kein Blatt vors Maul und rede meinem Verstand nach. Daneben ist eure Sache siebenundvierzig Batzen.»

So lief Michels erste Gschaui ab. Anni erschrak darüber sehr; indessen tröstete es sich damit, daß alles in der Welt gelernt werden müsse und Meitleni genug seien, welche man ansehen könne. «Wenn nur das Verbrüllen nicht wäre!» sagte es. Solche Sachen kämen, es wisse kein Mensch wie weit, besonders da die Wirtin das Maul dareingehängt und andere Gäste mehr in der Stube werden gewesen sein. Richtig, noch in derselben Woche kam das Schwammfraueli daher, tat spröde und sagte: «Nein doch, was du mir für eine Sache angerichtet und für einen Verdruß gemacht hast, ich kanns gar nicht sagen! Ich wußte nicht, ob ich wieder zum Hause kommen wolle oder nicht; so ist es mir doch mein Lebtag nie gegangen, nein, wäger nicht! Aber so geht es einem, wenn man ein gutes Herz hat und den Leuten begehrt zwegzhelfe.» Nun erzählte es, wie es voll Freude auf den Hühnersädel gegangen in Hoffnung auf eine gute Aufwart und schönes Trinkgeld; denn eher hätte es an den Tod gedacht als daran, daß dies fehlen könnte. Aber wohl, da sei sie anders brichtet worden, daß sie dem lieben Gott danken konnte, als sie mit dem Leben davonkam. Die Mädchen seien auf sie eingestürzt, als ob sie sie zerreißen wollten, und läng Stück hätte sie aus dem Geschrei nichts machen können. Endlich habe sie vernommen, wie ihretwegen die Mädchen eine Schande hätten ausstehen müssen, wie sie noch nie erhört worden. Den Hund hätte man gehalten, als sei er ein Meitschi, und sie, als wären sie Hunde. Aber sie hätten das gleich gemerkt, daß etwas gehen sollte: der dicke, große Löhl hätte sie zwei Stunden warten lassen, ehe er in die Stube gekommen, um ihnen seine Verachtung zu zeigen, daß sie schmöcken möchten, was er auf ihnen hielte. Aber sie hätten feinere Nasen, als das Kalb glaube, er hätte nicht halb so anzuwenden gebraucht, sie hätten die Nase voll genug gehabt, aber sie wüßten wohl, woher das käme; er hätte ein altes Kindermeitli bei sich, der sei es grusam zwider, wenn er heirate. Es werde denken, das Stehle höre dann auf, sie könne die Gans nicht mehr rupfen und den Kindern Vermögen sammeln, wenn eine Frau zur Sache sehe. Wenn sie noch einmal zu Michel kämen, dem wollten sie die Glare (Augen) auftun, daß er sich verwundere.

Nun wars an Anni, aufzubegehren, zu schreien und wirklich zu heulen; denn Untreue hatte ihm noch niemand vorgeworfen, und den Vorwurf verdiente auch wirklich niemand weniger als es. Wenig fehlte, es hätte sich alsbald nach dem Hühnersädel aufgemacht, um den Verleumderinnen in die Haare zu fahren, wobei es aber übel weggekommen wäre. Das Schwammfraueli begütigte Anni, sagte, wie es das Gegenteil gesagt, aber wie Michel und Sami es auch danach getrieben, daß doch kein ehrbar Meitschi von rechten Leuten her das hätte annehmen können. Unser Lebtag sei es doch der Brauch, daß, wenn man Meitschi bestelle, man zu ihnen gehe, sie nicht einen ganzen halben Tag warten und im trocknen sitzen lasse. Jedes rechte Meitschi müsse daraus ersehen, daß man das Gespött mit ihm treibe, und selb hätte keines gerne, man könne es ihm auch nicht zumuten. Nach und nach begriff Anni, daß der Fehler auch auf Seite der Bursche sei; aber mit solchen, welche gesagt, es stehle, wollte es auf keine Weise mehr zu tun haben; das sei allweg schlechtes Zeug, sagte Anni, sie dächten sonst nicht einmal solche Sachen, geschweige daß sie davon redeten. Auch meinte das Fraueli, sie hätten den Kopf gemacht, es möchte es nicht wagen, ihnen eine Bestellung zu bringen, es hülfe an einem andern Orte probieren.

Das war eben auch Annis Meinung, und es pressierte um so mehr mit ihrer Ausfuhrung, seit es gehört, was die Mädchen gesagt. Die Lausmeitscheni müßten doch noch erfahren zu ihrer eigenen Schande, was sie für Verleumderinnen und Ehrabschneiderinnen seien. Salomo sage, ein Dieb sei ein schändlich Ding, aber ein

Verleumder sei noch viel schändlicher. Das Fraueli entschuldigte seine Hühnersädlerinnen bestmöglichst, war aber vollkommen bereit, Hand zu bieten zu was Neuem. Annis Zutrauen zu ihr hatte einen sehr merklichen Stoß bekommen. Die Frau hatte zum erstenmal nicht die gleiche Meinung wie es und verteidigte Leute, welche es für die schlechtesten hielt, die auf dem Erdboden herumliefen.

Man muß nämlich nicht glauben, nur Könige und Aristokraten könnten Widerspruch nicht ertragen und namentlich nicht dulden, daß man über den Wert von Personen ein ander Urteil habe, rühme, wen sie hassen, und umgekehrt. Durchaus im gleichen Spital krank sind Demokraten, alte Weiber und rote Republikaner; denn dieser Fehler ist weder ein königlicher noch ein aristokratischer, sondern er liegt in unserer sündigen Natur, und je sündlicher dieselbe ist, desto absoluter und leidenschaftlicher gestaltet sich dieser Fehler und tritt in die Welt hinaus. Und sehr merkwürdig ist, wie, je roher die Menschen werden, je ungebildeter und beschränkter, die verschiedene Wertung der Menschen weit empfindlicher, giftiger empfunden und gerügt wird als Verschiedenheit in Meinungen und Ansichten. Darin liegt kein Kompliment für unsere Zeit im allgemeinen und den Kanton Bern insbesondere und kein Zeugnis von humaner, umsichtiger Bildung und für den so gerühmten entschiedenen Fortschritt. Da ist ja das Unding so weit getrieben, daß die Masse der Feiglinge kaum mit jemanden zu reden wagt, mit ihm nicht hundert Schritte zu gehen wagt, den die Mächtigen, das heißt, welche Pöstlein auszuteilen, Gnaden zu spenden haben, geächtet, geschweige daß man ihn in Schutz zu nehmen, gegen die ausgesprochene Acht zu verteidigen wagte. So miserabel ist der Zeitgeist. Warum sollte man es also dem armen Anni verargen, wenn es Verdacht faßte gegen das Schwammfraueli, weil es die Hühnersädeltöchter verteidigte?

Doch brach Anni nicht ganz, sondern hörte auf neue Vorschläge und fand sich namentlich durch einen angesprochen. Im Sternengaden sei ein Mädchen, gerade wie gemacht für hieher; es nehme das Fraueli wunder, daß ihm dies nicht gleich in Sinn gekommen, das werde sich in alles schicken und gerade sein, wie man es haben wolle. Dasselbe habe eine handliche Stiefmutter und einen Trupp Stiefgeschwister, ziemlich viel Muttergut und sollte doch nirgends sein, das Wüstest machen, und wenn es es gemacht, sei es doch nicht recht; es werde plaget, es sei ein Graus. Es hätte ihm schon manchmal geklagt, es hätte müssen mit ihm pläre, so hätts es duret. Öppe ds Feißist sei es nicht, aber dsMeitschi hätte bös, man glaube es nicht. Wenn es an bessere Kost käme und vom Verdruß weg, so lasse es sich zweg und werde von den Brävsten eine. Arbeiten könne und tue es gerne; aber es meine, wenn es mache, was ihm möglich sei, sollte man dann mit ihm auch zufrieden sein. Das gefiel Anni; so eine sei sicher am besten zu halten und tue viel besser, als wenn sie es vorher zu gut gehabt. Das sei, nicht zusammengezählt und eure Ehre vorbehalten, ganz wie mit dem Vieh. Es heiße nicht umsonst, mit Küherschweinen, Müllerrossen und Wirtstöchtern müsse man sehen, wie man es mache. Es hülfe da probieren, wenn Michel wolle. Michel sagte, es sei ihm recht, nur damit das Gestürm bald aufhöre. Zwider sei es ihm, der Sach so nachzulaufen und drLöhl z'machen, aber es werde sein müssen. So mir nichts, dir nichts zum Hause zu gehen, wo man dann schon halbers gefangen sei, dSach mög einem gefallen oder nicht, selb möchte er doch auch nicht.

Die Botschaft ward ausgerichtet, und das Fraueli brachte die Nachricht, den und den Sonntag werde das Meitschi ins Lausbad kommen, wenn es entrinnen könne. Nicht weit dort weg wohne ihm die Gotte (Pate), die wolle es zWort haben, damit man ihns gehen lasse. Aber das hätte Mühe gekostet, bis es ein vertraut Wort mit dem Meitschi hätte reden können. Da hätte die Alte aufgepaßt wie eine Katze vor dem Mauseloch, und wo sie nicht selbst hätte sein können, da hätte sie eins von ihren kleinen Uflaten hingestellt. Es sei sich nicht zu verwundern, wenn sie ihm vor dem Heiraten zu sein suchten; es sei ihnen wegem Muttergut, und es gehe ihnen nebenbei für eine Magd, und dazu hielten sie es so schlechtlich in den Kleidern, daß sie es vor Gott und Menschen nicht verantworten könnten. Denen sei es jedoch schlau genug gewesen, habe dem

Meitschi es können zu verstehen geben, daß es ihm im Wäldchen warte. Darauf habe sie Abschied genommen, sei einen ganz andern Weg fortgegangen und zuletzt doch mit ihm zusammengekommen, wo sie die Sache hätten abreden können. Da hätte ihm das Meitschi Sachen erzählt, es hätte ihm bald die Haare polzgerad aufgestellt.

Das Sternengaden zog sich gegen Thun hinauf, gehörte ebenfalls weder zum Oberland noch zum Unterland, war auch nicht um Bern herum, war also auch in dieser Beziehung Anni ganz anständig. Das Lusbädli lag in gleicher Richtung ungefähr drei Stunden weit vom Knubel. Anni war viel daran gelegen, daß die Sache sich mache. Es gab seinen beiden Jünglingen strenge Instruktionen. «Machit dSach nit z'gut; öppe luege, wie es es Gmüt het, selb ist recht, aber dSach übertrybe treyt o nüt ab, mi chas zwänge, daß die Freynste brülle, wie wenn me se am Messer hätt. Und das Kegeln laßt mir sein; das ist denn gerade, für gleich anfangs den Kübel auszuleeren. Es wäre mir zwider, wenns wieder nüt wär, man würde verbrüllet, so weit der Himmel blau ist.» «Brüllen sie doch», sagte Michel, «was frage ich dem nach! Habe schon manchen z'brüllen gmacht; mir tats nicht weh, aber ihm wohl. Sagen doch die Leute, was sie wollen, ich bin deswegen doch Michel auf dem Knubel und bleibe ihn einstweilen noch; mit Brüllen bringen mich die Leute noch lange nicht runter.»

Am genannten Sonntag, nachdem Anni auf die Toilette von Michel unsägliche Mühe gewandt, liefen also die beiden Jünglinge ab und Bäri frohlockend mit. Diesmal war es nicht so heiß, und sie hatten sich früh auf den Weg gemacht, schlenderten in behaglichem Schritt ihres Wegs dahin. Auf dem Wege trug jemand Michel eine Kuh an, ein Ausbund von Schönheit und Güte, und nur eine Viertelstunde abseits stehe sie. Michel ward hitzig, lief der Kuh zu; aber die Viertelstunde war eine gute halbe Stunde lang, der Bauer nicht gleich daheim. Die Kuh gefiel ihm sehr, er wartete, er märtete, er kaufte; das gab eine Säumnis von gut zwei Stunden. So war es nicht sehr früh, als Michel ins Lusbädli kam, Käthi, das Meitschi, schon lange da und mit ihm die fragliche

Gotte. Käthi war ein langes, mageres Käthi mit gelber Haut und dunklen Augen, die Base eine kleine, handliche Frau, welcher die Worte vom Maul gingen wie das Wasser vom Brunnen. Sie saß mit Käthi vor dem Hause und redete Michel und Sami, welche wieder rauchend dahergerudert kamen, an, ob sie etwa vom Knubel kämen. Sami antwortete und redete etwas von Verirren. «Das ist schon mehr begegnet, wenn man den Weg noch nie gegangen», antwortete die Gotte. «Wir wußten nicht, was das bedeuten solle, daß wir so warten mußten, ob dSach nit gut sei verrichtet worden oder es sonst etwas gegeben, jemand dem Meitschi zBöst gredt, oder sust was Tüfels. Wir wollen denk hinein; die Wirtin hat wohl ein Stübli, wo wir ruhig sein können.» Und als sie in einem saßen und die Wirtin fragte: «Womit kann ich aufwarten, was soll ich bringen?» sagte die Base zu Michel: «Befiehl du, du wirst wohl auch zahlen wollen, dem an kann man gleich sehen, wie du einer bist, e Hundshärige oder öppe e Mönsch, wo es andern auch gönnt und nicht meint, er wolle alles alleine.»

Die Frau war Michel eine große Erleichterung; sie machte zu allem vorab den Verstand, ersparte ihm das Denken und manche Verlegenheit. Während man auf das Essen bei einem Glase Wein wartete, sagte die Gotte: «Nun, da wären wir, und jetzt wird es um dSach z'tue sy; ehe man es richtig macht, muß man doch ein Wort reden. Luegit, das ist dsMeitli; schon hundertmal hätte es heiraten können, wenn es ihm angst darum gewesen wäre, von wegen es hat Verfallnigs, und was es noch bekommt, wenn es gut tut, das ist noch viel mehr: vom Vater ein Schönes, dann bin ich auch noch da und hocke nicht auf dem Blutte. Und wenn es etwa einen Burschen heiratet, der mir recht ist, zügelte ich zu ihnen, und meine Sache könnten sie schon bei Lebzeiten nutzen. Dann ist dies ein Meitschi, wie es sie nicht häufig gibt im Land. Es kann alles, und ist ihm nichts zu wüst; ans Böshaben ist es gewöhnt, dsGuthaben wird ihm dest werter sein. Wege drHübschi ist öppe nit viel z'säge; drnebe ist es toll gwachse. Aber wart nur, wenn das einmal an gute Speis kommt und zur Ruhe, wie es sich gehört, so gibt das von den brävsten Bäuerinnen eine im ganzen Emmetal. Was hat

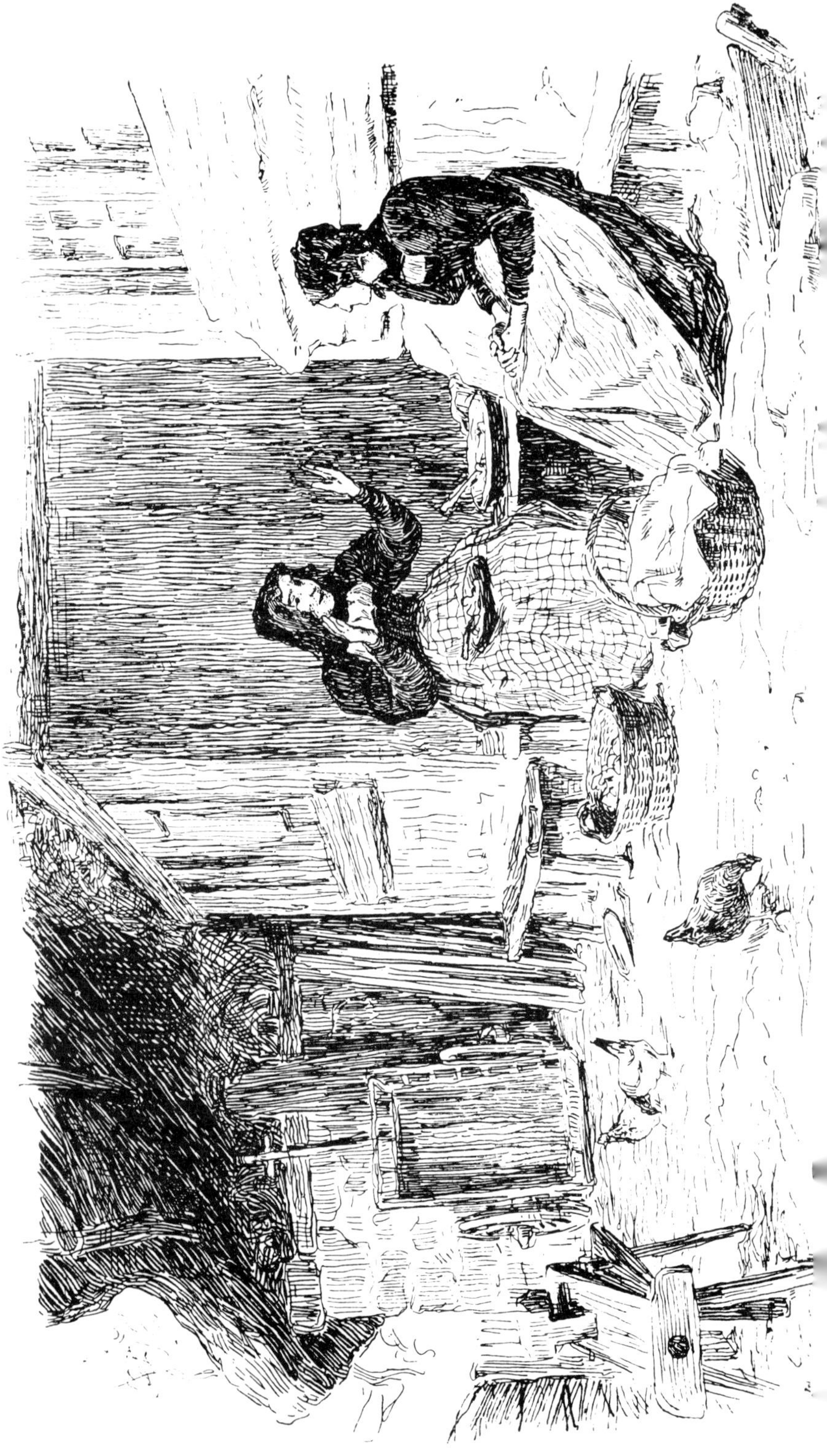

man so von einem angestrichenen Ditti (Puppe), wo von der Hochzeit weg alle Tage abschießt und wüstet, bis man es ins Grab legt? Da ists doch vernünftiger, man nehme eine, wenn auch nicht die Schönste, von der man denken kann, aus der gebe es noch was und zletzt noch e Hungs e Schöni, wo zum Speck kommt und wenn sie unter einer Türe steht, nicht die ganze Haushaltung neben ihr Platz hat. Nein, sieh, wenn du das Meitschi kriegst, gibst du ein Bauer, bsunderbar wenn ich mitkomme, und mein nit etwa, drGottswille! Ich bin auch schon dabeigewesen und weiß, was zu machen ist auf so einem Höflein; zähl drauf, hundert Kronen will ich dir nützen, du merkst es nicht. Nit, das Meitschi ist abgrichtet wie nicht bald eins, aber dSach lernt sich doch nicht eines Tages.»

So sang die Alte ein Loblied über das andere und hatte Zeit dazu, indem man im Lausbädli, eben nicht eingerichtet auf solche Gäste, nicht mit besonderer Schnelligkeit bedient ward und diesmal aus Grundsatz, damit die Leute die Sache richtig machen könnten, vielleicht noch einmal so lange drehte als bei ordinärer Gastig. Käthi kam nicht viel zu Worten; doch sagte es, es sei dann nicht, daß es heiraten müsse und einen jeden nehmen wolle, wenn es es nicht besser machen könne. Aus dem Regen wolle es nicht unter das Dachtrauf. Es sei ihm geraten worden, sein Muttergut herauszubegehren, der Vater sei es schuldig, mit dem könnte es sein, wo es wollte. Aber es möchte den Vater nicht ertäuben, der sei ohnehin ein geschlagener Mann und wisse längs Stück nicht, wie sich kehren. Nit daß er nicht bei schönem Vermögen sei, aber die Stiefmutter habe den Bösen im Leib, treibe ihn immer zum Landkaufen an und wisse nicht, was Sparen sei. Sie sei imstande, siebenmal im Tag Kaffee zu machen, aus Eier und Butter löse sie keinen Kreuzer, mit den Schweinen mache sie auch nichts; wenn es dieselben füttern dürfte, fünfzig Kronen im Jahr sollten ihm nicht fehlen. Aber es habe nichts zu befehlen und sollte doch alles machen. Bis dahin habe es eine Flachsern haben durfen und immer Flachs gehabt, die Leute seien stillgestanden dabei. Wenn sie dann der Stiefmutter ihren gesehen, hätten sie die Hände über dem Kopf zusammengeschlagen und gesagt: «Ist das doch möglich auf dem gleichen

Herd!» Aber es wisse die guten Zeichen und spare die Mühe nicht; es wisse noch manches, und wenn es an einen Ort käme, wo es zu befehlen hätte, es wollte zeigen, daß es die Augen zmitts im Kopfe habe und nicht erst heute erwachet sei.

Michel sagte nicht viel; er dachte der Kuh nach, welche er gekauft, und was der Melker sagen werde, wenn man ihm so ungsinnet eine in den Stall bringe, und zwischen welche hinein er sie binden werde. Selbst in den Ställen und bei den Kühen ist eine Rangordnung; die schönsten kommen vornen in Stall, die wüstesten und leichtesten hinten. Bei den Menschen ists oft verkehrt: man stellt das Gesindel voran und verwundert sich hintendrein, wenn man das ganze Volk, welches das Gesindel vorangestellt, für Gesindel hält, nach dem natürlichen Grundsatz, daß der Mensch naturgemäß lieber die bessere Seite zeigt als die schlechtere.

Sami führte von der männlichen Seite das Gespräch und rühmte den Knubel, was da für Land sei, und was man für Sachen mache; und wenn der Mist nicht wäre und das Jäten nicht, so könnte man Flachs pflanzen für Frankreich und Engeland. Wenn da eine rechte Bäurin sei, so hätte sie mehr zu bedeuten als ein Landvogt. Ihm wäre es ein Ausgemachtes, ob er Knubelbauer sein wolle für sein Lebtag oder Landvogt für ein paar Jahre, wo er die ersten Jahre den Narr machen müsse und, wenn er wieder wäre wie ein anderer Mensch und etwas an der Sache begriffen hätte, davon müßte. Die Zeit rutsche ziemlich rasch, da sie mit ziemlichem Weine gesalbet ward; wie lange die Lusbädliwirtin kochte, merkte man kaum, so kurze Zeit hatten alle.

Endlich schien es zu rücken. Ein Tischtuch wurde ausgebreitet; nach einer Viertelstunde kamen Messer und Gabeln, endlich auch Teller, und jetzt werde das Essen nachrücken mit Macht, hofften alle. Da kam aber bloß die Wirtin und sagte mit eingesetzten Armen, sie habe fragen wollen, ob sie Grünes liebten auf der Suppe? Von wegen die einen liebten es, und die andern liebten es nicht, und da sei es besser, man frage erst, ehe man Mühe habe und es doch nicht recht mache. Michel war hungrig, und rascher als sonst sagte er, sie solle nur dreinmachen, was gut sei, und dSach bringe, es blange ihn. Auf der Stelle, sagte die Wirtin; sie müsse aber doch noch sagen, wie es ihr einmal gegangen sei mit dem Grünen. Nun fing sie eine lange Geschichte an von einem Herrn und einer Suppe, wo sie das Grüne alles beim Stäubeli habe wieder herausfischen müssen und er sie dann doch nicht gegessen, weil sie die böse Kust davon schon habe. Seither frage sie allemal zuerst, von wegen mit dem Fischen möge sie nichts zu tun haben. Wahrscheinlich erzählte sie auch allemal die Geschichte dazu.

Erst als sie auserzählt und die gehörige Portion dazu gelacht hatte, ging sie ins Grüne dem Grünen nach, und behaglich mußte es ihr sein in demselben, denn lange gings, ehe sie aus demselben wiederkehrte und die Suppe brachte, mit Grünem wohl versehen. Nach der Suppe kam Voressen: Hirn an einer gelben Safransauce und saure Leber. Michel hielt dem Bäri die saure Leber dar. Dieser verzog mißfällig die Nase und drehte verächtlich den Kopf. «Magst nicht?» sagte Michel; «he nun, so nimmts jemand anders», und streckte der Gotte die Leber dar, nahm aus der Schüssel mit Hirn ein schön Stück, hielts an der Gabel dem Bäri dar, welcher es mit Behagen in würdiger Gelassenheit versorgte. «Wirst meinen», sagte die Base, «was der Hund nicht möge, sei gut für uns? Du wirst auch noch anders müssen dressiert werden, zähl darauf! Im Welschland wirst nicht gewesen sein, wirst nicht dreinwollen; mangelst es auch nicht, man kann es dir hier auch sagen, was üblich und bräuchlich ist.» Es gebe an jedem Orte andere Bräuche, habe er gehört, sagte Sami; und es frage sich, wer den andern z'brichten hätte, der, welcher frisch an einen Ort käme, oder der, welcher dort seßhaft sei. Von wegen ein Brauch sei wie der andere; es frage sich nur, welcher der Brauch sei, der der beste sei. «Du bist ein Sturm», sagte die Gotte; «du wirst auch noch anders müssen brichtet sein, sehe ich. Es ist kurios; es dünkt mich immer, wenn ich von daheim wegkomme, sei die Welt ganz anders und die Leute so grob und unmanierlich, daß es gar keine Art habe. Erst dem Hund darzuhalten und dann mir zu geben, das het ekei Gattig. Wart aber nur, du wirst wohl noch z'brichten sein!» «Weiß nit», sagte Michel, «bin wohl alte, und ich vermag, zu machen, was mir gfällt.» «Kannst dann sehn», sagte die Gotte; «es hat mancher den Löhl gemacht, aber wohl, die Frau hat ihn anders brichtet, und hintendrein war er sich froh dessen. Lue, Käthi weiß, was ins Mäß mag und öppe recht und bräuchlich ist, dem mußt folgen; und wenn ich dann zu euch komme, will ich auch helfen, was mir möglich ist. Du mußt dich lassen brichten, du weißt noch nicht, zu was für einer schönen Sache du kommst, du tust es nicht umsonst, zähl darauf! Nit, Donner, nit!» schrie sie plötzlich auf; «da das Kraut gib ihm, Kabis kann der Uflat fressen, aber nit die schönsten Bissen Fleisch vorab; das hat doch uf my Seel kei Gattig!» Es war nämlich Rindfleisch gekommen, und Michel hatte Bäri mit dem schönsten Stück bedient. «Wenn drHund muß gfresse ha, so gib ihm Kraut, das ist für die Uflät gut genug.» «Nimmt nit, luegit!» sagte Michel, hielt Bäri das Kraut unter die Nase. Mißfällig verzog Bäri die Nase, drehte verächtlich den Kopf, damit ihm auch nichts von dem fatalen Geruch zu nahe komme. «Der lernt gewiß noch Kraut fressen, ehe ihn der Schinder nimmt», sagte die Gotte zornig, «oder, Käthi, was meinst?» Käthi, welches unterdessen mit Appetit gegessen hatte, was übrigblieb, sogar Kraut, sagte: «Däweg wärs nit bös, Hung z'sy; es wird aber vielleicht auch noch anders zu machen sein. Man kann luegen; es wird nirgends geschrieben stehn, daß immer alles im gleichen bleibe. So ists besser Hung sy als Stieftochter.» Nun kam auch Käthi flüssiger ins Reden, und bitter und ungut quoll es über seine Lippen, als wäre einem Tintenfaß der Zapfen ausgegangen. Sami blickte Michel immer an; der merkte aber wenig. Er dachte an die gekaufte Kuh, und in Erwartung weiterer Gerichte schmauchte er sein Pfeifchen, sah auf den schönen Pfeifenkopf und trachtete zu erforschen, ob dieser Tabak, von welchem das Viertelpfund vier Kreuzer kostete, wirklich um ein Kreuzer besser sei als sein früherer, von welchem die gleiche Portion nur drei Kreuzer gekostet. Das war ein schwer Kalkulieren für einen Michel.

Dazwischen kam die Wirtin und erbat sich neue Instruktionen, was gar nicht modern und gut eidgenössisch ist; von wegen in vornehmen Wirtshäusern wird ohne Instruktionen ganz nach den

Köpfen der Köche gekocht und im neuen Ständerat ebenso gestimmt, wie die Köche kochen, das heißt ganz nach ihren Köpfen, ohne Instruktionen. Sie kam und fragte, wie sie den Braten gerne hätten, ob ganz lind, oder aber daß man dran zu beißen hätte. Die Leute seien gar wunderlich, darum frage sie lieber. Dann komme es noch darauf an, wie man zweg sei; die einen hätten Zähne einem Hund zTrotz, die andern nur so Storzen wie verbrannte oder verkohlte Zaunstecken. «He, da kannst du befehlen», sagte die Gotte zu Michel. «Es kommt darauf an, für wen du es willst, ob für die Leute oder für deinen Uflat da?» «Ho», sagte Sami zur Wirtin, «ich wollte es so eben recht machen, daß es allen dient und es alle mögen, Hund oder nicht Hund.» Nun, sagte die Wirtin, so könne sie es bald bringen; sie frage gerne zu rechter Zeit. Es wäre schade, wenn sie mit dem Braten fehlte, es sei ein verflümert schön Stück von einem raren Kalb, öppis ganz Scharmants. Es sei ein Kalb vom Oberherrn, der hätte immer die schönsten Kälber und die bleichsten, magersten Töchter dazu. Es sei schade, daß er die Kälber nicht früher abbreche und die Milch an die Töchter wende; die hätten es grausam nötig, und sie glaube, es schlüge an an ihnen. Es sei schade, daß die nicht ein Küher zu Töchtern hätte, es gäbte von den töllsten Wybervölkern, welche man Land auf, Land ab zu sehen bekäme. Jetzt hätten sie eine Farbe wie abgestandene Sauerrüben und Posturen wie Storchenbeiner. Sie sollten nicht Langeweile haben, sie komme gleich mit dem Braten; sie wolle nur noch in den Garten, Salat abzuhauen. Wenn der geputzt, gewaschen und angemacht sei, so komme sie. Sie hülf doch pressiere, sagte die Base; und wenn sie Fleisch habe und es ihr nicht jemand anders vorwegfresse, frage sie dem Kraut, sage man ihm Gköch oder Salat, dsTüfels viel nicht nach. Unterdessen unterhielt sie Käthi ferner mit seinen Heldentaten in Feld und Haus, und wie es ihm einmal gehen müsse, wenn es es einrichten könne nach seinem Kopf.

Trotz diesen Mitteilungen von Käthis Plänen gestaltete sich ihr Beisammensein immer mehr zu einer sehr langwierigen Fröhlichkeit. Die Wirtin mußte ihren Salat sehr sauber putzen, denn es verging eine halbe Ewigkeit, ehe sie wieder erschien und den oberherrlichen Braten brachte. Es war wirklich ein schönes Stück; Bäri bekam ein ganz saftiges Maul, legte gravitätisch eine Tatze auf Michels Schenkel und warf süße, glänzende Liebesblicke über den Tisch. Er liebte Kalbfleisch sehr, besonders gebraten. Michel hatte es ungefähr ebenso, nahm seine Pfeife aus dem Maul, wollte sie anderwärts versorgen und Platz im Maul für was anderes machen. Die Gotte war akkurat von den gleichen süßen Gefühlen durchdrungen. Während Michel seine Pfeife ausklopfte, zog sie die Schüssel an sich und sagte: «Von dem will ich auch, und da wird es gut sein, wenn ich was bekommen will, wenn ich selbst zugreife und nicht warte, bis die andern gehabt, da könnte ich wieder vorliebnehmen mit dem, was der Hund nicht mag.» So sprach sie und schnitt mit tapferer Hand ein kühnes Stück sich ab, schob den Rest Käthi zu und sagte: «Nimm, was magst! Dasmal können sie haben, was überbleibt; von wegen es geht kehrum in der Welt.» Michel machte stotzige Augen über diesen unerwarteten Handstreich. Bäri hob sich höher, und aus seinem geöffneten Maule grollte es wie ferner Donner. He ja, sagte Sami, schüch (schüchtern) sy, sei eine schöne Sache, trage aber oft nicht viel ab; sie werde es haben, wie es im Sprichwort heiße: «Wer uverschamt ist, lebt dest bas.» Ho, sagte die Gotte, sie könne beidweg sein; sie richte sich immer nachdem es der Gebrauch sei. Hier habe sie es so gefunden: wer zerst ist, nimmt dsBest; darein hätte sie sich nun auch geschickt. «Das Weibervolk ist überhaupt nicht auf der Welt, um sich vom Männervolk zum besten haben und kujonieren zu lassen, und wenn dasselbe es einmal probiert, treibt man es ihm zehnmal ein!» sprach sie mit einem Heldenangesicht. «Dem muß man den Marsch machen und ihm gleich zeigen, wie man es haben will.» «He ja», sagte Sami, «das ist kommod, weiß man so doch gleich, woran man ist, und kann sich darnach richten.»

Die Wirtin hatte dem Spiel mit Erstaunen zugesehen; sie wußte nicht, was sie daraus machen solle, und ging stillschweigend ab. Draußen sagte sie zu ihren Mägden, drinnen gehe es kurlig, sie könne sich nicht darauf verstehen. Das werde dr neu Bruch sy, daß man einander die Schüsseln aus den Händen reiße und vor dem Mund wegfresse, was man könne und möge. Wo sie ein Meitschi gewesen, da sei es doch noch nicht so gegangen, sondern manierlich. Da hätte man gewartet, bis die Buben einem das Fleisch mit Gewalt auf den Teller getan, und dann habe man es noch nicht angerührt, sondern zugewartet, bis die Buben es einem fast mit Gewalt in den Hals gestoßen. Damals sei es doch noch zugegangen, daß man dabei hätte sein dürfen; jetzt gehe es, es grus eim drob. Es nehme sie wunder, wie es jetzt mit der Tatere gehe; da werde wohl schon eins bei der Türe warten und sie ganz schlucken, nur damit die andern nichts kriegten. Die Wirtin täuschte sich; das Wetter hatte mit jenem Handstreich sich entladen. Die Tatere blieb ganz ruhig stehen, bis Michel sie der Gotte zuschob und sagte: «Nehmt, ich will dann auch, wenn was übrigbleibt.» «Das kommt mir nicht drauf an; es ist allweg gescheiter, selbst nehmen als nichts kriegen», sagte die Gotte.

Unterdessen war es spät geworden und Sami unruhig. Die Sonne war niedergegangen; im Lusbädli ward sie selben Tags nicht mehr gesehen, und sämtliche Lusbädler sagten: «Die Sonne scheint nicht mehr», während die Sonne strahlte in immer gleicher Herrlichkeit, aber anderwärts. Alles, was die Lusbädler nicht sahen, nahmen sie einfach als nicht existierend an. Es ist die einfachste Manier, über die sämtlichen Existenzen ins Reine zu kommen, ist wirklich auch immer gebräuchlicher, besonders bei den Gelehrten und Gebildeten von der Sorte, wie sie in den Sümpfen, Gräben und Krächen um Rütschelen und ums Große Moos wachsen. Die guten Burschen merken aber nicht, wie sie mit diesem System in die Quere kommen bei den Ansprüchen auf ihre werten Personen. Sie können nach demselben niemanden zumuten, an die Existenzen von Religion, Humanität, Bildung und Verstand bei ihnen zu glauben, solange dieselben weder in ihren Worten noch in ihren Werken sichtbar werden. Also, die Lusbadler sahen die Sonne nicht mehr, und Sami dachte, wenn er nur daheim im Bette läge, kehrte sich immer gegen die Fenster und sagte einmal über das andere: «Es finstert, vielleicht donnert es noch.» «Es scheint mir», sagte die Gotte, «du habest das Courage weit unten; wirst vielleicht nicht das sauberste Gewissen haben? Daneben ists mir recht; aber mehr als eine halbe Stunde ist nicht zu meinem Hause, und so wäre das Pressieren nicht so nötig.» Das sei gut für sie, sagte Sami; sie aber hätten mehr als drei Stunden bis heim, und der Mond scheine nicht. «Du kannst auch mitkommen», sagte die Base, «und morgen mit dem Meister heim; bsunderbar wenn du dich fürchtest, soll dir das anständig sein.» Allweg gehe er mit dem Meister, sagte Sami; wo der hingehe, dahin gehe er auch. «He nun», sagte die Gotte, «so kann man. Schaff ab, so wey mr!» Ganz ungeniert nahm die Gotte an, Michel mache den Säckelmeister; sonst ists noch jetzt Sitte, daß man sich wenigstens stellt, als wolle man helfen am Zahlen, nicht so uverschämt schmarotzen. Die Base verstellte sich nicht; weil sie Hoffnungen zum Erben erwecken konnte, nahm sie getrost an, es sei allen alles recht, was sie mache. Habens noch viele so. Es war viel gemacht von ihr, daß sie Michel nicht den Antrag machte, er solle noch einige Maß Wein zahlen und mitnehmen, damit sie auch daheim noch ein Vergnügen hätten. Michel zahlte; sie protzten auf, die Wirtin leuchtete bis unter die Türe, wünschte viel Vergnügen und gute Verrichtung.

«Adie wohl und zürnet nüt!» sagte Michel einige Dutzend Schritte vom Hause bei einem Scheideweg, blieb stehen und stopfte an seiner Pfeife. «Was soll das?» sagte die Gotte, «willst nicht mit?» «Habs nicht im Sinn», sagte Michel, «es dücht mich, ich möchte heim. Habe auf dem Wege eine Kuh gekauft, die kommt mir morgen früh; da sollte ich daheim sein.» «Das wäre mir eine saubere Sache; wirst doch nicht zur Kuh das Kalb sein! Für was hast du uns hieherkommen lassen, wirst doch was im Sinn gehabt haben?» «Allweg!» sagte Michel. «He nun so dann», sagte die Gotte, «so komm, so kann man noch darüber reden und dSach zBode machen, daß man weiß, woran man ist, und sie abtreiben kann.» Sie habe es gehört, sagte Michel, er müsse ohne anders heim. Gut Ding wolle Weile haben; manchmal komme einem was Neues in Sinn, und manchmal gehe was Altes draus. «Du wirst mit Schein nichts davon wollen», sagte Käthi, «hast uns für nichts und wieder nichts hiehergesprengt. Bist du auch einer von denen, welche nichts anders begehren, als Meitscheni zum Narren zu halten und ins Unglück zu sprengen?» Er wolle niemanden sprengen, sagte Michel; aber er blange heim, und man komme ja deretwegen zusammen, um zu sehen, was man wolle, und ob es einem anständig sei oder nicht. «Und bin ich dir dann nicht anständig?» fragte Käthi. «Leibshalb bin ich so brav als eine; blutt komm dir auch nicht, und wegen Arbeiten und dSach Machen fürchte ich keine das Land auf und ab. Und mein nicht, du könntest auslesen, und an dir sei nichts zu scheuen! Du bist ein Reicher, ja freilich; aber eine jede nimmt dich doch nicht. Es muß eine wissen, was Geduldhaben ist; von wegen, bis du geleckt bist, daß du bist wie ein anderer Mensch, selb brucht Zyt u git mängi bösi Kust. Ich weiß, was Geduld ist, und an Guthaben bin ich nicht gewöhnt, es wär nur, daß ich daheim wegkäme; ich könnte mich in alles schicken, bis es geändert ist. Drum stürm nit, du wirst dich nicht reuig; ich will tun an dir, was ich kann, und mich stellen wie keine.» «Halt doch dem Maulaff nicht so an», sagte die Gotte, «la du ne gheye! Wenn er nit will, su het er gha; settige Möff findst in zwanzig Jahren noch. Seh, tue nit dumm und chumm; will er, su chann er, will er nit, nu so de, so lay ers hocke!» «He nu so de, su bhüt ech Gott und lebit wohl!» sagte Michel, den Sami immer am Rock gezupft, der sonst wahrscheinlich durch die guten Worte von Käthi weich geworden und hinter ihm hergezottelt wäre. «Es wird dr nit ernst sy», sagte Käthi, «sövli wyt u mih vergebe z'sprenge. Komm allweg mit uns, kannst ja immer noch machen, wasd wottsch!» «Ih möcht emene sellige Fülli aha, jawolle! Will er, su chann er ja cho, will er nit, so lauf er! Chumm jetzt, u bis mr nit dsHerrgotts, sust dräyen ih dr drHals um. Won ih jung gsi bi, han ih allemal gjuchzet, wenn ih am ene sellige Moloch drRücke gseh ha. Su bhüt ech dr lieb Gott, dr heyts nötig; dernebe z'danke hey mr nit viel, drHung het meh Ursach. U jetzt, Meitschi, chumm, wottsch oder wottsch nit? Es dücht mih, es sött dr im Hals bis zum Zäpfli cho, we dr vo dene Mondskälbere no eys vor dAuge chunnt. Mira, wennd nit witt, su blyb, ih gah, aber de chumm mr nimme zum Hus!» So begehrte die Base auf.

Nun wandte sich Käthi und ging der Gotte nach, nachdem es noch einige Worte halb verblümt Michel zugeworfen, welche derselbe aber vertubakte und nicht einmal recht verstand. Hinter der Base her weinte Käthi bitterlich. Sobald sie es merkte, schalt die Gotte gröblich, was aber Käthi wenig achtete. Wem die Hoffnung, aus einer Stieftochter Knubelbäuerin zu werden, in Trümmer gegangen, wird Käthi vollständig begreifen. Wer aber nie in diesem Falle war, versuche, sich an Käthis Platz zu setzen! Dieses sich an Platz eines andern Setzen ist eine Haupteigenschaft eines Christen, welche aber selten gefunden wird, denn sie ist nur eine Blume der unverfälschten Liebe. Ach, so ein arm Kind und noch dazu ein ungebildetes, das heißt ungefähr von der Bildung eines Ratsherrn, der auf das Diesseits alles setzt, bloß von klingenden Schätzen einen Begriff hat und ungefähr auch einen Begriff von den Farben, das heißt bloß von den politischen (denn den Unterschied zu bezeichnen zum Beispiel von kuhrot und rosenrot, würde manchem Großrat noch schwer werden), wie muß es ihns klemmen im Herzen, wenn es wieder ins Joch muß, und hatte seine Flügel schon ausgespannt und seine Füße gesetzt an des Thrones Stufen, an sein höchstes Glück, an das Regiment über einen reichen Bauer und dessen großen Hof! Und dafür hatte es keinen Trost weder in sich noch außer sich als die Hoffnung auf irgendeinen andern reichen Bauer. Aber, du mein Gott, wie unsicher sind solche Hoffnungen! Mit den reichen Bauern ists wie mit den Hasen und anderm Gewild: sie werden immer rarer. Die, wo noch übrig seien, dachte Käthi, seien Kolder, hätten weder Verstand noch Manieren; mit ihnen sei nichts zu machen. Ach, das arme Käthi wäre sicher umgekehrt, dem Michel nach, hätte ihn am Kuttenfecken hinter sich hergezerrt ungefähr auf die Weise, wie man die Hunde zerrt aus zu engen Fuchsgängen, wenn die Gotte nicht gewesen wäre. Ach, so eine alte Gotte hat auch keinen Begriff mehr von einem jungen Herzen, und wie es ihm drum sein muß, eine böse Stiefmutter an einen reichen Mann zu tauschen; da kann man doch wirklich die halbe Welt aus laufen, ehe man einen bessern Tausch zu machen imstande ist. Sollte man ihn daher so leichtlich aufgeben, wenn man so nahe am

Abschlusse gewesen? Aber so was begreift eine alte Gotte mit ihrem verknöcherten Herzen nicht, besonders wenn sie dazu noch einen bösen Kopf hat. Käthi mußte ihr hintendrein, und zwar mit dem scharfen Gebot, an den verfluchten Unflat solle es ihr nie mehr denken, sonst drehe sie ihm den Hals um.

Michel und Sami aber machten sich davon mit einer Eilfertigkeit, als ob nicht bloß Käthi samt der Gotte, sondern der wilde Jäger mit dem Wütisheer und allen bösen Geistern hinter ihnen her seien. Weitab vom Schauplatz ihrer Taten waren sie, ehe sie ihren Rückzug mäßigten und Atem fanden, ihr Glück zu preisen, solch Ufläten und wüste Zunge entronnen zu sein. Da, wenn sie nicht gscheiter gewesen, hätten sie einen rechten Schuh voll herausnehmen können, daß es ihnen besser gewesen, sie hätten das Haus verbrannt und darauf sich gehängt, als solche Geister hinein- und sich auf den Hals zu ziehen. Aber untersuchen sei gut, das hätte man jetzt abermal sehen können. Nun erzählten sie sich alles Schreckliche, welches sie an Gotte und Käthi gesehen, alle Greuel, welche sie getan; und war einer fertig, fing der andere an, und während dieser erzählte, kam dem andern immer noch was in Sinn, was vergessen worden. Sie hatten so kurze Zeit in ihrer Glückseligkeit, daß sie daheim waren, ehe sie daran dachten, und Michel seine schöne Kuh rein vergessen hatte.

«Ists aber nüt?» fragte am Morgen Anni. «Aber nüt», antwortete Michel und erzählte, wie glücklich sie gewesen, keinen Schuh voll herausgenommen zu haben; da hätte es ihnen schön ergehen können. Anni war auch froh, daß sie mit heiler Haut und allen Haaren davongekommen; aber fatal war es ihm doch auch, daß nichts mit der Sache war, daß es neu ans Suchen mußte. Das heutige nütnutzige Weibervolk mußte es entgelten; es war kein Laster, welches Anni ihm nicht andichtete, und keine Stunde manchen Tag lang ließ es vorüber, in welcher es nicht über dasselbe geschimpft und gelästert hätte. Wenn Anni nicht einen so heillos eigensinnigen Kopf gehabt hätte, hätte es sich die Mühe des Suchens vollständig ersparen können. Bekannt ist, wie die Franzosen und Engländer sich im Auge haben, auf die gegenseitigen Bewegungen lauern. Schicken die Franzosen eine Flotte ins Stille Meer, flugs segeln die Engländer mit Fregatten und Linienschiffen mit Dampf und ohne Dampf hinter ihnen her. Rückt ein Regiment Franzosen an die Pyrenäen, flugs putzen die Engländer in Gibraltar die Kanonen und verstärken die Besatzung von Malta. Haben die Franzosen einen Stein im Brett in Ägypten, sitzen die Engländer ab am Roten Meer. Ungefähr gleich oder doch fast so werden von den Müttern sämtlicher heiratslustigen Töchter die Bewegungen heiratsfähiger Jünglinge beobachtet und besonders reicher Jünglinge, mit Höfen oder andern Gütern behafteter. Wird auf einem Hofe so ein Junge flott, flugs ists bekannt sieben Stunden in der Runde, und es wird auf ihn gebeizt, als wäre er ein Marder oder gar ein Dachs; auf seine Gänge wird gelauert, die Fallen danach gestellt. Nach welcher Gegend er seinen Strich hat, streichen auf einmal Rudel von Mädchen, welche sonst ganz anderswohin strichen. Wird es gar bekannt, daß einer nicht so bloß ins Blaue streife, sondern wirklich in allem Ernste um eine Frau aus, ja, dann ist dsWetter los, Schuhmacher und Näherinnen haben gute Tage, die gliedersüchtigsten Mütter kriegen wieder flinke Beine und Unterhändler von allen Sorten guten Verdienst; es wird ganz bewegt im Lande. Man muß sich nur wundern, daß nicht irgendein schlotternder Bürgermeister von Aargau, Freiburg, meinethalben auch von Bern hinter einer solchen Bewegung nicht Reaktion gesehen und Bataillone hingeschickt hat, um sie zu unterdrücken. Es wäre doch wirklich verflümert fatal, wenn die natürlichsten von allen Bewegungen politisch verdächtig würden und als gefährlich, wie gesagt, schlotternden Staatshäuptern zu Nase steigen sollten.

Welch Aufsehen Michels Expeditionen und Exkursionen machten, kann man sich denken. So was wird natürlich auf dem Lande so gut ohne Zeitungen bekannt als in London alle Klatschgeschichten durch die Zeitungen. Michels Zusammenkünfte wurden bekannt, die aberteuerlichsten Gerüchte über dieselben liefen durchs Land; man sprach von Prügeln, Brandschatzen, Hungerleiden, Hundhetzen und weiß Gott was alles. Aus dem allem ward soviel klar, daß Michel eine Frau suche, das war die Hauptsache, und daß er plump dabei tat, war Nebensache. I, was schadet ein wenig Plumpheit, wenn sie an einem reichen und noch dazu großen Manne hängt? Michel sei daneben der beste Tropf von der Welt, sagten alle Weiber, welche in der Nähe wohnten; eine helle Schande wärs, wenn der eine Fremde kriegte. Das sei nur Schüchternheit, er schäme sich, fürchte das Auslachen; das müsse man ihm vertreiben, es lohne sich wohl der Mühe.

Nun ging es auf dem Knubel ungefähr wie im Herbste, wenn die Nüsse reifen, an einem großen Haselhag. Anni war auf einmal die Hauptperson in weitem Umkreis; denn wer mit den Verhältnissen näher bekannt war, betrachtete Anni richtig als die Türe, welche in Michels Stübchen führte. Die einen Weiber kamen, rühmten ihm seine Sachen oder fragten ihns um Rat; so alt Anni war, hatte es doch nie so schöne Sachen gehabt als in diesem Jahr. Es mußte ein ordentliches Register führen über die Sämereien von allen Sorten, welche bei ihm bestellt wurden. Von allem, was grün war, vom Schnittlauch und der Münze weg bis zu Kabis und Bohnen, von Hanf und Flachs wollen wir nicht einmal reden, war seine Sache immer die schönste im ganzen Lande, und alle Welt schrie nach Samen viel lauter als ein Hirsch nach einer Wasserquelle. Die Weiber weit umher kamen und wollten mit Anni Eier tauschen, um Gluggern unterzulegen, waren erbötig, ihm immer zwei an eins zu tauschen, ja, stellten Anni alle möglichen Bedingungen frei. Solche Hühner, hieß es, habe man noch nie gesehen in Ansehen von Legen und wegen der Schöni; es sei eine ganz apartige Rasse, wahrscheinlich in einem besondern Zeichen untergelegt. Um dieses Zeichen von Anni zu erfahren, waren die Weiber zu allem möglichen erbötig; sie hätten plotonsweise rings um einen Kleeacker gepurzelt, wenn Anni diese Bedingung gestellt hätte. Es ließ keine ein Stück Tuch machen, welche nicht Anni konsultiert hatte, welches Garn sich besser zum Zettel und welches besser zum Eintrag sich eigne. Sie vertrauten ihm ihre Geheimnisse an, ihre Kümmernisse des Mannes wegen, ihre Hoffnungen auf Erbschaften, ihre verborgen gehaltenen Reichtümer. Sie krameten Anni: eine kam hier mit einem weißen Brötchen, dort eine mit einer Flasche Roten oder eine andere mit einem Hals- oder Nastuch. «Ich weiß wohl, daß du es mir nichts schätzest, hast solche Sachen nicht nötig, hast ja, was du begehrst auf der Welt; es ist nur ein Zeichen meiner Gutmeinenheit, ich wollte dir zeigen, wie lieb du mir bist, und wenn ich dir einmal was dienen kann, sei es Tag oder Nacht, so sprich zu!» «Danke fürs Anerbieten!» sagte Anni. «Es hätt sich dessen nicht gebraucht. Es ist mir leid, daß du meinetwegen so Kosten gehabt; ich weiß nicht, wie ich dir das vergelten soll; was hat so eine arme, alte Frau wie ich zu geben?» Man kann sich denken, was dann darauf für eine Antwort kam, und wie die Frau auf ihre Tochter kam oder ein ander Meitschi, welches ihr am Herzen lag, und wie sie dieses zu rühmen und alle andern auszumachen wußte, daß kein guter Fetzen an ihnen blieb!

Aber nicht bloß die Mütter machten sich an Anni, auch die Töchter selbst taten das möglichste, um Michel in die Augen zu fallen; aus den Augen in die Arme dachten sie sich den Weg ganz kurz. Sie hatten immer was zu verrichten auf dem Knubel: bald hatte sie die Mutter geschickt, bald suchten sie die Mutter, bald bettelten sie Anni Blumen, weil sie zu Gevatter stehen mußten, bald brachten sie Anni ein Nelken- oder Myrtenstöcklein von einer ganz apart schönen Art, hüpften dann und standen dann und kicherten und wieherten ums Haus herum wie ein Jäger um eine Tanne, auf welcher ein Eichhorn sitzt, den er aber nicht zu Gesichte kriegen kann, ihn um jeden Preis sich vor die Augen bringen will. Gelang es mal einer, den Michel vors Haus in Schußweite zu bringen, dann brachte man keine mehr weg. Es nahm Anni manchmal wunder, ob sie Wurzel an die Füße gekriegt und durch dieselben am Boden festgeheftet seien. Wenn Anni einmal zu Markte ging mit Butter oder Eiern, hatte es Schreiß den schönsten Mädchen zTrotz. Mit den einen sollte es fahren, andere wollten ihm Wein zahlen, andern sollte es warten, sie wollten mit ihm heimgehen. Wenn Anni dann beim Wein, der bekanntlich Traulichkeit erzeugt und die Herzen öffnet, erwarmete, so begann man zu frägeln und schlug ringsum auf den Busch, um zu vernehmen, wie Michel eine Frau wolle, was er an einem Mädchen liebe, und was er an ihm scheue, warum er es im Lusbädli usw. nicht richtiggemacht. Er hätte aber recht gehabt, hieß es gewöhnlich; warum in der Weite suchen, was man in der Nähe besser haben könnte? Das heiße ja die Katze im Sack kaufen, und man wisse nicht, was man habe, bis man sie heimbrächte und laufen ließe, dann sei es aber auch zu spät. Aber, so redselig Anni wurde, man fing es nicht; es sagte, es sei nicht dabeigewesen, und Michel habe ihm nicht Bericht gegeben. Er habe gar einen wunderlichen Gring, es lasse ihn machen, frage nicht einmal; es denke, es werde es früh genug erfahren. Die einen glaubten ihm; wenn es was wüßte, ihnen hätte es es ganz sicher gesagt, meinten sie. Andere glaubten ihm nicht; Anni sei eine alte Hexe, sagten sie, hätte alle zum besten, bis eine über ihns komme, welche noch listiger sei als es, und ihm dann, wie recht und billig, zehnfach vergelte, was es an andern sich versündigt. DsKürzest wär, die Alte fiele ins Wasser oder täte sonst den Hals brechen; mit Michel wär es dann bald gewonnen. Anni aber dachte: «Flattiert ihr nur, es hilft euch doch nichts; jetzt wäre ich euch gut genug, aber wie lange? Bis ihr den Fuß im Hafen hättet; dann setztet ihr mir den Stuhl vor die Türe, und ob ich erfröre oder verhungerte, dem fragtet ihr wenig nach, und wenn Micheli schon nicht wollte, was wollte er machen? Er ist gar zu gut und freyn und das Wybervolk so wüst und schlecht und falsch, pfy Tüfel! Es nimmt mih wunder, daß es drTüfel ma; wahrschynlich macht er Wedele drus u heizt drGroßmutter drOfe drmit. Gott verzih mr my Sünd! Aber allweg muß zur Sach ta sy, sust näh si mr dr Michel ab dr Gaß oder vor dem Haus weg, so nötlich tun sie, die Uflät; und geschieht das nicht, so sprengen ihn die Landjäger ins Unglück, und er muß zKrieg. Sie können ihn nicht ruhig lassen, und er kann sich nicht hüten, und Sami ist doch drWüstest, statt abzwehre strengt er an. Da mußte am letzten Markt das Spiel wieder angehen, und Michel konnte Gott danken, daß er mit einem schönen Haufen Neutaler davonkam. So kann das nicht immer gehen; es könnte ungsinnet genug sein, und dann könnte man lange plären, dSach änderte man doch nicht mehr.»

Zum Schwammfraueli hatte Anni kein Vertrauen mehr; die

Freundschaft war gegenseitig erloschen. Das Schwammfraueli hatte von Käthi gar einen bedenklichen Abputzer erhalten, daß es ihm einen solchen Unmenschen zugereiset und ihm einen solchen Verdruß angerichtet und zletzt an der ganzen Sache nichts gewesen. Das Fraueli wollte Anni auch einen Teil davon abgeben; aber potz, da kam es übel an und mußte über seinen Geschmack und seine Weiberkunde Dinge hören, die selbst für ein Schwammfraueli zu hart waren. «Lue», sagte das Fraueli, «nimms nit für ungut; aber dy Michel muß doch gar e Ugattliche und Uschafelige sy, mit dem nüt z'gattige ist. Glaube nur, die Meitscheni wären recht gewesen, aber will man einem solchen eine zuhaben, so erlebt man nichts als Schande, daß man weiß kein Mensch was gäbte, man hätte nichts mit der Sache zu tun gehabt, und denken muß, man wolle sich vor solchem hüten sein Lebstag.» So nahm es Anni aber nicht; so ließ es an Michel nicht kommen, und dem Schwammfraueli verdeutete es, daß es seinetwegen nicht Kummer haben solle; es werde ihm sein Lebtag nichts mehr der Art anmuten, und lieber wär es ihm, wenn es ein andermal einen andern Weg ginge, mit einem solchen Unmenschen werde es doch nicht unter einem Dache sein wollen. So ging die alte Freundschaft auseinander für einstweilen und zwar zu gegenseitigem Schaden. Dem Fraueli ging sein bestes Haus ab; dafür ließ es Anni und seinen Michel liegen, daß es keine Art hatte, brachte Anni alles aus, was es wußte, machte Michel lächerlich, erzählte, wie er gerne eine Frau möchte, aber wie es eine sein sollte, daß sie Anni, Bäri, Sami und zuletzt auch ihm recht sei.

Anni suchte andere Vertraute und fand sie leicht; es wurden noch mehr Zusammenkünfte veranstaltet, ja, es kamen eine oder zwei direkt zur Gschau auf den Knubel; allein es wollte sich nichts anziehen, es zerschlug sich immer alles, die Welt wußte nicht wie. Deretwegen gab es ein großes Gerede in der Welt, daß Anni sich zu schämen anfing und Michel ganz maßleidig wurde.

Ein schmutziges, schwarzstrubes Mannli, welches mit Tannzapfenöl, Reckholderöl und andern derartigen köstlichen Stoffen hausierte, kam öfters auf den Knubel und war Anni gar anständig;

es tat bescheiden, wünschte ihm immer Gottes Glück und Segen, wenn es Abschied nahm, und fragte, ob es ein andermal wieder zusprechen dürfe. Es treffe es nirgends so an landauf, landab. Dem klagte Anni einmal in einer vertrauten Stunde seine Not, wie Michel heiraten sollte und es ihm gehe; es müsse anfangen zu glauben, es laufe im ganzen Lande kein Meitschi mehr, das einen guten Blutstropfen im Leibe habe. Das Mannli sagte, es glaubs; es sei bös mit der jetzigen Welt, es sei kein Glaube mehr, nichts als Hoffart und neue Lehre: daß dSonne um dSterne umelauf und dWelt o so, und daß es no meh Mönsche gäb als hie uf der Welt und einst in der Ewigkeit. «Öppis Dumms eso!» sagte Anni. «Ja, nur an dem an kannst du sehen, wie es geht in der Welt», sagte das Mannli. «Ich bin froh, bin ich alt und brauche nicht lange mehr dabeizusein; wenn es noch lange währen sollte, müßte man ja am Grausen sterben. Daneben ist das der Trost, daß es immer auch noch rechte Leute gibt, bsunderbar so an Nebenausorten, wo drTüfel no nit hicho isch. Da sind noch Meitscheni, wie sie ehemals waren, mit Stumphosen und kuderigen Hemlistöcken. Ich muß meine Sachen so kümmerlich zusammenlesen in den Wäldern und Krächen, wo ganz ab der Welt sind und das ganze Jahr keine sterbliche Seele hinkommt; da sind noch Leute, wie man sie zu keinen Zeiten bräver fand, wo an Gott glauben und den Teufel fürchten.» «So», sagte Anni, «sind da noch rechte Leute? Gottlob, denen werden wir es zu verdanken haben, daß Gott den Menschen nicht alles verhagelt und verblitzet. Aber das werden nur so arme Leute sein, Besenbinder, Tuftmannleni und Heubeeriweiber und der Gattig Leute, welche unsern Herrgott nötig haben fürs täglich Brot?» «Allweg der größte Teil», antwortete der Alte, «von wegen wer reich ist, der sonnet sein Geld gerne, und deretwegen treibt es ihn dahin, wo die Sonne den ganzen Tag scheinet. Aber es gibt andere doch auch, potz Türk, wo großes Vermögen haben und schön leben können; aber sie lieben die Welt nicht, haben sich lieber still an einem Nebenausort, wo sie können beten und essen, wie und was sie wollen, ohne daß ihnen alle Augenblicke jemand, den es nichts angeht, das Maul dreinhängt und befehlen will.» »So», sagte Anni, «gibt es deren Leute auch noch? Hatte geglaubt, die wären längst ausgestorben, und die Welt wäre gleich bis z'hingerst, wo es dann grade runtergeht in die Hölle, und bis z'oberst auf den höchsten Schneeberg hinauf. Nun, das werden so alte Leute sein, so mit dem einen Bein im Grab, mit dem andern im Himmel; Meitscheni werden die keine mehr haben, welche man heiraten könnte und mit Freuden.» «Warum nicht?» sagte das Mannli. «Es gibt sie mit und ohne Meitscheni, wie es ja Bäume gibt mit und ohne Misteln, und Tannen mit und ohne Tannzapfen, doch haben der Mehrteil Tannzapfen, Gottlob! Warum fragst? Meinst, wo Meitscheni seien, da finde der Teufel das Töri offen?» «He, allweg tun es ihm die eher auf als alte Leute», antwortete Anni. «Aber ich meine eigentlich, ob wohl so an einem Ort eine wäre für Michel, e Bravi, e Frommi u notti kei Dummi, eine Eingezogene, und die doch wüßte Bescheid zu geben, es mit Gott und Menschen gut meinte und Vieh und Diensten gönnte, wie es recht wäre, und wie man es sich hier zum Brauch hat?»

Das Mannli schoß begreiflich nicht sogleich zweg wie ein Fuchs, der auf einen Hafen gelauert, sondern tat sehr verwundert, daß

Michel noch keine hätte; er brauche ja nur den kleinen Finger zum Fenster hinauszustrecken, so hingen ihm zehne dran, meinte er. Anni sprach des weitern vom sündhaften Weibervolk, und wie schlimm es Michel bei seinen Versuchen gegangen, was das für Menscher gewesen seien ohne Religion und ohne Verstand, wenn man die näher untersucht, welche man am allermeisten gerühmt hätte. Unter dem Vorwand, es möchte erst recht wissen, wie man eine wolle, von wegen es wisse wohl, wenn es fehle, habe man schlechten Dank, fragte das Mannli noch allerlei; aber was es eigentlich wollte, den rechten Punkt brachte es doch nicht heraus. Anni blieb bei dem, was es anfangs schon gesagt, eine Fromme und Treue, welche bete und Menschen und Vieh es gönne, und von rechten Leuten her, apart reich brauchte sie nicht zu sein. Es wüßte eine, sagte endlich das Mannli, wo ihn düche, sie passe nicht übel, darneben wolle es gar nichts gesagt haben; wenn es Michel dann aber so ginge, so möchte es nicht schuld sein. Er müsse was Eigenes an sich haben, was es nicht kenne, daß es ihm allemal so gehe; darum, wie gesagt, es wolle lieber nichts sagen, so verfehle es sich nicht. Das ist keine dumme Manier, seine Hände in Unschuld zu waschen. «Nun», sagte es endlich, als Anni immer hitziger in ihn drang: «Wenn du es ghebt haben willst, warum nicht, so will ich es dir sagen; kannst ja immer daraus machen, was du willst: es ist eine Küherstochter.» «Was», sagte Anni, «eine Küherstochter! Von denen habe ich immer gehört, sie täten nicht gut im Bauernstand, seien nichts nutz zur Arbeit, verstünden nichts von der Haushaltig, könnten nichts als Nidle fressen, schwingen mit den Knechten und allfällig auch melken, wenn sie nicht zu faul würden dazu.» «Nit, nit!» sagte das Mannli. «Selb ist doch nicht so; ich komme viel auf den Bergen herum und kenne das Volk auch, das ist besser als man glaubt, und vom rechten Glauben findet man dort mehr als in den Dörfern. Wenn etwa die eine oder die andere bös ausfällt, muß man nicht gleich alle in ein Band zusammenbinden. Die, wo ich meine, kühert auch nicht mehr; der Vater ist gestorben, der Bruder fährt zAlp, sie wohnt bei ihrer Mutter im Milchmusgraben, wo sie ein Heimet (Hof) haben, kein großes, so um genug zu arbeiten und zu essen zu haben. Die Tochter macht dSach meist, dMutter ist alt, aber noch scharf und befiehlt, und dTochter macht, was die Mutter sagt; kein bös Wort habe ich sie der Mutter je geben hören, und tät sies, ich glaube, die Alte haute ihr aufs Maul, und die Tochter nähme es an, wenn sie schon eine ist, wo nicht bald ein Mannevolk fürchtete. Es wär gerade eine für Michel der Postur nach, bräver hast noch keine gesehen, und ein Gesicht hat sie, schöner kann man es nicht malen, ganz wie Milch und Blut; eine Säumutter ist sie, es mag ihr keine Luzernerin nach. Aber sie bleibt auch daheim, rennt nicht wie läufig jeder Lustbarkeit nach, und es ist noch die Frage, ob man sie an einen Ort hinbrächte; sie hat bis dahin dem Mannevolk gar nichts nachgefragt, und wenn einer kam, ferggete sie ihn kurz ab. Es möge nichts mit dem Zeug zu tun haben, es gruse ihm drob, hat das Meitschi manchmal gesagt, daß ich es selbst gehört. Indessen ist den Meitscheni nie recht zu trauen; es ist ihnen manchmal ganz anders, als sie drglyche tun, und die, welche getan wie jung, wild Katzen, werden oft ungsinnet so zahm wie Katzen, welche man ihr Lebtag gepantscht.»

Die Sache gefiel Anni. Man könnte allweg probieren, meinte es; gerate es, wohl und gut, sei nichts damit, nun, in Gottes Name, so sei dSach am gleichen Ort, und man müsse anders dran hin. Das versalbete Ölmannli ließ sich endlich herbei und versprach, den Liebesboten zu machen, nachdem Anni ihm versprochen hatte, es ihm nie nachzutragen, es möge gehen, wie es wolle, gehe es aber gut, ihm gehörig daran zu denken.

Alsbald wanderte der seltsame Liebesbote dem Milchmusgraben zu. Dieser Milchmusgraben ist ein freundlich, enges Tälchen hoch in den Bergen oben, eine Art von Rinne zwischen zwei Alpen. Vor Winden geschützt, ists mild und lieblich dort; der Baumwuchs ist noch nicht verkrüppelt, mächtige Birnbäume breiten ihre schirmenden Äste über die Dächer aus. Dort in einem saubern Haus wohnte die Küherin. Die hellen Fenster glitzerten und glühten eben in der Abendsonne, als unser Ölmännchen dort ankam; es war wohl bekannt dort, seine Bitte um ein Nachtlager ward ihm gerne gewährt. In dieser Abgeschiedenheit sind solche Besuche, wie schon gesagt, sehr willkommen; sie sind die lebendigen Zeitungen, man vernimmt doch auch was in der Welt vorgeht, irgendein großes Unglück, ein grobes Verbrechen oder eine lächerliche Geschichte, welche das nächste Jahr im Kalender erscheinen werde.

Die Tochter hausierte draußen herum, während die Mutter zum Mannli sich setzte, das Abendessen rüstend. Die Mutter gehörte unter die tapfern Weiber, welche sich mit der Welt herumschlagen unbesiegt, die weder Kopf noch Mut verlieren, es mag an sie kommen, was da will, Gutes und Böses, die nie unschlüssig gute Gelegenheit vorüberlassen oder aus Behaglichkeit und Angewöhnung Altes behalten und Neues, Besseres von sich stoßen. Es gibt solche tapfere, praktische Weiber in allen Ständen, und gewöhnlich bleiben sie tapfer und praktisch bis ins höchste Alter. Nachdem es ihr Bericht erstattet hatte über die Vorfallenheiten in den Dörfern, wo die Küherin früher gewintert und daher begierigst forschte nach dem Schicksale der Bäuerinnen, mit welchen sie in Freundschaft, und noch mehr nach deren, mit denen sie in Feindschaft gelebt (es ist sehr merkwürdig, wie eine Küherin eine Bäuerin und eine Bäuerin eine Küherin taxieren, und mit welchen Augen sie sich gegenseitig messen, doch davon ein andermal!), sagte es, es düchi ihn, Mareili sei allemal schöner, wenn es komme; es nehme ihn nur wunder, daß es nicht längst einen Mann habe. Natürlich sagte die Mutter, es hätte nur am Willen und nicht am Können gefehlt; Ursach, zu pressieren, hätte es nicht, es sei ihm noch lange wohl so, und wenns ihm anders komme, so finde es immer noch einen, dafür brauche sie nicht Kummer zu haben. Sie habe recht, sagte das Ölmannli; es hätte es auch so. Ans Meitschi sei sie gewöhnt und habe Freude, wenn sie es von weitem sehe; wenn es fort wäre, das Leben freute sie nicht mehr, sie hätte ein Längizyti, sie stünde es nicht aus. Oh, sagte die Küherin, wegen selbem sei es ihr nicht. Man müsse sich in alles schicken in der Welt, und wenn das Meitschi heiraten wolle und seine Sache gut machen könnte, sei sie die letzte, welche es ihm wehren wollte; sei es ihm hier erleidet, könne es an einen andern Ort hin, es sei nicht, daß sie meine, die Sonne scheine nur an einem Orte. Dumm sei es, wenn eine Mutter meine, die Tochter solle ihretwegen nicht heiraten; die Mutter sei ja übernächtig, wenn sie ungsinnet sterbe, was sie dann der Tochter helfen könne, und was sie dann anfangen solle? Nachdem das Mannli diese Gesinnung verdientermaßen gerühmt und gesagt, nicht unter Hunderten denke eine so gegen ihre Kinder, rückte es allmälig mit seinem Auftrag hervor. He nun so dann, wenn sie so denke, sagte es, so wolle es ihr was sagen. Wenn es hätte merken können, daß es ihr im geringsten zwider wäre, nicht mit zehn Rossen hätte man ein Wörtchen von ihm herausgebracht. Warum gute Leute böse machen, selb wär ja dumm.

Nun rückte es heraus mit Annis Auftrag, wie es ihn zwar ungern übernommen, denn es wisse, wie es einem bei solchen Sachen gehen könne, und welchen Dank man zumeist davon habe. Daneben hätte es gedacht, so weit könne es sich doch nicht verfehlen, wenn es mit der Wahrheit umgehe, nichts dazu- und nichts davontäte und es nicht mache wie die Weiberhändler, welche lögen, daß die Schwarten krachen, und hintendrein, wenn beide auch so recht angeschmiert seien, sich den Hals voll lachten. Es müsse sagen, wie es ihm sei; es wolle nicht zBest geredet haben, aber es möchte Mareili das Glück gönnen; besser mache es es sein Lebtag nicht als mit dem Knubelbauer, sowohl wegem Vermögen als wegen der Person. Nun setzte es Michels Herrlichkeiten auseinander. «Aber warum hat so einer nicht längst eine Frau?» fragte die Küherin, «muß da eine zu hinderst in den Bergen suchen? Da muß was nicht richtig sein; laß sehn, gib die Karten füre und use mit der Wahrheit, du weißt, ich verstehe nicht Spaß.» «He sieh, dSach ist die!» antwortete der Alte. Nun erzählte er ziemlich wahrhaftig, wie es sich verhalte, sagte namentlich die Gründe heraus, warum Anni keine aus der Nähe wolle. Darüber lachte die Küherin. Die Alte sei nicht dumm, sagte sie, die könnte ihr gefallen; aber sie werde wahrscheinlich nicht saubere Finger haben, und der Hauptgrund werde der sein, daß sie die am meisten scheue, welche ihr am längsten ins Spiel gesehen. Da vertrat das Mannli Anni ehrlich und sagte, unter Hunderten hätte nicht eine so gehandelt, und ehe es Michel einen Kreuzer veruntreuete, würde es lieber Sami, seinem eigenen Sohne, stehlen, was er hätte, und es Michel anhängen. Es sage immer, es habe es dessen Mutter auf dem Totenbette versprochen, zu ihm zu sehen wie zum eigenen Kinde, und das wolle es halten; wie sollte es sonst an den Tod denken und was Michelis Mutter antworten, wenn sie ihns frage: «Und Anni, wie hest mr zu Micheli gluegt?» Das sei gut für Micheli, sagte die Küherin, aber könnte dest böser sein für eine junge Frau; die Alte werde meinen, sie wolle Bäuerin bleiben, die junge Frau sollte Hund sein, darum werde keine anbeißen wollen. Nicht einmal, sagte das Mannli; Anni sei gar nicht bös, und wenn eine Micheli hattiere, gehörig zu ihm sehe und nicht alles auf einmal anders wolle, sondern bei Anni zu Rat ginge und ihns noch etwas Meister ließe, was es eigentlich auch verdiene, so glaube es, eine junge Frau hätte die besten Händel. «Aber warum wollte ihn denn keine, etwas muß ihnen doch im Weg gewesen sein?» fragte die Alte. Das wisse es nicht, antwortete das Mannli; etwas sei da, aber was, darüber hätte es noch nicht kommen können. DSach werde beidweg erzählt: Michel sage, es sei ihm bis dato keine anständig gewesen, und die Mädchen behaupteten, einen solchen Uflat hätten sie nicht mögen, fast lieber drTüfel. Was an der Sache sei, wisse es nicht; Michel habe ein gutes Herz, aber ein Grober sei er, «und von Höflichkeit und Dyridärimachen wird er nicht viel wissen, und das werden die Meitschi nicht verstanden, sondern wüst getan haben, wie so junge Meitscheni es im Brauch haben, wenn einer ihnen nicht gleich flattiert, wie es ihnen am liebsten ist. DSach wird auf gar mängerlei Art brichtet, und drby bin ih nie gsy, sust wett ihs scho wüsse.»

«Hör du», sagte die Küherin, «dSach gfallt mr so übel nit; aber was Marei drzu seyt, weiß ich nicht. Mir wär lieber ein Küher gewesen, ich sags offen, als so ein mißvergnügt Bäuerlein, welches den Kümi spaltet, balget statt betet und den ganzen Tag ein Gesicht macht, wo die Kühe von der Milch kämen auf den Bergen, wenn sie es alle Tage sehen müßten. Aber wenn der Bursch ist, wie du sagst, so ist es nicht so einer, und eine Frau kanns gut haben bei ihm. Ich hätte ihn zwar nicht genommen, dsLebe auf den Bergen ist doch ganz anders als in den Kerkern da unten und dsJauchzen auf den Weiden lustiger als Fuhren hacken oder Kraut rüsten. Aber dsMeitschi ist sich des Lebens da oben weniger gewohnt als ich; es kanns machen, wie es will, und wie es es macht, so hats. Doch das glaub nicht, daß es dir an einen Ort expreß deretwegen hinkommt, das tut es sein Lebtag nicht, und wenn es damit die schönste Alp verdienen könnte.» «Aber wie machen dann?» fragte das Mannli. «He, weißt was!» sagte die Frau. «In vierzehn Tagen ist Huttwylmarkt, dorthin wollen wir mit jungen Schweinen; wir haben deren einen ganzen Stall voll. Bei ‹Möhren› stellen wir ein; wenn wir verkauft haben und eingekramt, was nötig ist, werden wir allweg dort was essen. Ist dem Bursch was an der Sache gelegen, so kann er dorthin kommen; es gibt weniger zu reden, und können doch einander gschauen, so weit es nötig ist. Das wird sich gleich erzeigen, obs einander anzieht oder nicht.» Das gefalle ihm, sagte das Mannli, so komme es am besten, es glaube es selbst. Es könne diesen Abend schon um die Stauden schlagen und brichten, wie der Knubelbauer einer sei, und wie ers habe, damit das Meitschi gleich wisse, mit wem es zu tun habe, und sich darnach einrichten könne. «Mach, was du willst!» sagte die Mutter, «aber darauf zähl, merkt Marei, daß es ein abgeredet Spiel ist, so tut es wüst, kommt entweder nicht oder gschirret aus, daß es keine Art hat. Es ist ein guts Meitschi, aber ein handlichs, wenn es abkommt; ich wollte dann lieber nicht dabeisein.»

Als Mareili draußen fertig war, saß es auch drinnen ab, es hörte auch gerne brichten aus der Welt herauf. Es war ein prächtig Meitschi, aber in der Tat, in seine Hände paßte ein Morgenstern besser als eine Nähnadel; Kühnheit saß ihm auf der Stirne, daß man damit einen ganzen Rudel von verlaufenen Doktoren und Professoren hätte versehen können. Das Ölmannli machte seine Sache nicht schlecht, sondern ganz unverfänglich: es brichtete von allem, was den Leuten z'reden gebe da unten, und so kam es ganz natürlich auf Michel und seine Geschichten, und wie es nicht begreifen könne, wie das zugehe, daß sich immer alles zerschlage. Es könne zuletzt nichts anders glauben, als es sei Hexenwerk dahinter; ein Meitschi, es möchte für eins sein, was es wollte, es könnte es sicher nirgends besser machen als mit Micheli. Mareili hatte großen Spaß bei den Geschichten, sagte, es möchte den doch mal selbsten sehn, es nehme ihns wunder, ob er Hörner habe, daß ihn keine wolle, und gab auf diese Weise selbst Gelegenheit, daß das Mannli sich des nähern über ihn auslassen und länger bei ihm verweilen konnte.

Am folgenden Morgen nahm das Mannli dankbar Abschied und wollte als Zeche etwas Tannzapfenöl da lassen. Als man es ablehnte, weil man noch vorrätiges habe, sagte es, so wolle es das nächste Mal, wo es sie auf einem Markte, oder wo es sei, antreffe, eine Halbe zahlen, wenn sie sich seiner nicht verschämten. «Red nit z'lut», sagte Mareili, «wenn es dir nicht ernst ist, du könntest reuig werden.» «Willst kommen?» sagte das Mannli und hielt die Hand dar. «Allweg, wenn du mich heißest!» sagte Mareili und schlug ein.

«Aber eins vorbehalten, die Halbe muß besser sein als deine Tannzapfenrustig, Zehnbatzigen, hörst!» «Es sei, kannst selbst befehlen, wie du es haben willst!» «Gut so», sagte Mareili, «es gilt; komm auf Huttel in vierzehn Tagen, und wenn du ordlich tust und brav zahlst, tanz ich noch einen mit dir.» «Und kann dann mit dir heim?» fragte der Alte mit Lachen. «Warum nit?» sagte Mareili. «Für alt Vögel hat man immer ein Nest; allweg, wenn wir die Schweine verkauft, ist dann der Stall leer!» Und verschwunden war Mareili in der Tür. «Das ist mir eins! Es nimmt mich wunder, wie das geht», brummte das Mannli, schritt fürbaß und gab seinen Bericht auf dem Knubel ab. Michel sagte, er habe den Glauben, diesmal gebe es was, es gehe nichts z'leerem ab. Kosten zu haben und dsGspött obendrein, erleide ihm, zletzt wollte er lieber zum Bonaparti; dort wolle er ihnen das Lachen schon vertreiben, solange er sich rühren könne, und könne er sich nicht mehr rühren, so könnten sie seinethalben lachen oder nicht lachen, was frage er dem mehr darnach! So an einer rechten Küherin hätte er noch Freude, die müßte ihn z'grechtem lehren schwingen, er wollte sie dann brichten, wie man fähle (ringe).

Wie es an einem Huttwylmärit geht, kann sich jedermann denken, der schon auf einem andern Markte gewesen ist. Ach, du meine Güte, was so an einem Markte und besonders an einem Huttwylmarkt, wo Aargauer und Länder (Luzerner, hauptsächlich Entlibucher) in Haufen kommen und ganz besonders die Schweinehändler zahlreich vertreten sind, geredet, geschwatzt, geschnattert, geflucht wird! Wer die Worte zählen müßte, welche zu allen Mäulern auf dem Geiße- und Schafmärit, Kuh- und Schweinemärit in allen Gassen und allen Kneipen flüssig werden und zutage kommen! Oder wenn sie alle einen Leib und Federn kriegten, zu Krähen, Elstern, Spatzen würden, den Leuten über die Köpfe stiegen und herumflatterten über dem Märit, was das für eine Wolke geben müßte! Dagegen wäre eine Wolke von Heuschrecken ein Kinderspiel; da könnte man Sonne, Mond und Sternen adieu sagen für immerdar, da bräche kein Lichtstrahl mehr durch in alle Ewigkeit. Oder es wäre dann, es würden als schwarze Krähen oder gespregelte Elstern jedem seine Worte, welche er gesprochen, nachflattern nach Hause, ein geflügeltes Geleite, so gleichsam eine selbstgemachte Leibgarde. Blitz und Blau, wie kämen da die Schweinehändler zum Beispiel heim mit einer schwarzen Leibwache, mit einer großen Wolke! Das wäre ein Luegen, diese großen, schwarzen, geflügelten Wolken, sich wälzend durch die Straßen, und mittendrin, so gleichsam als Kern, ein Schweine- oder anderer Händler! Es würde eine merkwürdige Welt abgeben, wenn es so mit allen Worten ginge, daß sie Flügel und Federn kriegten und zum Geleite ihrer Schöpfer würden. Ach Frankfurt, du arme Stadt, du mit dem langen Parlamente, welches das Reden für ganz Deutschland verdinget hat, und Reden fließen läßt Tag und Nacht, o Frankfurt, du arme Stadt, dann könntest du dem Lichte adieu sagen für immer, und mit dem Gaslicht wäre es auch aus, weil keine Luft mehr wäre, da würde es düster werden im hellen Frankfurt. Da wäre viel in Öl zu machen, vielleicht daß in diesem Geschäft die meisten Frankfurter sich trösten könnten.

Unser Mannli, welches eben in Öl machte, steckelte begreiflich aus irgendeinem der großen Tannenwälder hervor auf Huttwyl zu, doch nicht schwarzgrau und versalbet, wie es hausieren ging, sondern ordentlich gewaschen und gekleidet wie ein anderer Mensch. Es wußte wohl, mit Hausieren schaffte es an einem Märit nicht wohl; die geputzten Leute lieben ein Ölmannli im Gedränge nicht, denn eine Berührung mit ihm hat unangenehme Folgen, noch viel weniger kaufen sie an einem solchen Tage seine Handelsartikel. Ein Fläschchen Tannzapfenöl oder anderes der Art stößt niemand gerne in die Tasche, es könnte zerdrückt werden, und da wären die Folgen ebenfalls nicht angenehm. Wer das Mannli nur in seinem Handwerkskleid gesehen, hätte es heute kaum wieder erkannt. Es ist gewöhnlich ein Unterschied zwischen einem gewaschenen und einem ungewaschenen Menschen; an diesem Mannli war er besonders auffallend. Das wichtige Geschäft, welches seiner wartete, welches es eingeleitet hatte, gab ihm ein Selbstbewußtsein, welches fast wie Kühnheit aussah. «Ich bin der Mann, der das getan!» drückte sich in seinen Mienen und allen Bewegungen aus.

Es war noch früh am Tage. Stunden mußten verrinnen, ehe sein Geschäft anging; aber das machte ihm keinen Kummer, wie die Zeit verbringen. So ein Mannli hat erstlich eine Geduld, zäh wie Handschuhleder; zweitens hat es gar viele Bekannte und mit allen etwas zu reden, sie zu fragen, abzureden, Aussichten zu eröffnen usw.; drittens endlich hat es für alles Augen und Ohren, ihns interessiert alles, was auf einem Markte getan, gesprochen, gehandelt wird. Es hat es akkurat wie ein Lumpensammler in Paris: es sammelt alles mögliche, es ist jede Sache für etwas gut; es sieht sich die Pferde an, dem Handel zu, obgleich es sein Lebtag nie ein Roß gehabt und nie eins haben wird. Aber es ist ihm schon manchmal bequem gekommen, wenn es einem Bauer Auskunft geben konnte, wie es um die Pferde gegangen, oder ihm sagen konnte: «Dort und dort steht ein Roß, ich glaube, das wäre für dich; der Mann hatte es auf dem letzten Markte, aber es wollte ihm nichts gelten, ich glaube, es wäre ihm grusam feil!» Es konnte, an seinen langen, langen Stock gelehnt, eine halbe Stunde hinter ihm ganz unbekannten Leuten stehen und ihrem Gespräch ablosen. Es wußte anfangs nicht warum; aber es sah es den Leuten an, daß sie miteinander was reden wollten, welches sie für wichtig hielten, und des unbekannten Mannlis achteten sie sich wenig. Im Verlauf das Gespräches kam es darüber, wer sie waren, und hatte schon oft Notizen aufgeschnappt, die ihm soviel wert waren als der beste Handel. Es stand an den Krämerständen von allen Sorten, sah zu, wer kaufte und was, merkte sich die Preise von allen Waren; es war auf dem ganzen Markte nicht mancher, der über alles besser Auskunft geben und sicherer raten konnte als dieses Mannli. Von einer solchen besonnenen Aufmerksamkeit haben viele Leute keinen Begriff; ja, es gibt viele Leute, welche ihr Lebtag durch die Welt gehen, als hätten sie weder Augen noch Ohren noch eine Nase zum Riechen, eine total erschlaffte, tote Auffassungskraft; sie mögen kommen woher sie wollen, sie wissen nichts, haben nichts gesehen, nichts gehört, können höchstens sagen, was sie gegessen und getrunken, und was für Kleider der angehabt und welche diese. Das sind traurige Leute, haben aber auch gewöhnlich grausame Langeweile, auf welsch sagt man, sie seien blasiert. Es sind gewöhnlich Leute, die sich für nichts interessieren als für ihre eigene Person, und da diese sehr langweilig ist, so müssen sie Langeweile haben ganz begreiflich.

So hatte das Mannli bereits viel Zeit verbraucht, ehe es auf den Säumärit kam, um nachzusehen, ob seine Kühersleute samt ihren Faselschweinen eingerückt seien. Sie waren richtig da und hatten sechs sackers schöne Schweine, langgezogen und doch heruntergewachsen, mit geringelten Schwänzen und glattem Haar und bsunderbar schönen Ohren, auf welche bei den Schweinen viel mehr gesehen wird als auf die Augen. Bei Schweinen legt man auf den Ausdruck kein großes Gewicht. Sie hatten Kauf, es war ein ordentlich Gedränge um sie; ob eigentlich bloß der Schweine wegen, wissen wir nicht, können aber vermuten, Mutter und Tochter hätten manchem mehr in die Augen geschienen. Die Mutter war eine stattliche Frau, so für einen alten Gritti von Witlig mehr als gut, und die Tochter ein gewaltig schönes Mädchen, von denen eins, wo man unwillkürlich stehen bleibt, wenn sie einem unter Augen kommen – diese Exemplare sind selten. Das Mannli besah sich die Sachlage, hütete sich aber wohl, sich vorzudrängen und in den Handel hineinzufallen. Es sah, wie beide ihren Vorteil wohl verstanden, die Preise sehr hoch hielten; sie wußten wohl, daß man sie mit ihren schlanken und blanken Schweinen nicht heimziehen ließ.

Es dachte, die treffe es in einer guten Weile noch da an; es müsse doch nach Michel sich umsehen, ob der eingerückt sei oder die Sache vertrampelt hatte. Fand es ihn, so gedachte es denselben so zu postieren bei «Möhren», daß, wenn es mit dem Weibervolk nachkäme, um die versprochene Halbe zu zahlen, er Platz bei ihnen finde. Das war nicht so schwer zu machen, wie es scheinen mochte, wenn man weiß, wie das an Jahrmärkten sich drängt und einbißt (klemmt), wo man erst kaum ein Bein über eine Bank bringen kann und drängt und drückt, bis endlich der ganze Leib sich hineingeschoben, akkurat wie ein Keil in hartes Holz. Bäri, Michel und Sami waren der Art von Geschöpfen, welche sich weder drängen noch klemmen ließen, aber Platz versperren konnten für sechse, ohne daß man viel merkte, noch viel weniger jemand Lust bekam, sie zusammenzuschieben. Aber wie es lief und wie es suchte, seinen Michel fand es nicht; er war bei «Möhren» nicht, bei der «Sonne» nicht, auf dem Rathaus nicht, im «Bädli» nicht, nicht auf dem Roß-, nicht auf dem Kuhmärit, kein Mensch wollte so einen gesehen haben. Plötzlich ging dem Mannli ein Licht auf: «Dä Löhl, der kegelt an einem Ort, und wenn der mal dabei ist, so weiß er nicht mehr, wo er ist, und man bringt ihn nicht mehr davon weg.» Es dachte den Michel schon halb gefunden; es lief von Kegelbahn zu Kegelbahn, aber Michel war nirgends, und schon gings auf zwölfe. «Nein», dachte es, «wenn der Lappi nicht will, so hat er gehabt!» und steuerte wieder dem Säumärit zu, um sich zu zeigen und seine Verbindlichkeit zu lösen, damit sie nicht Ursache hätten, über ihn zu zürnen, denn versprochen sei versprochen. Daß die reiche Küherin und ihre schöne Tochter sich von ihm eine Flasche zahlen ließen, daran hatte es keinen Zweifel; es wußte, daß, wenn Mutter oder Tochter nicht gleich kommen wollte, die andere sagen würde: «Komm, er hätte es sonst ungern, er könnte meinen, man verschämte sich seiner, und wegen der Kosten hat man sich nicht zu schinieren, die kann man ja mehr als gutmachen.» Darin liegt ein viel feineres Gefühl und größeres Wohlwollen, als wenn sie sich geweigert und eine gesagt hätte: «Pfi Tüfel, wie magst mit einem solchen armen Mannli gehen und ihm Wein abtrinken, der hat sein Geldli anders zu gebrauchen.» Im erstern Benehmen liegt eine Bindekraft, welche die Stände nicht so weit hätte auseinandergehen und sich feindselig gegenüberstellen lassen, wenn sie sich öfters fände.

Auf dem Säumärit gings noch immer lebhaft zu; längst wäre die Sonne verschwunden und rabenschwarz es dort geworden, wenn jedes Wort zu einer Krähe oder gar einem Storch geraten wäre. Die Schweinehändler waren heiser geworden, die Schweine grunzten und quikten vor Hunger; man konnte beider Stimmen fast nicht mehr unterscheiden, so ähnlich klangen die quikenden und die heisern Töne. Daß sein Weibervolk noch am Platze sei, merkte es von ferne am Gedränge; es schob sich durch, denn es hielt es jetzt an der Zeit, sich zu zeigen. Als es in die vordern Glieder kam, unter einem Arm durch einen Blick tun konnte, da ging ihm das Maul vor Erstaunen sperrangelweit auf, und die Beine standen still, ganz steif, denn drinnen sah er Michel stehen und der Küherin harte Taler auf die Hand zählen und hörte ihn sagen: «Das wärs, und wenn die Maß noch zahlt ist, so wären wir richtig!» «Ja, und dem Meitschi einen Zehnbätzler Trinkgeld!» sagte die Mutter. «Den muß es haben», sagte Michel. «Lue mir auch», sagte das Mannli für sich, «was dem nicht in Sinn gekommen! Der ist gescheiter, als man ihn dafür ansieht; hat der mal die Säue auf dem Knubel, kommt ihm das Meitschi noch einmal so lieb nach, von wegen es zieht ihns, es hat ein Herz zu den Säuen wie nicht bald eins.» Es brach vollends durch, stellte sich vor, tat sehr verwundert, Michel da zu finden, erklärte sich bereit, die versprochene Flasche zu zahlen. Die Mutter hatte ihm geblickt, sobald sie ihn sah, das Mädchen aber schäkerte mit ihm: sie bedürften jetzt seines Weines nicht, sie hätten jetzt selbst; wärs ihm ernst gewesen, es wäre früher gekommen und nicht erst jetzt, wo es gehört, daß sie Weinkauf gemacht hätten. Sie werden nicht soviel gemacht haben, daß sie seinen nicht auch noch möchten; allweg komme es mit und wolle nachbessern, wenn sie mit dem andern fertig seien, sagte das Mannli. «Machs!» sagte das Meitschi, «aber sag mir erst, wer ist der Bursche, du kennst ihn?» Ehe noch das Mannli antwortete, schnellte das Meitschi sich herum; es war vom Wegführen der Schweine die Rede, da mußte das Meitschi sie doch noch einmal sehen, Abschied von ihnen nehmen, Glück auf den Weg wünschen. Es hatten sich nämlich, wie üblich, sobald der Handel abgeschlossen war, Bursche hinzugedrängt, gefragt, wo die Schweine hinmüßten, sie wollten sie ihm heimtreiben. Es verstand sich von selbst, daß so ein Michel nicht selbst die Schweine vor sich herjagte. Man wußte wohl, so einer ging nicht vom Markte, daß er noch mit Schweinen heimkommen konnte. Michel hatte sich eingelassen mit ihnen und gesagt, sie müßten auf den Knubel, es werde aber keiner da sein, der so weit treiben möge. «Ists drKnubelbur?» fragte das Meitschi, sich umdrehend, das Männchen. Es nickte. Neugierig wie ein Bergkind sah es ihn an; es dünkte das Mannli, dSach sei richtig.

Nachdem Michel seine Schweine übergeben hatte und im voraus für das Heimjagen bezahlt und zwar einem ihm durchaus unbekannten Burschen und dazu mit voller Sicherheit, daß dieser seinen Auftrag recht verrichten werde, und das Meitschi ihm dringlich anempfohlen, daß er sie nicht plage oder erhitze («Denk, es isch e Tüfel, und wenn du dSäu plagst, so plagt dich dr Tüfel o!»), wurden sie rätig in der Tat, zu «Möhren» zu gehen und den Weinkauf zu trinken. «Aber wie tuts, Wein in nüchtern Magen?» sagte die Mutter. «Ich hülf lieber was essen, das Tau isch mr afe ab em Mage; es dücht mih, ih syg ganz hohl innefer.» «He», sagte Michel, «dawider wird niemand was haben; es ist mir auch drum, und Wy zum Esse schickt sich sunderbar wohl!» «Mutter, wollen wir nicht erst unsere Sachen verrichten?» fragte das Meitschi. «Du weißt, mr hey mänger Gattig.» «He», sagte die Mutter, «es ist nachher noch immer Zeit; jetzt dücht mih, ih möcht neuis un e weni abhocke, bi ganz gstabelig vom Stah.» Das Mädchen machte keine Einwendungen, brummte bloß: «Ja, wenn me einist abghocket isch, su adieu, Vrrichtige!» Wahrscheinlich hatte es bereits Erfahrungen gemacht in diesem Fache.

Michel voran brach Bahn, fuhr durch die Flut der Menschen wie durch weichen Schnee der Schneepflug; hinter ihm her war ein ruhig Gehen, daß die Küherin meinte, so einen sollte man immer voranhaben, wenn man auf einem Märit ist, man würde minder gestoßen und gedrückt. In Hafen kamen sie glücklich, aber wo Anker werfen jetzt? Da war guter Rat teuer. «Möhren» war zum Ersticken voll; hie und da hätte sich noch ein Bein hineinpressen lassen, aber zehn Beine und zwar dicke, samt Zubehörde, war was anders. Da steht man so herum, halb verlegen, halb zornig, kann hungrig und durstig zusehen, wie andere im Hirse sitzen und es sich behagen lassen, weiß nicht, soll man gehen, soll man warten. Hier oder dort wird eins gerufen zum Bescheidtun, nun, es ist allweg ein nasser Finger auf eine trockene Zunge, aber alsbald wird man desto glustiger; man sucht jemanden von der Wirtschaft aufzufangen, um von ihm sich unterbringen zu lassen. Die dienstbaren Geister schießen herum wie zornige Wespen, tun meist, als hörten sie nicht; kriegt man endlich einen dieser flüchtigen, hässigen Geister zwischen die Finger, stellt ihn, bringt manierlich sein Verlangen vor, so schnauzt er: «Ich kann nicht jedem Platz suchen, ich hätte viel zu tun, wenn ich mich damit befassen wollte; suchet selbst, und findet ihr keinen, so wartet, oder geht in Gottes Namen weiter, ich kann nicht helfen!» Hat er solchen Blast losgelassen, fährt er ab, hinaus zur Türe. Ist im Wirtshause es so eingerichtet, daß der Wirt kein besonderes Geschäft hat, keine Stube zu bedienen, sondern bloß die Aufsicht führt, so erbarmt sich dieser zuweilen der platzlosen Gäste, wenn er zufällig zu ihrer Not kommt. Ihm ist begreiflich daran gelegen, daß sie weder in Gottes Namen noch sonst weitergehen. Michel hätte fast Mut gehabt, einen Tisch rein zu fegen; er brannte innerlich vor Galanterie und hätte sie gerne durch besondere Zeichen und Aufmerksamkeiten kundgetan. Glücklicherweise verließen drei Bleienbacher Kuhhändler einen Tisch, wo sie ihre Morgensuppe gegessen, sonst wer weiß, was geschehen wäre! Alsbald hob Michel sein schweres Bein über die Bank, rief die andern her und übte nun so eindrucksvolle Manieren, daß, wo früher drei gesessen, sich nun fünfe bequem hinsetzen konnten.

Nun saßen sie; und sitzen, wenn man müde ist, ist allweg schön, aber denn doch nicht alles, und je länger man das andere mißt, desto geringer schlägt man das Sitzen an; ja, man wird nur alleweil böser. Man glaubte mit demselben alles gewonnen, und jetzt sieht man, daß es ohne Essen und Trinken hell nichts ist. Ähnliches muß man im Leben sehr oft erfahren, daß nichts ist, an was man alles setzte, wenn man nicht wieder und immer wieder alles an anderes setzt. Mit Trommeln und Rufen zogen sie endlich einen der Geister, so gleichsam einen fliegenden Holländer, in ihre Nähe. «Befehlt ihr was, oder habt ihr befohlen?» fragte der Geist. «Hol e Maß Zehnbatzigen, aber gschwind, dann mußt das weitere wissen!» befahl Michel. Der Geist verschwand, und Michel fühlte sich groß in seinem Gemüte, zündete mit schönem Selbstbewußtsein seine Pfeife an, und: der Gattig Zeug müsse man befehlen, daß sie wüßten, daß befohlen sei, und wenn man nicht zu ihnen rede, daß sie meinten, man schieße ihnen mit einer Pistole in die Ohren, so gränneten sie einen nur aus, und man könnte lange warten, ehe sie einen bedienten, bemerkte er.

Nun wandte sich Michel seinem Kauf zu, denn er war in dieser Beziehung jeder Zoll ein Bauer, und sagte, verflucht teuer habe er sie, aber sie hätten ihm gefallen, und wenn das sei, habe er nicht nötig, auf den Kreuzer zu sehen. Er möchte nur wissen, wie sie gefüttert worden, damit er mit der gleichen Kost fortfahren könne; er hätte sonst immer gehört, vor Kührssäuen solle man sich hüten, die seien trieben, daß es keine Art hätte; aber wenn man dSach hätte, so brauche man sich nicht so in acht zu nehmen, wenn man nur wüßte, was sie liebten. Nun ward das beliebte Kreuzfeuer zwischen Küher und Bauer eröffnet, welches einige Zeit vergessen ließ, daß man noch immer im Trocknen saß. Indessen verschlang der Geist den Leib nicht auf zu lange, die Ungeduld wuchs; von ferne zeigte sich der fliegende Holländer. Michel brüllte ihm seine Meinung nach, wie erfahrene Jäger weithin auf vorüberzwickende Hasen schießen in der Hoffnung, ein verlorenes Korn wohl anzubringen. «Gleich, gleich!» tönte es wieder, und der Holländer verschwand, erschien indessen doch bald wieder mit einer Maß und Gläsern und wurde von Michel angebrüllt, was das für eine Ordnung sei; wenn er das gewußt, hätte er das Essen mitbringen wollen. Sie sollten verzeihen, sagte der Geist, er vermöge sich dessen nichts, er bediene diesen Tisch nicht, darum sollten sie ihm die Maß auch gleich zahlen; das andere, wo hierher gehöre, sei angeschossen und habe stark zur Nase aus geblutet, die wasche es soeben ab und werde bald wieder erscheinen, dem könnten sie dann befehlen.

Das waren nicht tröstliche Aussichten; wenn so ein vorschützig Ding anschießt und blutet, so ist gewöhnlich nicht bloß die Nase zu waschen, sondern andere Dinge noch mehr. So war es auch; es ging mörderlich lange, die Maß war ausgetrunken, Michel brüllte nach allen Himmelsgegenden, bis endlich ein halbgewaschenes

Ding erschien mit geschwollener Nase, verweinten Augen und fragte, ob es Wein bringen solle, oder ob sie sonst noch was bestellt hätten. Die vernahm etwas über die Lumpenordnung, und wenn man gewußt, wie man bedient werde, so wäre man weitergegangen. Das Ding entschuldigte sich mit seinem Mißgeschick, hing im Vorbeigehen der Wirtin die Bemerkung an, daß, wenn sie nicht eine so Wüste wäre, so würde sie genug Leute anstellen, damit nicht eins für drei springen müsse, und versprach das Beste. Nun, endlich kam Suppe; die war bald verschwunden, denn man kann denken, wie die Leute hungrig waren, da es weit über Mittag war. Zudem waren es Leute, welche mit einem sehr muntern Appetit gesegnet waren; so eine wohlkonditionierte Küherstochter ist imstande, was zu versorgen. Endlich kam das übliche nach. Michel hatte, obschon er eigentlich bloß eine Maß schuldete, sich vorgenommen, sich recht splendid zu machen; es dünkte ihn, es lohne sich wohl der Mühe. Er hatte daher, als gefragt wurde, was man befehle, alsbald das Wort genommen und nicht bloß gesagt: «Neuis uf einem Teller!», sondern gesagt, sie wollten zMittag essen wie üblich und bräuchlich. Das könnte wohl lange gehen, hatte drauf die Küherin gesagt. «Gäll, Mutter», bemerkte die Tochter, «es wär doch gut gewesen, wenn wir vorher unsere Sache verrichtet hätten! Da kann ich wieder lange warten auf das, was du mir verheißen.» «He, wenn wir geschwind machen, ists noch alle Zeit», sagte die Mutter; «was sie bringen, wird uns mit Schein so lange nicht säumen.»

In der Tat brachte das Jüngferchen ganz kleine Plättchen und wenig drauf, und dazu war noch ein Gast da, auf den nicht gerechnet war, und der doch einen so mächtigen Appetit hatte als eins der andern, und das war Bäri. Mareili saß obenan, neben ihr auf dem Vorstuhl war Michel und zwischen beiden Bäri. Bäri machte glänzende Augen über den Tisch weg und sah dann an seinen Meister hin mit fragenden Blicken. Als ein Gericht vorüber war, Michel bloß an sich selbst gedacht hatte, begann Bäri ihn zu mahnen, stüpfte ihn mit der Nase am Ellbogen. «Jaso», sagte Michel, «hab ich dich vergessen?» Nun bediente er auch Bäri, meinte aber deswegen nicht, daß er zu kurz kommen wolle, sondern nahm doppelt, eine Gabel voll für sich, dann eine für Bäri usw., und wenn er es einmal vergaß, müpfte Bäri am Ellbogen mit seiner saftigen Schnauze. Wir müssen sagen, daß dies nicht zu großer Erbauung der Gesellschaft diente; sie fanden dies unverschämt und grob. Dem Ölmannli war es bange, als es auf den Gesichtern die sich bildenden Wolken sah. «Seh, Hung», sagte es, «du könntest warten, bis die andern gehabt!» «Bricht ne, wennd chast!» sagte Michel und fuhr fort; wenn Bäri müpfte, gab ihm Michel.

Endlich kam Braten, Schinken usw. Bäri liebte Schinken bsunderbar, Mareili ebenso, und wenn es so einen Schinken sah, kalkulierte es immer, wie schwer die Sau, von welcher der Schinken kam, gewesen sein müsse. Kaum hatte Michel seine tapfere Portion auf dem Teller, müpfte Bäri. Da schoß Mareili das Blut zu Haupt. «Da nähme mich doch wunder, ob der nicht noch zu brichten wäre!» sagte es und schlug mit der umgekehrten Gabel den Bäri auf die Schnauze, so stark es konnte. Ja, so was hatte Bäri noch nicht erlebt; er riß das Maul auf, machte die Zähne blank und schoß eines Satzes dem Mareili gegen das Gesicht. Das fuhr zurück auf die Mutter, wollte dreinschlagen, aber Bäri faßte die Hand, die Mutter schrie laut auf, Michel fuhr Bäri nach und griff nach dessen Nacken, stieß aber dabei an die aufwartende Seele, so daß sie eine Tatere, welche sie in der Hand hatte, fallen ließ und wieder stromsweise zu bluten anfing. Nun brüllte alles in der Stube laut auf, es gab einen Mordsspektakel, welchen viele benutzten, um sich zu streichen, ohne die Zeche zu bezahlen, ein Witz, dem viele als ordentliches Handwerk obliegen. Begreiflich kam alsbald der Wirt dahergefahren und hinterher die Wirtin. Ihnen lief gleich die blutende und heulende Aufwärterin an, sie hörten das zornige Schnauben des Hundes, Michels Fluchen, der Küherin Angstgeschrei, der Tochter Aufbegehren, das Gekreisch der übrigen Weiber; kurz, es war wie Mord und Mordgeschrei. Ohne lange Untersuchung fuhr der Wirt auf Michel dar und wollte ihn packen; nun ließ Michel den Hund los und faßte den Wirt, und nun ward der Lärm noch höllischer, eine allgemeine Schlägerei stand in Aussicht. Da tat das Ölmännli seine Pflicht und mittelte; es war mit dem Wirte gut bekannt, der hörte auf dasselbe, und Michel war es auch nicht wohl im Gemüte, er hätte den halben Hof gegeben, wenn dies nicht begegnet wäre.

Sobald der Wirt hörte, daß er nicht zu Schaden kommen solle, sondern einer da sei, der gutzumachen vermöge, ließ er sich nieder und besänftigte sich. Aber anders hatten es die Kühersleute, da war alles Einreden, da waren Hopfen und Malz verloren. Vielleicht hätte die Mutter sich begütigen lassen, denn Michel entschuldigte sich nach Vermögen: er vermöge sich dessen nichts, hätte das Meitschi Bäri nicht auf die Schnauze getroffen, er hätte nichts gemacht, er sei der freynst Schlabi, den es gebe; aber das müsse man keinem Hund machen. Darum solle es nicht zürnen und zfrieden sein, er wolle Wein kommen lassen, soviel sie möchten, und daneben gutmachen, wie sie es begehrten; so vernünftig redete Michel. «Komm, Mutter!» sagte Mareili und riß sie bei der Hand; «ih ma die Hüng nimme schmöcke un nimme gseh, un es wohlet mr erst, wenn mir e Stung wyt vo dene Ufläte sy. Wenn ih nume myni arme Säuli wieder hätt; die chönn mih dure; wie es dene geyt bi sellige Utiere, weiß der Tüfel!» «He, tue nit so bös, Meitschi!» sagte Michel; «dene solls nit bös ergah. Komm in acht oder vierzehn Tagen, dann sollst sehen, wie die scho ta hey (zugenommen, das Tun der Schweine).» «Zum Tüfel oder zu dir käme mir in eins! Komm, Mutter, komm!» rief Mareili. Michel wollte sie halten; aber Mareili schnellte sich so rasch weg, hob so drohend die Faust und sagte: «Bis mr dsHerrgotts u rühr mih a!» daß Michel es nicht versuchte und Mareili ungehindert mit der Mutter abfuhr.

Man kann sich kaum vorstellen, was nun für Geschichten aus dem Vorfall gemacht wurden. Hätte man sie alle zusammengetragen, sie hatten einen greulichen Mordroman gefüllt. Die abgebissene Nase der Aufwärterin und die gefressene Hand von Mareili waren die Zentralpunkte in den Erzählungen, die um so weiter bekannt wurden, weil Michel bereits die Aufmerksamkeit eines großen Kreises an seine Person gefesselt hatte.

Auf Rosebabisegg war ein großes, schönes Heimwesen, ein guter

Bauer, viel Arbeit, viele Kinder, darunter mehrere Töchter, welche gerne zu Bäuerinnen geraten wären begreiflich. Daß eine Bäuerin eine ganz andere Kreatur ist als nur so eine Base oder Gotte, ist schon oben bemerkt worden. Die Mädchen waren auch wie zu Bäuerinnen expreß gemacht, gesund, arbeitsam, gescheit in ihrem Bereich, braven Leibes, etwas braun von Angesicht, deswegen böse Zungen sie Rosebabis Bränten nannten. Daneben waren sie seltsamer Art, welche Art man da findet, wo die Berührung mit Menschen selten, fast nur zufällig ist. Sie waren scheu und wild wie Rehe und konnten hinwiederum derb und rücksichtslos handeln wie Mannevolk, sie waren mißtrauisch, schienen zuweilen fast einfältig und konnten offen sein, dann merkwürdig schlau dem Teufel eben, fast wie gebildet. Es waren gute Naturen, die aber den Schliff der Welt noch nicht hatten, ihr Betragen war eben kein gleichförmiges. Ihre Aussichten waren nicht glänzend; unter ihrem Stande hätten sie Männer genug gefunden, an jedem Finger einen, aber standesgemäß, selb hatte eine Nase. Im Emmental erbt der jüngste Sohn den Hof, die andern erhalten, was Gottes Wille ist; indessen hat es jetzt darin bedeutend gebessert. Zudem wars zweifelhaft, ob ein Tochtermann den Erbfall erlebe vor dem jüngsten Tage. Die Eltern waren im besten Alter, und die Großeltern lebten noch. Das sind so Dinge, von denen man um so weniger spricht, je mehr man sie berücksichtigt; denn es ist richtig, wie der Guggisberger sagte: «Ihr Herre, das sy wüst Sache, mr wey lieber schwyge drvo.»

An einem schönen Herbstsonntage hatten sie auf Rosebabisegg viel Besuch gehabt, Verwandte, Gespielen, hatten brav Kaffee getrunken, brav Küchli gegessen und geschwatzt am allerbrävsten. Natürlich war bei allem Geschwätz der Michel obenauf geschwommen wie eine Fliege auf der Milch. Die letzte Huttwyler Bataille wurde erzählt auf so viele Weisen als Personen da waren, und jede war immer greulicher als die andere; es fehlte nicht viel daran, daß das endliche Resultat das gewesen, daß der Hund sieben Personen gefressen und Michel die andern. Dann erzählte man auch von den übrigen Geschichten, was man wußte, war darin einig, daß da ein

Spiel getrieben werde, aber darüber stritt man sich, ob Michel bloß alle zum besten halten wolle und expreß den Narren mache, oder ob er ernstlich heiraten wolle, aber von Natur so tun müsse, daß es allen graue vor ihm und keine ihn möge, oder ob da sonst noch was im Spiel sei. Die Mehrzahl ward einig, er sei halt ein Fülli und tue kalberochtig, daß es key Gattig heyg und man bei ihm des Lebens nicht sicher sei. Da sei es kein Wunder, daß kein Meitschi ihn möge, gäb wie reich er sei; was nütze einem der Reichtum, wenn man e Hung vo Ma heyg, der eim zTod quäle? Andere meinten, sövli e Grüsel glauben si nit daß er syg und e Wunderliche und Mißtreue, er well nume probiere, was eini erlyde mög, und wenn eine den rechten Verstand habe, so könne sie mit dem fahren wie Schnupf. So ward diskutiert bis man auseinanderging und zwar in allem Frieden.

Den Gesprächen hatte eine von den Rosebabis Bränten mit besonderer Aufmerksamkeit zugehört. Es war Mädi, die älteste und bedeutendste der Schwestern. Groß, schlank, mit wilden, kühnen Augen, welche ein milder und schalkhafter Mund gutmachte, sonst hätte man sich fast fürchten müssen. Es dünkte Mädi, es wär Zeit, den andern Platz zu machen; je mehr jüngere nachwüchsen, desto böser Spiel hätten die ältern. Als Mädi abends mit einer Schwester in ihrem Gaden allein war, sagte Mädi zu derselben: «Wenn ich nur mit dem zusammenkommen könnte, den wollte ich bekommen und Knubelbäuerin werden, so gewiß als heute Sonntag ist.» «Bist e Narr!» sagte Rösi, die Schwester. «Du wirst doch nicht dran sinnen; ehe ich den möchte, wollte ich lieber mit dem Säckli dem heiligen Almosen nach oder Kapuziner werden zu Solothurn im Kloster. Das wär doch noch was anders, als bei dem Utüfel lebig vom Hung gfresse z'werde oder müsse z'vrhungere, wie si säge, daß er ihnen es gemacht, aufstellen lassen, was auf den Tisch mochte, und er und der Hung alles alleine gefressen und den Meitschene nichts gegeben. Ich stände das auch nicht aus, wenn es mir einer so machte; entweder finge ich an zu plären, oder der Zorn käm über mich, und weiß Gott, was ich täte!»

Mädi lachte und sagte: «DSach ist nicht halb so bös als man

meint; ich glaub, ich sei ihm über dList gekommen und wollte ihm zeigen, wer schlauer sei, ich oder er. Und wenn ich ihn hätte, wollte ich ihn schon dressieren; es ist schon manches strübere Kalb, als er ist, gelecket worden.» «Pfi Tüfel, wer möchte e sellige Uflat lecke?» sprach Rösi. «He», sagte Mädi, «das ist nit halb so eine wüste Sache; mir wärs die rechte, wenn ich es dazu brächte, ich begehrte nichts Besseres. Er ist ein hübscher Bursche, von den brävsten einer, und wenn der eine rechte Frau bekommt, so gibt das einen rechten Mann ab, einen Chorrichter oder gar einen Weibel, zähl darauf!» «Wie kannst das sagen? So einer mit Haar wie Besestiele, Auge wie Pflugsrädli, e Nase wie eine Leberwurst, es Mul wie ein Schüttstein, e Hals wie e Muni und e Gring wie ein Kohlhaufe, es sellig Unghür ume azluege, muß man ja in einen Grusen komme!» Da lachte Mädi und sagte, es hätte ihn gesehen und gar keinen Grusen empfunden, sondern gedacht, wenn es den kriegen könnte, den möchte es, an dem könnte man tapfer hobeln und bliebe doch immer noch ein braver Rest. Es hätte ihns bloß bös gemacht, daß er nichts von ihm gewollt; gedacht habe es: «Wart du nur, es müßte nicht zu machen sein, sonst treibe ich es dir ein!» Nachdem Mädi dem verwunderten Rösi kundgetan, wie und wo es den Michel gesehen, und wie er einer sei, begann Rösi Mädi zu fassen, und sie werweiseten (überlegten) scharf, wie es wohl anzukehren sei, daß Mädi einberufen werde zu einer Zusammenkunft. Rösi meinte erst, dsBest wäre, Mädi käme einmal wie von ungefähr auf den Knubelhof, entweder als verirrt oder nach etwas fragend, nach Ferkeln zum Beispiel oder nach einer Magd, die hier sein solle, mit einem wunderlichen Namen, wie er weder im Himmel noch auf Erden zu finden sei, oder solle geradezu zDorf gehen und kramen; mit einem Zuckerstöcklein und einem halben Pfund Kaffee habe man schon große Dinge zwängt. Aber das wollte Mädi nicht. So zHaus und zHeim laufen tue es keinem, es möchte sich nicht so grob abfertigen lassen wie ein Taunermeitli. Z'mache, was man könne, sei erlaubt, nur müsse man machen, daß es niemand merke; z'nötli tue komme niemals gut. Es war also die Frage die, wie man es andrehen könne, daß Michel selbst Bescheid mache und eine

Zusammenkunft anstelle. Die Hauptsache war also die, eine vertraute Mittelsperson zu finden, welche Michels Aufmerksamkeit auf Rosebabis Bränten lenke. Das war schwer; die gemeinschaftlichen Bekanntschaften mußten selten sein, da der Knubel und Rosebabisegg ziemlich weit auseinanderlagen, und nicht einer jeden konnte man sich anvertrauen in einer solchen Sache, das begreift sich leicht.

Damals lebte eine Frau ihre schöne Zeit, wenn sie auch nichts weniger als schön war. Es war eine hagere, rührige, aber von je etwas seltsame Frau, die offenbar in ihrer Jugend in der Fremde gewesen war und jetzt in dem seltsamen Rufe stand, mit Napoleon in näherer Verbindung zu stehen und von ihm als Hauptspion gebraucht zu werden. Sie verschwand wirklich zuweilen und namentlich zu Kriegszeiten auf längere Zeiten, ward nirgends mehr gesehen; dann erschien sie plötzlich wieder und hausierte mit wohlriechenden Seifen und Wassern und möglicherweise auch mit verbotenen Heilmitteln und andern Dingen. Auskunft, wo sie gewesen, erhielt man keine von ihr, sie redete seltsame Dinge, wodurch sie aber eben den Anstrich einer geheimnisvollen Person erhielt, welcher bei dem Volke allezeit ein gewisses Ansehen sichert. Sie war auch lieber bei Gastfreunden als in Gasthäusern über Nacht, bat auch in ihren schönen Zeiten sicher nie vergeblich um ein Nachtlager. Sie war eine schlaue Person und schon gar mancher Bäuerin mit gutem Rate wohlgekommen. Sie hatte sich lange nicht mehr gezeigt, man dachte kaum mehr an sie; plötzlich erschien sie eines Abends auf Rosebabisegg. Die Überraschung war groß, und Mädi konnte sich nicht enthalten, es als eine Fügung der Vorsehung zu betrachten, daß diese Frau gerade jetzt wieder erscheinen müsse, wo guter Rat ihm so nötig war. Es besann sich also nicht lange, sie zur Vertrauten zu machen. Sobald sie im Bette war, schlich es zu ihr und eröffnete ihr, wie es ihm darum zu tun wäre, Knubelbäuerin zu werden, und wie es dies nicht anzustellen wußte. Wenn es aber zu einer Zusammenkunft es bringen könnte, wäre es seiner Sache gewiß, dem wollte es es schon treffen, daß er überzeugt würde, es sei die Rechte. Es wollte ihm alles abgucken und immer

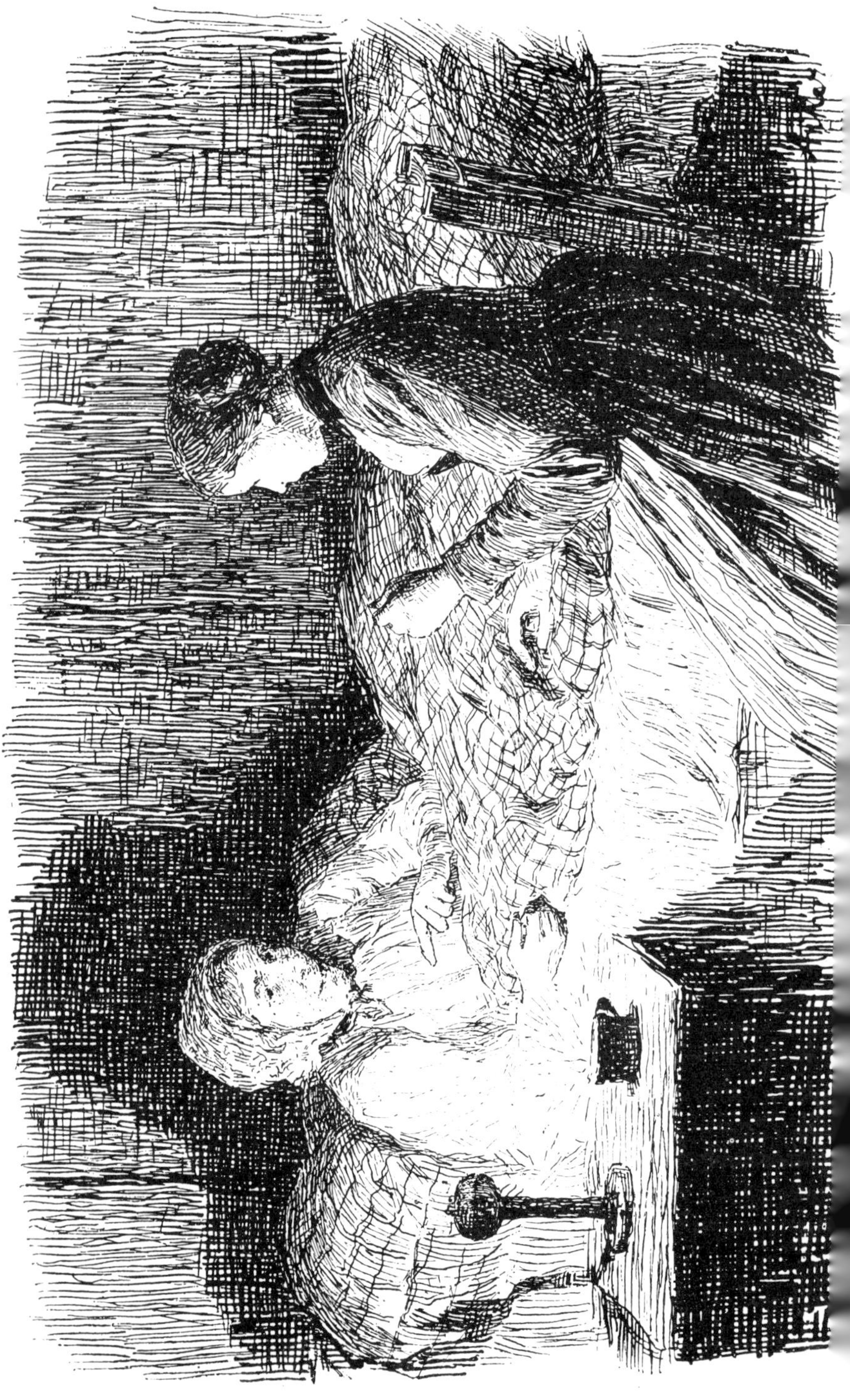

tun, wie er tue, er möge so ungattlich sein, wie er wolle, da könne es ihm nicht fehlen. Die Frau nahm Interesse an der Sache; das war nicht so ein gewöhnlicher Handel, sondern ein verwickelter, wo es sich schon lohnte, nachzudenken und Versuche anzustellen. «Bin auf dem Knubel auch schon gewesen», sagte sie, «sind nicht böse Leute, soviel ich weiß. Nicht ganz wie andere Leute; aber weiß man solchen einmal den Trapp, so fährt man gerade mit solchen am besten, sie schenken einem unbedingtes Zutrauen, man kann mit ihnen machen, was man will. Zähl auf mich, Meitschi; was ich machen kann, tue ich, mehr kann ich dir nicht sagen. Aber dann vergissest du mich auch nicht! Jetzt geh ins Bett; gute Nacht, Knubelbäuerin!»

Nicht lange darauf erschien die Frau, welche auf dem Wege sich über Michel und seine Vorgänge so gut als möglich ins klare gesetzt, auf dem Knubel. Anni war sehr traurig, die Geschichten alle hatten es angegriffen; die Frau kannte es kaum mehr. «Ach, was soll ich mit Schmöckwasser?» sagte Anni. «Ich habe die letzte Zeit zu schmöcken gehabt, mehr als mir lieb ist; ich habe die Nase voll, ich brauch nicht expreß noch Schmöckwasser!» Als die Frau teilnehmend nach der Ursache von Annis Mißmut fragte, sagte Anni: «He, stell du dich nicht, als wenn du nicht wüßtest, in was für einem Verdruß wir sind; sie werden dir schon in allen Häusern davon brichtet haben, machen sie nicht das Land auf, das Land ab einen Lärm vom Tüfel! Es ist, als wenn sie von niemanden mehr zu brichten wüßten als von meinem Michel; es ist, als ob noch nie ein Mensch auf dWybig gegangen sei. So übel ergangen, selb ist wahr, ist es my Seel noch keinem!» Nun erzählte es doch der Frau trotz der Voraussetzung, daß sie alles wüßte, alles wieder, jammerte dann bitterlich, wie es jetzt mit Michel zweg sei, der wolle für dsTüfels Gewalt kein Bein mehr machen und um eine aus; er habe genug den Narren gemacht, und er sehe schon, wie es mit dem Weibervolk sei. Er sage, es sei freilich über verschiedene Leisten gemacht, größer und kleiner, aber doch alles vom gleichen Leder, wo o nit e Tüfel wert syg; er möge gar nichts mehr von dem Zeug wissen, er wollte, sie müßten es haben wie die Käfer und zwei Jahre im Boden sein, und nur im dritten könnten sie einige Wochen fliegen zwischen Tag und Nacht. «Siehe, so redet er, es drückt mir fast das Herz ab, ich weiß meines Lebens gar nichts mehr anzufangen. Das Beste wird sein, ich lasse ihn dSach vertublen; ists so lang däweg gange, su chas no es Wyltschi so laufe, es chunnt de öppe vo selber zum Gute!»

«DSach ist lätz», sagte die Frau; «wes wittere will, gah dVögel zSchärme, dMönsche sötte es Byspiel näh. Du weißt, ich komme weit herum und weiß manches, was nicht alle wissen: es gibt einen grausamen Krieg, wie noch keiner war auf Gottes Erdboden; alles, was ledig ist, muß auf die Beine. Drinnen in Frankreich ist der Jammer schrecklich, dsHürate ist verbote; da haue Vater und Mutter den Buben Arme und Beine ab, daß sie können daheim bleiben, weil sie nicht mehr marschieren können; bis z'hinderist von der Welt soll alles sein werden. Da wärs doch gut, Michel nähmte eine Frau schleunig, sonst muß er mit, es wäscht ihms drRhin nit ab; es heißt, der Befehl, die Leute aufzubieten, sei schon auf dem Wege, die nächsten Tage werde ihn der Landammann in Bern bekommen.»

Da schlug Anni die Hände über dem Kopfe zusammen, und hoch über die Hände ging noch sein Jammer. Jetzt, was machen! Was Michel einmal im Kopfe habe, habe er nicht in den Füßen, das habe es mehr als hundertmal erfahren, sagte Anni, und er habe sich verredet und verschworen, er lasse kein Mädchen mehr irgendwohin kommen; man habe ihn nur zum besten, und im Sack wolle er die Katze auch nicht kaufen. Da wisse es sich nicht zu helfen. «Hat er sich noch nie wahrsagen lassen?» fragte die Frau. «Nein», sagte Anni, «warum fragst?» «Ho», sagte die Frau, «da bekommt man oft die allerbeste Anweisung, ob man eine finde, und wo man zur Rechten komme.» Nun erzählte sie eine Menge Beispiele von Heiraten, welche durch die Wahrsagerei zustande gekommen und sämtlich auf das allermerkwürdigste und allerglücklichste. «Daß mir das nicht in Sinn kam!» sagte Anni. «Ich habe viel auf der Sache, aber hier in der Nähe kann es niemand recht. Es kamen mir einmal alle Hühner fort, da hätte ich wissen mögen, wer es getan;

ich mußte vier Stunden weit schicken zu einer, welche es konnte. Die konnte punktum sagen, wie es der Schelm gemacht oder die Schelme, denn es seien zwei gewesen, einer habe gezündet, der andere die Hühner genommen, konnte sagen, wo sie verkauft wurden, und daß der Hauptschelm eine weiße Kappe auf dem Kopfe gehabt und kurze Hosen, akkurat wie ein Hühnerträger, dem alles wohl bekannt war. Wenn Michel wollte, mir wäre es das Rechte, so hätte doch einmal das Gestürm ein Ende, und man käme endlich aus der Leute Mäuler.» «Da laß mich nur machen!» sagte die Frau. «Dem will ich Beine machen, daß er den Tag nicht erwarten mag, bis er gehen kann.»

Richtig, sie verstands; als das Abendessen alle vereinigte und nach demselben gerüstet wurde, was den folgenden Tag gekocht werden sollte, da erzählte die Frau, wie das Kriegen gehe. Sie schilderte, wie in den Schlachten die abgeschossenen Köpfe umherflögen wie bei uns im Winter die Schneeflocken, wie zuweilen halbe Regimenter ineinander gepreßt ohne Kopf noch eine halbe Stunde stehen blieben, bis endlich einer hier ausfalle, der andere dort aus, wie ganze Reihen dalägen ohne Beine, alle noch lebten und nicht sterben könnten, wie aus aufgerissenen Bäuchen die Rosse den Hafer fräßen alswie aus Krippen. Wie das für ein Geschrei und Geheul sei auf einem Schlachtfelde, wenn die Schlacht vorüber, weit schrecklicher als der Kanonendonner und das andere Gerassel, denn da sei ein Elend; wer es einmal gesehen, der vergesse es sein Lebtag nicht wieder, alle Nächte komme es ihm im Traume vor. Doch solange noch Leben da sei, sei es nichts; aber wenn einmal alles tot und verscharret sei, da erst werde es lebendig auf einem Schlachtfelde, da stiegen nachts die Krieger aus der Erde und suchten ihre verlorenen Glieder, ihre Köpfe, Beine, Arme, Augen, ihr Gekrös und anderes Eingeweide; wo sie Knochen und anderes fänden, da haschten sie darnach und manchmal zwei und drei und mehr nach einem Bein oder Schädel und stritten sich darum, und wer das Bein hätte, schlüge damit drein; so sehe man eine neue grausige Schlacht, bis gegen Morgen daß der Hahn krähe.

Das fuhr den Leuten, welche Äpfel und Bohnen rüsteten, kalt

den Rücken auf, sie meinten, das sei doch das Schrecklichste von allem, wenn man nicht einmal Ruhe im Grabe hätte, sondern allnächtlich noch um sein verlorenes Gebein kriegen müßte. Dann erzählte die Frau weiter, wie das alles noch gar nichts sei gegen die Beschwerden eines Marsches ohne Brot, ohne Wasser in einer Hitze, wo an den Uniformen die Knöpfe schmelzen, wo man bei lebendigem Leibe langsam austrockne, bis kein Tröpflein Blut mehr in den Adern sei und man ganz brandschwarz am Wege liegen bleibe, als wäre man in der Hölle selbst gesotten und gebraten worden. «Wer das übersteht und nach Spanien kommt lebendig, der kann sich in acht nehmen, nicht der hundertste kommt davon; in Wein und Brot ist Gift; wer davon bekommt, den wirft es zu Boden, dreht ihn um und um, sprengt ihn hoch vom Boden auf, schlägt ihn nieder, bis es ihn endlich versprengt, manchmal mit einem Knalle alswie aus einer Kanone. Und wer nachts sich niederlegt, um zu schlafen, unter dem senkt sich der Boden, denn es ist dort fast alles unterhöhlt, und er fällt in die unterirdischen Gewölbe, wo er entweder zu kleinen Stücken langsam zerhackt wird oder aber den Hungertod sterben muß. «Ja, so ist zweg», fuhr sie fort, «wer in den Krieg kommt, und das wird noch mancher erfahren; Napoleon will erst jetzt recht anfangen und zeigen, wer Meister ist. Alles, was ledig ist, muß marschieren, da ist nicht Gnad, nicht Pardon, und dann kann sehen, wer wiederkommt!»

Nun, man wird gestehen müssen, das war ganz artig eingeheizt und vollkommen hinreichend, die Wärme, welche zum Heiraten notwendig ist, hervorzubringen. Michel wurde ganz tiefsinnig, und Sami sagte, das Ding grus ihm, er werde auch dran hinmüssen und eine suchen; es sei ihm zwar zwider; komme der Meister zu keiner Rechten, wie solle dann der Knecht eine finden! Aber gehe es, wie es wolle, so zerhacke ihn doch keine zu kleinen Stücken, dazu wollte er doch auch noch ein Wort sagen, und keine schieße ihm den Kopf ab. Als am Morgen die Frau fortwollte, gab ihr Anni ein schönes Trinkgeld und sagte: «DSach ist gut; Michel hat diesen Morgen schon gesagt, zletzt frag er allem nichts nach und nehme die erste beste von der Gaß. Selb habe ich ihm ausgeredet und vom Wahrsagen gesagt; es ist ihm ganz recht, er hat etwas darauf wie wohl jeder, der noch was glaubt. Wo könnte er hin, daß die Sache recht verrichtet würde?» Darauf gab die Frau einen im Fluhgraben an; das sei der Meister, sagte sie, er könne es beidweg, er sehe dSach im Wasser und in den Karten.

Michel ließ den Handel nicht an die Pfanne backen; er hatte keine Nacht Ruhe, bald fühlte er seinen Kopf fortfliegen, bald lag er schwarz wie der Teufel an der Straße, und seine Uniformknöpfe brannten lichterloh. Er machte sich auf nach dem Fluhgraben und Sami mit. Es nehme ihn auch wunder, sagte der, ob nicht in irgendeiner Ecke eine für ihn gewachsen sei, öppe key Uflat u nit ganz e Blutti. Der Mann, welcher die Kunst verstand, war ziemlich alt, hatte eine spitze Nase, auf welcher eine Brille saß. «Was willst?» fragte er Michel, der sich vorangestellt. «Wahrsagen lassen», sagte Michel, «du sollst bös (groß) drin sein.» «Was willst wissen?» fragte der Mann. «He, lue, das werde ich dir nicht zu sagen brauchen», antwortete Michel. «Jaso», sagte der Mann, der nun schon wußte, woran er war, «bist du deren einer?» Mit einigen Zeremonien stellte er eine weiße Flasche mit Wasser vor sich, sah hinein und sagte endlich: «Möchtest weiben, und bist noch nicht an die Rechte gekommen; ein paar haben es dir wüst gemacht, hättest bald einen Schuh voll herausgenommen; jetzt weißt nicht, woran du bist, und es sollte doch eine sein, es wäre dir drum.» «Aber», fragte Michel ganz erstaunt, «woher weißt du das?» «He, da im Wasser ists ganz deutlich», antwortete der Mann. «Aber ich sehe ja gar nichts», sagte Michel, «es wird in der Brille sein?» «Probier!» sagte der Alte. Mit großer Mühe klemmte sie Michel auf seine breite Nase und guckte mit offenem Munde in die Flasche; aber Wasser blieb Wasser, und weiter sah er nichts. Da kriegte er Respekt, und sein Glaube ward groß. «Ja, du hast recht», sagte er, «es ist mir bös ergangen und dSach erleidet, und doch sött eini sy. Aber es ist mr erleidet, deretwege e Tritt z'vrsetze; es ist immer alles unter den Leuten, und dsGspött hat man bar.» «Du mußt doch!» fuhr der Mann in seiner Beschauung des Wassers fort. «Aber ich glaube, es komme dann gut, doch tu, was du willst! Sieh,

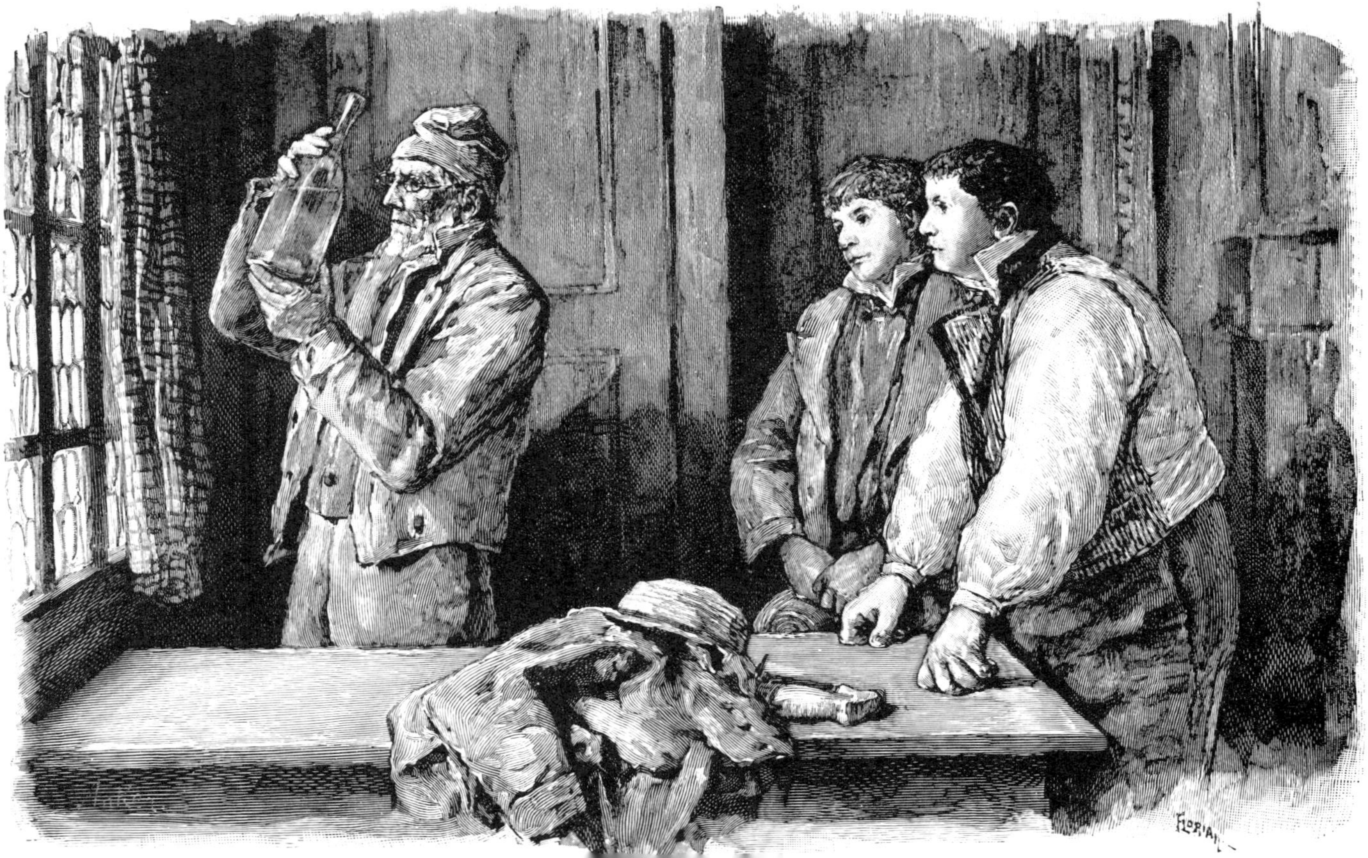
FLORIAN

da ist ein Weg, der Weg führt gegen Sonnemittag, er ist lang, geht durch Berg und Tal an eine Bergseite; hoch oben in einen Boden, da sehe ich ein Bädli. Allem an ists dsKuttlebad, du weißt, es ist es berühmts Ort; da sehe ich Meitli, zwei, sie kommen aus dem Bad. Die Leute sind gsunndiget, es wird Sonntag sein; es dücht mich, es kommen noch andere Leute, aber erkennen mag ich es nicht recht. Da geht ein Weg wieder fort fast gegen Sonnenaufgang; auf dem gehen die Meitli fort und zwei bei ihnen, es wird kaum fehlen, ihr seids.» «Die eine wird für mich sein?» fragte Sami vorlaut. «Nit fast, Bürschli», sagte der Mann, «du brauchst nicht vors Dach hinaus, um eine zu finden!» Da taten beide die Augen weit auf; der Mann hatte den Nagel auf den Kopf getroffen, denn Sami war von der Meisterjungfrau eingesponnen, nur wollte er es noch nicht glauben. «So», sagte Michel, «im Kuttlebädli; das wär noch zu erlaufen, wenn man wüßte, wann und wer es eigentlich wäre?» «Das macht sich alles!» sagte der Mann. «Wir wollen aber auch sehen, was die Karten sagen.»

Die Karten waren ungefähr gleicher Meinung; sie redeten auch von einem weiten Weg, der in kurzem zu machen sei, dann kamen zwei zusammen, und die blieben beisammen, gäb wie der Alte die Karten mischte und legte. Endlich sagte er, das sei eine ausgemachte Sache, es wolle es nicht anders anziehen, das gebe eine Hochzeit und eine glückliche; es sei alles rot darum herum, und die Bösen und Widersacher seien alle zu äußerst in den Ecken und könnten nichts daran machen. Er solle nur Mut fassen, die Sache komme gut. Michel wollte nun wissen, woher die Mädchen seien, an welchem Tage sie kommen, woran er sie erkenne usw. Darauf sagte der Mann: «Das kann ich dir nicht sagen, woher sie kommen; es zeigt bloß gegen Sonnemittag und in kurzem, also am nächsten Sonntag. Und wegem Kennen häb nit Kummer; es werden im Kuttlebädli nit viel deren Meitscheni sy, wo du denken könntest, sie waren für dich. Und wären es auch viele, so würde es dich doch zur Rechten ziehen, von wegen, was geordnet ist, das ist geordnet, und was einem werden soll, zu dem kommt man, man mag wollen oder nicht.» Michel hatte großen Respekt vor dem Manne bekommen; so einen hätte er noch nie angetroffen, sagte er, und statt der üblichen sechs Kreuzer gab er ihm drei Batzen. Auf dem ganzen Heimwege brach Michel in einzelne bewundernde Ausrufungen aus, daß einer im Wasser sehe, was andere nicht, daß er sehe, wer am künftigen Sonntag im Kuttlebädli sei, und wie er sonst alles wisse. Sami war sehr schweigsam, warf hie und da einen Zweifel ein, ungefähr treffe auch, sagte er, und ob alles wahr werde, wisse man auch nicht. Offenbar tat sich bei ihm das letzte Sträuben gegen der Meisterjungfrau Bestrebungen kund, während er im Herzen wohl fühlte, daß er bald unter ihre Errungenschaften werde zu zählen sein.

Anni hörte mit großem Erstaunen die heimgebrachten Eröffnungen, mit schlechter Freude den Nachtrag von Sami, der indessen nur seinen Glauben an das übrige vermehrte. Es habe schon lange was gemerkt, sagte es, aber gedacht, Sami sei so dumm nicht; nun, wenn es sein solle, so werde man es müssen geschehen lassen, aber dann müßten beide aus dem Hause, neben einer solchen Täsche habe es nicht Platz. Es habe das Mensch erzogen und gemeint, wie treu es sei; wenn ihm der Bub gefallen, so hätte das Mensch es ihm sagen können und nicht hinter seinem Rücken nach dem Buben fischen, selb sei schlecht; aus dieser Falschheit könne es entnehmen, wie gut das Mensch es mit ihm meine, und was es zu erwarten hätte, wenn dasselbe einmal den Fuß im Hafen hätte. Es möchte die Meisterfrau werden, und Anni könnte dem alten Haufen zu. Man sieht, es war lange, seit Anni jung gewesen, somit ist ihm zu verzeihen, daß ihm der Gang der Dinge nicht mehr so recht im Kopfe war.

Also am nächsten Sonntag wollte Michel den letzten Versuch wagen, wollte ins Kuttlebädli und sehen, wen die Vorsehung ihm zuführe. Der Ursprung dieses sonderbaren Namens ist in Dunkel gehüllt; ob man anfänglich in Kutteln badete oder das Wasser für schadhafte Kutteln sich besonders heilsam erwies, ist nicht ausgemittelt. Jedenfalls ist das Kuttlebädli äußerst reizend und ganz als ob man noch im Paradies wäre und ganz allein vom Vertrauen auf Gott lebte. Der Bau ist ganz wunderbar als ob man in den Lüften schwebte, die Lage kühn, die Aufwart patriarchalisch, die Heilkraft mythisch, der Ruf demjenigen eines ungeschliffenen Demanten ähnlich, die Effekte schlagend und bleibend; wer sie einmal erlebt, bedarf der Wiederholung zeitlebens nicht wieder. Humboldt in seinem «Kosmos» scheint diese merkwürdige Erdecke ganz übersehen zu haben.

Glücklicherweise war eben ein schönes Jahr, das Wetter machte an Sonntagen selten einen Strich durch die Rechnung. Man glaubt gar nicht, wie sehr solche Witterung der Liebe zuträglich ist und die Hochzeiten fördert. So war auch der Sonntag schön, an welchem Michel die Erscheinung seiner Zukünftigen im Kuttlenbad verheißen war. Es ging gegen Herbst, doch war das Vieh noch auf den Alpen, nur waren die Alpfahrten der Menschen selten geworden. Knaben und Mädchen begannen am liebsten den Haselnüssen nachzugehen. Michel war noch nie im Kuttlenbad gewesen, er kannte daher den Weg dahin so wenig als er wußte, wo seine eigenen Kutteln waren. Heerstraße war dorthin nicht, Häuser und Leute spärlich anzutreffen, daher nicht zu verwundern, daß er sich auf den oft kaum unmerklich ausgetretenen Alppfaden verlief und, wie früh er auch aufgebrochen, erst gegen Mittag in genanntem Bädli eintraf.

Dort war es ganz einsam und kein Badegast zu sehen und zu hören. Die Badmutter hantierte in der Küche und fragte ihn, ob er zu baden begehre. Michel verneinte es und meinte, ein Schoppen täte ihm besser, er sei bereits naß genug; wenn sie gekocht habe, begehrte er, was zu essen. Die Alte sagte, der Mann hole Wein, sie seien ausgekommen, unterdessen bringe sie ihm ein Glas Enzene (Enzianenwasser), das sei bsunderbar gesund und mache wohl. Michel war es in allen Fingern, zu fragen, ob niemand da sei; aber weil er nicht den Anschein haben wollte, als habe er was Bestelltes, so tat er sich Zwang an und hielt das Maul. Da die Wirtin auch nichts sagte, es bald Mittag war, niemand sichtbar, so dachte er, der Alte habe ihn gesprengt, dem wolle er es aber zeigen, was es heiße, ihn, Michel, zum Narren halten. Sami und er versuchten das Enzenewasser, fanden es anfangs höllisch bitter, doch allgemach kam es ihnen vor als nicht der schlechteste Trost im Elend. Sie sahen sich fast die Augen aus nach Sonnenaufgang; endlich bewegte sich von dorther was im kurzen Tannenwald. Michels Herz gumpete fast vor Freude, und schrecklich wunder nahm es ihn, wie es eine sei. Näher kam es, aber es war ein wunderliches Wesen ohne Kopf. Als dasselbe aus dem Walde kam, sah man, daß es der Wirt war mit einem Räf auf dem Rücken, und auf dem Räf lag das Fäßlein, welches dem Wirt über dem Kopf emporragte. Die Wirtin empfing den Mann nicht freundlich; er wisse, wie sie zweg sei ohne Wein, und wenn er Verstand hätte für einen alten Bernerkreuzer, so wäre er schon vor zwei Stunden zurückgewesen. Aber wenn er mal über die Schwelle schmöcke, so hätte man gute Augen, ehe man ihn vor der Abendröte wiedersehe. Die schlechteste Magd sei heilig gegen ihn, und die ärgste Klapperfrau täte ihm nicht die Schuhriemen auf; wenn sie es auch so machen wollte, sie hätten längst vor den Hag hinausgewurstet. Er solle machen, daß er mit in Keller komme und zwei Guttern fülle, es wisse kein Mensch, wieviel sie schon gebraucht hätte, wenn sie welchen gehabt. Unterdessen wolle sie anrichten, dann könne man essen, wie man es hier oben habe. Wem es nit gschmöck, chönns la hocke. Man hätte hier kein Eingericht wie in den Gasthöfen; man gebe, was man habe und wie man es verstehe, und wem es nicht gut genug sei, könne einen Stecken dazu stecken und ungfresse weiter bis er zu was Besserm komme; sie frage dem wenig nach. Das war eine souveräne Sprache, indessen keine ungewöhnliche auf den Bergen. Michel achtete sich dieser Rede nicht viel, er sah nur nach Sonnenaufgang, und wenn ein Tannengipfel sich rührte im Winde, meinte er, die Verheißene rücke an, und immer war es nichts und wieder nichts; die erwartete Sonne wollte ihm nicht aufgehen.

Endlich rief die Wirtin: «Dihr cheut cho esse!» Michel wandte sich dem Klange zu. Einstweilen könne er nichts Besseres tun, dachte er; habe er gegessen, warte er nicht länger, sondern mache sich dem Fluhgraben zu, dort wolle er Flasche und Brille lieb haben und dafür sorgen, daß man weder Wege noch Mannevolk noch Weibervolk darin sehe. Er mußte sich tief bücken, als er in den

Speisesaal trat, der von einem Geißenstall sich nur dadurch unterschied, daß weder Geißen noch eine Krippe darin waren, sondern bloß Menschen und ein Tisch, dessen Beine aber das Podagra hatten und bei der kleinsten Berührung in die größte Bewegung gerieten. Michel setzte sich ungeniert obenan und kam groblecht an ein Bein, daß es der Suppe auf dem Tische fast übel ward und sie auf die Seite sich legen wollte wie ein Schiff im Sturm. «Du großer Löhl, kannst nicht acht haben, wo du mit deinen Ankenkübeln hinfährst; man hat hier nicht Tischbeine wie Türpfosten!» sagte die Wirtin. «Geh, sieh, wo die Blättere bleiben!» herrschte sie dem Manne zu. «Wenn sie was wollen, sollen sie kommen, sonst sollen sie es hocken lassen, es ist mir auch gleich!»

Michel achtete sich der Worte nicht, aber wie der Wirt aus der Türe wollte, ging dieselbe auf, und zwei Mädchen kamen herein, ein großes und ein kleineres, das dem Herrn (der Unterweisung) kaum entronnen schien. Sie gehörten offenbar nicht ins Haus, waren nicht hoffärtig, aber solid und reinlich, so was man sagte vornehm angezogen, das heißt, wie man es in einem Hause pflegt, wo man das Währschafte vermag und den wohlfeilen Flitter verschmäht. Michel vergaß Maul und Nase offen. Wars sie, oder wars sie nicht? «Habe bald geglaubt, ihr wollet im Wasser bleiben, bis ihr weiß geworden!» sagte die Wirtin spöttisch. «Wir hätten es im Sinn gehabt», sagte das größere Mädchen unbsinnt, «da kam der Wind, daß wir glaubten, er nehme uns samt der Hütte fort. So glaubten wir, es sei doch richtiger, wenn wir die Kleider am Leibe hätten, als wenn wir sie erst wieder in Tannen und Böden zusammenlesen müßten.» «Das ist nicht halb so gefährlich», sagte die Wirtin, die gerne hieb, aber nicht gerne sich hauen ließ, böse, «die Hütte hats schon lange gehalten und wird noch lange stehen, wenn schon manche Gaxnase, welche sie ausgespottet, unter dem Boden ist. Aber komm jetzt und hock ane, so können wir essen, mit Dampen ist dSach nit gmacht!»

Die Mädchen setzten sich, das ältere zu oberst auf den Vorstuhl, während Michel obenan saß, zwischen ihnen in des Tisches Ecke saß der unvermeidliche Bäri mit besonderer Sehnsucht in seinen

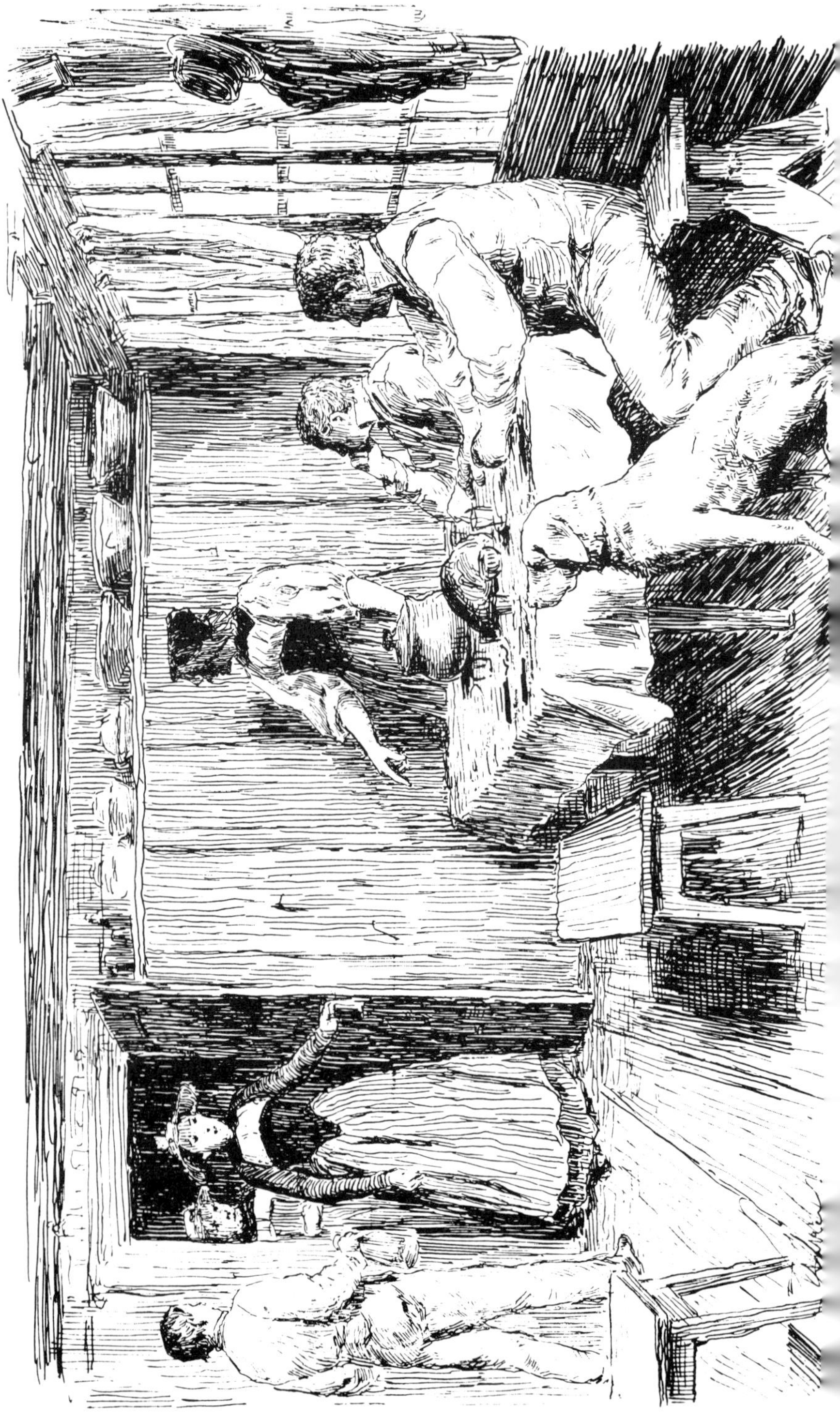

schmachtenden Augen. Wirt und Wirtin saßen auf patriarchalische Weise mit am Tische; wo hätten sie sonst sitzen und essen sollen, da im niedlichsten aller Badeorte, im Kuttlebädli, eben nur ein Tisch war? In einem großen Napf war eine dicke Fleischsuppe, in welcher der Safran nicht gespart war; diese wurde mit den Löffeln aus dem Napf gegessen. Sie habe Suppenteller gehabt, sagte die Wirtin, aber sie seien zerbrochen, und sie habe keine mehr angeschafft, sie habe gefunden, sie trügen nichts ab; es sei kommoder, wenn jedes aus der Kachel nehme bis es genug habe. Das Mädchen tat ganz unbefangen und schwatzte zwischen dem Suppenessen, was ihm gar wohl anstand, indem es sehr schöne Zähne hatte und überhaupt lieblichere Mienen, wenn es sprach als wenn es schwieg. Es sei hungrig, sagte es; sie seien am Morgen in aller Frühe fort, und seither habe es nichts gehabt. Sie hätten zwei Gusti (junge Rinder) auf dem Fahrniesel, und gestern hätten sie vom Hirten den Bescheid erhalten, das eine sei krank; der Vater habe heute weitermüssen, da habe er sie mit Zeug hinaufgeschickt. Als sie die Sache verrichtet, sei sie die Lust angekommen, zu baden, das hätte ihnen die Müde ganz genommen. Michel saß da ganz wie verstaunt. Das Mädchen gefiel ihm bsunderbar wohl, es dünkte ihn, er müsse es schon gesehen haben, doch konnte er nicht daran kommen wo. Endlich kam ihm in Sinn, er sollte doch auch was sagen. Er fragte, was das Gusti gehabt, und was für Zeug es gebracht. Das Mädchen gab ganz gründlichen Bescheid über beides, daß man wohl sah, es war in diesem Fache zu Haus, ganz wie es einer guten Bäuerin wohl ansteht.

Unterdessen war der Napf ausgelöffelt, die Wirtin teilte hölzerne Teller aus und brachte dann Speck, schön braungelben, gesalzenes Fleisch und Apfelschnitze. Sie gebe es, sagte sie, wie sie es habe und es verstehe; wem es nicht recht sei so, könne es hocken lassen und ein andermal daheim bleiben. «He», sagte das Mädchen, «es würde Euch doch nicht das Rechte sein, wenn niemand käme, Ihr waret eine seltsame Wirtin.» «Viel nach der Gastig frage ich nicht», sagte die Wirtin, «dann kommts mir noch auf die Gastig an. Dem junge Volk, wo nichts kann als ausführen und aufbegehren, selbem frage ich dsTüfels viel nicht nach, selb muß ich sagen; das könnte meinethalb bleiben, wo es wollte. Still und ehrbar Lüt, die wären mir wohl recht, wider die habe ich nichts. Seh, du Gstabi», kehrte sie sich zu ihrem Manne, «stellst Wein auf den Tisch und gibst keine Gläser dazu; aus dir gibt es dein Lebtag keinen Wirt und sonst nichts!»

«Du hast da einen bsunderbar schönen Hund», wandte das Mädchen sich zu Michel, «und gar gutmütig sieht er drein. Darf man ihn anrühren, oder ist er bös?» Als Michel versicherte, er sei der beste Schlabi von der Welt, tue keinem Kinde etwas, sobald man ihm nichts tue, streichelte es ihm den Kopf, was Bäri mit großem Behagen geschehen ließ. Es habe die Hunde bsunderbar gerne, aber sie wüßten es auch und liebten ihns, fuhr das Mädchen fort. Ihr Rämi habe heute mit aller Gewalt sie begleiten wollen und schrecklich getan, als sie ihn nicht nachgelassen; aber sie wisse es wohl, wie man es mit Hunden auf den Bergen habe, daß man oft ihretwegen des Lebens nicht sicher sei. Die Kühe haßten nichts mehr als Metzger und ihre Hunde, sie schienen es alle zu wissen, daß die ihnen die Kälber entführten und töteten. «Schnellt er mich, wenn ich ihm was gebe?» fragte das Meitschi und hielt Bäri vorsichtig ein Stück Brot dar, und Bäri nahm es mit Anstand und Vorsicht ab und ließ es sich behagen. Als nun Fleisch und Speck umgingen, jedes sich eine Portion abschnitt, den Rest weitergab, versah das Meitschi sich reichlich, daß der Wirtin eine Bemerkung zuvorderst in den Hals kam. «Liebst Speck?» fragte das Meitschi Bäri und hielt ihm ein schön Stück dar. Bäri faßte es mit glänzenden Augen und schmatzte dran in süßem Behagen. Sami blickte Michel bedeutsam an und stieß ihn überdies noch mit dem Fuße und zwar so stark, daß es dem Tisch fast übel ward. Bäri war es sehr wohl bei der Sache, er stieß nun statt den Michel das Meitschi mit der Nase an den Ellbogen, wenn sein Herz etwas begehrte, und das Meitschi ward nicht ungeduldig, sondern sagte immer freundlich: «Ja, du gutes Tier, mußt was haben, wirst hungerig sein, haben dich vielleicht diesen Morgen vergessen.» Das Fleisch war wahrscheinlich von der Kuh, welche Noah in seinem Kasten gehabt, es war ein greulich Beißen, welches begreiflich Bäri am wenigsten Mühe machte. Er war mit drei Bissen fertig, ehe die andern an einem nur recht angefangen. Das Mädchen mußte List und Vorsicht brauchen, dem Bäri zu genügen und nicht unverschämt gegen die andern zu sein. Es brauchte gute Redensarten gegen Menschen und Hund, war besonders manierlich gegen Sami, sagte, er solle nehmen, es begehre ihn nicht zu verkürzen, es sei billig, daß jedes zu seiner Sache komme; aber der Hund wolle einmal auch bis er satt sei, und dagegen könne ihm niemand was haben. Es wollte sich selbst lieber am Maul abbrechen, als daß es ein arm Tier möchte hungern lassen.

«Es ist mir gut gegangen, daß ich diesen Morgen ein frisch geschliffen Messer gehabt, als ich Fleisch und Speck abhieb, und es tief hineinging; hätte ich gekocht wie sonst, so täten du und der Hund es alleine fressen, und die andern hätten das Nachsehen!» brach die Wirtin endlich los. «Es ist sonst der Brauch, erst die Menschen und dann das Vieh!» «Es geht beidweg», sagte das Mädchen, «besonders auf den Bergen, wie man sagt. Du bist nur böse, daß dir nichts überbleibt für das Kuchischäftli. Ich habe nicht Kummer, daß du dir nicht zu helfen weißt; und was man braucht, das zahlt man auch, dafür sei nicht in Kummer! Seh, wo hast dein Glas? Nun, Wirt, ist das Manier, der Frau kein Glas zu geben!» So sprach das Mädchen, griff auf die zweite Maß, da Michel die obere handhabte, schenkte der Wirtin trotz ihrem Protestieren, sie liebe den Wein nicht, ein und auch dem Wirte, dann den andern mit dem Bemerken, es hätte von Michels Wein getrunken, er solle nun von seinem auch probieren, es liebe das Schmarotzen nicht. Während es auf diese Weise freigebig tat mit Speise und Trank, brauchte es von beidem für sich sehr mäßig. Da war nichts zu sehen von dem Lauern, ob noch genug übrigbleibe, die andern zu viel nähmen, kein Kummer sichtlich, daß es übervorteilt werden möchte. Michel schmolz fast vor Bewunderung, und Sami ward gar nicht fertig mit Blicken und Stüpfen. Die Wirtin sagte mehr als einmal: «Nu, du Gast, hest Wespi i de Hose, daß de dyni Schichi (Beine) nicht stillhalten kannst unterm Tisch? Da stüpft und müpft sih nüt; we dr dSach nit recht ist, so laß sie sein und packe dich! Vo so einem Gränni la ih mih nadisch nit usführe!»

Endlich war das sündflutliche Fleisch verwerchet, der scharfe Speck zum guten Teil gebraucht, den Schnitzen der Garaus gemacht, und Michel befahl die dritte Maß. Er sei durstig wie eine Kuh, welche verbranntes Emd gefressen, er wisse nicht, wie das gehen solle diesen Nachmittag. Das Meitschi machte Umstände mit dem Trinken; der Durst plage ihns auch, sagte es, aber mit Wein löschen sei gefährlich. «Rösi», sagte es zu seiner Schwester, «hol doch Wasser, das löscht besser.» «Es würde einen meinen, ihr hättet noch nie Fleisch gefressen, daß ihr so tut wegem Durst», redete die Wirtin. «Salzet man das Fleisch nicht, so stinks im Sommer, salzt man recht, so kann man es behalten, bis mans braucht. Daneben, wenn alle Sonntag hungerig Hüng kämen, ja freilich, dann könnte man Salz sparen! Verdursten werdet ihr nicht, es ist Wasser und Wein genug bis ihr heim seid. Reut dich das Geld, oder hast du keins, so hänge das Maul an jede Brunnröhre, der Durst wird dir schon vergehen! Oder das Meitschi soll dir Wein zahlen, es tuts gern mit Schein!» «Selb, Wirtin, weißt noch nicht», sagte das Mädchen. «Ich habe schon mancher bösen, wüsten Frau flattiert, daß sie mich ruhig lasse, deswegen aber ist es nicht gesagt, daß ich allen flattiere, Jungen und Alten.» Der Wirt lachte und zog damit sich das Wetter auf den Hals. Das Meitschi vernahm bloß: «Du hast ein Maul wie eine Schlange, hänge dich jung, sonst schlägt man dich tot, ehe du alt wirst!»

Darauf forderte das Mädchen die Üerti und duldete es nicht, daß Michel ihm einen Kreuzer für seinen Wein bezahlte. Er wolle auch fort, sagte Michel, aber er möchte wissen, wo er durchmüßte, er sei verirret und sei ganz nebenaus verschlagen worden. «Wo willst aus?» fragte der Wirt. Da sagte Michel, er wolle heim, durfte aber den Knubel nicht angeben als seinen Wohnort, sondern brauchte einen andern Namen. «So», sagte der Wirt, «hätte bald geglaubt, du seiest der Knubelbauer.» «Kennst ihn?» fragte Michel. «Nein, nicht von Angesicht, aber viel von ihm gehört habe ich, die Kirchen- und Märitleute reden ja von niemand anderm; das muß mir ein Kalb sein, wie man nie von einem solchen gehört!» «Die Leute sagen manches», sagte Michel mürrisch, «es ist nichts wahr daran. Aber wo muß ich durch?» «Gehe mit den Meitlene, sie kennen den Weg bis in den Graben und durch den Graben, bis er sich scheidet, dann hältst du links, und sie gehen rechts; weiter kannst fragen», berichtete der Wirt. Das war Michel sehr recht, und sie marschierten miteinander ab ohne Komplimente. Michel kam es nicht einmal in Sinn, zu fragen, ob er mit ihnen gehen dürfe. Hätte er gefragt, hätte er wahrscheinlich zur Antwort erhalten, hier habe man nichts zu erlauben, «hier kann ja jeder laufen, wo er will.» Die Frau Wirtin sah ihnen mit verschränkten Armen nach und sagte: «Das nimmt mich jetzt verfluxt wunder, war das eine abgeredete Sache, oder haben die einander hier von ungefähr gefunden? Aber sei das, wie es wolle, das Meitschi ist e verfluxti Täsche, und der muß es haben, er mag wollen oder nicht. So hab ich noch keine tun sehen, wenn sie einen verhexen wollte, wie die, und doch ist im Kuttlebädli schon manches gegangen, und ich habe mehr gesehen als mancher Pfau, dem man Frau Wirti sagt, die aufzieht wie der Ostermontagstier und meint, was sie sei.» Als sie das gesagt hatte, machte sie rechtsum und dirigierte ihren Mann beim Abwaschen.

Die viere aber pilgerten den Berg ab, wobei Bäri fast mehr hinter dem Meitschi war als hinter Michel, demselben sich gar holdselig erzeigte. Je weiter sie gingen, desto mehr kam Michel in Verlegenheit. «Was nun?» dachte er. «Sage ich, wer ich bin, so tut es wüst, sage ich es nicht, so ist dSach verspielt, oder ich muß wieder von vornen anfangen.» Er tat, als hätte er einen Stein im Schuh, saß ab, und Sami mußte ihm den Schuh ausziehen; die Mädchen gingen weiter. «Und jetzt», fragte er Sami, «was machen?» «Die laß nicht fahren!» sagte Sami. «Frag, ob mit ihr heimdurfest, und sag, wer du bist! Die fährt dir nicht aus der Haut, zähl drauf!» «Meinst?» sagte Michel und machte, daß er wieder in den Schuh kam. «Wenn es dich dücht, es sei nötig, so hilf mir mit Reden! Sie ist allweg von gutem Haus und nicht eine, die im Jahr nur einmal Fleisch und Wein sieht.» «Frag sie», sagte Sami, «wo sie daheim sei, dann fragt sie dich auch, dann sags! Und will sie davonspringen, will ich sie halten, aber ich glaub nicht, daß sie es tue.»

Michel machte sich nach, eben weit waren die Mädchen unter der Zeit auch nicht gekommen. Nach einer langen Pause, denn die Mädchen waren eben auch nicht redselig, sagte Michel: «Um Vergebung z'frage, habt ihr weit heim?» «Gut drei Stund», sagte das ältere Mädchen, «sie sind nicht breit, aber lang», dann schwieg es. «Um Vergebung z'frage», fuhr Michel fort, «wie sagt man dem Ort?» «Rosebabisegg», antwortete das Mädchen und schwieg. «Ich habe von dem Ort auch schon gehört», sagte Michel, «ich glaube, ich täte am besten, ich käme mit euch bis dorthin, hier ist mir der Weg nicht bekannt, von dort könnte ich ihn schon finden, man ist doch dort wieder in der Welt, wo man einen Menschen antrifft, den man fragen kann. Unterwegs will ich gerne noch eine Maß zahlen von wegen dem Wegzeigen und wegen der Bekanntschaft.»

«Um Vergebung z'frage, wo kommst dann du her?» fragte das Mädchen. Ja, Michel hatte einen weiten Hals, aber für die Antwort auf diese Frage war er doch fast zu enge. Er sagte sonst mit großem Selbstbewußtsein: «Ich bin der Knubelbauer!» aber die Zeiten können sich ändern. «Du wirst doch an einem Orte daheim sein», sagte das Mädchen, «oder darfst es nicht sagen?» Da ermannte sich Michel. «Ich wüßte nicht, warum ich es nicht sagen dürfte, ich komme vom Knubel, wenn du weißt, wo der ist, und bin der Bauer dort!» «Sacker!» sagte das Mädchen, «bist du der und hast mich noch nicht geprügelt und der Hund mich nicht gefressen? Da kann ich von Glück reden, daß ich so davongekommen bin. Aber jetzt wird es Zeit sein, daß wir auseinandergehen, während wir noch im Frieden sind und alle lebig. Dort bei jener Eiche gehst du rechts, und ich will links. Mein Weg ging eigentlich weiter vornen ab, aber wenn ich da die Halde aufgehe, und jetzt verderbt man nichts, so kürze ich ab.» «Nein, das tust mir jetzt nicht!» sagte Michel. «Ich tat noch keinem Menschen was zuleide, und allweg hast du nichts von mir zu fürchten. Aber man muß nicht alles glauben, was die Leute brichten, ds hundertste ist nicht wahr.

Geradeso machen es mir die Leute; ich weiß wohl warum.» «Weiß nicht», sagte das Mädchen. «Es heißt im Sprichwort: ‹Wo Rauch ist, ist immer auch Feuer›. Daneben gehts mich ja nichts an; ich habe mich des Brichtens der Leute nicht einmal geachtet.» «Hast du was zu klagen über mich?» fragte Michel. «Tat ich wie ein Umensch oder gar wie ein Utüfel?» «Ich sah nichts Apartes», sagte das Mädchen, «ich habe nicht zu klagen, ich habe schon Uwatliger angetroffen. Daneben hast auch nicht Ursache gehabt, wüst zu tun. Es hat dir niemand was in den Weg gelegt, und für sein Geld soll man an allen Orten ruhig essen können.» «Ja, und wenn es auch aus meinem Gelde ging, konnte jede ruhig essen und genug, wenn sie nicht alles für sich alleine wollte und niemanden sonst was gönnte. Aber mit Schein weißt du mehr von der Sache?» fragte Michel. «Hast nicht gehört, daß ich mich des Brichtens wenig achtete? Ich weiß bloß, daß du weiben wolltest, Meitschi bschicktest, mit ihnen wohl stark umgingest und gröbelig, daß ihnen die Lust verging, Knubelbäuerin zu werden. Weiter weiß ich nichts; und jetzt adie und lauf nit stark! Hier ist die Eiche und da mein Weg!» «Ich komme mit», sagte Michel, «ich muß dir brichten, wie dSach ist; komme ich heim, wann ich wolle, es balget mich niemand.» «Möglich», sagte das Mädchen, «aber vielleicht mich, und gleich ist Geschrei im Land. Daneben habe ich dir einstweilen den Weg nicht zu verbieten, solange er nicht durch unser Land geht.»

«DSach ist die», sagte Michel, «sieh, wie ich dran bin, es ist bym Donner noch niemanden so gegangen wie mir. Es heißt im Lied: ‹DsAnneli wott verfrüre a dr Sunne›, so cha ih vor luter Meitlene nit zum Wybe cho, finde niene die Rechti.» Nun erzählte er in all seiner angestammten Gutmütigkeit, wie er zweg sei. Er habe mehr als genug Sachen, sei wohl daneben, aber des allgemeinen Gebrauchs wegen, und weil man daneben sonst nicht sicher sei, musse er heiraten; aber es sei sein Begehren, daß wie bis dahin alles im lieben Frieden gehe, seine Leute die Sache recht hätten, seine Alte – verwandt sei sie ihm nicht, aber zu ihm und seiner Sache habe sie gesehen wie eine Mutter – recht respektiert werde. Die erste Beste habe er nicht nehmen, die Katze nicht im Sacke kaufen wollen, und jede, mit welcher er es probiert, habe getan wie eine Katze am Hälsig (Strick). Aus der Nähe habe er keine mögen, er kenne sie zu gut und begehre nicht die ganze Verwandtschaft alle Tage vor der Tür. Die alle hätten ihm nun das Geschrei gemacht, und zHuttwyl sei es besonders wüst gegangen, und dessen hätte er sich doch durchaus nichts vermögen. Das Meitschi habe getan wie ein wild Tier. «Du kannst doch selbst sagen», meinte er, «ob Bäri so bös ist, wenn man manierlich mit ihm umgeht; aber einen fremden Hund muß man niemals schlagen, selb weiß doch jeder, der Verstand hat.» Darüber habe man ihm einen Lärm gemacht, daß ihm das Leben fast erleidet sei und ihm lieber gewesen, er müsse nicht viel unter die Leute.

So schloß Michel sein Herz auf, und das Meitschi hörte ihm teilnehmend zu. Wenn es so sei, wie er sage, und es werde sein, sagte es, so müsse es Bedauern mit ihm haben, und man habe es ihm wüst gemacht; es werde aber vielleicht nur deretwegen sein, daß ihm keine anständig gewesen. Indessen, wenn man die andern hörte, so würden sie auch etwas zu sagen wissen, daß man zuletzt doch nicht recht wisse, wer recht habe und wer nicht. Michel berief sich auf sein heutiges Benehmen, woraus es doch schließen könne, daß er nicht ein solcher Uflat sei, wie man aus ihm machen wolle. Das Mädchen gab das zu, setzte indessen noch hinzu, ein Tag sei nicht alle Tage.

So waren sie eine weite Strecke gewandelt und kamen endlich zu einem Wirtshause. Michel meinte, der alte Speck kratze ihm noch immer im Halse und das hundertjährige Fleisch. Mit Wasser habe er nichts daran machen können, er möchte es jetzt mit Wein probieren. Nach Landsitte wehrten sich die Mädchen und mußten mit Gewalt ins Haus gezerrt werden, das nennt man Schreiß haben. So geschieht es, daß ein Bursche rechts zerrt, ein anderer links, daß dem armen Meitschi das Schicksal des Kindes droht, welches die zwei Weiber nicht teilen konnten und Salomo zu halbieren drohte. Im Wirtshause war es nicht geheuer: eine wilde Bande, welche den schönen Sonntag ebenfalls zu einer Bergfahrt benutzt hatte, war dort eingekehrt, Buben und Meitscheni. Es war übermütiges Volk, welches den Tag nicht würdiger beschließen zu können glaubte als mit einer tapfern Schlägerei. Sie höhnten und neckten auf alle Weise, stießen an Michels Tisch, müpften im Vorbeigehen Sami, der vornen am Tische saß; sie trieben es so, daß Bäri seinen Meister unverwandt ansah mit fragendem Blick: «Willst du, oder soll ich?» Die Mädchen waren der Bande bekannt, nicht so aber Michel; aber weil er einen Kameraden und einen großen Hund bei sich hatte, wie der Knubelbauer auszuziehen pflegte, so fragten die andern, ob das etwa der Knubelbauer sei, den sie da aufgelesen. Die Meitscheni kämen manchmal zweg, daß einer herbeimüsse, und wärs drTüfel oder selbst der Knubelbauer. Da müsse doch eine auch von einer tauben Kuh gefressen haben, wenn sie nur an den denken möchte, geschweige ihn nehmen. «Das schlechtest Jungfräuli, wo sieben Taler Lohn hat fürs ganze Jahr und eine Meisterfrau, welche dem Teufel von seinem Karren gefallen, möchte ihn mit keinem Finger anrühren, und wer ihn auf hundert Schritte sieht, sagt: ‹Pfi Tüfel!› und macht, daß er abweg kommt.» So ward ganz fein gestichelt. Michel zitterte am ganzen Leibe vor Zorn, biß sich die bleichen Lippen blutig, war auf dem Sprunge, loszufahren und die Stube zu räumen von der ganzen Bande. Aber das Meitschi hielt ihn nieder, bat: «Dr tusig Gottswille nit, nit! Tu, als hörtest du es nicht, als ginge es dich nichts an! Was macht dir doch, was die Lümmel sagen; sei diesmal der Witzigere, trink, mach aus, wir wollen fort!» Es hielt Michel hart, der rücksichtslose Zorn wollte ihn fassen mit aller Macht; der Wunsch, es mit dem Meitschi richtig zu machen, gab ihm die Besonnenheit, einen blutigen Strich durch seine Rechnung zu vermeiden. Es war das erstemal, daß er einer solchen Versuchung widerstand und einen angebotenen Streit nicht aufnahm mit aller Kraft.

Michel zahlte, man brach auf. Die andern Burschen griffen nach den Mädchen, wollten sie auf ihre Bänke ziehen, aber diesen war es ernst, sich nicht schmeißen zu lassen, rissen sich rasch los, machten sich zur Türe aus; langsamer ging Sami nach, zuletzt kam Michel ganz langsam, und einer der Bursche konnte sich nicht enthalten, ihm ein Bein vorzuhalten, und ein Glas surrete neben seinem Kopfe vorbei und zersplitterte an der Wand. Michel hatte das erwartet; mit einem kurzen, unmerklichen Schwunge schlug er den, welcher ihm das Bein vorgehalten, über den Tisch hin zwischen Gläser und Flaschen mitten hinein, daß es einen Mordsspektakel gab, während er ganz gelassen zur Türe hinaus und den andern nachging. Begreiflich gabs Lärm drinnen, und wie aus einem Wespennest, in welches man mit einem Stocke geschlagen, die Wespen, schossen aus der Türe des Hauses die Bursche. Draußen im Weg hatte sich Michel gestellt und rief, hätten sie Lust an ihn, so sollten sie nur kommen, aber er sage es zum voraus, was er machen könne, das mache er, sie sollten sich in acht nehmen; er sei auf offener Straße und auf seinem Heimwege, habe das Recht, sich zu wehren. Die Feinde sprangen nicht eines Satzes an ihn hin; Michel und sein Hund, der lustig mit dem Schweife wedelte, als sei etwas für ihn im Anzuge, flößten Respekt ein. Sami brach einen Zaunstecken ab, die Mädchen riefen: «Dr tusig Gottswillen, chömmit doch, chömmit!» Steine, Stöcke flogen gegen Michel, der Feind drängte vorwärts; da sagte Michel: «Bäri, faß!» Und Bäri schoß in langen Sätzen auf die Bande ein, und hui, wie die auseinanderstob! Denn nicht bald macht etwas einen rascheren Eindruck als so ein plötzlicher Hundsanfall. Den letzten sprang Bäri nieder mit einem Satze; Michel, zufrieden mit diesem Siege, rief Bäri ab, der langsam kam, und ging lachend und spottend den Mädchen nach. Sami mit dem Zaunstecken und Bäri mit seinen blanken Zähnen deckten den Rückzug, der nicht unangefochten blieb. Auf dem Wege und zu beiden Seiten den Zäunen nach wurden sie verfolgt eine gute Weile, indessen zum offenen Angriff kam es nicht mehr, und am Ende ward auch die Verfolgung aufgegeben.

Als sie darauf zu einem Scheideweg kamen, stand das Mädchen still und sagte: «Sieh, hier geht dein nächster Weg, und bhüt dih Gott u zürn nüt!» «Ja», sagte Michel, «so ists nicht gemeint; ich lasse dich nicht alleine heimgehen, ich komme mit.» Das Mädchen wehrte sich, sagte allerlei und namentlich, was Vater und Mutter sagen würden, wenn es mit einem fremden Burschen heimkäme, von dem sie nicht wüßten, wo es ihn aufgelesen. Aber Michel setzte nicht ab; er meinte, es hätte sich seiner nicht zu schämen, er sei nicht von der Gasse, und wenn es ihn nachelay, so werde es sich gewiß nicht reuig. Endlich ward eine Konvention abgeschlossen folgenden Inhalts: daß er mitkommen dürfe bis zum Hause, aber nicht ins Haus; im Walde, welcher daran stoße, solle er warten, bis es mit Vater und Mutter geredet. Hätten sie nichts dawider, so wolle es ihn rufen; sei es ihnen aber nicht recht, so müsse er weiter. Michel ließ sich das gefallen, er sagte, er habe nichts Böses im Sinn, und Vater und Mutter scheue er gar nicht, dsGunträri. «Ich will es dir geradezu sagen: ich muß eine Frau haben, und du gefällst mir; auf Reichtum habe ich nicht zu sehen, ich habe Sachen genug einstweilen, es manierlichs und gutmeinends Weibervölkli, selb ist dHauptsache. So eins scheinst mir, und je eher wir die Sache richtig machen, desto lieber wärs mir; es ist mir erleidet, alles Wüste ausstehen zu müssen. Oder was meinst, hättest du was darwider?» «Du bist pressiert», sagte das Meitschi, «das geht nicht halb so geschwind als du meinst; ich habe daheim zu essen und zu arbeiten, ich bin ihnen nicht erleidet und sie mir nicht. Ich weiß ja nicht einmal recht, wer du bist, ob wirklich der, für den du dich ausgibst? Und dann sollte man doch auch nachfragen, was eigentlich mit dem Knubelbauer sei, ob er verrückt im Hirni sei oder ob erlogen, was man brichtet. Daneben will ich nicht sagen, daß ich nicht mannen wolle, für was ist man sonst da? Wenn man es gut machen kann, so wärs ja dumm, wenn man es nicht machte. Wir sind unserer viele, da muß ein jedes mehr oder weniger zu sich selbsten sehen, und wenn eins mannet, haben die andern nur desto besser Platz. Aber verbösern will ich es nicht; will ich ändern, so will ichs verbessern. Es ist nicht, daß einer angeschmiert wäre mit mir, und wenn er meinte, er habe eine Bäuerin ins Haus gestellt, er nur einen Tätsch hat, ein faules Pflaster, das nichts versteht und nichts mag! Eine Haushaltung führen macht mir keinen Kummer. Die Mutter mag nicht mehr recht nach, sie hat gar viele Kinder gehabt und sonst bös, von wegen der Vater ist zZyte e Handliche, da habe ich schon manches Jahr das meiste gemacht, küchlet (gekocht) und dSäu gfuhret und pflanzet; nicht manches hätte es ausgestanden, aber mir hat es nichts getan, ich bin Gottlob gesunder Natur, ich habe in meinem Leben noch keine ungesunde Stunde gehabt.»

«Gerade so eine möchte ich», sagte Michel, «von wegen ich habe es auch so, war auch niemals krank, da schickten wir uns gut zusammen. Bös haben bei mir solltest du nicht, und was du nicht machen möchtest, das machten andere. Wegem Werchen mangle ich keine Frau, sondern nur um zur Sache zu sehen und z'luegen, daß es läuft. Ich meinte nicht, daß meine Frau es böser haben sollte als eine Taunersfrau (Tagelöhnerfrau), wie es manche Bäuerin hat. Wenn du ausreiten (ausfahren) willst, brauchst nur zu befehlen, daß man anspanne, ich habe ein bsunderbar schönes Rytwägeli, und übers Geld söttist könne so gut als ich und nehmen unbsinnt, wasd mangelst, von wegen es mag es erleiden.» «Das wäre guter Bescheid», sagte das Meitschi, «so könnte man dabeisein, wenn man den Frieden könnte behalten, der ist die Hauptsache; wo der nicht ist, da hat alles gefehlt. Ich weiß nicht, wie es mit dem wäre bei dir, ich zweifle, daß man ihn behalten könnte!» «Wie meinst?» sagte Michel. «Ich verstehe dich nicht; ist ja nirgends größerer Friede als bei uns auf dem Knubel!» «Ja, jetzt», antwortete das Meitschi, «aber wenn eine Frau käme, würde das schon anders werden.» «Warum?» fragte Michel. «He», lautete die Antwort, «es soll da eine wüste Alte sein, welche jetzt regiert und keine Frau dulden will, weil sie dann nicht mehr einsacken und meistern könnte, wie sie will; bei dieser könnte es keine aushalten, heißt es. Häbs nit für ungut, aber so reden die Leute.» «Die Donnere!» sagte Michel. «Wart, wenn ich wüßte, wer das ersinnet hätte, den schlüge ich stötzlige dür e Bode ab, daß er ungsumt auf der andern Seite rausführe. Das ist die beste Alte, wo es gibt; nit daß es einem in einem Auge wehetäte, hat diese veruntreuet, dsGunträri, die gäbte eher aus ihrem Sack. Die möchte, daß ich heiratete, und eine Frau hätte bei ihr die besten Händel, sie würde ihr die Hände unter die Füße legen, wenn sie danach täte, nicht eines Tags alles neu machen wollte oder niemanden was gönnte oder mich plagen und nicht zu mir sehen würde!» «Was mangelst du, daß man zu dir sieht, bist nit selbst groß genug, oder mußt noch gwiegelt sein und sust gratsamet?» fragte das Mädchen lachend. «He, sieh!» sagte Michel ehrlich. «Sie hat mich seit der Mutter selig für ihr Kind gehabt und jetzt noch. Sie legt mir die Kleider zweg und dsHalstuch um, mit selbem weiß ih neue nüt z'mache; sie luegt, wenn ich fortgehe, daß ich alles habe, und wenn ich heimkomme, daß ich was Warmes finde. Und dSach hat sie mir gegönnt; was ich gerne aß, das fehlte mir nie, und mein apartige Napf mit guter Milch oder Nidle fehlte mir nie über Tisch, und sie hatte es recht ungern, wenn ich von der andern Milch nahm, wenn ich durstig war. Wenn eine Frau das leiden mag und alt Brüch (Gebräuche) nit abschaffet und öppe fragt jeweilen: ‹Anni, bricht mih, wie heschts im Bruch?› und: ‹Anni, wie meinst?› und: ‹Anni, was liebt Michel?›, so hat sie die besten Händel. Und warum wollte eine das nicht tun, es ist ja nichts leichter.» «Schwerer als du meinst», dachte das Meitschi, aber sagte es nicht.

«Aber warum ist die dir dann vor allem Heiraten? Es heißt ja, die sei schuld daran, daß du noch keine hättest. Allemal, wenn du Meitschi bestellt, habe sie dich vorher so aufgewiesen, daß du so gröbelig getan, das Wüstest alles gemacht, daß keine sich habe trauen dürfen, sondern froh gewesen sei, darauszustellen so schnell möglich, um nur mit dem Leben davonzukommen! Ist denn dies etwa auch nit wahr?» «Nein, und das ist es nicht, und rede es, wer wolle, so ists nicht! Höre, dSach ist die, ich darf dir sie jetzt wohl sagen! Es hat mir Kummer gemacht, bei der schlechten Welt ein Meitschi zu finden, das gutmeinend ist gegen Menschen und Vieh und nicht bloß meint, selber fresse mache feiß. Ich habe manchmal gesehen, wie die Meitschi getan in Wirtshäusern, über den Tisch weg gesehen auf alle Teller und fast erworget sind vor Neid über jeden Bissen, der nicht zu ihrem Maul eingegangen ist, sondern zu einem andern. So eine möchte ich nicht, habe ich gedacht; da sind wir rätig worden, jede zu proben wegen Neid und Mißgunst, und wie sie es andern gönne, und wegem Gmüt, ob sie ein böses habe oder ein gutes. Ich habe allemal aufstellen lassen, was zu haben war, auf einen Gulden oder eine Krone kam es mir nicht an; aber ich meinte deretwegen nicht, daß sie alles alleine fressen sollten, ich gab dem Hund auch davon und Sami und nahm selbst, was mich gut düchte, für sie blieb allweg genug übrig, aber das mochten sie nicht leiden. Du hättest sehen sollen, wie sie taten, viel ärger als Katzen, wenn e Hung von ihrem Teller will. So eine mochte ich nicht, und die sind es, die mich verbrüllet haben das Land auf, das Land ab. Jetzt möchte ich doch wissen, ob ich recht habe oder nicht. Du warst ja heute auch dabei und für dein Geld, und ich möcht wissen, ob du dich zu erklagen hättest oder nicht; du gabst ja dem Bäri selbst, weil er dich erbarmete, und das gefiel mir bsunderbar wohl an dir, ich will es dir gradeaus sagen. Und ich hätte ihm nichts geben sollen von der Sache, welche ich bezahlte? Keiner Täsche kam es in Sinn, ihm ein Maul voll zu geben, nicht einmal Brot hielt ihm eine dar. So ist dSach, und Anni, die Alte, hat daran nichts gemacht. Sie hatte allemal den größten Verdruß davon, wenn es abermal nichts daraus wurde, und strengte mich an, wieder neu zu probieren, wenn mir das Zeug erleiden wollte. So ist die Sache, und Anni hat die größte Freude, wenn ich mal ein recht Mensch finde. Anni hast du nicht zu fürchten, wenn dir die Sache sonst anständig ist; und ich wollte dir angehalten haben. Es wär mir verflucht zwider, wenn ich noch einmal dransollte, und es hat sich von ungefähr so gut getroffen, daß es mir ist, als müßte die Sache sein, als sei es so geordnet; und was sein muß, muß sein, wie du wohl wissen wirst.»

«Ja, aber mit Unterschied», sagte das Mädchen, «deretwegen, weil ich da oben dich angetroffen, ists noch nirgends geschrieben, daß ich dich haben müsse. Selb wäre eine strenge Sache, wenn man jeden nehmen müßte, den man irgendwo antrifft; da tät ja ein ledig Meitschi am besten, es bliebe zu Haus. Es könnte ihm ja von ungefähr ein Uflat anlaufen, den es mit keinem Stecken anrühren möchte, geschweige dann den Mann daraus machen!» «Immer mit Unterschied!» sagte Michel. «Es ist nicht alles von ungefähr, was den Schein hat.» (Hier soll das Meitschi rot geworden sein und nicht gefragt haben: «Wie meinst?») «Und dann», fuhr Michel fort, «bin ich wahrhaftig kein Uflat, sondern der freynst Mensch von der Welt, wenn man mich nicht bös macht und es expreß an mich bringt. Tut man das, gschirre ich freilich aus; aber handkehrum bin ich wieder zufrieden, wenn man mich ruhig läßt. Es ist nicht, daß ich kupe und tuble und den Kolder mache ganz Wochen lang; Anni hat schon manchmal gesagt, ein Lamm könnte nicht freyner sein als ich, ich sei nur zu freyn für diese Welt.»

Da lachte das Meitschi und sagte, es werde ihm nicht ernst sein, er habe Müsterlein vollbracht, wie man sie von einem Lamm nicht gewohnt sei; daneben, ja freilich, komme es viel darauf an, ob man böse sei oder freyne, wer um eim sei, selb sei wahr. «Mein Vater ist ein hitziger Mann», sagte es, «aber meine Mutter weiß das und schüttet nicht mit unnützen Reden Öl ins Feuer. Mir würde es keinen Kummer machen, mit einem hitzigen Manne zu leben, ich will so einen viel lieber als einen, der den Kolder macht, daß man wochenlang nicht weiß, was er aufgelesen und hinter die Ohren gesteckt hat. Ich würde nicht widerreden, gute Worte geben oder schweigen, je nachdem, und nichts hinterrücks machen, was er nicht wissen sollte, und ihn nicht plagen mit Chäre und Kifle (Quengeln und Keifen) und auf den Frieden halten, wo ich könnte. Da nähmte es mich wunder, ob das nicht gut gehen müßte, wenn der Mann nicht gar zu ungeraten wäre.» «Ja», sagte Michel, «du hast den rechten Verstand dazu, ich sehe das; wir schicken uns füreinander, wie wenn wir füreinander gemacht wären. Und daß wir einander angetroffen, ist nicht so von ungefähr, es hat so sollen sein, zähl darauf! Drum hilft Wehren nichts, du mußt mich haben, magst wollen oder nicht.» «Selb wär kurios», sagte das Meitschi, «bin noch frei, ledig und eigen, von Müssen wollen wir nicht reden. Daneben will ich nicht sagen, daß ich dich absolut nicht wolle, selb wär ja dumm; wenn du der bist, wo du sagst, und nicht der Utüfel, wo die Leute aus dir machen, so wärest du mir nicht der letzte, ich glaube, man könnte bei dir mit dem Leben davonkommen. Leibshalber bist brav genug, hast Sachen genug; aber man muß dSach doch erst recht ansehen, so zsämmefüßlige springt man nicht hinein, wenn man ein Heim hat und auch nicht von der Gasse ist. Es kommt drauf an, was Vater und Mutter meinen, und was sie raten, und dann, wie du öppe noch tust. So will ich nicht sagen, daß es nichts aus der Sache gebe, aber zu gewiß nimms nicht; du bist nicht der erste, den ich haben könnte, und wirst nicht der letzte sein, von wegen ein Meitschi wie ich, das alles versteht, was zu einem Bauernwesen gehört, und eine Bäuerin vorstellen kann trotz einer, braucht um einen Bauer nicht verlegen zu sein. Solche Meitscheni sind heutzutage zu rar, daß einer nicht die Finger bis an den Ellbogen schlecken sollte, wenn er eine bekommt, wie ich bin, wo er hinstellen kann, wo er will, daß sie immer am rechten Orte ist.»

Da schickten sie sich auch so recht zusammen, meinte Michel; auch er fürchte keinen Bauer in keiner Sache. Er meine nicht, daß er alles alleine arbeiten müsse, selb wäre ja dumm; aber wenn es recht angehe und er einmal dabei sei, so solle der noch kommen, der ihn durchtue mit Mähen, Pflughalten, Garbenladen, Säen usw. Und im Handel fürchte er auch keinen; nicht daß er nicht zuweilen eine Dublone und mehr zu viel für eine Sache gebe, wenn sie ihm so recht gefalle und er sie haben wolle, aber er wisse, was er mache, übernehmen werde ihn kaum je einer. Er habe aber auch die schönst besetzten Ställe, und wenn er es nötig hätte und darauf halten wollte, er wollte mehr aus denselben ziehen als mancher Bauer aus seinem ganzen Hof. «Ja», sagte das Meitschi, «wenn man es recht anfängt, ist viel zu machen. Ich und die Mutter haben es manchmal zueinander gesagt: wenn es allenthalben ginge wie bei uns, es würde noch an vielen Orten besser gehen; die Zinse könnte man ausrichten und auch die Schulden zahlen. Aber was ich und die Mutter machen mit dem Gespinst, mit Anken und Eiern und dürrem Zeug (Obst), zieht man an vielen Orten aus dem Korn nicht. Aber wir halten uns dann auch zum Spinnen, du glaubst es nicht; neben der Haushaltung spinne ich alle Tage zweitausend wenigstens, Hunderttausende sind gekommen, man weiß nicht wie. Wir hätten längs Stück einen Baucher fast für uns alleine nötig. Und dann ists nicht etwa, daß wir hündligürten und es den Leuten nicht gönnen, wenn wir schon alles zu Ehren ziehen; die Leute arbeiten gerne bei uns, Taglöhner können wir haben, soviel wir wollen, und die Handwerksleute sagen, sie kämen immer am liebsten zu uns, sie bekämen weit umher das Essen nirgends so sauber und gut gekocht. Da brauchen wir nicht das ganze Jahr z'springe und Schneider und Schuhmacher siebenmal kommen heißen, ehe sie sich zeigen; wenn man winkt von weitem, sind sie da, du glaubst gar nicht, was das für ein Vorteil ist. Aber ungewohnt würde es sie dünken, wenn ich nicht mehr da wäre; ich weiß nicht, wie das gehen sollte, die Mutter hat es selbst manchmal gesagt, sie wisse es auch nicht. Das wird noch harzen, ehe sie mich gehen lassen, die Mutter wird tun, ich darf nicht daran denken. Daneben werden sie mir nicht vor dem Glücke sein, wenn sie glauben, ich mache es gut. Sieh, dort ist unser Haus; jetzt gehst da dem Weg nach, und dort in jener Waldecke kannst warten bis Bescheid kommt. Ich will dem Fußweg nach, es ist mir lieber, man sehe uns nicht vom Hause weg beieinander, das Gsind würd öppe e Freud ha und e Lärme mache.»

Wie gesagt, so getan. Es kam dem Meitschi, Mädi wollen wir es wieder nennen, gar sonderbar in die Beine: je näher es dem Hause kam, desto schneller lief es, ja, es hatte die größte Mühe, nicht zu springen, so stark es mochte. Als es zum Hause kam, war die Mutter allein in der Küche. «Mutter, Mutter, drGottswille, was soll ich machen? Er ist hinter dem Haus im Walde!» rief es zur Küchentüre hinein. «Was, wo?» sagte die Mutter. «Er will mich», sagte Mädi, «hat grusam agsetzt, daß ich es gleich mit ihm richtig mache, aber ich habe euch vorbehalten. Wo ist der Vater?» «Hinter dem Haus», sagte die Mutter, «will ihn rufen.»

Nun ward Konferenz gehalten im Stübli, sie dauerte aber nicht lange. Dem Vater, der ins Geheimnis nicht eingeweiht war, ward flüchtig erzählt, wie Mädi den Knubelbauer angetroffen, wie der mit ihm angebunden, es zur Frau begehre und dort im Walde wartend stehe. Der Vater, der anfangs das Haupt schüttelte, ward gestimmt, daß er wie von ungefähr dem Walde zutrappe und den Michel ins Haus bugsiere, wo man das Weitere bereden könnte. «Lue nur, wie es einer ist!» sagte Mädi zu dem den Kopf schüttelnden Vater. «Er gefällt dir gewiß; er ist ganz ein anderer als die

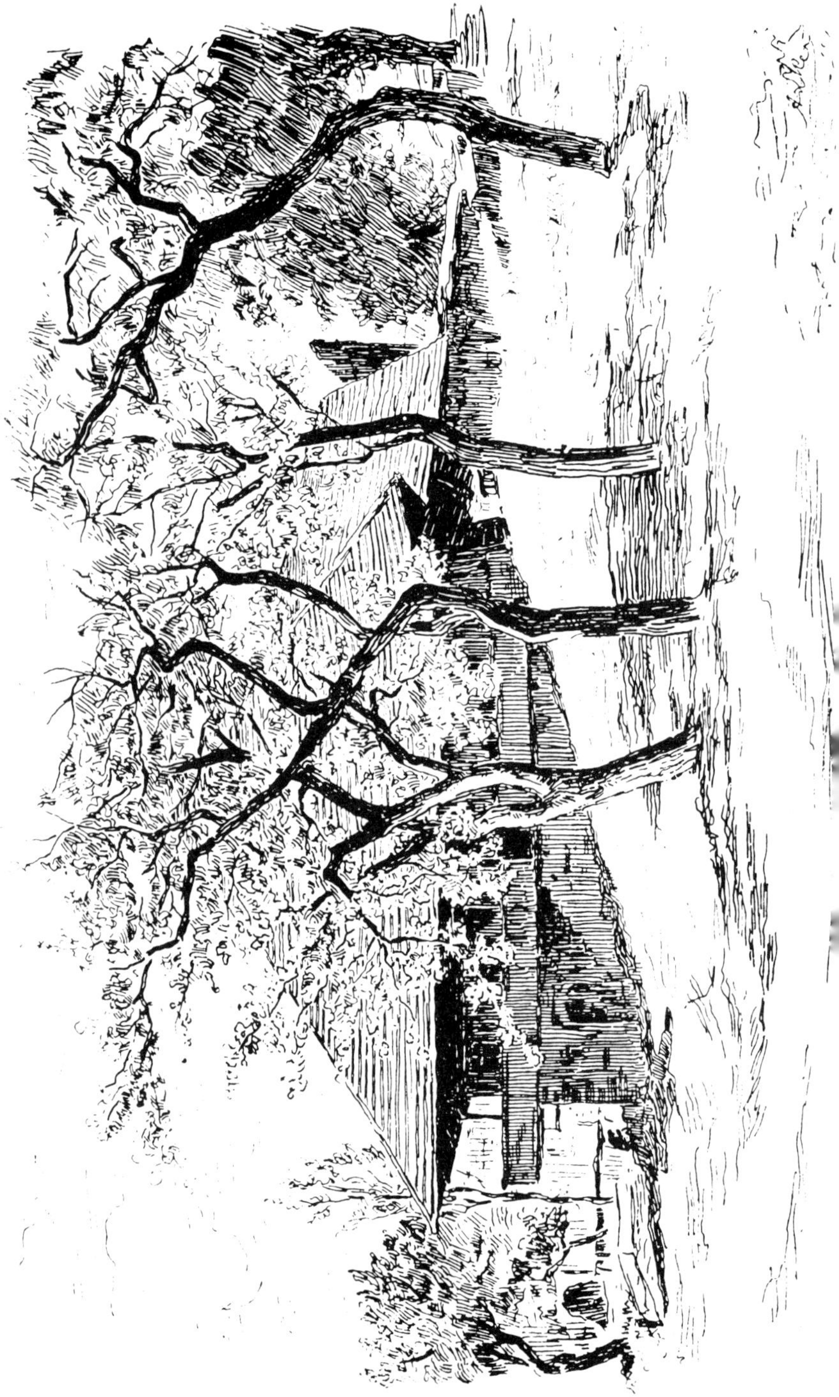

Leute sagen. Du wirst mir nicht vor meinem Glücke sein wollen; wenn ich schon fortgehe, es bleiben immer noch genug daheim, es wird gehen ohne mich.» «Selb ist richtig, dafür habe ich nicht Kummer», sagte der Vater, «aber es ist mir wegen dir. Absagen will ichs nicht, aber allweg erst sehen, ob der Bursche Hörner hat oder nicht. Es hat manche reich geheiratet und ist dr ärmst Hung gsi u blibe uf Gottes Erdbode.» Er ging dem Walde zu, doch auf einem Umweg, so daß er Michel, der immer auf das Haus visierte und, weil er niemanden kommen sah, ungeduldig werden wollte, unerwartet in den Rücken fiel und erst von ihm bemerkt wurde, als Bäri anschlug. Sami schlief am Boden. «Lußest (lauerst) auf dFüchs oder uf dHase?» fragte der Bauer. «Auf keins von beiden», sagte Michel. «Bist du etwa der Bauer dort aus jenem Hause?» fragte er. «Und wenn ne wär, was wettsch (wolltest) mit ihm?» fragte der Mann. «Möchte gerne mit ihm reden», sagte Michel, «hätt etwas Wichtiges.» «So», sagte der Mann, «willst zum Hause kommen?» «Mir recht», sagte Michel, «will nur dem (auf Sami deutend) was sagen.» Er sandte Sami heim mit Bericht an Anni, damit man über sein Ausbleiben nicht etwa in Kummer sei.

Der Bauer führte Michel den geraden Weg zum Haus und sprach Gleichgültiges, vom Wetter, vom Säen und Samen, vom Kauf und Lauf usw. Solche Gespräche sind die natürlichen Examen, wo einem auf den Zahn gefühlt wird, man merkt es nicht. Auf diese Weise wird gar mancher Pfarrer von seinen Bauern examiniert und mancher Schulmeister von seinen Schulkindern. Die Resultate solcher Examen sind nicht unbedeutend, von ihnen hängt der Grad von Achtung ab, von ihnen hängt das Urteil ab, ob es einer sei, den man zum besten halten, ihm eine Nase drehen könne, oder aber ob man sich vor ihm in acht zu nehmen habe und die Hörner einziehen müsse. Der Bauer auf Rosebabisegg war mit dem Examen nicht übel zufrieden, doch blieb er kaltblütig, schritt über die Schwelle voran, öffnete die Stüblistür, ging voraus und ließ gelassen den Michel folgen. Anders die Frau, die eben aus der Türe wollte, die wischte rasch die Hände an der Schürze ab, hieß ihn Gottwillche und fragte ihn: «Was bringt dich Guts so weit nebenaus, wo Fuchs und Hase einander gute Nacht sagen?» Doch fand Michel zur Antwort nicht Zeit, der Alte sagte: «Chumm, hock ab! Bin müd, war um ein Roß aus, konnte keins antreffen, wie ich eins möchte.» Der Bauer gab Aufschluß, wie er eins haben wolle. Gerade so eins hätte er, sagte Michel, er hätte es übrig, und teuer gebe er es nicht. Sie waren noch bei ihrem Roßhandel, als die Mutter aufzutragen begann: Kaffee und das Weitere, was zu einem ordentlichen Abendessen gehört. Seinetwegen sollten sie nicht Umstände machen, er möchte sie nicht in Kosten bringen, sagte Michel. «Meinst etwa, das bringe uns über Ort?» fragte die Frau. «Dann ists nicht wege dyne, aber der Vater hat noch nichts gehabt, und da gehts ja in einem zu.»

Nach üblicher Sitte zeigte sich niemand im Stübli, nicht einmal Mädi, und Michel durfte nicht nach demselben fragen, sondern fuhr im Roßhandel fort, und der Bauer trat kaltblütig ein. Das machte die Frau ungeduldig; sie fuhr endlich mittendrein und sagte: «Du hast die Meitscheni angetroffen im Kuttlebädli, hast ihnen das Geleit gegeben und noch Wein gezahlt im Schnausacker? Ich habe ihnen gesagt, wie uverschämt es sei von ihnen, dich in Kosten und Unmuß zu bringen. Du mußt es nicht für ungut haben, es ist wilde Züg, und so an einem Nebenausort lernt man nicht zimpfer und gattlich tun, da macht jedes, wie es ihns ankommt.» Nun, die Einleitung war so übel nicht, sie bewährte sich, sie brach endlich Michel das Maul auf. He, sagte er, wenn sie nicht mehr über ihn zu klagen hätten als er über sie, so sei dSach recht. Es wäre wohl gut, es wären alle Meitschi so. Er wolle es geradeaus sagen: er begehrte die Größere, Mädi heiße sie, glaube er, zur Frau, wenn sie nichts dawiderhätten; er habe es schon dem Meitschi gesagt, und er glaube nicht, daß es demselben sövli zwider wär. «Sie haben gesagt, du seiest der Knubelbauer, ists?» fragte der Mann. Nun begann Michel wieder ein langes Kapitel von Erläuterungen und Entschuldigungen, welches er mit einer Berufung auf die beiden Mädchen schloß; die können reden, sagte er, ob er ein solcher Ausbund von Uflat sei, wie die Leute aus ihm machen möchten. Er habe sich betragen, daß er es versprechen dürfe, und daß sie mit ihm zufrieden zu sein Ursache hätten, und nachfragen könne man, ob er daheim seine Leute plage. Es sei mancher brävere Mensch gewesen, als er sei, dem man einen noch viel wüstern Lärm gemacht als ihm und ganz z'leerem (mit Unrecht). Die Meitschi sollten kommen und reden, und Mädi könne dann auch sagen, was es ihm für Bescheid gegeben, sagte der Vater.

Die Mutter ging hinaus und kam endlich mit dem Bescheid wieder, sie bringe die Meitscheni nicht herein; sie hätten nichts zu klagen, sei ihre Aussage, und Mädi habe gesagt, es hoffe nicht, daß es uns erleidet sei, daneben könnten wir machen, was wir wollten, wir verstünden es besser, und wenn wir meinten, es sei sein Glück, so wolle es sich drein schicken. Das sei guter Bescheid, sagte Michel; er hoffe, die Sache sei jetzt richtig. «Ohä, Bürschli», sagte der Bauer, «so geschwind ist das nicht gemacht! Ich werfe meine Meitschi nicht dem ersten Besten eys Gurts an Hals, wie ein Jude seine Ware auf das erste Gebot; dSach muß doch zuerst überschlagen, untersucht und glugt sy, wie me dSach mach.» «Du wirst meinen, du hockest am Gricht», sagte die Mutter, «und es müß e Acker gferggget sy und kein Pünktli vergessen. Daneben mach, was du willst; es geht keinem Menschen so übel wie mir, wenn Mädi fortgeht, das ist eins! Aber eben deswegen gönne ich ihm sein Glück, wie bös es mir auch geht.» Sie fing an zu schluchzen, nahm die Schürze vor das Gesicht und ging ab.

Es ist sonderbar mit den Weibern: kaum streckt ihnen ein Töchterlein das Näschen in die Welt, gehen sie auf den Estrich, überschauen Land und Leute, Berge und Täler und überschlagen, wo wohl das passendste Männchen für ihr Töchterlein bereits geboren sei. Auf das Männchen, dessen Persönlichkeit aber gewöhnlich wechselt im Verlauf der Jahre, ist fortdauernd ihr Augenmerk gerichtet, und erscheint endlich wirklich einer und will dsMeitschi, so hüpfet wohl innerlich ihr Herz vor Freude, aber äußerlich tun sie doch, als ob sie wieder ins Kindbett kämen. Es wird halt so der Brauch sein. «Sag dem Meitschi, es solle kommen, es kann seine Sache selbst dazu sagen!» rief der Bauer seiner Alten nach, und Mädi kam endlich. Der Alte sagte: «Du mußt dein Wort auch dazu geben, ob es dir anständig ist oder nicht, ehe man die Sache weitertreibt, damit, es mag gehen, wie es will, es nachher nicht heißt, wir seien schuld, wir hätten es erzwungen.» Da fing auch Mädi an zu gruchsen und sagte, es sei ihm hier noch nicht erleidet, es hoffe, es sei ihnen auch nicht erleidet. Man wisse gar nicht, was man habe, und wie wohl es einem sei, wenn man ledig sei; daneben werde es einmal sein müssen; was einem geordnet sei, dem entrinne man nicht, da wolle es nichts dawiderhaben. Wenn sie glaubten, es sei sein Glück, und es mache es gut, so wolle es sich in Gottes Namen darein schicken. Dazu flattierte es dem Bäri, krauete ihm am Kopf, den derselbe auf seinen Schoß gelegt hatte, daß Michel immer denken mußte, er wollte, er wäre der Bäri; selb düchte ihm auch angenehm, wenn eine ihm am Kopf krauete.

Man sieht, die Unterhandlungen waren im besten Gange und endigten damit, daß Michel da über Nacht blieb und die Verabredung getroffen ward, daß am Dienstag oder Mittwoch der Bauer mit dem Meitschi auf Gschaui kommen solle unter dem Vorwand wegen dem dreijährigen Rosse, um das sie ebenfalls auf Gschaui hin gehandelt hatten. Am folgenden Morgen nahm Michel Abschied, aber schon ganz heimelig. Es war, als wenn über Nacht die zukünftige Verwandtschaft schon in ein bedeutendes Wachstum gekommen wäre und der Handel gar nicht zweifelhaft sei. So kühn und stolz, wir möchten sagen, so ganz von Glück gesättigt, war Michel noch nie durch die Welt marschiert. Jetzt hätte er, was ihm einzig gefehlt auf der Welt und eine, wie es auf der Welt keine mehr gebe, so kams ihm vor. Die Küherstochter sei wohl die Mächtigere gewesen und die Gefärbtere im Gesicht, sei aber eine gewesen fast wie ein Mannevolk von grobem Schlag innen und außen. Dagegen sei Mädi eben recht, nit z'grob und nit z'bring (schmächtig), gerade wie es einem Weibervolk gut anstehe, klug und witzig, und habe ein Herz wie eine Ankeballe (Butterballe) im Mai so lind, und süß wie Honig. Was Anni luegen werde und eine Freude haben! Er hätte für sein Leben gern was angefangen, eine tüchtige Prügelei zum Beispiel, so eine rechte Burgerlust, aber es war Werktag und daher keine Gelegenheit dazu; die Menschen waren an der Arbeit, die Wirtshäuser leer. Er kam nahe bei dem Wahrsager vorbei; das fiel ihm plötzlich ein, er lenkte gegen ihn ein, wollte ihn auf die Probe stellen, ob er wisse, was gegangen, wollte den fernern Verlauf vernehmen.

Das Männchen konnte Michel zu seiner großen Verwunderung punktum sagen, was gegangen war. Ferner sah dasselbe in seiner Flasche eine große Hochzeit und schließlich eine Menge Kinder. Michel war ganz erstaunt und so freudig, daß er diesmal nicht bloß drei Batzen, sondern einen ganzen Zehnbätzler schwitzte, eine Freigebigkeit, welche dem Mannli noch nie vorgekommen war. Es sagte daher zu Michel: «Wenn ich dir was dienen kann, sei es Tag oder Nacht, wenn dir was gestohlen worden, oder sonst was hast, das du gerne wissen möchtest, so sprich zu; wenn es zu machen ist, ich will dir helfen. Von wegen ich will dir sagen, daß es mit dem Wahrsagen noch eine wunderliche Sache ist und viel auf die Person ankommt: bei lautern, gutmeinenden Leuten, wo andern auch was gönnen und nicht so Kreuzerklemmer sind, da wird die Sach viel lauterer im Wasser, und es zeigt sich alles viel deutlicher an. Hergegen bei bösen, wüsten Leuten wird es ganz trüb; es ist mir schon begegnet, daß das Wasser worden ist wie ein Erbsmus, daß ich gar nichts machen konnte. Von solchen Leuten machte ich, daß ich wegkam, je eher und je weiter, je lieber, man weiß nie, was mit solchen Leuten gehen kann, von wegen der Teufel ist ein Schelm.»

Anni hatte nach Samis Bericht keine Ruhe mehr gehabt. Sami hatte viel Phantasie, machte alleweil Dichtung und Wahrheit untereinander, ohne es selbst zu wissen, aber diesmal machte er eine Beschreibung von der Person, wie das eine sei, und von ihrem Hofe, was das für einer sei, daß Anni ein Mal über das andere ausrief: «Sami, du lügst! Bub, schäm dich, dMutter so azlüge!» Die offenbaren Übertreibungen von Sami machten, daß Anni das Gegenteil für wahr hielt und meinte, Michel habe endlich eine, aber eine, welche des Lügens nötig hätte, um ihre Mängel zu bedecken, eine leide, schlechte Person und vielleicht gar von der Gasse. Endlich, im Nachmittag erst, kam Michel daher, rauchte ordentlich vor Glück.

Das machte Anni nicht besser. «Es ist», sagte es, «Gott verzeih mir meine Sünd, ein Löhl wie der andere. Die hat euch es angetan, das muß eine verflümerte Täsche sein, wo euch so aghexet hat, das ist nicht mit rechten Dingen zugegangen, das wird eine saubere Lebtig geben bei solch einer Täsche, wo hexen kann.» Was Michel sagen mochte, Anni ließ sich nicht begütigen. Sein Lebtag habe es nie gehört, sagte es, daß man so gleichsam nur im Vorbeigang hätte den Narren fressen können so an einem jungen, dummen Meitschi. Als Anni hörte, daß sie die nächsten Tage, vielleicht schon morgen kommen werde, da war ihm erst nicht zu helfen. Es wolle brav beten, sagte es, das werde wohl das Beste sein, daß die ihm nichts antun könne, es nicht auch verblende und verhexe wie die jungen Löhlen da. Der erste Tag verstrich voll bangen Wartens, aber es erschien niemand. Am folgenden Morgen sagte Michel, wenn sie heute nicht kämen, schicke er den Sami aus, zu vernehmen, was es gegeben, ob etwas Unguts dazwischengekommen. Das war nicht nötig; am zweiten Tage kamen sie wirklich dahergefahren, der Bauer und seine Tochter.

Daß das in der ganzen Umgegend ein großes Aufsehen gab, als ein solch Wägeli nach dem Knubel fuhr, kann man sich denken. Zu allen Fenstern aus kamen lange Hälse und reckten und dehnten sich, als wollten sie dem Wägelein nachfahren, und als sie nicht weiterkonnten als vors Haus auf dem Knubel, sollen die langen Hälse in lauter lange Nasen sich verwandelt haben. Auf dem Knubel aber war große Verlegenheit: Michel war verlegen, Anni war verlegen, Mädi war verlegen, am wenigsten der Bauer. Anni wußte lange nicht, sollte es sich zeigen oder nicht; Michel fühlte, er sollte höflich sein, und wußte nicht, wie machen; Mädi wußte nicht, welchen Ton anschlagen, daß er der rechte sei, und blickte zwischen seinen langen, schwarzen Wimpern durch, als suche es einen Weg zum Entspringen. Michel wußte nicht, sollte er erst mit dem Vater in den Stall oder mit der Tochter in die Stube. Endlich zog er das erstere vor; da mußte Anni doch sich zeigen und das Meitschi hineinkommen heißen. Drinnen machte Mädi sein Säcklein auf, holte eine kleine Züpfe und ein Fürtuch hervor und sagte zu Anni:

«Ich habe dir da was gekramet, es ist eine Kleinigkeit, nur um den guten Willen zu zeigen.» Anni zog die Hände hinter dem Rücken zusammen und sagte: «Das hätt sih nüt brucht, mynetwege hättisch nit sölle Köste ha; leg nume ab, leg nume ab!» Für alles Geld in der Welt hätte es einstweilen nichts davon angerührt aus Furcht, das Hexenwerk könnte in Fürtuch oder Züpfe stecken. Es gab gar langsam ein Wort das andere, vom Wetter erst und dann, wann sie aus Rosebabisegg fortgefahren, und wo allenthalben sie sich aufgehalten. Fluß kam in die Rede nicht. Anni dachte, wenn man es nicht wüßte, man täte es ihm gar nicht ansehen. Mädi dachte: «Das ist eine Wunderliche; allweg sieht die eine Frau nicht gern, aber vielleicht ist da doch noch was zu machen.»

Als Michel und der Bauer endlich das Roß versorgt hatten und flüchtig die andern Rosse übersehen, kamen sie auch in die Stube. Ein kleiner Imbiß ward aufgestellt nebst vielen Entschuldigungen, man gebe, wie man es verstehe, an viel Aufwartung sei man nicht gewöhnt; eine junge Frau könne es dann einmal besser machen, setzte Anni hinzu, nicht bös gemeint, aber doch konnte man es nehmen, wie man wollte. Michel schlug vor, als niemand mehr was essen wollte, ob sie kommen wollten, zu sehen, wo er daheim sei, unterdessen könnte Anni etwas z'essen zwegmachen. Sie sollten doch nicht Umstände machen, sie hätten ja erst gegessen, und das Weitere sei überflüssig, sagte Mädi. He, sagte Anni, es wolle einmal was machen, so gut es es verstehe, es könne dann davon nehmen, wer möge. Als sie draußen waren, sagte Anni zu sich selbst: «Daß es eine Hexe ist, glaube ich doch nicht; Hunde und Rosse merken es sonst, und Bäri nahm ihm Käs ab und hat ihm flattiert; es müßte es dem auch haben antun können.»

Als Michel seinen Besuch auf seinem Lande herumführte, verlor sich seine Verlegenheit, sie machte dem Selbstbewußtsein des reichen Besitzers Platz, denn einen schönern Hof sah man wirklich selten. Es fehlte auch am gehörigen Lobe nicht. «Ja», sagte der Bauer, «wo man Geld genug hat, ist gut bauern. Es versteht es noch mancher, aber er vermags nicht; ein guter Hof sollte immer einen reichen Bauern haben.» Darauf führte Michel sie noch in den

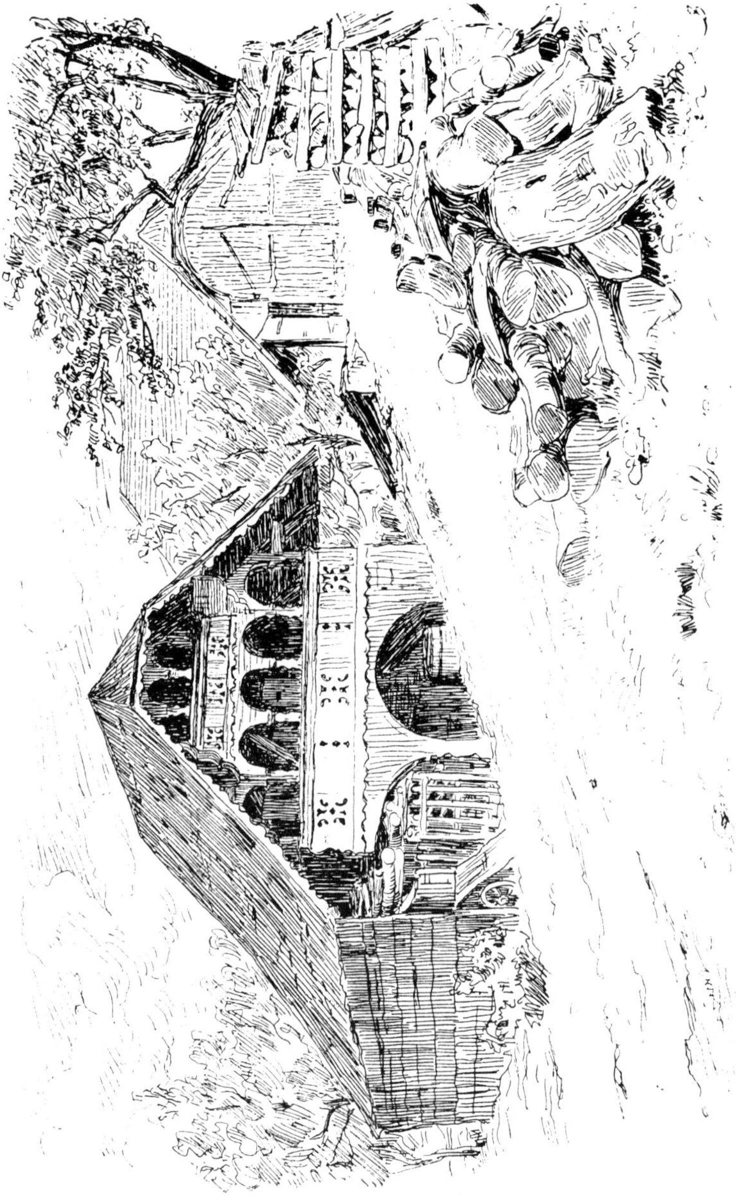

Spycher, das Herz oder die Schatzkammer eines Hofes, und ob dem Reichtum darin erstaunten sie. Es ward Mädi ganz eng im Hals; es konnte kaum schnaufen, wenn es dachte, es sei möglich, daß es den Schlüssel zu all diesen Herrlichkeiten in die Hände bekomme und Herrin darüber würde. Es schwindelte ihm vor den Augen, es fand die Treppe kaum, die aus diesem Himmel wieder hinunter zur Erde führte. Es dachte, es sei gut, daß die andern alle nie auf den Knubel gekommen, sie hätten kaum so wüst getan, sondern begriffen, daß sie und der Hund hier zu fressen hätten, ohne daß es eins dem andern zu mißgönnen brauche.

Das Essen war zweg, und man aß, trotzdem daß man sagte, man möge nichts. Anni hatte aber eine Zauberformel, mit welcher es zu essen zwang. Es habe es gemacht, so gut es gekonnt, es wäre ihm leid, wenn es ihnen es nicht hätte treffen können; es werde sie grusen, zu essen, was so eine Alte gekocht, aber es sei doch wahrhaftig sauber. Es hätte allem aufgeboten, die Sache recht zu machen, daß sie nicht einen Ekel darob zu haben brauchten. «Aber warum hokkist du nicht herzu und issest mit? Du mußt das gute Beispiel geben!» sagte der Bauer. «Das würde sich doch übel schicken», sagte Anni, «wenn ich da anehocke wett, als wär ich dBüri, bin ich doch nur eine Magd und ein alte, krächelige, es ist nichts mehr mit mir.» «Es wär gut, es wär mit keiner jungen minder», sagte der Bauer, «man wäre besser zweg, als man ist mit den Mägden, und manche Bäuerin könnte bei dir ein Exempel nehmen. Es ist alles so sauber und aufgeputzt, als ob es Sonntag wäre; da sieht man nirgends eine Spur, daß so lange keine Frau gewesen, du hieltest das Heft gut in der Hand, es tuts dir keine Junge nach.» Das waren Klänge, welche anklangen in Annis altem Herzen; es machte ein Gesicht wie ein sechzehnjähriges Mädchen, wenn man ihm sagt, wie wunderschöne Augen es doch habe. Es ließ sich doch endlich herbei, saß so halbers an dem Tisch, weil es fand, das sei ein bsunderbar weiser Mann, es sei eine Freude, dem zuzuhören.

Mädi hatte in Vaters Rede die Tonart alsbald gemerkt, welche es anzuschlagen hatte, und brauchte sie in rechtem Maße, daß Anni dachte, wegem Hexen habe es dem Meitschi unrecht getan; es begriff, wie es den beiden Jungen so habe gehen können, es habe von weitem etwas Wilds und bei nahem doch etwas Lieblichs, geradeso, wie es die einen am meisten liebten. Als Anni wieder fortpressierte unter dem Vorwand, es müsse mit der Haushaltung machen und sehen, daß die Schweine ihre Sache bekämen, ging Mädi mit. Bei den Schweinställen gewann Mädi Annis Herz vollständig. Es rühmte ihm nicht bloß die Schweine, sondern Mädi trug ihm auch einige Fälle vor, fragte ihns um Rat, was es für das Beste hielte, und schien sonderbar zufrieden mit den erhaltenen Aufschlüssen. Es hätte ihm noch niemand so deutlich die Sache zerlegen und Aufklärig darüber geben können, sagte es.

Drinnen ging das Ding auch wichtig zu und zu gegenseitiger Zufriedenheit. «Und wie gefällt es dir bei mir, was düecht dich?» fragte Michel. «Ich will es dir gerade heraussagen», antwortete der Bauer auf Rosebabisegg, «ich habe es nicht so erwartet; du bist zweg, wie ich es nicht bald gesehen. Ich hätte nie gedacht, daß eins von meinen Meitscheni an einen solchen Ort käme; von wegen du mußt wissen, ich habe meine Sache auch, aber reich bin ich nicht, muß Zinse haben und dafür sorgen, daß einer meiner Buben wieder vermöge, Bauer auf meinem Höflein zu werden. Es käme mir jetzt ungeschickt, wenn ich eine Ehesteuer geben müßte; einen Trossel, wie üblich und bräuchlich, selb wohl, selb muß es haben und einen braven. Es wär mir leid, wenn es deswegen nichts aus der Sache geben sollte, von wegen es gefällt mir hier, und eine Frau hat es nicht bös. Deine Leute haben es gut, Tauben, Hühner, kurz alles Vieh ist zahm und hat keine Furcht, das ist immer ein gutes Zeichen, daß man vernünftig ist und jeder Kreatur das Ihre gönnt.» «Da laß dir keinen Kummer kommen! Ich begehrte nicht einmal einen Trossel, wenn es nicht wegen den Leuten wäre, und von Ehesteuer ist gar keine Rede; und wenn du Geld nötig haben solltest, tausend Gulden oder mehr, so sag es nur, ich habe es beisammen; wenn es dir dienet ist, kannst es heute mitnehmen, wenn du mir die Tochter geben willst», sagte Michel rasch. Wo die Dinge also stehen, muß dSach richtig werden.

Einigen Anstand gab es wegem Pressieren von Michel, der alsbald verkünden lassen wollte. Mädi hatte Ausreden, der Bauer meinte, allweg brauche es Zeit, man müsse Schneider, Näherin, Schuhmacher auf die Stör (ins Haus) nehmen, und ob diese alsbald zu haben seien, wisse man nicht. Aber Michel setzte nicht ab, und Anni, das ganz verhexet war und doch weder Züpfe noch Fürtuch angerührt hatte, unterstützte ihn kräftigst: man kenne die Leute und wisse, wie sie es machten; es sei ja, als ob der Teufel sie stüpfe, daß, wenn zwei zusammenwollten, sie zwischeneinstünden und alles versuchten, sie wieder auseinanderzubringen. Sei ihnen dies dr wert bei den ärmsten Leuten, was würden sie erst tun, wenn es ruchbar würde, der Knubelbauer hätte eine und noch dazu eine Fremde! Da fahre gewiß der Teufel Hunderten in die Beine, daß sie herumführen mit Lügen und Verleumdungen bis sie ein Feuer angeblasen. Bei der Wahrheit hätten sie nichts zu fürchten, aber wie die Leute ersinnen und lügen könnten, hätten sie erfahren. Sachen hätten sie zweggekorbet, an denen kein wahrer Buchstabe gewesen, wo man gar nicht hätte begreifen können, daß ein vernünftiger Mensch ein Wörtlein davon geglaubt, und doch sei es geschehen. Die Leute hätten gemeint, etwas Wahres müsse allweg an der Sache sein, und selb sei eben nicht, das sei eben das Verfluchtest. Diese Gründe zogen besonders bei Mädi. Es begriff das Interesse, welches die Leute haben mußten, Unkraut zu säen, es lief bei dieser Saat die größte Gefahr. Man wurde also rätig, alsbald zuzufahren, und was vor der Hochzeit nicht fertig sei, könne man nachher machen. Michel meinte, von seiner Mutter selig sei noch soviel da, daß eine Frau ihr Lebtag mehr als genug an Kleidern hätte, eine Ansicht, welche Mädi nicht besonders einleuchtete, doch bestritt es sie einstweilen nicht.

Das Roß war gekauft worden, ward hinten ans Wägeli gebunden, und gäb wie Michel protestierte, hatte der Schwiegervater es bar bezahlt. Wenn er seinen Meitlene schon nicht viel mitgebe, so wolle er doch auch nicht seine Tochtermänner ausnutzen, sövli bös dran sei er doch nicht, sagte er. Das Roß sollte das eigentliche Geschäft verdecken und die Leute meinen machen, es habe sich nur um das gehandelt. Aber es ist schwer, der Welt in solchen Dingen

Sand in die Augen zu streuen; wie schlau man es auch anfängt, es gelingt selten.

Auf der Heimfahrt sagte der Vater zu der Tochter: «Du bist ein Glücksdüpfi, du wirst reich, du weißt nicht wie, und Michel gefällt mir. Tut eine Frau gut, macht nicht den bösen Kopf, sondern achtet sich ein wenig auf jedermanns Trapp, so hat sie die besten Händel. Mich nimmt nur wunder, wie das gegangen, daß du mit ihm im Kuttlebädli zusammengetroffen? Da ist mir etwas noch nicht lauter, Meitschi, gib Bricht!» Da wars, als sei Mädi ein Besenstiel in den Hals gefahren, es hustete und bystete und konnte lange kein ordentlich Wort zutage bringen. Endlich muckelte es etwas wie: das hätte sich so getroffen, es werde haben sein sollen. Doch der Alte war so leicht nicht abzufertigen. Mädi mußte endlich gestehen, daß das alte Kreuzertrini im Spiel gewesen, daß es Michel gesagt worden, er werde die Rechte antreffen im Kuttlebädli, und daß Mädi gedacht, das werde keine Sünde sein, wenn es hingehe und den Burschen sehe. Gebe es was daraus, wohl und gut, gebe es nichts daraus, so sei es doch um einen Tag nicht gefochten.

Der Alte vernahm soviel, daß er so ziemlich klar sah, wie tief Mädi die Finger im Teige gehabt. Nun stieß er sich so sehr nicht daran, wie mancher Papa aus der Stadt sich gestoßen hätte, weil Mädi gegen Landessitte so gröblich nicht gefehlt, sondern bloß dem Glück etwas nachgeholfen, was Hunderte vor ihm getan und Hunderte nach ihm noch tun werden. Aber er fand doch eine scharfe Mahnung nicht ab Ort. «Sieh», sagte er, «dSach ist dir geraten; aber wenn es dir auskommt, machen sie ein Lied auf dich, und dein Lebtag mußt es hören. Und lue, Meitschi, daß du jetzt solche Streiche ein- für allemal bleiben lässest, das unter dem Hütli Spielen kommt in der Ehe niemals gut. Es ist jetzt an dir, allem aufzubieten, daß es gut geht; du hast die Sache wollen, und geht es nicht gut, so hast du allein alles auf dem Gewissen, und mit Klagen komme nicht zu mir! Wie ich die Sache kenne, ist es nicht schwer, gut zu fahren. Mußt nur nicht deinen Kopf machen, nicht meinen, es solle alles nach deiner Geige tanzen. Du kommst mit leeren Händen, meine nicht, du wollest dagegen mit neuen Bräuchen kommen! Du findest Geld und Gut, darum mußt du auch die Hausart und Haussitte mitnehmen, sie ist gut, es ist Ordnung da und Verstand. Glaub, bei großem Unglück in der Ehe fehlt es gewöhnlich an einem kleinen Ort, und wenn die Leute sich nicht steiften im Eigensinn, so wäre leicht zu helfen, aber da sieht jedes den Splitter in des Nächsten Auge, den Balken im eigenen nicht. Die Alte trage auf den Händen, sie verdients, dann wird sie dir tun, was sie dir an den Augen absieht; unter Tausenden hätte keine gehandelt wie sie. Nimm es vor dich, dein Glück sei unverdient, wollest es erst jetzt verdienen als eine recht gute Frau, so kanns gut kommen. Kommts nicht gut, denk daran, so hast du die Schuld, du hasts in deiner Hand. Bist listig genug gewesen, die Sache bis dahin zu bringen, so brauch jetzt den Verstand und bringe sie zu einem guten Ende! Denk, was die Leute für Freude daran hätten, und wie sie es dir gönnen möchten, wenn es recht bös ginge!» Dieser Zuspruch fand guten Boden, und der letzte Grund zog nicht am wenigsten.

Als sie heimkamen und von den beaugenscheinigten Herrlichkeiten berichteten, verspritzte die Mutter fast vor Neugierde. Es ließ sie gar nicht leben, bis auch sie das gelobte Land, das neue Kanaan erblickt; sie fand dazu keine Gelegenheit, daher machte sie eine: sie legte es Michel auf die Zunge, bis er es begriff und es ihr anerbot, einmal mit Roß und Wägeli zu kommen und sie zu holen. Die hatte aber einen andern Geist als Mädi. Als sie wieder fort war, sagte Anni, es sei ihm lieber, es sehe die nicht alle Tage. Da könnte man ein Beispiel nehmen, wie es ginge, wenn die Schwieger vor der Haustür wohnte. Es ist wirklich kurios, wie eine große Menge von Schwiegermüttern das Vermögen oder das Hauswesen, welches ihre Töchter ermannen, als eine Erbschaft betrachten, welche neu in ihre Familie gekommen, welche sie nun zu verwalten, ihm das Glück ihrer Bewirtschaftung zukommen zu lassen hätten, indem es bis dahin vernachlässigt und grundschlecht besorgt gewesen. Nun solle es anders werden und ganz auf ihre Mode eingerichtet, dann komme es gut, meinen sie; können sie es nicht geradezu selbst machen, so machen sie ihren Töchtern katzangst, himmelangst, todesangst, daß, wenn nicht bis übermorgen alles nach ihrem Kopf eingerichtet sei, gingen sie zugrunde, selb fehle nicht. So ungefähr tat auch die Rosebabiseggbäuerin auf dem Knubel. Sie sagte den ganzen Tag wenig anders als: «Hör, das kommt dir nicht gut, das mußt so und so machen, es kommt dir ganz anders, Mädi wird dich schon brichten; das habe ich dressiert, das kennt dSach, das laß dann nur machen, dSach wird bald eine andere Nase haben!» Es machte Anni angst. Wenn die Tochter auf die Mutter höre, so habe die Sache gefehlt, die sei ein sturmer Zwänggring, wie ihm noch keiner vorgekommen, sagte es. Doch Michel brachte Trost: dsMeitschi habe gesagt, sie sollten nicht Kummer haben, daß es der Mutter nachfahre und dSach alle nach seinem Gring haben wolle; wie es dSach finde, sei sie ihm recht. Es wisse wohl, daß man die Sache auf mehr als einem Weg gut machen könne, und es meine nicht, daß es nicht noch viel lernen könne. Das sei bsungerbar weislich gredt für es Wybervölkli und noch dazu für ein junges, urteilte Anni.

Als die Ehe zum erstenmal verkündet wurde so ziemlich unerwartet, gab es großen Lärm im Land und großen Zorn. Es war fast, als ob der ganzen mannsfähigen Weiberschaft und sämtlichen Müttern ein großes Unrecht angetan worden sei, das gar nicht anzunehmen, nicht geduldet werden könne. Wie es manchmal Frösche regnet und manchmal von Kröten wimmelt, als ob es lebendig geworden im ganzen Erdboden, so wimmelte und gramselte es zwischen dem Knubel und Rosebabisegg und noch weit darum herum von Füßen und Beinen, welche Weibern gehörten, die schrecklich taten über das unerhörte Verbrechen, daß zwei einander heiraten wollten, die sagten, es sei vor Gott und Menschen nicht recht, es so zu machen, und wenn es z'machen sei, so müsse die Sache versprengt sein, es könnte ja sonst ein Unglück geben, dann hätte man es auf dem Gewissen, wenn man es hätte wehren können und es nicht gewehrt.

Da stoben Gerüchte dicht durchs Land, wie es stäubt in einer Mühle oder einer Tenne, wenn brandig oder grau Korn gedroschen oder gemahlen wird. Diese Gerüchte wurden aufgefangen und unter dem Scheine des zärtlichsten Wohlmeinens, je nachdem sie lauteten, entweder auf den Knubel oder auf Rosebabisegg getragen. Wenn alle diese Gerüchte wahr gewesen wären, so wären Michel und Mädi jedenfalls zusammengekommen, aber nicht in der Kirche, sondern am Galgen. Wir wollen die Schandtaten alle, welche beiden nachgeredet wurden, nicht aufzählen, bloß bemerken, daß eine der geringsten von Mädi war, daß es Kinder vertragen (ausgesetzt), von Michel, daß er der Obrigkeit den Strick verzinse (das heißt einen geheimen Mord mit Geld gesühnt). Man setzte gewöhnlich hinzu, man wolle nicht sagen, es sei, beweisen könne man es nicht; aber es werde sein, es gebe Leute, welche sagten, es sei gewiß, und wenn sie reden wollten, sie wüßten noch ganz andere Dinge und ebenfalls gewiß.

Es ist merkwürdig: man erwartete, daß es so kommen werde, und als es wirklich so kam, war man doch nicht gehörig gefaßt, das heißt, man konnte sich eines gewissen Eindruckes nicht erwehren; jedes vernommene Gerücht hinterließ Stacheln, und wenn man sie auch ausriß, das heißt, sich einredete, man glaube sie nicht, so blieb doch immer etwas stecken. Das ist eben das Verfluchte an solchen Gerüchten und das Schlechte an unserer Natur, daß sie meist etwas zurücklassen, wie widersinnig sie sein mögen, wie der Teufel, wenn er auch verschwindet, immer etwas hinterlassen soll, einen verfluchten Gestank nämlich.

Doch ging das diesmal so übel nicht und zwar darum: Einmal traf Michel Mädi mit verweinten Augen an und in einer Stimmung, daß es ihn kaum mit dem Rücken ansehen mochte, kein Wort konnte er aus ihm herausbringen. Mädi hatte vernommen, Michel habe eine im Haus, von welcher er bereits ein ganzes Regiment uneheliche Kinder habe, von der werde es etwas schmöcken. Das sagte der Vater dem Michel. Darauf packte Michel auch aus, was er vernommen, unter welchem das Aussetzen von Kindern, das Liefern ins Findelhaus nach Mailand von wenigstens sieben an der Zahl bei weitem nicht das Ärgste war. Das fuhr Mädi schrecklich ins Gemüt, aber kurierte es, das heißt so weit, daß es sagte, es hätte nicht geglaubt, daß die Leute so teufelsüchtig lügen könnten; wenn sie es ihm so machten, so werde es wohl sein, daß auch nicht alles wahr sei, was sie über Michel sagten, vielleicht sei alles erlogen, das werde sich dann bald zeigen. Man wurde rätig, jede oder jeden, welche ein solches Gerücht auspacken wollten, mit dem Stock vom Hause wegzujagen; das half gegen das Gesindel.

Dann kamen Verwandte angestiegen, Götti und Gotte, wimmerten und taten kläglich, man sollte doch recht noch besser sehen und sich wohl besinnen, ehe man den Fuß recht im Lätsch hätte. Sie wüßten wohl, sie kämen mit solchem Rate nicht wohl an, aber hintendrein habe schon mancher eingesehen, wer es wohl mit ihm gemeint und wer nicht. Die weiblichen Ratsherren gebrauchten gewöhnlich sogar das Schnupftuch, schnüpften erst brav, wischten sich dann die Augen mit Macht. Gegen diese mit dem Stock zu agieren, schickte sich nicht wohl; man suchte sie zu verbrauchen, so gut man konnte, und wehrte sich gegen böse Eindrücke nach Vermögen. So schlug man sich glücklich durch bis zum Hochzeitstage.

Am Abend vorher ward von den Freunden Michels tapfer geschossen; man kannte Michels offene Hand. Aber ins fröhliche Schießen klangen von ferne her die wüsten Töne aus großen Kuhhörnern zu Spott und Hohn. Man will behaupten, diese wüsten Musikanten seien besonders von weiblichen Mächten bestellt, instruiert und dirigiert worden.

Trotz allem dem richtete Michel eine stattliche Hochzeit aus. Mit mehr als zwanzig Wagen fuhr er zur Trauung, und wie manche Pistole knallte, wissen wir nicht. Ein Wunder wars, daß nicht großes Unglück geschah; die jungen, ungewohnten Pferde wurden scheu, zerschlugen die Gabeln, Räder fuhren ineinander, Pistolen sprangen, und doch wurde niemand beschädigt, daß es der Rede wert war. Das nahm man für eine gute Vorbedeutung und mit Recht, denn gut ging es. Michel wurde nie reuig und seine Frau noch viel weniger; es gab ein sehr glückliches Ehepaar. Michel gab aber auch einen Mann ab, als die Frau ihn nach und nach von den Kinderschuhen entwöhnte; es blieb ihm nur das einfache, treuherzige Wesen, welches jedem Manne wohl anstände, wenn er

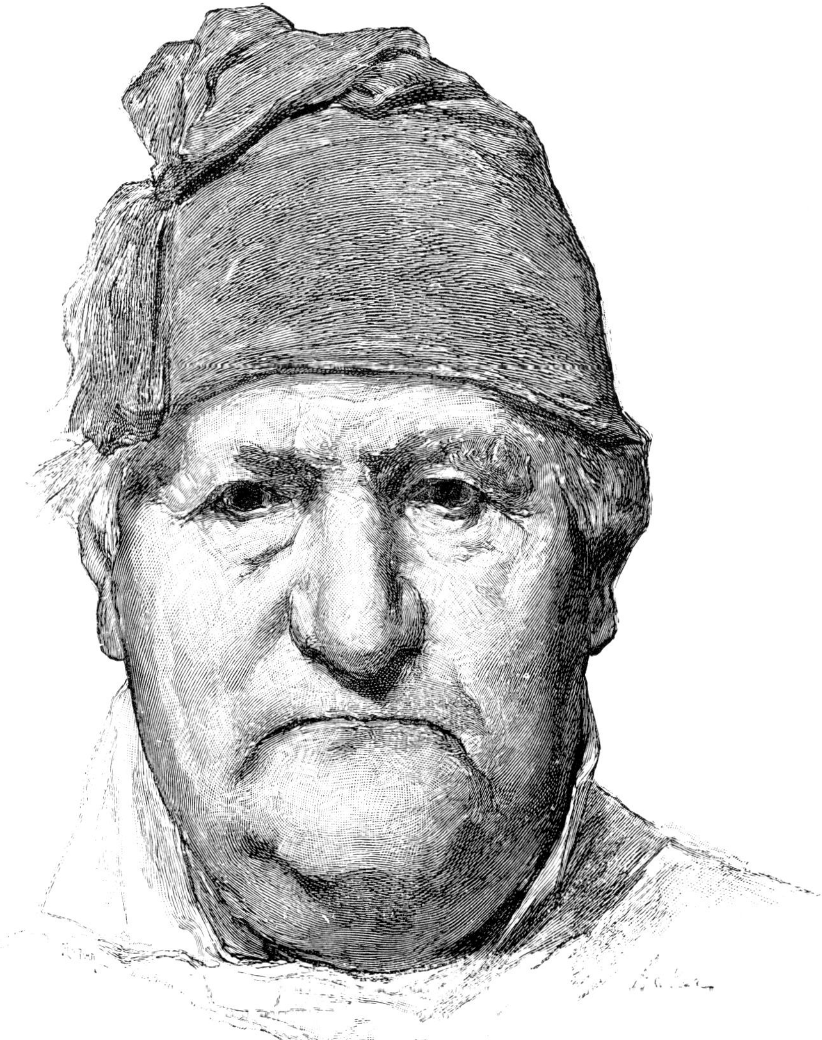

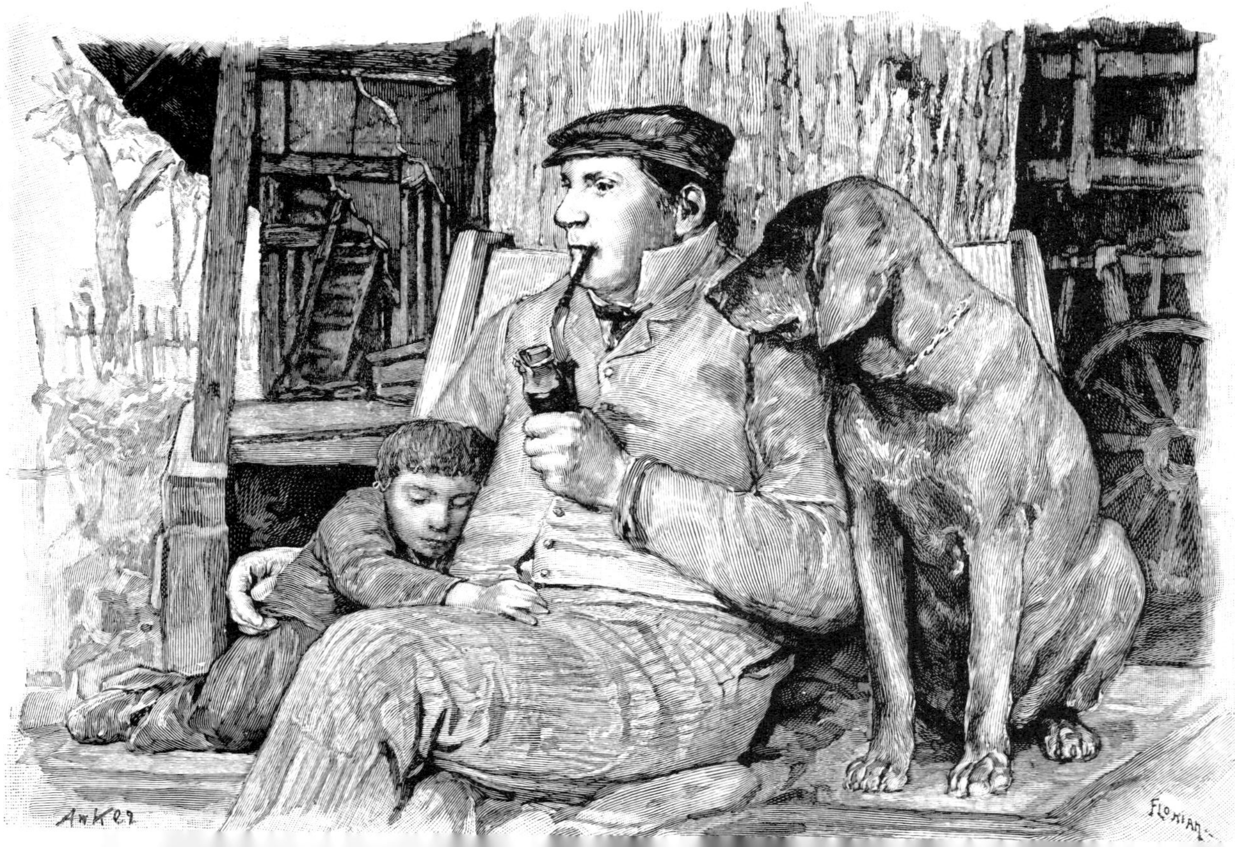
Anker
Florian

es hätte. Aber nie getraute sich seine Frau, ihm das Geheimnis vom Kuttlebädli zu enthüllen. Sie dachte, es trage nichts ab; besser begehre sie es nicht, aber es zu verbösern, begehre sie auch nicht.

Anni hatte große Freude, als es wieder wirkliche Kindermutter werden konnte, und hätte sich dieses Amt um kein Geld der Welt abkaufen lassen. Daß ein Kind nach dem andern kam, machte ihm aber angst; wenn schon viel Sachen da seien, so gebe es zuletzt doch gar zu kleine Häufchen, und wer dann Bauer sein wolle auf dem Knubel, jammerte es. Das letzte der Kinder erlebte es nicht, und alle erhielten trotz Annis Angst ihren schönen Teil, denn bei allem war Gottes Segen, und auf dem Knubel wird ein Bauer bleiben, solange Gottes Segen droben bleibt, solange fromme Eltern sorgen und hausen, daß sie den Segen hinterlassen können, der den Kindern Häuser baut.

DURSLI DER BRANNTEWEINSÄUFER
oder
DER HEILIGE WEIHNACHTSABEND

In einem jugendlich grünenden Tale stund eine altersgraue Hütte und in derselben zwei Eheleute mittleren Alters in gar grausamer Verlegenheit.

Der Bürger Hans Joggi war in eine Versammlung der Tauner entboten worden zur Zeit, wo wie zwei verirrte, unbekannte Vögel die Worte Freiheit und Gleichheit über den Leberberg von Frankreich her ins Land geflogen kamen. Daher wurden Freiheit und Gleichheit von vielen gar praktisch und handgreiflich verstanden, als ob die Freiheit das Recht wäre, zu tun nach Lust und Belieben, und die Gleichheit das Recht, zu nehmen nach Lust und Belieben jedem, der etwas habe, bis er nicht mehr habe als einer, der nichts hat. Es waren große Herren, welche die Worte so verstunden, absonderlich die französischen Generale, welche die Schweiz plünderten schamlos wie große Herren. Daher nicht verwunderlich, wenn viele Bauern sie auch so verstunden, die Zehnten abschafften und teilen wollten mit den Herren von Bern. Und warum sollten die Tauner nicht auch an diese Deutung der zwei Worte glauben und mit den Bauern teilen wollen Wälder und Höfe? Die Bauern hätten ja kein Vorrecht vor den Herren, sagten die Tauner; wenn die Bauern mit den Herren teilen, so wüßten sie gar nicht, warum sie nicht mit den Bauern teilen sollten, es sei ja Freiheit und Gleichheit! Sie hielten also auch Versammlungen, um das Teilen abzuraten, und wo damit anzufangen sei. Diese waren freilich den Bauern nicht recht, und sie schimpften gewaltig über das Schelmenpack, das so frech sich rühre und Gottes heiligen Willen vergessen zu haben scheine, daß der Tauner und des Tauners Kinder Tauner bleiben sollten in alle Ewigkeit jetzt auf Erden und einst im Himmel. Die Bauern meinten nämlich, die Gleichheit bestehe darin, daß die, welche ob ihnen stünden, mehr gewesen seien bis dahin als sie, zu ihnen herabgezogen, ihnen gleich würden oder womöglich noch etwas weniger; was unter ihnen aber sei, solle bleiben wie bis dahin, da sei alles recht, und untertänig solle bleiben sein Leben lang, wer ihnen untertänig geboren worden. Diese Auslegung aber hatten sie nicht ersinnet, sie ist eine sehr alte und übliche in allen Zeiten und Verhältnissen. Der gleiche Landvogt, der Ludwig den Sechzehnten als Quasivetter betrachtete und sich unter die souveränen Häupter rechnete, würde dem Pfarrer ein merkwürdig Gesicht gemacht haben, wenn derselbe zu Ihro Gnaden gesagt hätte: «Lieber Mitburger!»

Also zu einer Versammlung der Bürger Tauner war Bürger Hans Joggi entboten worden, um das Teilen abreden zu helfen, das Teilen der Bauernhöfe. Das war ihm gewaltig zu Kopfe gefahren und seinem Weibe Sabine noch gewaltiger. Er hatte den angefangenen Korb in die Ecke geworfen, und sie hatte ihres Hausbauern Hund, der eben ihre Katze jagte, einen Stein nachgeworfen nebst den Worten: «Wart ume, du wüste Dolders Burehung, was de bisch! We mr jetz de bal e Hung hey u no e größere, als du bisch, dä wird dih de rangiere, du Uflat!»

Dann musterte sie den Mann ins Haus an seine Toilette. An e selligi Vrsammlig gang me nit so gradane, sondere gsunndiget, die Dolders Bure müßte wüsse, mit wem sis z'tue heige, sagte sie. Sie hatte ihm bereits den mit der Scheube abgebürsteten Dreizipfelhut kühn aufs geschwollene Haupt gesetzt und betrachtete nun noch einmal andächtig ihren Bürger Hans Joggi von oben bis unten und kam endlich mit den Augen auch bis zu den Strümpfen. O Himmel, wie erschrak sie, als ihr auf einmal die siebenzehn wohlbekannten Löcher in denselben in die Augen fielen und durch dieselben ihres Mannes wohlbekannte Beine! Sie hatte diese Löcher hundertmal gesehen ohne besondere Gemütsbewegung; erst jetzt, als ihr Bürger Hans Joggi in eine Versammlung sollte, erst jetzt fielen ihr diese Löcher zentnerig aufs Herz. Es war, als ob die Bürgerin Sabine auf einmal ganz andere Augen bekommen hätte, als des Korbers Sabine gehabt hatte. So durfte Sabine ihren Hans Joggi nicht in die Versammlung lassen, aber noch weniger ohne

Strümpfe, so wenig als ehedem eine Bernerfrau ihren Mann ohne Barettli in den Großen Rat. Und Sabine bildete sich auch auf ihren Bürger und seine Versammlung wenigstens soviel ein als die Stadtfrau auf ihren Mann und seine Würde – und welche Frau war wohl die witzigere?

Andere Strümpfe hatte aber Hans Joggi keine, und im Flicken war Sabine nie eine Hex gewesen. Auch hatte sie im vergangenen Herbst die Nadel verloren, die einst ein Schneider bei ihr auf der Stör vergessen hatte.

In dieser grausamen Verlegenheit war es, als das Ehepaar sich gegenüberstund in der altersgrauen Hütte. Da gedachte plötzlich die kluge Sabine an ihre eigenen Strümpfe, hub ihren lockeren Kittel auf, betrachtete die Strümpfe an den eigenen Beinen von hinten und von vornen und sah jetzt zum erstenmal, wieviel besser ihre Strümpfe seien als des Mannes Strümpfe. Ihre hatten nur drei bis vier Löcher und noch ganz unbedeutende, keines größer als eine weltsche Baumnuß, natürlich die Fürfüße, die man im Schuh verbergen konnte, nicht gerechnet. Schnell löste sie die zusammengeknüpften Strumpfbänder und streifte sorgsam, damit die Löcher nicht größer würden, die Strümpfe von ihren etwas blau angelaufenen Beinen. Da fielen ihr plötzlich die Weiberzwicke in die Augen und die Angst aufs Herz, daß bei den damals noch gebräuchlichen unbequemen Spitzhosen jedermann alsobald sehen müßte, ihr Bürger Hans Joggi hätte Weiberstrümpfe an, und wie das denn ein Gespött geben und wie die Dolders Bauernweiber lachen würden über eine Versammlig, wo die Männer Weiberstrümpfe anhätten!

Die langen Hosen sind doch kommod; heutzutage sieht man in keiner Versammlig, wie viele Männer Weiberstrümpfe tragen.

Aber Sabine war ein standhaft, mutig Weib; nicht der erste, nicht der zweite Schreck machte es bewußtlos. Während Hans Joggi noch immer dastund wie ein verblüffter Bohnenstecken, hatte Sabine schon unter dem Ofen hervor ein paar Überstrümpfe genistet, die Hans Joggis Großvater in der Schlacht bei Vilmergen, in welcher im Jahr 1712 die Berner die Luzerner geklopft, getragen und seither Hans Joggi und sein Vater an jeder Musterung. Sie sahen recht kriegerisch aus und deckten trefflich Blößen und Zwicke, so daß kein Schlaukopf zu merken imstande gewesen wäre, wie des Bürgers Hans Joggis Beine in der Bürgerin Sabines Strümpfen steckten.

Als Sabine ihren Hans Joggi rundum betrachtet hatte und in ungetrübtem Wohlgefallen, gab sie ihm das Zeichen zum Abmarsch. Martialisch unter seinem Dreispitz und in seinen Vilmerger Überstrümpfen schritt er hervor aus dem Hause. Unter der Türe stand die Bürgerin Sabine und sah mit Wohlbehagen ihn wandern. Aber als er zwanzig Schritte so martialisch gewandelt war, da rief sie: «Hans Joggi!»

Alsbald drehte Hans Joggi sich um und vernahm seines Weibes befehlende Worte: «Los, Hans Joggi, für minger als ufs wenigst für zwo Küh Land nimm nit, sust lue de, wies dr geyt! U de la dr nit so mageri Acherli gä! Matte nimm! Matte nimm! Si sy vil ringer z'werche und gä notti meh Gras.» So sprach die Bürgerin Sabine, die bis dahin über das andere Jahr neunzehn oder zwanzig Wochen lang eine magere Geiß zwischen Leben und Sterben zu erhalten vermochte. Und Hans Joggi sprach: «Häb nit Kummer! Minger as für zwo Küh un e Füllimähre nim ih nit.» Und dahin wandelte der kuraschierte Mann hoffnungsvoll, und unter der Haustüre stand sein Weib, solange noch ein Stücklein von den Vilmerger Überstrümpfen zu sehen war, solange noch ein Zipfel von des Bürger Hans Joggis Dreizipfel über die Zäune ragte.

Aber Bürgerin Sabine kam nicht zu ihren zwei Kühen, nicht zu ihrem großen Hund und Bürger Hans Joggi nicht zu seiner Füllimähre.

Als genug Versammlungen gehalten worden waren, man einander sattsam wüst gesagt hatte, als viele Tauner in den neuen Pinten und viele Wirte an den neuen Pinten verarmt waren, als die Franzosen das Land auf das schändlichste ausgesogen, der Staat kein Geld mehr, nur Schulden hatte, Reiche und Arme nichts ziehen, nur zahlen sollten, da wurde die Menge dieses Zustandes satt, vor allem aus die sogenannten Mindern, die am schnellsten ausgesogen und zu dem wenigsten gekommen waren; und an einem schönen Morgen waren die Helvözler verstoben und die alten Herren wieder da, aber auf neue Mode. Der Staat war arm geworden, die Bauern kamen wieder zu Zehnten und Bodenzinsen, die Tauner blieben Tauner; alle hatten am Gelde gelitten! Womit man sündigt, damit wird man gestraft; der Traum war zu Schaum geworden. Warum wohl? Wenn man von Freiheit redet, dem schönen Himmelskinde, aber dieses nicht kennt in seiner heiligen Gestalt, sondern nur Begehrlichkeit im Herzen trägt nach Vorteilen und Genüssen, da flieht, wenn die alten Schranken brechen, das Himmelskind vor der frei gewordenen Horde ungezähmter Lüste, und in wüstem Kampfe ringen dann diese Lüste nach Genuß und Befriedigung, zerfleischen sich gegenseitig und treten achtlos nieder das Schönste, das Heiligste, bis endlich Gott die wild waltenden Kräfte wieder bindet ins alte Joch, weil sie frei kein Maß erkannten, wie der gewaltigste Strom in seine Ufer wieder muß, wie maßlos er sie auch überschritten. So nahmen die Zeiten von Freiheit und Gleichheit ein traurig Ende, weil man so traurig sie mißverstanden, so traurig sie mißbraucht hatte; aber in mancher Dorfschaft sind noch sichtbar die damals erhaltenen, nun vierzigjährigen Wunden.

Dreißig gewaltige Jahre donnerten über den Erdboden, von Strömen Blutes umrauscht. Vom äußersten Westen bis in den tiefen Norden hinein brannten die Kriegesfeuer und trieben die Völker auf in wilden Streit; Millionen strömten durch Europa von Westen bis in tiefen Norden, von Norden nach Westen, stunden einander in des Pulvers mörderischen Blitzen gegenüber, färbten mit ihrem Blute rot den russischen Schnee, düngten mit ihrem Blute neu Sachsens unendliche Felder; Throne stürzten übereinander, die Kronen wankten auf den gekrönten Häuptern. Da wurde es Abend und matt die Menschen, sie sehnten nach dem Schlafen sich. Um schlafen zu können, ketteten sie den mächtigen Geist, der sie nicht schlafen lassen wollte, der die Völker aufwirbelte wie ein Wirbelwind den Straßenstaub, weit hinaus ins öde Meer an Helenas heißen Felsen. Ruhe sollte es werden, schlafen wollten die Menschen. Ruhig schien es nun, zu schlafen schienen alle, und an der Wiege der Schlafenden sangen Wiegenlieder der spottende achtzehnte Ludwig, der träumerisch gewordene Alexander. Es träumten die Schlafenden allerlei von vergangenen Zeiten, die wiederkehrten, von neuen, noch nie dagewesenen. Und die Schlafenden regten sich in den Träumen unruhig und wild, dann schnarchten sie tief wieder auf. Und an der Wiege saßen nun andere Kindermädchen: der wollüstige, fromm gewordene Karl, der Kriegslieder sumsende Niklaus. Und der fromme Karl wollte nicht gestört sein in seinem Beten durch das Singen oder Bewachen, ja nicht einmal durch das Schnarchen seiner Kinder. Er zog scharf und hart die Wiegenbänder über ihrer Brust zusammen, damit sie stille blieben für und für. Aber sie fuhren auf, und krampfhaft wie Erstickende griffen sie in die Bänder. Diese brachen, und die losgewordenen Erwachten jagten den verblüfften Karl weg von seiner Stelle, und ein neues Leben wogte wieder durch ganz Europa, drang wie ein elektrischer Schlag in alle Länder.

Kriege, welche Europa durchtoben, brechen wohl am hohen Bergeswall, den Gott um uns getürmt; aber des Geistes Wehen, den Flug der Ideen abzuhalten, sind keine Berge hoch genug, auch die unsern nicht. Es drängt sich einem immer deutlicher der Gedanke auf: als ob den Völkern nur eine Seele gegeben worden und diese Seele Weh und Wohl, Lust und Leid, das im fernen Amerika, im tiefen Asien ihr angetan worden, in jedem Tälchen Europas empfinde und immer inniger empfinden solle, je mehr eben allenthalben diese Seele zum Bewußtsein komme, fühlen lerne. Vor dieser lebendig werdenden Menschenseele sollen dann schwinden des Meeres Weiten, des Leibes Beschränktheit.

Die Flut des Geistes, die in Frankreich wogte, strömte auch durch unser Ländchen und spritzte hoch an Herren und Untergebene auf, erschreckte die einen, regte die andern auf. Wie nun alles geschah, gehört nicht hieher; nur eines muß um des Folgenden willen herausgehoben werden.

Kurzweg diese Erregung niederzuschlagen wie im Jahr 1814, fühlten die Herren ohne Halt von außen sich zu schwach, sie suchten sie daher abzuleiten. War es alte Erfahrung, war es neue Kombination, welche sie auf diesen Ausweg brachte, genug, ein kluger wars, ein fruchtloser schiens damals, aber jetzt erscheint er als Drachensaat – und müssen wir endlich wohl ernten diese Drachensaat?

Sie erlaubten, was im Jahr 1814 mit Köpfen bedroht ward, sie erlaubten dem Volke, seine Wünsche vor ihnen auszusprechen ungestraft. Zugleich aber gab man sich sehr viele Mühe, diese Wünsche von allem, was die Verfassung, die Stellung der Menschen zueinander im Staate betraf, ab- und auf materielle Vorteile, Fischezen, Waldberechtigungen, Wässerungen, Zehnten, Ehrschätze, Konzessionen, Konsumogebühren, kurz auf die Eigentumsverhältnisse zwischen dem Staate und den Privaten zu lenken. Mancher Oberamtmann damaliger Zeit könnte sagen, wieviel er sich die Erfüllung daheriger Aufträge kosten ließ; und vielleicht könnte uns noch manche Frau Oberamtmännin sagen, was sie an den damaligen Mahlzeiten für eine Suppe aufgestellt habe, Nudeln- oder Krebssuppe. Mit dem Erlesen dieser Wünsche hätte man Zeit gewonnen, bis die Russen vorgerückt an den Rhein, wie man hoffte, oder bis die Leute einander selbst in die Haare geraten. Auf alle Fälle hätten die Leute ob den fleischlichen Gelüsten das Höhere vergessen.

Ob es recht war, diese Lawine anzuregen, dieses Feuer anzublasen, kömmt auf den Standpunkt an, auf den man sich stellt. Ein anderes ists, wenn man sich als Herrscherfamilie betrachtet, die angestammte Rechte gegen unrechtmäßige Eingriffe zu verteidigen hat, wieder ein anderes, wenn man sich als Kinder des Vaterlandes betrachtet, dessen Wohl oder Weh aller Wohl, aller Weh sein, dessen Wohlfahrt, geistige und leibliche, aller Kinder höchstes Streben sein soll. Je nachdem man sich auf einen Standpunkt stellt, muß man diesem Anregen der fleischlichen Gelüste, die keine Einigkeit dulden, keine wahre Freiheit erringen, bewahren, ertragen mögen, einen Namen geben. Aber wenn man auf den ersten Standpunkt sich stellt, so muß denn nie vergessen werden, daß man nicht auf das alte Berner Fundament, sondern nur auf einen Familienneubau sich stellt.

Nun aber war das Volk sich nicht selbst überlassen, es hätte sonst vielleicht an die Angel gebissen. Dem Volke gingen Führer voran, bewaffnet mit Klugheit und geschichtlichen Erfahrungen. Diese erkannten leicht die gelegten Fallen, hatten aber schwere Mühe, der ungebildeten Masse die fleischlichen Gelüste auszureden, ihr begreiflich zu machen, woran der Bauernkrieg gescheitert, was die Helvetik gestürzt. Ihre Mühe gelang ihnen so weit, daß die Leute für einstweilen, aber mit schweren Seufzern ihres Herzens Gelüste unterdrückten und einfach bei der Sache blieben. Diesem einfachen Begehren nach Rechtsgleichheit mußten die alten Herren weichen; die einen taten es aus Rechtlichkeit, die andern aus Ohnmacht. Das Patriziat hatte sich in eine so unnatürliche Stellung hinaufgeschraubt, daß ihm in ruhigen Zeiten andere Menschenkinder nur wie Mücken vorkamen, ihm selbst aber bei der geringsten Bewegung schwindeln mußte.

Die erfahrneren Männer konnten denn doch nicht hindern, daß unter der Hand nicht allerlei Fleischliches verheißen wurde denen, welchen man etwas Geistiges nicht begreiflich machen konnte; sie konnten mit Mühe verhindern, daß jene schweren Seufzer nach den Fleischtöpfen Ägyptens nicht in der Verfassung erklangen; aber daß sie ins Übergangsgesetz hinüberklangen, konnten sie nicht hindern, konnten nicht verhüten, daß sie fast in jede Großratssitzung hineinklingen, daß sie widerhallen durchs ganze Land und von Pinte zu Pinte.

Eine unzählbare Menge Begehren haben sich erzeugt in der begehrlichen Menschenbrust und durchschwärmen entfesselt unser Ländchen; und jedes neue Begehren zeuget neue Kinder, immer wildere, immer ungestümere.

Jede Korporation hat ihre Verlangen, jeder einzelne möchte ausbeuten die neue Zeit, en gros die einen, en détail die andern. Alle Klassen der Gesellschaft haben ihre Gelüste, und an ihr Gewähren heften sie den Bestand der neuen Ordnung der Dinge. Wenn das nit duregang, su heigs bim Dolder nümme lang, höchstens bis am kalten Burdlefmärit, kann man alle Tage in dieser oder jener Pinte hören. Ein traurig Zeichen, woran die Leute ihre Anhänglichkeit an die Verfassung, an die Freiheit knüpfen. Reise man durchs Oberland, durchs Niederland, durchs Seeland und noch etwas bas hingere in die Juraberge hinein, so kömmt man nie aus diesen Begehren heraus, sie lagern wie ein schwarzer Nebel sich übers Land, sie bilden die Atmosphäre in jeder Wirtsstube. Und statt daß die Regierung über diesem Nebel stehen sollte, wie die Sonne auch über jedem Nebel ist, deswegen ihn auch zerteilen, auflösen kann, hat sie sich leider mitten hineinziehen lassen, treibt näher und näher einem unwiderstehlichen Strudel zu, hat das Unwetter, das die alten Herren in den Dezemberwünschen heraufbeschworen, das damals glücklich abgewendet worden, sich auf den Hals gebürdet. Es ist fast, als ob sie den Versuch wagen wollte, ob sie ihn eigentlich brechen könne oder nicht, den Hals nämlich. Und am Brüllen für diese Begehren klettern, wie an Kletterstangen die Turner nach Preisen, die neuen Kapazitäten empor zu Majestät und Herrlichkeit. Es ist unstreitig bereits manchem Begehren entsprochen worden, oder mit andern Worten: die neue Ordnung der Dinge hat manchem bedeutenden fleischlichen Nutzen gebracht; manches Gelüste hat soviel erhalten, dass es zufrieden sein könnte, wenn es mit den Gelüsten nicht die Bewandtnis hätte, dass sie immer mehr wachsen, je mehr man ihnen dargibt.

Und wenn wir die gewährten Begehren scharf in die Augen fassen, so finden wir, dass meist die Gelüste der Habenden befriedigt worden, an die Gelüste der Nichthabenden man wenig anders gedacht als mit Ärgernis; die Schulmeister bloß hat man befriedigt, doch zum bittern Ärgernis vieler. Die Straßen wurden dem Besitzenden abgenommen; der niedrigere Salzpreis hilft dem Armen wenig; neue Wirtschaften können eher reiche Großräte oder deren Söhne und Neffen errichten als arme Tauner, besonders jetzt bei den hohen Patentgebühren; Holz ausführen kann der Besitzende und nicht der arme Ghusmann, der das Holz entweder stehlen muß oder immer teurer kaufen; die Zehnten werden dem erleichtert, der Felder besitzt, werden allfällig ihm abgeschafft und nicht dem Nichthabenden; die neue Bäckerordnung kömmt bei der Unachtsamkeit der Polizei auch nicht den Armen zugut, die keine Waage besitzen oder sonst aus vielen Rücksichten nicht klagen dürfen; zu den höher besoldeten Stellen kömmt man auch schneller in einem Charabanc als zu Fuss. Zu diesem allem noch ist die Abschaffung der Armentellen in Rede gestellt und dagegen nur unbestimmt von einer Unterstützung durch den Staat gesprochen.

Natürlich aber haben auch die Armen ihre Begehren, und niemand wird sich wundern, wenn diese Begehren in dem Maße wüst und roh sind, als diese Klasse roh und ungebildet ist. Und niemand sollte sich wundern, wenn diese Klasse bei ihren unbefriedigten Wünschen immer ungeduldiger, wilder wird und allen Respekt vergißt, sowie sie denen, die es weniger nötig hätten als sie, in so vielen Teilen entsprochen sieht, ihnen, wie sie meinen, in nichts. Am wenigsten aber sollte man sich wundern, daß sie neben anderem die Rechtsameni aufs Korn genommen und einstweilen noch nicht Höfe, aber doch Wälder usw. mit den Besitzern teilen wollen.

Wer den Lasten sich entwinden will, die einem Hofe auferlegt sind, der hat auch kein Recht mehr an die Genüsse, die damit verbunden sind. Wer keine Zehnten, Bodenzinse dem Grundherr mehr geben will, der hat auch kein Recht an die Benutzung eines Waldes, die ihm der Grundherr nicht umsonst erlaubt, sondern eben gegen andere Leistungen.

Rechtsameni und Zehnten und Bodenzinse und Ehrschätze usw. hängen weit näher zusammen, als man gewöhnlich sagt. Daher wohnen aus natürlichem Grunde die wildesten Zehntfresser mit den wildesten Rechtsamifressern zusammen. Wen will nun wundern, wenn in natürlichem Instinkt, daß eine vereinte Menge stärker sei als der einzelne, die Armen zusammenlaufen, zusammen ihr Leid sich klagen, auf die Besitzenden fluchen und abraten, wie sie wohl zu etwas kommen möchten, wenn sie wiederum Versammlungen anstellen wie zur Revolutionszeit, um die Haut des Bären zu teilen, den sie noch nicht geschossen! So sitzen sie in ihren Häusern zusammen, und wenn vom Abraten ihre Hälse trocken geworden, lassen sie Branntewein holen; so sitzen sie von Pinte zu Pinte zusammen, wo die Reichern nicht hinkommen, und frischen ihre sinkenden Hoffnungen mit Branntewein auf, tränken ihre zagenden Herzen zu kühnem Zugreifen. Ach, und diese armen Leute werden nie zu ihren Hoffnungen gelangen, werden nur von Tag zu Tag ärmer werden, von Tag zu Tag Weib und Kinder elender machen!

Diese erregten Gelüste und diese neue Wirtschaften, wo die Gelüste aller Tage neu werden, werden vielleicht die neue Ordnung der Dinge untergraben, werden es vielleicht auch nicht tun. Ich bin kein Prophet, ich weiß es nicht. Aber das weiß ich, daß sie viele, viele Arme oder Mingere noch ärmer, daß sie aus manchem braven Hausvater einen Vagabund, Verschwender, einen Branntewein saufenden Trunkenbold machen werden, daß manches stille Glück dahingeht, manches Weib dem Grabe zu und manches Kind einem lebenslänglichen Siechtum, weil der Vater in neuen Pinten neuen Gelüsten nachging, während daheim der Hunger und die Kälte Weib und Kinder marterten.

Daß es so geht, weiß ich; hört, ich will euch erzählen, wie es geht, zur Warnung vielen Hausvätern, zur Notiz den Landesvätern!

* * *

Dursli war der Sohn eines Tauners, das heißt des Besitzers einer Taunerrechtsame, einer Kuh und eines Häuschens. Es gibt Rechtsameni, die auf gewissem Lande liegen, andere, die durch eine bestimmte Zahl von Jucharten bedingt werden, andere, die an gewisse Häuser gebunden sind. An gewissen Orten konnten sie von den Häusern getrennt und als ein für sich bestehendes Besitztum gekauft und verkauft werden, was aber wahrscheinlich nur ein Mißbrauch war. Der letztern eine besaß Durslis Vater, der Kübeli band und Zuber und Holzschuhe machte, nie taunete, aber um seiner Rechtsame willen unter die Tauner gezählt ward.

Dursli war einziger Sohn und mutterlos. Sein Vater, der, um seine Reife auszuhauen, die Brille brauchte, sah auch am Sohne nicht viel, sah nicht streng ihm nach. Dursli saß nicht gern, der Vater desto lieber; darum band der eine Kübeli, während der andere zur Kuh und zum Lande sehen sollte. Darum, wenn der

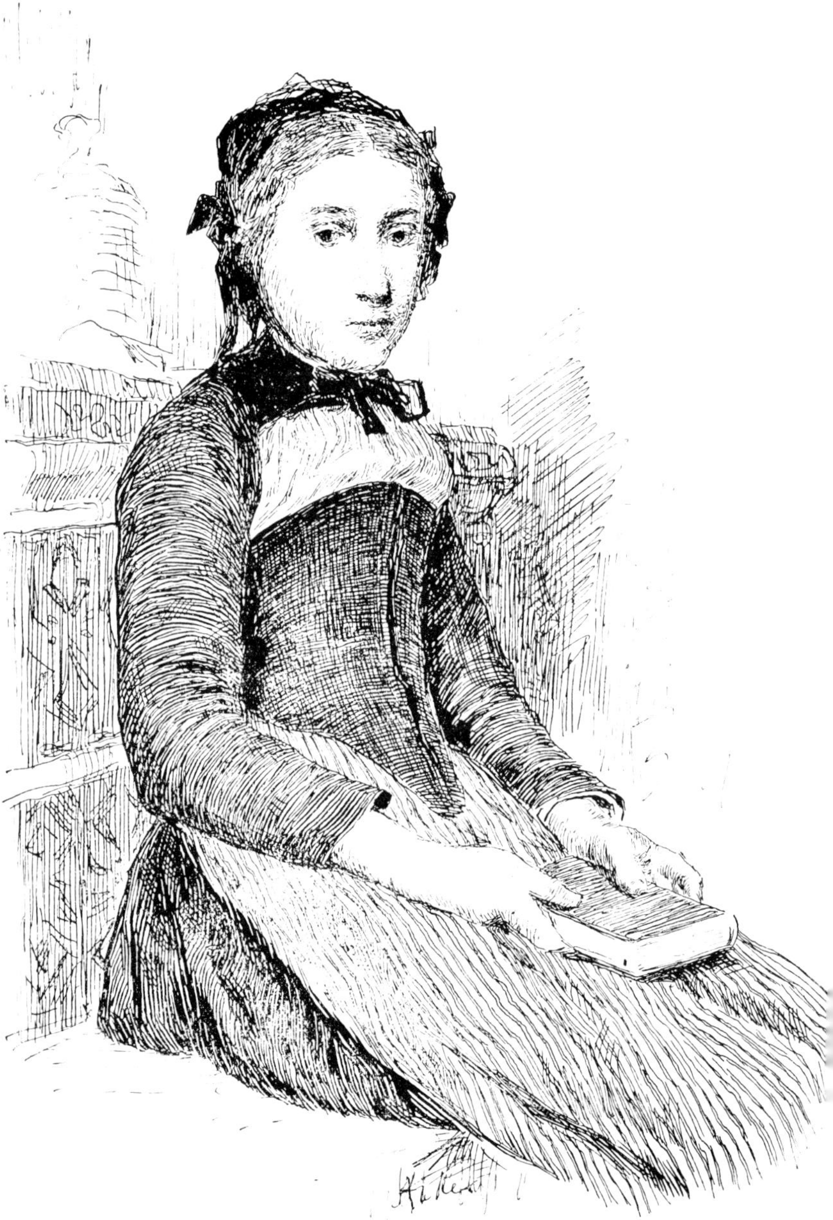

Vater den Dursli nicht sah, so glaubte er in aller Ehrlichkeit, er werde beim Land oder bei der Kuh sein; aber Dursli war noch an andern Orten gerne als auf dem Lande und liebte noch andere Geschöpfe als ihr fünfdublönigs Kuhli. Er war ein lüftiger Kerli und nicht gerne lange an einem Orte, wo es nicht lustig ging; er war aber auch ein hübscher und witziger Kerli, den die Mädchen gar zu gerne sahen. Gar manches Mädchen schoß zweg, wenn es ihn das Dorf niederkommen sah, ergriff den Kessel, um Wasser zu holen, oder eine alte Scheube, um sie an die Schwirren im Bache zu hängen zum Auflindten. Es war aber auch kein Wunder, Dursli wußte so anmutig und anzüglich einige Minuten zu plaudern, so lächerlich einige Worte anzubenggeln, daß es allemal den Meitschene in allen Gliedern gramselte. Und er plauderte mit jedem Stüdi, hübsch und wüst, arm und reich; er hatte eine der gutmütigen Naturen, die für jedes weibliche Trutscheli ein freundliches Wort haben, für jedes Haghuri ein holdselig Lächeln. Daher war er auch einer von denen, die den Ruf haben, sie sehen die Meitscheni gerne (als ob nicht sehr oft die die Meitscheni am liebsten sähen, die es am besten verbergen können), den jedes Trutscheli in sich verliebt glaubt, über deren vermeintliche Untreue die Welt von Klagen widerhallt. Es war selten eine Brechete oder eine Wösch, an welcher nicht irgendein Schlärpli seinen Vertrauten, das heißt allen anwesenden Wöscher- und Brecherweibern zu jammern wußte, wie wüst Dursli es ihm gemacht, während Dursli auch nicht von ferne an eine begangene Sünde dachte. Dursli hatte schon lange ein aparti Meitschi nicht nur im Auge, sondern auch im Herzen; aber sollte er deswegen alle andern hassen, das heißt sie angrännen, als ob er ein Brechmittel z'vorderist hätte? Wer gab den Meitschene das Recht, aus freundlichen Worten und Mienen Ehepfänder zu machen? Da möchte der Teufel dabeisein, wenn dieses Recht aufkäme, da hätte ja ein freundlicher Bursche siebenmal siebenzig Bräute am Halse bevor nur einen einzigen Bartstengel am Kinn.

Dursli trug ein Bäbeli im Herzen, vermöglicher Leute Kind, hübsch von Angesicht und ebenrechter Größe. Wie Dursli redselig war und lustig, war Bäbeli ernst und schweigsam; wie Dursli lüftig und flüchtig war im Wirtshause und bei der Arbeit, war Bäbeli eingezogen und von unabtreiblichem Fleiß. Da konnte es lange Mittag läuten oder Feierabend, Bäbeli setzte deswegen nicht ab, wenn noch etwas auszumachen war.

Die Leute merkten es lange nicht, dass die Herzen beider sich anzogen, und als sie es merkten, wollten sie es nicht begreifen. Sie wußten nichts von den Rätseln der Herzen, die angezogen und abgestoßen werden durch eine geheimnisvolle Macht, die waltet in den Tiefen der Herzen. Die jungen Leute wollten gar nicht fassen, wie der lustige Dursli an dem trockenen Bäbeli Gefallen finden könnte; und die alten Leute wollten nicht glauben, daß das verständige Bäbeli je den Hanswurst Durs zum Manne nehmen werde, sövel eifalts sei Bäbeli nicht, sagten sie. Und allerdings schien es lange, als sollten sie recht erhalten; denn wie sie sich beide anzogen, stießen sie sich auch ab. Wenn Bäbeli dem Dursli ein ernsthaft Gesicht machte, während alle andern Meitscheni ihm lachten, wenn Bäbeli sich an ihm ärgerte, während alle ihm flattirten, so ging in Dursli das Büchsenpulver an. Er zankte mit Bäbeli, zweifelte an dessen Liebe, und es schien ihm, als wollte ihm das Meitschi erleiden. Er ging vielleicht mit einem andern heim, blieb acht Tage weg, aber dann zog es ihn an allen Haaren wieder zu Bäbeli. Und wenn Bäbeli sah, wie Dursli mit allen schäkerte, wie er hier und dort ausging, wenn es schon nicht mitwollte, dann zog es ihm das Herz zusammen, und gar weh ward ihm in demselben.

Es schien ihm, Dursli liebe es nicht, er hielte ihns zum Narren wie alle andern. Noch einmal so ernst war dann sein Gesicht, und ernst war es ihm, mit Dursli ganz zu brechen. Wenn es dann den Dursli wieder zu Bäbeli zog, wenn er in dunkler Nacht an dessen Fenster döppelte, sein Sprüchlein hersagte, ihm mit der lieblichsten Stimme den Namen gab, so hörte Bäbeli lange, lange nichts. Aber mit jedem Döppelen am Fenster döppelte es ihm auch stärker im Herzen, bis es endlich aufstund, aber mit dem ernsthaftesten Vorsatze, nicht aufzutun, sondern dem Dursli auf das bestimmteste zu sagen, er solle ein- für allemal es rühig lassen. Es kam mit dem allerernsthaftesten Gesichtchen unters Fenster, und ehe der Hahn einmal krähte, war Dursli bei ihm im dunkeln Kämmerlein und ihm lieber als nie.

Doch ans Heiraten dachte Dursli nicht, es war ihm lange wohl, so lustig und ohne Kummer in den Tag hinein zu leben wie die Vögel im Hirse. Daß er bei diesem Leben seinen Vater ausnutze, daß es bei ihnen in den besten Zeiten eher rückwärts als vorwärts gehe, daran dachte er um so weniger, weil sein Vater, der es selbst nicht merkte, ihn nicht darauf aufmerksam machte; der hatte selbst gar große Freude und Meinig mit dem hübschen Burschen und machte gerne in der Woche ein Paar Holzschuhe mehr, damit Dursli am Sonntag selbander tanzen konnte, das heisst tanzen drei Tänze alleine, während alle anderen zusehen mußten, weil er die Geiger besonders dafür bezahlt hatte, eine Sitte, welche bei der Sparsamkeit dieses Geschlechts in Abgang kommt und sehr oft die Veranlassung zu den blutigsten Schlägereien war.

Da sollte plötzlich Durslis Vater eine in seiner Gutmütigkeit eingegangene Bürgschaft zahlen und hatte weder Geld dazu noch Begriff, wie man sich in solchen Dingen zu benehmen hätte. Es kam bis zur Gantsteigerung. Der Alte hatte sein Häuschen verpläret, als ein Magnat herbeischlich und einen Ausweg zeigte, auf den der Alte zsämmefüßlige sprang. Der Magnat kaufte die Rechtsami um selbstgemachten Preis.

Die Bürgschaft konnte bezahlt, das Häuschen behalten werden, und Holz erhielten sie noch immer ein wenig nach altem Gebrauch, der den Rechtsamelosen zirka ein Klafter gab.

Ein Unglück kömmt aber selten allein, sagt das Sprüchwort und ganz richtig. Wenn auch kein eigentliches Ereignis kömmt, so ist beim ersten Unglück immer das zweite, in der Leute Mäuler zu kommen auf eigene Weise. Es ist, als ob die Leute auf einmal ganz anders würden, wenn sie aus Glück ins Unglück kommen, so wie allerdings ein Mensch auch ganz anders aussieht, wenn er aus sonniger Morgen- oder Abendröte vom Spazieren heimkömmt, als wenn er sich aus Gewittersturm oder Hagelwetter unter Dach flüchten muß. So erscheint ein Unglücklicher den Leuten gerne anders als zu Zeiten seines Glücks. Was man vorher an ihm sah, sieht man nicht mehr, aber was man nicht sah, sieht man nun. Man sieht auf einmal keine Vorzüge, keine Tugenden mehr, sondern lauter Mängel, lauter Laster.

So ging es auch Dursli und seinem Vater. Bäbelis Vater, der jahrelang den Dursli zu seinem Meitschi gehen ließ ungehindert und höchstens zu seiner Alten sagte: «Los, dsKüfers Bueb isch aber da! Mira! Aber wenn ih Bäbi wär, su wär er mr nume z'lustige!», schlug nun mit einmal hintenauf, sah und sagte Dinge von Dursli aus, die ihm früher nicht von ferne in Sinn gekommen waren.

Er fluchte nun mit Bäbeli, sagte ihm alle Schande, daß es sich mit so einem nütnutzigen Kerli abgeben möge, und verbot ihm allen Umgang mit demselben. Dem Dursli sagte er allemal wüst, wenn er vor das Fensterchen kam und döppelte, und drohte ihm mit Schlägen. Das aber ward gerade, was diese beiden Leutchen um so einiger machte und unzertrennlich. Es kam Bäbeli wüst vor, Dursli im Unglück zu verlassen; und das gute Meitschi, dem nicht die Rechtsami, sondern Dursli wohlgefallen hatte, fühlte gar inniges Mitleiden mit dem armen Burschen.

Zu was aber Mitleid gegen einen hübschen Burschen in einem Mädchenherzen wird, weiß jeder, der sich auch nur von weitem auf die Chemie der Mädchenherzen versteht. Beiläufig gesagt, ist das aber eine ganz andere Chemie als die ordinäri Chemie; und mancher, der in der ordinäri Chemie eine Hex ist, ist in der Chemie der Mädchenherzen nur eine Kabisstorze.

Bei Dursli regte dieser Widerstand eine Kraft auf, die man bis dahin an ihm nicht wahrgenommen hatte. Bald tat er wüst, daß Funken stoben, bald arbeitete er wie ein Roß, war alle Nächte vor Bäbelis Fensterchen, plagte es grausam mit Eifersucht und Vorwürfen, seines Vaters wegen. Und wenn dieser ihm wüst sagte, so lüpfte es Dursli hochauf vor Zorn, aber viel sagen durfte er nicht, Bäbelis twegen. Aber dann, wenn Dursli soviel seinetwillen stillschweigend erduldet hatte und im finstern Gädeli sein Zorn Funken sprühte, war Bäbeli um so mitleidiger, so daß zuletzt der abwehrende Vater schweigen und froh sein mußte, wenn Dursli sein mitleidig gewesenes, nun hoffnungsvoll gewordenes Bäbeli noch nehmen wollte. Nun, davon war die Rede nicht, Dursli war zu gutmütig, um nun seinerseits den Alten zu quälen mit Werweisen und Wüsttun, wie es sehr oft der Fall ist, und wozu Dursli die Aufreisung nicht fehlte. Sie hielten schnelle Hochzeit, an der aber doch getanzt sein mußte, Durslis twegen.

Bäbeli zog zu seinem Mann, und sie waren recht glücklich miteinander. Dursli machte fleißig Holzbödenschuhe und ließ sich zu einem soliden Hausvater an, so daß sich die Leute darob verwunderten. Hie und da nur, wenn er so von ungefähr dazulief, kam er nicht von der Gesellschaft los, bis er einen Stüber hatte. Aber wenn er heimkam, tat Bäbeli gar nicht, als ob es denselben bemerke, und machte sein freundlichstes Gesicht.

Freundliche Worte hatte Dursli noch immer für jedes Meitschi, aber jetzt taten sie Bäbeli nicht mehr weh, es wußte wohl, wie sie gemeint waren.

Durslis Vater hatte fast soviel Freude an seinem Söhniswyb als an seinem Sohne, denn Bäbeli däselete dem Alten, wie er es von seinem Sohne nicht gewohnt war. Aber seine Freude genoß er nicht lange. Er starb bald und hinterließ seinem Sohne sein Gütchen nebst einigen Schulden. Und, wie selten ein Unglück allein kömmt, so kömmt auch selten ein Todesfall allein; dem einen Schwäher ging der andere bald nach. Um dessen Erbe wurde gehadert, und als endlich der Hader zu Ende war, hatte niemand etwas gewonnen als die Einsicht, um wieviel Hader unter Geschwistern ein Erbe zu schmälern vermag. Doch erbte Dursli noch immer soviel, daß er schuldenfrei wurde.

Nun ging es eine Zeit recht gut, und es gewann das Aussehen, als ob Dursli ein recht hablicher Mann werden würde. Bäbeli erhielt freilich ein Kind nach dem andern, aber da es das Kinderhaben nicht betrachtete als Vorwand zur Faulheit, zum Schmutz, zum Schlittenlassen, sondern als Sporn zu Fleiß und Reinlichkeit, so ward kein Kind eine Last, sondern jedes ein Segen. Die ganze Familie hatte ein schmuckes Aussehen, war wohlgenährt, man sah aus allem, daß es da an Geld nicht mangle.

Die Weiber ließen gar zu gerne ihre Holzböden bei Dursli

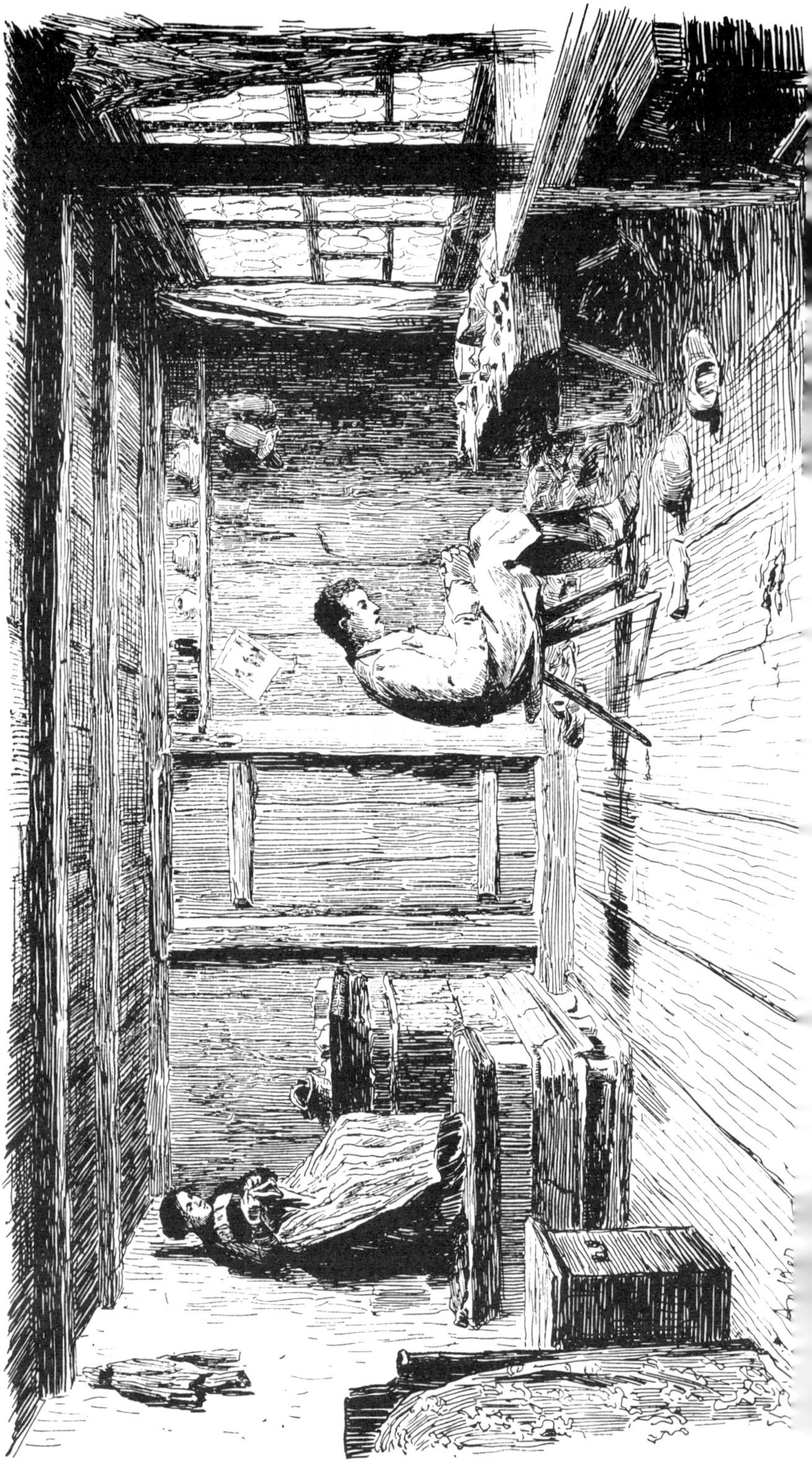

machen, breichen wie er konnte es ihnen keiner; und wenn er schon einen Batzen mehr forderte als andere, so sagten doch die Weiber, so billig wie er sei keiner. Und trotzdem daß es ihm an Geld nicht fehlte, sah man doch Dursli immer seltener im Wirtshause; er hatte weit bis in das nächste, da lockte ihn die Nähe nicht, hingegen lockten ihn immer mehr seine Kinder ins Haus, die gar lieblich waren, an ihm wie Kletten hingen, so daß er die größte Freude an ihnen hatte, und gvätterle konnte er mit ihnen wie das beste Kindemeitschi, und an diesem Gvätterle hatte er noch größere Freude als die Kinder selbst. Bäbeli war dabei gar glücklich, und wenn es schon nicht viel redete, so sah es doch vergnüglich drein und kam stattlicher daher als manche Bäuerin.

Nun kam die neue Zeit, die jedoch nicht neue Menschen brachte. Dursli nahm sich derselben nicht an; und wenn andere kannegießerten, so pflegte er zu sagen, das Gstürm mache ihm Langeweile. Das sei gut für die Großen, sagte er, die hätten etwas davon und könnten jetzt gut zPlatzg ko und großen Lohn machen; für sie geringe Leute heiße es immer: «DrHudi liest.» Von der Verfassung, ihrer Bedeutung, ihren Vorteilen hatte er gar keinen Begriff. Wer regiere, sei ihm doch gleich, sagte er, ob ihr Ammann oder ein Herr zBern, beide hätten groß Gringe, und beid werde doch geng zersch welle zu ne selber luege.

Aber nicht alle hatten es so wie Dursli. Mit immer scheeleren Augen sahen viele Kleinere auf die Größeren und alle die Vorteile, welche diese von der neuen Zeit hatten oder sich davon versprachen. Sie taten ihre Unzufriedenheit, daß sie nichts von der neuen Zeit hätten, ihre Mißgunst gegen die, welche sie zu benutzen wußten, laut kund. Man brauchte nur in einen Haufen Holzer zu geraten, um zu vernehmen, was sie für einen Unterschied machten zwischen den Alten und zwischen den Neuen. Wenn dann eine ehrliche Haut die Mühe nehmen wollte, sie zu bekehren, so rühmte er ihnen die Vorteile, welche das Land von der neuen Verfassig hätte, wie das Gemeinwerchen aufgehört, wieviel Prozente am Zehnten geschenkt worden, wieviel man jährlich nur am Salz erspare, wie nun auf dem Lande auch Leute zu Ehre und Ansehen kommen könnten usw. Aber gerade mit seinem Reden machte er das Übel nur ärger. Erstlich merkte er nicht, daß er unter dem Worte «Land» nur die hablichue Klasse verstehe, und daß er selbst die Vorteile der Verfassung nur in handgreiflichen Vorzügen suche. Zweitens vernahm er bald von den Unzufriedenen, daß die Erleichterungen meist den Bauern zugut kämen, die Armen nichts hätten davon als teures Brot, teuren Anken und teures Holz, und daß bei dem Verdienst am Straßen man ihnen noch ein teures zImbiß anzurechnen wisse, daß es eine himmelschreiende Sache sei, wie die Reichen allein die Finger im Hunghafen hätten und die Armen nichts als das Zusehen. Wenn dann die gute Haut aus lauter Verlegenheit zu rühmen anfing, wie doch jetzt für die Schulen gesorgt werde und die Bildung des Volkes, wie man ja jeden zu erziehen suche, daß er für alles in der Welt gut werde, und wie das schön sei, wenn das ärmste Kind schreiben und rechnen lerne so gut wie das reichste, so rührte er erst die Wespere recht auf. Was die Schulen abtrügen armen Leuten, frugen sie, sie gäben ihnen weder z'fresse noch Kleider, aber vom Arbeiten nähmen sie ihnen die Kinder weg, und niemand wolle wegen dem verfluchte zSchulgah mehr ein Kind ihnen abnehmen, gäb es unterwiesen sei. Sie vermöchten es nicht, ihren Kindern Kleider machen zu lassen, daß sie es bei der Kälte wohl erleiden möchten auf dem Schulweg, und wenn sie dieselben schicken müßten, so kämen sie ihnen krank heim; sie vermöchten ihren Kindern nicht Milch und Brot in die Schule mitzugeben; daß sie über Mittag dort bleiben könnten, wie es die Bauern machen, so müßten ihre Kinder den bösen Schulweg des Tages viermal machen, und die Bauern täten ihnen zum Trotz nicht wegen, so daß die Kinder manchmal aussähen, daß es einem das Herz im Leibe umdrehe. Klage man darüber, so gebe einem niemand Gehör; schicke man die Kinder nicht in die Schule, so müsse man bußen. Das sei allbets doch nicht so gegangen. Wenn man über schlechte Wege geklagt hätte, so hätten die meisten Landvögte die Bauern gringgelt, daß sie es begriffen, daß sie einen Meister hätten. Aber man wisse wohl, es hacke keine Krähe der andern die Augen aus. Wenn nun die ehrliche Haut auf dieses alles wenig zu erwidern wußte, so sprang ihm ein Großhans, ein Pralatzgi zu Hülfe und redete Oberarm drein, wie es noch ganz anders kommen müsse, was man noch alles abschaffen, alles einführen und wie man es den Geiß- und Kühliburen reisen wolle. Seit Adam und Eva wäre es der Brauch gewesen, daß solche das Maul hielten, und wenn sie es fürder auftäten, so solle ihn der Teufel zerschryße, wenn sie mehr einen Spryßen Holz erhielten. Man schaffe jetzt nächstens die Armentellen ab, und die Donnere, welche es nicht machen können ohne die, die schlage man zTod.

Man kann sich leicht denken, daß so in die ärmere Klasse eine Gärung kommen mußte, wenn sie nicht nur nichts gewann bei der neuen Ordnung der Dinge, sondern noch das zu verlieren bedroht wurde, was sie bis dahin genutzet hatte, daß Neid und Eifersucht sich ihrer bemächtigen mußte, wenn andere mit Bärenfett lustig kocheten, während sie dürftig trockene Erdäpfel hatten, freilich mit dreikreuzerigem Salz. Aber was sind Erdäpfel mit dreikreuzerigem Salz gegen ein Herrenfressen? Ich frage.

Auch in den ruhigsten Zeiten findet man bei den Armen eine mächtige Bitterkeit gegen die Reichen. Gar tief wurzelt in der tierischen, durch das Christentum nicht veredelten Natur der Neid, und leider sind noch gar zu viele Arme im rohen Urzustande, daher des Neides voll. Man findet ferner bei Ungebildeten ein ganz eigenes Mißtrauen gegen alle Menschen überhaupt, insbesondere aber gegen alle, die über ihnen stehen. Daher sieht die ganze mindere Klasse die sogenannten Magnaten, welche in den Gemeinden das Zepter führen, mit scheelen Augen an und traut ihnen zu, daß sie sich ob dem Gemeindwesen oder den Armen selbst bereichern. Und wenn hie und da eine Hundsseele es wirklich also treibt, so erregt dieses einzige Beispiel das natürliche Mißtrauen immer neu, und hundert Unschuldige müssen es entgelten. Ihre Augen wandten sich daher vor allem auf das, was sie zunächst dem Gemeindwesen abgestohlen glaubten, auf Rechtsamene in Feld und Wald, auf Felder und Matten, die ehedem der Gemeinde gehört haben sollten, und man wisse nicht, wie sie der Gemeinde abhanden und in reiche Privathände gekommen.

Es läßt sich nicht leugnen, daß es während der Revolution und vielleicht vorher und gleich nachher wunderlich zu- und vielleicht manches unters Eis ging. Es gab viele Extraausgaben, die wahrscheinlich aus dem Gemeindgut und nicht aus Tellen bestritten wurden. Die Reichen, welche Meister waren, tellten sich nicht gerne selbst, wenn sie es anders machen konnten. Man verkaufte Land, machte Schulden, und ob in der Tat in diesem Gewirr, wo niemand eine feste Oberaufsicht führte, alles mit rechten Dingen zuging, wer will das entscheiden? Über die Stadt Bern ist in dieser Beziehung eine Untersuchung verhängt. Man untersuche aber im ganzen Lande, namentlich in Schüpfen usw., wie es damals zuging! Erst dann ist man gerecht. Zudem hatte man auch in pfiffiger Kurzsichtigkeit, wie sie denen oft eigen ist, die keinen Überblick haben, ihre Hoffnungen selbst erregt, ihre Aufmerksamkeit auf Vorteile, auf Staatswälder usw. gerichtet, während zuletzt sich niemand mehr um sie bekümmerte. Dadurch entstund eine Gärung in der untern Klasse, von der man sich kaum einen Begriff macht, weil man gewöhnlich das Treiben der Armen nicht achtet und noch viel weniger ihre Gemütsstimmungen. Es entstund eine Reizbarkeit, welche jede sie betreffende Verfügung auf das gehässigste auslegte. Als zum Beispiel Veränderungen mit den Klosterpfründen und Spendmütschen vorgenommen wurden, wurde unter dieser Klasse allgemein angenommen, das geschähe von den neuen Herren, die Armen zu berauben. Als einer, kurz nachdem er seine Stimme zu Ungunsten der bisher Genießenden abgegeben hatte, vom Schlage getroffen, starb, da hätte man hören sollen, wie schnell durch viele Dörfer die Kunde fuhr, den und den hätte Gott erschlagen und der Teufel ihn geholt, weil er ein Armenfeind gewesen.

Wo unter die Leute Leben, Gärung kömmt, da ist ein Zusammenlaufen, Zusammenrotten, sich Aneinanderhalten, und dieses Zusammenrotten ist entweder ein plötzlich Zusammentun, aber gewöhnlich ein ebenso schnell Auseinanderlaufen, zuweilen aber ein nachhaltig Aneinanderhalten; das erstere nennt man Versammlungen, das letztere, ein Produkt der neueren Zeit, Vereine. Und wo so eine Gärung unter die Leute kömmt, da sind immer Leute mit und ohne Schnäuze, welche während dieser Gärung im Trüben fischen wollen. Und wie der Alligator, wenn er einmal einen Neger gefressen, kein ander Fleisch mehr recht mag, so können diese Leute nicht mehr ohne Gärung, ohne Fischen im Trüben sein, und wenn alles wieder still und ruhig werden will, so guslen sie immer neu wieder auf; und, je wüster es geht, desto wöhler wird ihnen. Das sind Leute, die essen wollen, aber nicht arbeiten, das stille Wesen hassen und Fürwitz treiben, liederliche Schlingel mit gutem Mundwerk und vielen Gelüsten, die ihre Kinder hungern lassen könnten, um selbst desto besser zu fressen, die Vater und Mutter verraten würden um fünf Batzen, geschweige dann andere Leute, ja, die für drei Kreuzer des Teufels Schwanz sich durchs Maul ziehen ließen und zwar langsam.

Es war also ganz natürlich, daß bei dieser obwaltenden Stimmung, dieser Gärung in den untern Klassen auch unter ihnen Versammlungen, ja Vereine entstehen mußten zu gemeinsamerem Verfechten der gemeinsamen Interessen, und ebenso natürlich, daß auch hier, wie die Raben bei einem Aas, jene Schlingel sich einfanden, diese Gärung auszubeuten und zu dem Ende sie zu unterhalten so lange als möglich, um so lange als möglich ohne Arbeit auf Kosten der armen Getäuschten leben oder Kontos machen zu können, wie deren in Zeitungen erschienen sind. Es wäre merkwürdig gewesen, wenn diese Leute dazu gekommen wären, ihre Rechte im Großen Rate zu verteidigen. Da hätte der Geschichtsforscher sicher ebenso merkwürdige Aufschlüsse über Natur und Entstehung der Rechtsameni erhalten, als sie Tiefgelehrte ihm bereits über Natur und Entstehung der Zehnten gegeben hatten und zwar ebenfalls im Großen Rat.

Weil sie aber nun nicht reden konnten im Großen Rat, so redeten sie desto mehr in allen Schimpfwinkeln und dann von Pinte zu Pinte; und in dieses Reden, diese Schimpfwinkel, diese Pinten hinein wurde Dursli gezogen, und das war sein Unglück.

Dursli bekümmerte sich anfangs um das ganze Treiben nichts; er machte Holzbödenschuhe auf Leib und Leben, trieb den Narren

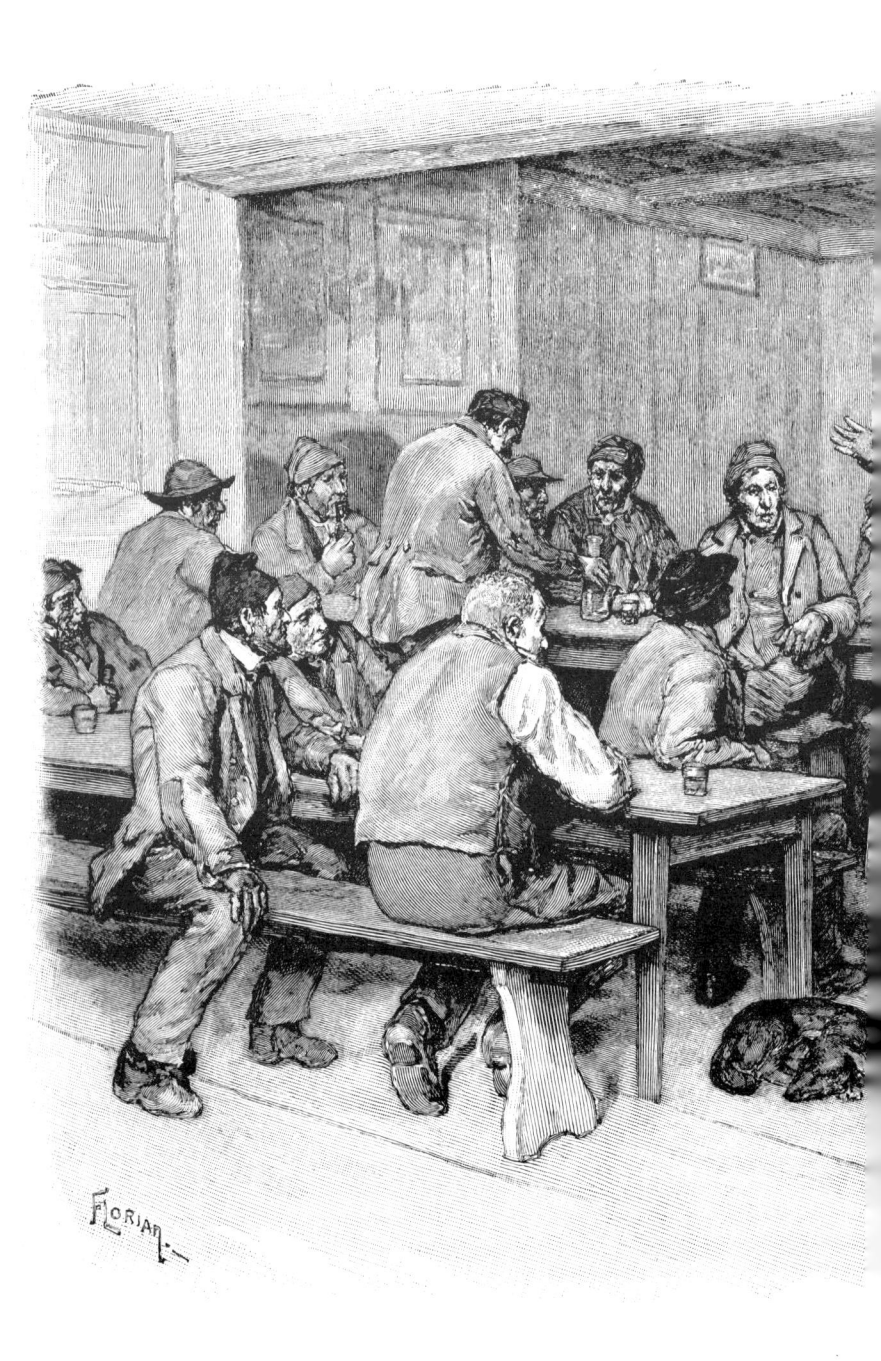
FLORIAN

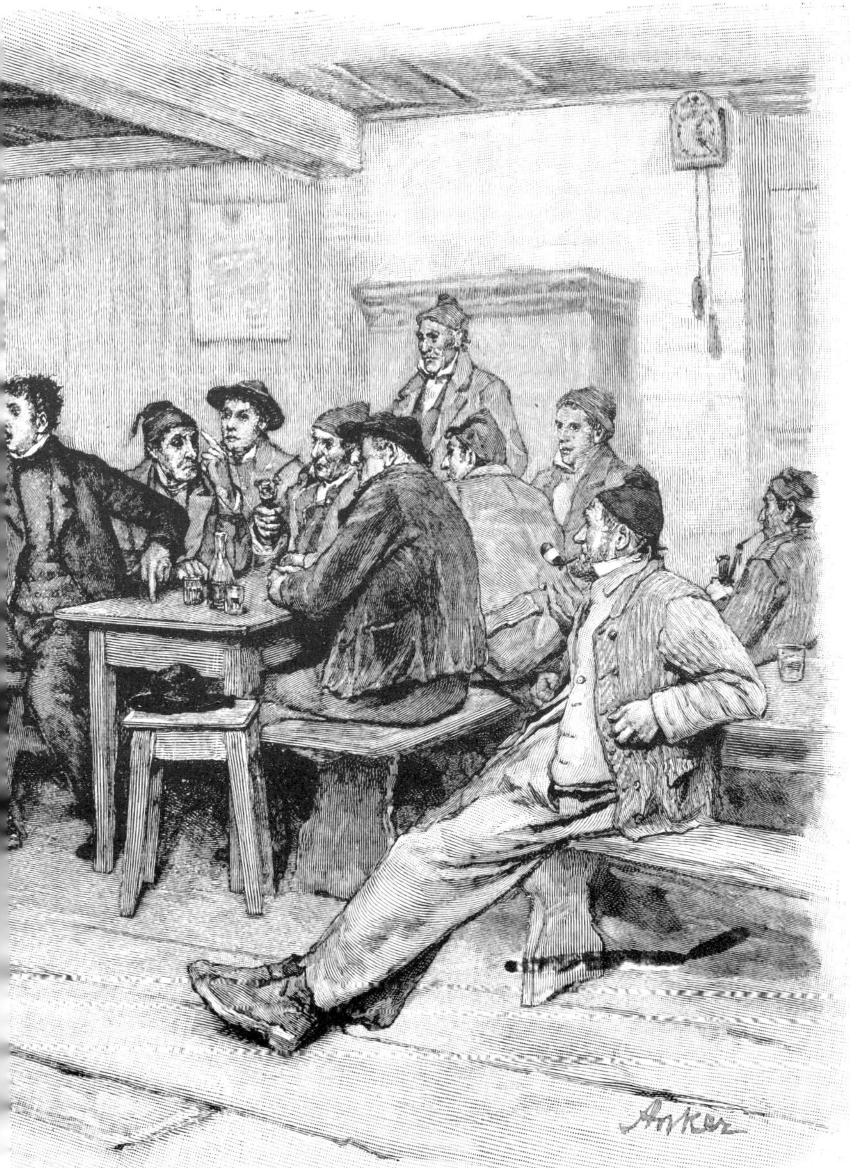
Anker

mit seinen Kindern, daß seiner Frau das Herz im Leibe lachte, aber nur ganz still. Und wenn die Woche aus war, so hatte er eine Hand voll Geld verdient, und wenn der Sonntag kam, so war fast allemal Fleisch auf dem Tisch, und wenn der Winter kam, so fehlte warme Kleidung nicht, den Großen nicht, den Kleinen nicht. Aber so still und glücklich sollte Dursli nicht bleiben; die Treiber in der Gärung hatten schon lange ihre Augen auf ihn gerichtet.

Dursli war ein lustiger Bursche; wo er war, waren andere auch gerne, und durch seine offene Ehrlichkeit hatte er bei vielen Leuten gutes Zutrauen, unter den Mindern war er einer der achtbarsten Männer. Er war einer der wenigen, die etwas vermochten, die nicht bloß fünf Batzen zu einer allfälligen Einlage hatten, sondern sie noch für andere bezahlen, die nicht nur aus dem eigenen Sack zehren, sondern noch andere gastfrei halten, sogar in einem leeren Bett jemand über Nacht halten und an seinem Tische füttern konnten.

Unter den Treibern war nun einer, den ich Schnepf nennen will, der wegen seiner Frechheit und Unverschämtheit den meisten Leuten wohlbekannt, doch höheren Orts nicht ohne Gunst war; dieser machte sich ganz besonders an Dursli. Er war mit Dursli auf einem Märitweg oder in Solothurn bekannt geworden, und eben viel brauchte der Schnepf nicht, um sich aufzudringen. Er konnte sich aufdringen, wo er die mißfälligsten Gesichter sah; warum hätte er dem Dursli sich nicht sollen aufdringen können, der allen Leuten ein freundliches Gesicht machte? Er fing ihm nun an zu predigen von ihren Rechten und Hoffnungen trotz einem Kapuziner; aber Dursli pfiff einen Länder dazu und sagte, er mache drBurechbüri am liebsten Schuh, sie heig dr gattligst Fuß, won'r no i de Hänge gha heig. Dann fing Schnepf an zu fragen nach seiner verlornen Rechtsami, und wie das zugegangen sei damit? Arglos erzählte das Dursli und dann, wie verflucht Bäbelis Vater ta heig un ihms nit meh heig welle la, aber dem heig ers du greiset. Da fing dann der Schnepf an zu sagen, wie das nur ein Spitzbubenstreich von den Bauern und die ganze Geschichte nur abgekartet gewesen sei, um sie um die Rechtsami zu bringen, gerade auf diese Weise seien sie zum ganzen Wald und noch andern Dingen gekommen; aber jetzt sei die Zeit da, sie zu zwingen, wieder fürezmache. Dursli sagte, er wolle nicht prozedieren und sein gut Geld schlechtem nachwerfen; und dann pfiff er einem Gügger, der ihm gegenüber hing, ein Gsätzli vor. Da mangle er nichts z'prozedieren, sagte der Schnepf, die neue Herre müsse ne helfe, sust sölle si de luege. «Kumm mr doch nit mit de neue Herre!» antwortete Dursli, «das isch gradeso, wien ihs ha. Ih ma neu Schuh mache, sovil ih will, su gits geng alt drus.» Aber Schnepf sagte, da hätten sie die Wahl, sie könnten machen, was sie wollten, aber dann wolle man es mit ihnen probieren. Und dann fing er an, dem Dursli von seiner Familie zu reden, und wie jeder Vater zu seiner Familie sehen solle, und wie er die Pflicht habe, nichts fahren zu lassen, was der Familie gehöre, es syg geng um Wyb u King. Endlich fing Dursli doch an zu hören, und es düchte ihn, Schnepf sollte doch auch etwas recht haben. Als daher Schnepf ihm endlich sagte, er solle mit ihm kommen und o cho lose, was gang, er könn de geng no luege, so ließ Dursli sich bereden und ging, und Bäbeli sagte nichts dazu als: «Mach doch de süferli, wed heichunnst! Wenn allbets dsAnne Bäbeli erwachet, su cha mes de fast nit meh etschläfe.»

Wenn der Schnepf nun so in einer Versammlig obenan saß, so behandelte er alle von oben herab mit einer Art unverschämter Würde und predigte seine Meinung mit dem frechsten Anstrich von Unfehlbarkeit, daß ihm darin kaum einer in irgendeinem Verein, er mag Namen haben, wie er will, gleichkam. Damit aber flößte er den Leuten Respekt ein, und gerade seine Frechheit war es, die ihm Glauben verschaffte. Wenn er oben am Tisch so gewaltig räsonierte, mit der Hand auf den Tisch schlug, alle Bauern verfluchte, sie armer Leute Schinder nannte, sich verfluchte, er aber wolle ihnen den Meister zeigen, daß sie in Ewigkeit an ihn denken sollten, sie seien einist a Rechte cho, so vergaßen die andern Maul und Nasen offen, ihre Augen funkelten vor Respekt, und ihre Herzen zitterten vor Lust nach der Bauern Rechtsamene, nach ihren Häusern und Gütern, nach ihren Gülten und Geldern. So etwas wie das Tausendjährige Reich schwamm ihnen vor Augen,

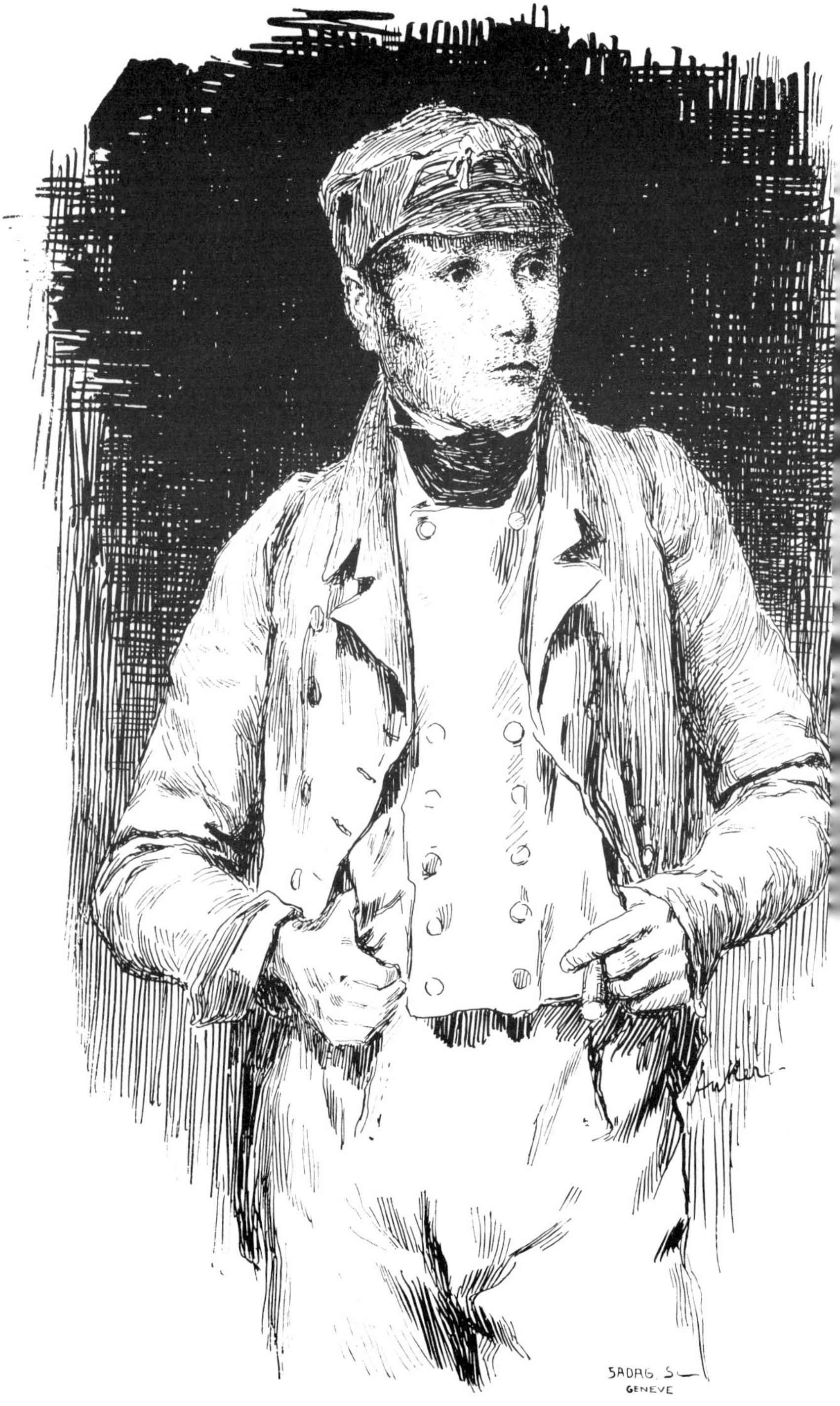
SADAG. Sc
GENEVE

und sie fuhren mit ihren mageren Händen in ihre mageren Säckeli, und sie knübelten dem Schnepf und seinen Spießgesellen Geld dar, die Sache zu machen, und rühmten ihn dann bis in den Himmel hinauf, ungefähr wie die Bistümler ihre Helden, heute diesen, morgen einen andern. Auch Dursli kriegte von nun an gewaltigen Respekt vor ihm und unbedingten Glauben zu ihm. Wenn der Schnepf ihm gesagt hätte, es handle sich nicht nur um die Rechtsamene, sondern um die Teilung aller Felder und Häuser und Gülten, und obendrein seien in Bern noch hunderttausend Millionen Dublonen zu teilen bar und dann noch Plätze, wo ein jeder tausend Dublonen wert sei alle Jahre, das alles stehe in der Verfassig, er hätte es geglaubt; er war in diesen Dingen gerade wie ein Kind.

Doch Durslis Frau hatte vor dem Schnepf keinen Respekt, sondern in dem Maße, als dem Dursli der Respekt vor ihm wuchs, wuchs ihr ein grenzenloser Widerwille gegen ihn. Derselbe kehrte nämlich, seitdem Dursli sein Anhänger geworden, in dessen Hause sehr oft ein, tat ganz, wie wenn er Herr im Hause wäre, und machte sich so breit und stattlich wie ein Junker. Er traktierte Bäbeli von oben herab wie eine Magd. Er kommandierte, daß man hier aus, dort aus diesem oder jenem Bescheid machen solle, zu Dursli zu kommen, und machte dessen Stube zu einem Versammlungsort, sagte ungeniert, ehe die Gebotenen kamen, öppis Warms wäre ihm anständig. Wenn Leute da waren und sie eine Zeitlang poletet hatten, so hieß er Bäbeli ungeniert Wein oder Brönz holen und vergaß dann das Bezahlen.

An solchen Abenden arbeitete Dursli natürlich nichts. Wenn halbe Nächte mit Kannegießern zugebracht wurden, so war man am Morgen nicht zweg zur Arbeit. Und wenn Dursli schon arbeiten wollte, so lief entweder das nächtliche Gesindel wieder herbei, um den Schnepf noch dieses oder das zu fragen, oder der Schnepf lachte den Dursli aus, daß er sich mit dem Holzbödele so gmühen möge, das trage doch ja nichts ab.

Gar oft lockte er den Dursli unter irgendeinem Vorwand noch hie oder da aus und fragte Bäbeli gar nie, ob es ihm auch anständig sei; er nahm so wenig Rücksicht auf ihns, und daß es auch einen Willen haben könnte, als er Rücksicht nahm auf sein eigen Weib und ihre Meinung. Eine solche Behandlung fühlen alle Weiber, auch wenn sie nur einen kudrigen Kittel anhaben; kein Weib erträgt ungerochen eine solche Nichtachtung, besonders im eigenen Hause nicht. Und niemanden hassen die Weiber wohl ärger als die, welche ihre Männer an der Arbeit stören, vom Hause locken, zu Ausgaben verführen, ihren Familien entfremden. Solche verlockende Männer verfolgt ein grimmiger Weiberhaß; und wenn nur der Zehnten aller bösen Anwünschungen gereizter Weiber an ihnen in Erfüllung gehen sollte, so ist die Hölle nicht heiß genug für sie. Bäbeli war ein Weib, der Schnepf ein verlockender Mann, darum haßte es ihn wie die Pest. Weil es aber ein schweigsam Weib war, so sagte es dem Schnepf nicht wüst, hieß ihn nicht zum Teufel gehen oder bei seinem hungernden Weibe und hungernden Kindern bleiben, es machte ihm bloß ein Gesicht, mit welchem man das ganze Inkwyler Seeli hätte zu Essig machen können, jagte mit dem Besen seinen hungrigen Hund vom Mushafen weg, und hie und da entrann ihm eine Türe etwas unsanft aus der Hand. Und wenn dann bei solchen Zusammenkünften Dursli erst nach Mitternacht ins Bett kam, so sagte es ihm auch nicht wüst, aber eher hätte er eine Floh das Utremi singen gelehrt, als daß er seiner Frau ein Wort abgewonnen hätte, er mochte es anstellen, wie er wollte.

Wenn eines Morgens der Schnepf den Dursli fortlockte und dieser sagte: «Fraueli, du söttisch mr dSchuh salbe!», so sagte Bäbeli höchstens: «Ih ha gmeint, du wellisch hüt bschütte, wils es guts Zeiche isch», oder: «Hesch nit dm Sigrist siner Holzböde für hüt vrsproche?»

Brachte dann Dursli mit pochendem Herzen Ausreden vor, diese oder jene, so schwieg Bäbeli, und Dursli ging. Er fühlte zwar wohl, daß er zu Hause bleiben sollte, die Arbeit war ihm noch das Gewohnte, und ihre Vernachlässigung regte sein Gewissen an; aber er fürchtete sich, dem Schnepf etwas abzusagen. Zudem hat fast für alle Menschen ein von der Arbeit freier Tag, an welchem man unter freiem Himmel herumlaufen kann, etwas Anziehendes, dem man nur um anderer Interessen willen zu widerstehen vermag. Dursli sah noch keine Not, keine Dringlichkeit der Arbeit, sah den Lätsch nicht, den der Teufel ihm anlegte; und weil seine Frau wenig sagte, nicht aufbegehrte, daß er sie mehr fürchten mußte als den Schnepf, der wüst getan hätte, wenn Dursli nicht hätte mitkommen wollen, so ging er und ahnte nicht, wie es in Bäbelis Herzen siedete und kochte in Angst und Zorn.

Wohl sagte Bäbeli auch zuweilen, wenn der Schnepf fortging und den Dursli daheim ließ, es wett, es hätt dä zum letztemal gseh, es wohle ihm allemal, wenn es ihm dFersere gsey. Dann nahm Dursli seines Freundes Partei und erzählte, wie er ein Aufrichtiger sei und ein Kuraschierter, was er alles für sie wage, und was sie ihm einst zu verdanken haben würden, auch, wie er gästimiert sei, und wie schon mancher Herr den Deckel vor ihm glüpft heyg und die Vornehmsten ihm Briefe geschrieben. Dann schwieg Bäbeli wieder, und Dursli blieb des Schnepfen Freund; es wurde nicht die Gewalt gebraucht, ihn von demselben wegzuziehen, die Schnepf brauchte, den Dursli an sich zu ziehen. Wer weiß, wenn Bäbeli mehr geredet hätte im Ernst und mit Flattieren zu rechter Zeit, ob es nicht anders geworden wäre! Aber es war halt Bäbelis Natur so, und es fiel ihm nicht ein, seine Natur zu überwinden und sie nach den Umständen einzurichten, es ließ Kohli walten und würgte an seinem Verdruß im stillen. War ihm das doch nicht zu verargen, tun das ja auch ganz anders gebildete Weiber als Bäbeli, daß sie halt ihrer Natur, das heißt ihrer Angewöhnung nach leben.

Es ist merkwürdig, daß Weiber und Männer weit eher zum Erreichen böser Zwecke, zum Betrügen, zum Verführen, zum Überlisten, zur Erhaltung eines Schatzes ihrer Natur Gewalt antun als um guter Zwecke willen, um Menschen vom Bösen ab- und zum Guten zu ziehen, und doch wäre hier der Lohn so groß, und ist dort die Strafe so groß.

Freilich werden die Weiber sagen, es sei bös z'breiche, bald rede man zu viel und bald zu wenig, und an allem sollten immer die Weiber schuld sein. Ja, ja, Weibchen, allerdings redet ihr bald zu wenig, bald zu viel, und an vielem seid ihr schuld. Aber wenn ihr euch nur ein wenig wolltet brichten lassen, so könntet ihr bald ebenrecht reden lernen, dann hättet ihr den Schlüssel zu den meisten Männerherzen und könntet schuld sein, daß die halben Männer Engel würden.

So mußte das Bäbeli mit seinem Gift im Herzen lange Zeit Brönz holen bei irgendeinem der zahllosen Verkäufer, denen die Regierung erlaubt hatte, für fünfzehn Batzen jährlich zu verkaufen, was sie wollten.

Was so einer verkauft, untersucht man in der Schweiz nie. Es kann einer getrost Dreck brennen, ihm Branntewein sagen und ihn verkaufen. Wir leben in einem freien Lande, wo jeder dem andern vors Maul halten kann, was er will: geputzte und ungeputzte Kutteln, gekochte und ungekochte Blutwürste, Branntewein aus Dreck oder aus Essig. Da, wo man das Brönz holte, hätte man es ungestraft auch trinken können; aber der Schnepf war lieber da, wo er das Essen umsonst hatte und das Glieger und er nicht allemal zu zahlen brauchte, was er holen ließ.

Einst kam er auch und mit ihm natürlich sein Hund; derselbe war noch hungriger als gewöhnlich und schnappte nach einem Stück Brot, welches ein Kind in der Hand hatte; unglücklicherweise schnappte er in seiner Gier zu weit, und blutig wurde des Kindes Hand, welche das Brot hielt. Da brannte das Feuer in Bäbeli auf, und mit einem feurigen Scheit schlug es auf den Hund, daß Funken stoben und der Hund mit seinem Geheul das Häuschen füllte. Der Schnepf wollte mit zornigen Worten seinem heulenden Hunde zu Hülfe, aber ihm flammten Bäbelis Augen entgegen in ungewohnter Glut, und ein Fluß der Rede übergoß ihn, deren selbst seine Unverschämtheit nicht standhalten konnte, daß er gehen mußte mit seinem hungrigen Hunde und das Wiederkommen nicht mehr versuchte.

Bäbeli sah mit Freuden ihn gehen und schwieg wieder. Es triumphierte im Herzen über die gewonnene Schlacht und meinte, den Dursli wieder ganz erobert zu haben. Das arme Tröpfli wußte nicht, daß der Sieg am leichtesten verloren geht, wenn man die Schlacht gewonnen glaubt.

Schnepf zog sich nur aus dem Hause zurück, von Dursli ließ er nicht. Er beschied ihn nun von Hause aus Bäbelis Augen weg, und Bäbeli sagte anfangs auch wieder nicht viel dazu; es war nur froh, wenn es den Niggel nicht sehen mußte.

Schon das moderierte Konzessionssystem, das so verwaltet wurde, daß sich vielen die Überzeugung aufdrang, man wolle es mit Fleiß den Leuten erleiden und das Patentsystem als einzig vernünftig erscheinen lassen, hatte neue Pinten gebracht, und das Patentsystem brachte nun noch unendlich mehr. In einer einzigen Gemeinde sollen nach und nach bei siebenzehn neue Wirtschaften entstanden sein. In vielen dieser Wirtschaften hatten Leute wie Schnepf Trittig und sichern Unterschlauf; in gar manche verirrte sich nie ein rechtlicher Mann, kein Vorgesetzter zeigte sich darin. Gar manche dieser Wirtschaften war nichts anders als eine eigentliche Hudelwirtschaft. Der neue Wirt war selbst ein Hudel und hatte nicht soviel Geld im Hause, um die Patentgebühr zu bezahlen, und kein Fäßchen, das dreißig Maß hielt, und keinen Keller, in dem eine Sauerkabisstande Platz hatte, geschweige dann ein Faß, und keine Stube, in welcher man unter dem Unterzug durchkonnte, ohne sich zu bücken, und in einer Ecke der Gaststube kindbettete sein Weib, in der andern war seine Mutter am Sterben. So war das schöne Lokal beschaffen, das er zu seiner Wirtschaft verzeigt hatte. Irgendein alter Wirt streckte vielleicht die Patentgebühr dem neuen Hudelwirte vor gegen das Versprechen, bei ihm seine Provisionen, Strohflasche um Strohflasche, zu holen. Bei dem neuen Wirte konnte man dann den Speck von der Maus kaufen; das war die Erleichterung für das Publikum durch vermehrte Konkurrenz. Doch bitte ich, das vom Speck nur bildlich zu verstehen, denn in solchen Wirtschaften wäre selten wirklicher Speck zu haben gewesen, obschon es an Schmutz nicht mangelte; und wenn man auch Würste gehabt hatte, so hatte man doch keinen Speck gehabt und von ihnen auch sagen können, diese Würste seien gerade wie die zu E., in äyne sei kein Speck und in diesen auch keiner.

In solchen Wirtschaften waren sie nun durchaus ungestört, rechtliche Leute genierten sie nicht, die Polizei – doch, wohlverstanden, nicht zusammengezählt! – molestierte sie nicht, gewöhnlich war der neue Hudelwirt noch ihr Bundesbruder. Hier konnten sie ihre Abreden treffen, ihre Herzen leeren, Bericht erstatten über neue Räte oder neue Versprechen, die sie erhalten.

War man nun da an einem Abend lange zusammengesessen bei Branntewein, der stank wie Fürfüße, die ein Polizeier sechs Monate lang nur über die andere Nacht ab den Füßen gebracht, so hatte man am Morgen einen trockenen Hals und war nicht wohl, bis man ihn wieder annetzen konnte; oder man war am Abend daheim gewesen und am Morgen gwunderig, zu vernehmen, was abgeredet worden, was für Nachrichten man empfangen; oder man war an einem andern Orte gewesen und mochte nicht warten, bis man erzählen konnte, was man da vernommen; oder man erwartete einige Ausgesandte zurück und erwartete von ihnen, sie brächten Bericht vom kürzesten Weg ins Schlaraffenland.

So lagen eine Menge Gründe vor, den Arbeiter von der Arbeit weg in die Pinte zu ziehen, wo er zudem noch sicher war, einige andere anzutreffen und einige Augenblicke kurzi Zyti zu haben. Man bestellte einen Schnaps und wollte ihn nur so im Fluge nehmen, aber doch zündete man eine Tubakpfife an, begann zu diskurrieren; einer nach dem andern setzte sich, einen Schnaps nach dem andern nahm man, zu räsonieren immer tiefer begann man; ein Rams, den Schnaps zu bezahlen, lief nebenbei. Ehe man daran dachte, war die Zeit, wo Weib und Kinder daheim Erdäpfel aßen, vorbei; heim zu den kalten Erdäpfeln mochte man nicht, und doch war man hungrig. Man forderte von der Wirtin ein Schnäfeli Fleisch, und die gab es; denn so in einem Pintenschenk kann man so gut essen als in einem Wirtshause und zwar warm und braucht sich nicht einmal herauszuhelfen wie ehedem ein Pintenwirt zu H.

Der war auch einmal verklagt worden, daß er seinen Gästen Warmes zu essen gebe, welches in der Erlaubnis für eine Schenke ausdrücklich verboten war. «Verzeiht, gnädiger Junker Landvogt!» sagte er, «Ihr wüsset, man muß das Fleisch kochen, ehe man es essen kann, und da wird es warm, und das ist nicht verboten. So habe ich es auch diesmal kochen müssen und habe den Gästen geng aghalten, sie sollten das Fleisch erst kalten lassen, ehe sie es essen; aber si hey nit welle, si hey nit welle, u was han ih sölle mache? Es si ihrere gar mänge gsi.»

Waren diese Leute nun bis über Mittag im Wirtshause, so waren sie auch den Nachmittag durch da, kamen erst am Abend oder nachts heim und kamen dann heim und wie? Sie hatten nichts verdient, aber manchen Batzen vertan, und am Morgen zog es sie an allen Haaren, bis sie wieder in der Kneipe waren, und wenn sie dann früher oder später heimgingen, so kriegten sie zu Hause immer saurere Gesichter und Sommers und Winters Kifel.

Es ist unter reichen Herren, Geschäftsleuten, Weibeln und Sekretärs oft der Brauch, daß sie ein Dix-heures nehmen, ein Gläsli Grüns oder einen halben Schoppen Roten oder es Tröpfli Malaga; dabei diskurrieren sie oder lesen eine Zeitung oder warten der Post ab. Fast alle diese Herren, vielleicht die Weibel ausgenommen, haben ein bestimmtes Maß, das sie in Leib nehmen, eine bestimmte Zeit, welche sie im Café oder im Stübli zubringen, und auf den bestimmten Glockenschlag stehen sie an ihrem Tische. Es ist da eine feste Ordnung, welche die Leute im Gleise behält. Äusserst selten wird sich vielleicht des Morgens ein Sekretär am Domino fünf Minuten versäumen lassen. Nachmittags beim Kaffee, von wo aus man nur ins Bureau muß und nicht heim zur Frau, nimmt man es bei weitem nicht so genau, die Sitzungstage ausgenommen. Es ist bei diesen Leuten allen eine mehr oder weniger geregelte Lebensweise, weil sie auch mehr oder weniger innerlich geregelt wurden, oder weil ihre gesellschaftliche Stellung oder ihre gesellschaftlichen Ansprüche sie in Ordnung erhalten und sogar auch in den Zeiten, wo man über der politischen Gesinnung den sittlichen Wert von oben herab aus den Augen verliert. (Aber hüte man sich, von oben herab diesen Grundsatz zu predigen! Das Volk ist nicht der Meinung und dürfte ihm sehr derb widersprechen.)

Bei armen Leuten fehlt aber meist die innere und die äußere Regel oder der Riegel, der das Weitergehen verschließt. Ihre Ansprüche, die sie verwirken könnten, beschränken sich höchstens auf Steuern, und meist schlummert bei ihnen die Sinnlichkeit nur, und einmal erwacht, haben sie kein Gewicht, sie wieder in ihre Grenzen zu drängen. Daher sieht man in dieser Klasse Tausende, die monatelang weder Wein noch Branntewein trinken; fangen sie aber einmal an, so hören sie nicht auf, bis sie betrunken sind oder kein Geld mehr haben. Ja, es gibt die sogenannten Stören, die tage-, wochenlang währen, wo jeder Tag eine Hudlete ist, die bis auf sieben Wochen dauert. So war einmal ein reicher Bauer, der, wenn er einmal, was aber selten geschah, des Sonntags ins Wirtshaus geriet, die ganze Woche dasselbe nicht verließ, bis am Samstagabend sein Knecht mit allen seinen sechs Rossen vors Haus kam. Nachdem er dieselben dort einige Stunden gespienzelt, den Knecht auch halb gefüllt hatte, las er eins unter denselben aus und ritt heim, der Knecht mit den fünf andern hintendrein.

Je öfter man diesen Leuten Gelegenheit gibt, anzufangen, um so öfter werden sie voll oder saufen, bis sie keinen Kreuzer mehr haben. Man kann darauf zählen, daß neunundneunzig von Hunderten aus dieser Klasse, welche des Morgens in ein Wirtshaus gehen, Hudeln werden und Weib und Kinder hungern lassen. Tausende von diesen Leuten sah man jahrelang auch des Abends selten im Wirtshause und an einem Werktag nie, sie hatten das Wirtshaus weit und den Kreuzer lieb. Es war ihnen bei ihrer natürlichen Trägheit zuwider, abends noch eine halbe Stunde weit zu gehen, und den Tag über kam ihnen kein Sinn an das Wirtshaus, weil sie keines sahen; sie blieben also den Tag durch bei ihrer Arbeit, des Abends streckten sie auf den Ofen lang sich aus und schnarchten bald, daß die Strümpfe an der Ofenstange in Blamp kamen. Nun wird solchen Leuten ein Wirtshaus vor die Nase gestellt, oder ein Nachbar erhält für fünfzehn Batzen das Recht, über die Gasse zu verkaufen, was er will. Der Wirt will Gastig, der Nachbar Käufer, beide locken. Die Gedanken ans Wirtshaus erwachen, die Lust beginnt sich zu regen.

Wenn der Abend gar lang ist und der Schlaf nicht kommen will, so denkt Hans, in der Pinte hätte er doch kürzere Zyti, und er brauche nicht viel zu vertun, es sei ihm ja nicht wegen dem Brönz, sondern wegen der Gesellschaft; er brauche ja nicht einmal die

Holzschuhe abzuziehen und Lederschuhe anzulegen. Und ehe man es sich versieht, ist Hans ab dem Ofen, hat sich aus der Türe gedrückt und sitzt in der Pinte.

Joggi hat Heu gerüstet, und es ist gar staubigs in diesem Jahr. Es dünkt ihn, als ob ganze Fuder Kries in seinem Halse wären; «wes ume ache wär!» denkt er, acheschwäyche wär dsBest, kalts Wasser mache ihm den Husten, e Tropf vo ds neue Wirts Chächerem täts am besten, bis zum Futtern hätte er gut Zeit. Und Joggi schwäycht ache, bis er so weit achegschwäycht het, daß er ebe halb futtert, weils ne düücht, es syg ume halb ache u well geng wieder obsig, u er müß no ga nachebessere.

U Benz spaltet Stöck vor dem Hause am Morgen, u drBysluft geyt scharf, u Benz het ume dünni Zwilchhösli a. Da sieht er den einen um den andern in die Pinte gehen; es nimmt ihn verflümeret wunder, was sie miteinander hätten, und, je mehr der Bysluft ihm an den kalten Beinen krebelt, desto mehr nimmt es ihn wunder; und e Hampfele Wärmi ga z'näh, denkt er, schadi nüt, und ehe er es denkt, sitzt er im Pintli und säße vielleicht noch dort, wenn ihn seine Frau nicht heimgeholt hätte.

Diese Leute merken den inneren Zug nicht, der in ihnen erwacht, sie zu diesen Genüssen treibt und ihnen alle diese Vorwände an die Hand gibt. Denn das alles sind nur Vorwände, welche die Sinnlichkeit dem Verstand vorspienzelt, und der Mensch überlistelet sich selbst achtundneunzigmal, während er die ganze übrige Menschenrasse nur zweimal zu bereden sucht. Diese Leute merken die steigende Gewohnheit nicht, das immer dringer werdende Bedürfnis nicht, sie fühlen nicht, wie sie immer willenlosere Sklaven einer Leidenschaft werden; und wenn endlich Not und Elend ihnen die Augen öffnen, so ists nur, um den glühenden Jammer über sie auszugießen, der wie Wolkenbrüche über jeden einbrechen wird, der sich als seinen eigenen Teufel erkennt, der sich selbst eine eigene Hölle heizt heißer und immer heißer, der sich bei lebendigem Leibe, bei wachendem Verstande in dieser Hölle verkohlen fühlt.

Daß jede neue Wirtschaft wenigstens ein halbes Dutzend solche arme Teufel mache, behauptete ich; erfahrene Männer behaupten, wenigstens die Hälfte zu gering sei meine Annahme. Ich weiß es nicht. Welches Departement kann uns sagen, wenn bei jeder neuen Wirtschaft nur ein halbes Dutzend solcher armen Teufel herauskäme, wie manche arme Seele den Staat die zirka achtzigtausend Franken kosten, die er als Patentgebühr bezieht? Und wenn jede dieser armen Seelen nur ein Weib und zwei Kinder besitzt und alle drei nur drei Jahre um ihr Elend und des Vaters Elend weinen, so sagt mir, ihr Staatskünstler, die ihr soviel aus euern Handbüchern zu reden wißt, in welchem Handbuche steht, wieviel Tränen diese unglücklichen Weiber und Kinder weinen, wie groß in drei Jahren der See würde, wenn alle diese Tränen zusammenflössen? Ihr wisset es nicht; es steht nirgends, es steht auch nichts in des großen Herren angekündigter, aber nicht herausgekommener vierbändigen Staatswirtschaft. Aber das weiß ich, daß ich diese Weibertränen, diese Kindertränen, die stromweis fließen, weil Hunderte von überflüssigen Wirtschaften sind, weil in diesen Wirtschaften nie mehr Feierabend wird, die Väter vom Abend bis am hellen Morgen sitzen, an den Straßen sitzen, bis es in die Kirche läutet, und aus dem Wirtshause besoffen ins Gotteshaus gehen mit der Brannteweinguttere und den Brannteweingeist im Gotteshaus sich eingießen statt eines andern Geistes – diese glühenden Weiber- und Kindertränen möchte ich nicht auf dem Halse haben, wahrlich lieber einen Mühlstein am Halse!

O Freiheit! Ja, du bist ein Himmelskind, und dein Erscheinen sind goldene Liebesblicke, die der Vater da oben hinein in die Völker wirft. Aber wie entlaufene Kinder kommen mir die aus dir geschnittenen Worte Gewerbsfreiheit, persönliche Freiheit, Glaubensfreiheit vor. Sollen diese Worte schrankenlos zu verstehen sein, dann kann man kein Gewerbe hemmen des freien Glaubens wegen, dann muß man jedem Glauben den freien Lauf lassen, wenn er zum Gewerbe wird. Aus diesem Grunde sicherlich wurde schon zu mehreren Malen die Hausierordnung auf Prediger und Lehrer angewendet. Kann man den Glauben zu den Gewerben rechnen? Kann man die Wirtschaften zu den Gewerben rechnen? Was kann man dann nicht mehr zu den Gewerben rechnen, und was sollte nicht frei sein? Oh, prächtig klingt das Wort von persönlicher Freiheit! Frei soll sein der Mann, frei, zu treiben, was er will, und mit wem er will, frei, Weiber zu schlagen, Kinder hungern zu lassen, frei, stehlen zu können, solange es ihm nicht beliebt, zu sagen: «Ja, hochgeachtete Herren, ihr habt recht, ich bin ein Schelm!» Frei soll der Mann sein, ein Türke oder ein Heide sein, seine Kinder zu Gott oder dem Teufel führen, sein Weib des Teufels machen, ohne daß jemand der Kinder sich erbarmen, hemmend einschreiten soll – das heißt persönliche Freiheit! Jagt er aber sein Gut dem Teufel zu, und bezeugen es sieben Zeugen, dann darf man etwas machen gegen persönliche Freiheit. Also gönnt man dem Teufel eher Weib und Kinder als Geld und Gut! Aber ist dann nur der Mann persönlich frei, sind Weiber und Kinder nicht auch Personen? Allerdings; und wenn sie sich von der väterlichen Gewalt mit eigener Kraft losmachen können, so sind auch sie frei, und Kinder können ihre Eltern ebenfalls hungern lassen, wenn sie wollen, können sie hungern lassen bei bedeutendem Vermögen, können sie halb totschlagen und die hilflosen Alten im Bette verbergen, und kein Hahn kräht darnach, wenn es schon alle Welt weiß. O du Lehre von der persönlichen Freiheit, wie ähnlich siehst du dem Grundsatz, daß der Stärkere Meister sei! Nun soll im freien Lande der Gesamtwille der Stärkere, der Meister sein, nicht die Willkür oder die Torheit von diesem und jenem; und dieser Gesamtwille will diese ungebundenen Freiheiten nicht, in welchen Tausende von Persönlichkeiten zugrunde gehen müssen. Dieser Gesamtwille erkennt neben Weibern und Kindern noch eine Menge Unmündige und Schwache im Lande, deren innere Freiheit noch nicht durch sittliche und religiöse Kraft errungen worden, die noch Kinder der Lust sind, Unmündige in der Erkenntnis des Guten und Bösen.

Von diesen die Lockungen fernzuhalten und sie soviel als möglich von der Sünde abzuhalten, erkannte man in unserem Ländchen als Notwendigkeit, als echt christliche Bruderpflicht. Man betrachtete sich echt christlich als eine große Familie, und in diesem Sinne hießen sonst unsere Regenten Landesväter, die Vorgesetzten der Gemeinden Gemeindsväter. Vergaßen sie den Sinn in diesen Worten, so war ihre Torheit groß, ihre Sünde schwer; aber ebenso groß ist die Torheit, ebenso schwer die Sünde, in unser Ländchen, in unsere Familie die in Frankreich und in England und in Amerika ausgehegten Theorien verpflanzen zu wollen, durch welche große Staaten regiert, der einzelne aber ganz ausser acht gelassen wird. Da wohl frägt man dem einzelnen gar nichts nach, sei er, wie er wolle; daß der Staat besteht, ist die Hauptsache, alles giltet der Staat, nichts der einzelne. Aber ist wohl der Staat um des einzelnen willen da oder der einzelne um des Staates willen? Ist die Vervollkommnung der Menschen oder die Ausführung einer Staatsidee Zweck des irdischen Lebens? Wer weiß, ob nicht in Meere von Blut die Vernachlässigung des einzelnen über die Überhebung des Staates als eine weltgeschichtliche Torheit eingegraben wird und zwar bald? In England und Amerika drohen bereits die Blutbeulen aufzuquellen. Wieviel Blut hat nicht bereits die Idee des Papismus, ob welcher der Christ vergessen wurde, gekostet!

Leibeigenschaft und unbedingte persönliche Freiheit sind Gegenfüßler; liegt wohl das Rechte unbedingt im einen oder im andern oder anderswo? Sollte die persönliche Freiheit nicht mit der innern sittlichen Freiheit in irgendeiner Verbindung stehen, die Schranken erweitert, verengert werden je nach dem Stand der innern Kraft und Einsicht? Liegt es nicht dem Staate ob, dieses Verhältnis in seiner Gesetzgebung zu berücksichtigen, während dem Lehrstand zukömmt, die innere Kraft, die Einsicht der einzelnen zu erhöhen? Kömmt das Geschrei nach Kirchenzucht nicht aus dem ängstlichen Vorgefühl, was wohl aus uns werden solle, wenn der Staat unbesonnen, den innern Zustand der Menschen nicht berücksichtigend, die der Sünde vorbauenden Schranken einreißt, der Sünde vom Staat aus so wenig Folge gibt als möglich?

Es ist das Geschrei eines von einem unbesonnenen Fuhrmann Gefahrenen, ein Versuchen, an dessen Stelle die Zügel zu ergreifen; aber das die unkundige Hand fühlende Roß würde dieser unkundigen Hand kaum gehorchen.

Oh, allweg ist es schön im kleinen Ländchen, wo noch der Bruder für den Bruder sorgt, daß er Speise hat für seinen Hunger und Kleider im Winter, wo der Bruder sorgt für des Bruders Kinder, daß das Erbe des Evangeliums ihnen nicht vorenthalten werde. Ja, schön ists im kleinen Lande, wo dem Bruder nicht gleichgültig ist, fahre meine Seele zum Teufel in seine Qual, wo er nicht bloß dafür sorgt, daß mein Haus nicht durch das seine entzündet werde durch Stroh oder Schindeln, sondern wo er auch dafür sorgt, daß meine Seele nicht entbrannt werde in unzähmbarer Lust durch Brandfackeln ringsum, durch unbewachte Häuser, aus welchen die tierische Lust nach allen schwachen, unmündigen Seelen ihre Arme streckt.

Aber an Durslis Seite war eben kein hütender Bruder, und ihre geilen Arme streckten diese Häuser immer umschlingender nach ihm aus, und aus den Häusern hervor lockte immer dringender der wüste Schnepf, und nach diesen hin trieb den Dursli immer häufiger die eigene Lust und das böse Gewissen.

Die Bestellungen nahmen gar kein Ende. Sah Schnepf heute den Dursli, so sagte er ihm: «Komm dann morgen oder übermorgen um die und die Zeit dort- oder dorthin, de kann ih dr bstimmte Bricht gä, was geyt, oder was gah söll.» Dann ging Dursli hin, mußte einige Stunden warten; das tat er natürlich nicht z'leerem, sondern bei einem Schoppen, einem Brönz. Und wenn dann der Schnepf kam, so war er hungerig und durstig; Dursli mußte mithalten, vielleicht noch zahlen, weil Schnepf sagte, er hätte all sein Geld ihrem Fürsprech geben müssen; und ehe Dursli sichs versah, war der ganze Tag versäumt und zwanzig Batzen vertan.

Dann lief nicht bloß der Schnepf herum, sondern noch andere Treiber, Aufhetzer durchstrichen das Land, wenn ihnen zu Hause das Brot ausging oder der Appetit nach etwas von Fleisch erwachte. Wenn nun der eine oder der andere von ihnen in ein Dorf kam, so ging es fast wie bei den Stündelern, wenn ein Prediger sich zeigt, oder wie wenn ein Hase auf dem Felde sich tot gelegt hat. Die Kunde fliegt von Haus zu Haus wie mit der Luft, und eine Versammlig ist zweg, ehe man sich umsieht; der Geruch fliegt

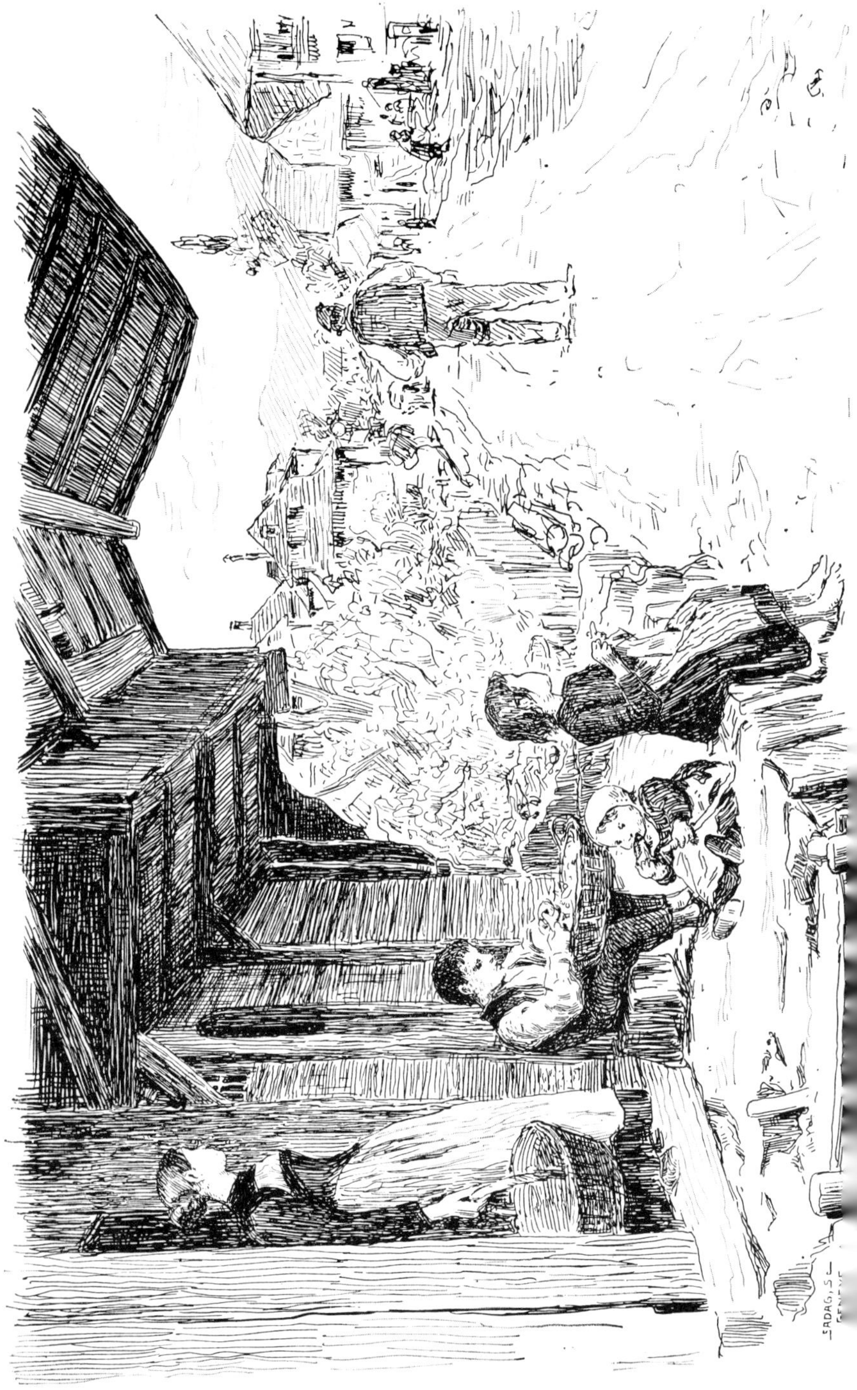
SADAG, SC

durch die Luft, und als ob sie in der Luft entstünden, schneit es Krähen und Elstern herbei, glustig ihre Schnäbel wetzend. Ein Kreis von Hoffenden hatte sich im Augenblick um das wandernde Haupt gesammelt und horchte mit der gespanntesten Aufmerksamkeit und gläubigem Geiste, was dasselbe ihnen vorlog; und nach und nach ergriff sie der Brannteweingeist und bannte sie fest um ihr lügend Haupt herum bis gegen Morgen. Und hatten sie dann das eigene schwere Haupt einige Stunden zur Ruhe gelegt, so fanden sie am folgenden Morgen keine Lust zur Arbeit in demselben, wohl aber eine brennende Zunge, einen trockenen Hals; den Brand zu löschen, mußte man dann ins nächste Pintenschenk. Und wenn auch einer einige Zeit den Gelüsten widerstund, die am Baume im Winde flatternde Flasche winkte dem Durstigen fort und fort, winkte immer dringlicher, bis sie den Lüsternen weggewinkt hatte von seiner Arbeit.

Zu allem diesem sagte anfangs Bäbeli wenig oder nichts; es war froh, daß Schnepf nicht wiederkam, und das Übel in Durslis Weggehen fühlte es noch nicht. Wenn eine Botschaft Dursli wegrief, es richtete sie noch freundlich aus; wenn er auf eine Reise sollte als Ausgeschossener, so salbete es ihm noch freiwillig die Schuhe.

Als allgemach die ungemachte Arbeit anwuchs, die Leute immer häufiger kamen, derselben nachzufragen und mit allerlei Ausreden kaum abgetädigt werden konnten, als hie und da Bäbeli von einer Bäurin anzügliche Reden hören mußte, wie es besser wäre, Dursli hockete bei der Arbeit, als dem Lumpenzeug nachzulaufen und mit den hungrigen Landstreichern gemeine Sache zu machen, es hätte ihm niemand viel darauf – da fing es doch an, dem Dursli vom Daheimbleiben zu reden und von ungemachter Arbeit, und machte ihm ein saures Gesicht, beides, wenn er ging und wenn er heimkam. Als nach und nach das vorrätige Geld abnahm, als Bäbeli nicht bloß die vorrätigen Batzen gar zu knapp abteilen und nichts mehr anschaffen konnte, sondern in Durslis Abwesenheit gar keinen mehr fand und, wenn er heimkam und es Geld forderte, in dessen Sacke auch wenig oder nichts mehr war, dann sagte es mit mutzen Worten und vermeukter Stimme: «Es dücht mih, du söttischs doch afe merke, was dys Gläuf abtreyt, u wies die Hudle mit dr meine; allbets hei mr Geld gha, sovil wie nötig, u jetz keis meh, u du wirsch de bal gseh, wed ke Geld meh hesch, wie si drs mache.»

Und wenn Bäbeli dieses gesagt hatte, so machte es wieder sein stilles Gesicht, das die einen für ein saures, die andern für ein wehmütiges genommen hätten. Das tat dann Dursli weh; es hatte ihn ohnehin ein inneres Unwohlsein, eine Unruhe ergriffen, denen er keine Namen geben konnte, ja, deren Dasein er nicht wahrnahm, sondern die er bloß empfand. Weder er noch Bäbeli hatten eine Ahndung von der Gewalt, der Dursli sich nach und nach ergab, von der Gewalt, die in der wachsenden Gewohnheit liegt, im Wirtshaus zu sein statt im eigenen Hause, zu trinken statt zu arbeiten. Wenn dann Dursli unwohl ward bei Bäbelis Brummen, so suchte er sich zu rechtfertigen, als ob er für seiner Kinder Nutzen sorge, für seine Familie, und doch wollte dieser Grund ihm nicht wohlmachen; er konnte kaum ein lustig Liedchen mehr pfeifen zu seiner Arbeit, es war ein Grollen und ein Reißen in ihm, dem er keinen Namen geben konnte, das ihn nicht ruhig ließ, bis das Getümmel seiner Kameraden oder der Nebel eines Gläschens es übermannten. Und Bäbeli ließ ihn dann ziehen mit seinem stillen Gesicht und empfing ihn wieder mit stillem Gesicht; mit seinen wenigen Worten glaubte es wahrscheinlich die Sache nur schlimmer gemacht zu haben, und es ward ihm leid, daß es Dursli böse gemacht, ihm vielleicht unrecht getan; aber es sagte es nicht.

Dursli haßte aber das stille Gesicht als stetigen Vorwurf, dem er nicht widersprechen konnte, noch mehr als das aufbegehrische; er ward immer unwirscher und Bäbeli immer stiller. So gabs einen immer tiefern Riß zwischen beide, zwischen beiden erhob sich das fürchterliche Ehegespenst des Mißverstehens, und keines hatte die Kraft, es zu verscheuchen durch die Sonne der Liebe oder die Gewalt des Sturmes.

Es war Bäbeli nicht zu verargen, daß es nicht anders zu Werke ging, es war halt seine Natur so. Aber eben weil es gut wäre, wenn jeder Mensch seine Natur und nicht bloß seinen Magen kennen, meistern würde und nach den Umständen handeln könnte, komme ich wieder darauf zurück; und weil dieses in einer Ehe notwendig ist, wäre es nicht zu viel, wenn man siebenzigmal siebenmal darauf zurückkäme. Daß zwei Naturen in einer Ehe zusammenkommen, die zueinander passen wie zwei Finger an einer Hand, ist eine gar rare Sache.

Liebe und Furcht sind es, welche die Welt regieren; Liebe zieht an, Furcht schreckt ab. Die einen Naturen lassen sich mehr abschrecken, andere mehr anziehen; die einen Naturen vermögen besser durch die Furcht abzuschrecken, andere besser durch Liebe anzuziehen.

Steht nun ein Weib über ihrem Manne, das heißt, sieht sie, daß er übel fährt, auf üble Wege sich locken läßt, will sie ihn abhalten, bekehren, so muß sie das entweder mit Furcht oder Liebe tun; und diese Liebe und diese Furcht müssen nachhaltig wirken in jedem Augenblicke, wie der Magnet in jedem gegebenen Augenblicke abstößt und anzieht. Das heißt, nicht nur hie und da muß die Frau eine Zärtlichkeit versuchen oder hie und da einen Fluch oder einen Trumpf oder eine Mauggere, sie muß auch nicht keifen wie ein Spitzhund, den man nicht fürchtet, der einen aber die Wände auftreiben kann mit seinem Gekläff, und muß ebensowenig mit zuckersüßen Worten hold zu tun versuchen hie und da. Die Liebe muß stark sein und weich, muß beständig zutage liegen, muß des Mannes Herz stärker zu fassen wissen als die Sache, von welcher die Liebe ihn losreißen will; und diese Liebe muß versöhnlich sein, siebenmal siebenzigmal vergeben können in einem Tage; sie darf aber nicht stumm sein, sie muß reden durch Mund und Augen. Und die Furcht, die das Weib einflößen will, muß gewaltiger und erschütternder sein als der Zug zu der verpönten Sache, und dem Weibe müssen in überlegener Willenskraft die Mittel, diese Furcht zu erregen, beständig bei der Hand sein. Die Geschichte lehrt uns, wie manches Weib gewaltige Männer gebeugt durch Liebe oder Furcht; und wie oft hört man nicht im täglichen Leben sagen: «Mit dem cha sy Frau mache, was sie will!» oder: «We dä sy Frau nit förchte müßt, es wüßt ke Mönsch, was er afieng vor Ungattlichi!»

Aber wohl muß das Weib untersuchen, ob die Liebe oder der Wille größer in ihm sei, wer ihr gewaltigere Mittel zur Hand stelle; es muß gut untersucht werden, auf welcher Seite der Mann schwächer sei, ob für die Liebe zugänglicher oder empfänglicher für die Furcht, ob sein Herz obsig oder nidsig ringer gehe. Es gibt wenige Männer, die nicht durch Liebe oder Furcht zu bändigen wären, aber leider reizen viele Weiber nur und bändigen nicht; ihr ganzes Tun scheint ein ewiges Pröbeln, ists aber nicht, sondern eben nichts anders als ein willenloses Nachgeben ihrer reizbaren und eigentlich furchtsamen Natur. Sie probieren erst mit der Furcht, dann mit der Liebe, und keines recht, setzen mit beiden alle Augenblicke ab, stichleln dann oder kupen, weinen oder jammern, kehren das Widerwärtigste hervor, was sie in der Seele haben, und machen das schmählichste Gesicht, das ihr Leib vermag. Sie sind weder liebenswürdig noch furchtbar, sondern abstoßend, unappetitlich, wandernde Seufzerbüchsen, ungesalbete Wagenräder. Das zieht den Mann weder an noch beugt es ihn. Es treibt ihn nur mehr und mehr aus dem Hause, macht ihn immer starrer in seinem Unrecht, verhärtet ihn mehr und mehr in seiner wunderlichen Selbstgerechtigkeit. Wie eigentlich seine Aufführung an seines Weibes Gesicht und Reden schuld ist, so behauptet er gerade das Gegenteil: seines Weibes Sauerkabisaugen vertreiben ihn daheim, bei einer solchen Rübräffel möge er nicht sein.

Nein, Weiber, wollt ihr Männer bekehren, nur kein Justemilieu, etwas vom Rechten muß es sein, nichts Halb und Halbes, nicht Wein und Wasser. Doch müßt ihr nicht bei jeder ehlichen Reibung, bei jeder unangenehmen Empfindung meinen, der Mann müsse bekehrt werden. Untersucht erst, ob die Ursache dieser Reibung eine Eigenheit sei, an die ihr euch zu gewöhnen habt, oder eine Verkehrtheit in euch selbst, die ihr abzulegen habt! Gott hat nicht umsonst dem Weibe die biegsamere Gestaltung gegeben, es solle dem Manne vorangehen in den Bekehrungen. Soll aber der Mann sich wirklich bekehren, und traut ihr eurer Liebeswürdigkeit oder eurer Kraft nicht, oder glaubt ihr des Mannes Herz festgerostet wie die Stockschraube in einem alten Dragonerkarabiner, so denkt an ein köstlich Wörtlein! Es bringt nicht Lust zwar, klingt nicht wie Jubel, aber es legt gar kühl sich aufs heiße Herz, schmiegt gar weich und heilend sich auf blutige Wunden: Ergebung heißts.

Bäbeli fand dieses Wörtchen lange nicht; und als es dasselbe endlich fand, ging es lange, bis es demselben ein Plätzchen gemacht hatte in seinem jammervollen Herzen. Als aber einmal dieses Wort ein Plätzchen fand, seine Würzlein zu schlagen, da übte es auch seine wunderbar heilende Macht. Bäbeli vermochte geduldiger zu tragen sein Leid, geduldiger zu warten auf die Stunde, die sein Herz ihm breche, oder die Stunde, die Durslis Herz wieder wende. Aber viel litt das arme, stille Babeli bis dahin.

Man vermag wirklich selten die tiefen Gemütsleiden eines stillen, gemütlichen Weibes sich vorzustellen, dessen Mann ihm entfremdet, von fremden Halunken der Arbeit entrissen und in ein Leben geführt wird, welches das Weib mehr in seiner Einbildungskraft sich vorstellt als durch Anschauung kennt. Diese Leiden pfupfen nicht, knallen nicht, liegen nicht zutage wie Wunden von Hieb oder Schuß, sie bluten nur innerlich; darum bemerken wenige Menschen ihr Dasein, und noch weniger denken sie sich den Schmerz, den sie bringen. Aber man denke sich einmal ein Weib, welches nicht bloß Sinnenlust einem Manne gleichsam zugesprengt hat, sondern das durch eigentliche Liebe an ihn gebunden worden und glücklich mit ihm gewesen und gemeinsam mit ihm ihres Glückes, ihrer Kinder sich gefreut hat! Man denke sich dieses Weib, wenn es allmälig wahrnimmt, wie eine andere Gewalt des Mannes sich bemächtigt und ihn wegzieht von Weib und Kind! Und dieser Gewalt weiß es in schüchternem Herzen nichts entgegenzusetzen und weiß auch das Leid darüber in keinen Vergnügungen, keinen Lustbarkeiten zu verflüchtigen. Es sitzt daheim und sinnet ungestört darüber nach, wie es ehedem gewesen und jetzt es ist. Es sitzt einen ganzen Tag daheim allein an seinem Rade und treibt mit einem Fuße die Wiege, mit dem andern das Spinnrad; leer ist des Mannes Arbeitsstuhl, aber rings um denselben der Arbeit die Menge, und hie und da hoschet jemand am Fenster und fragt, ob

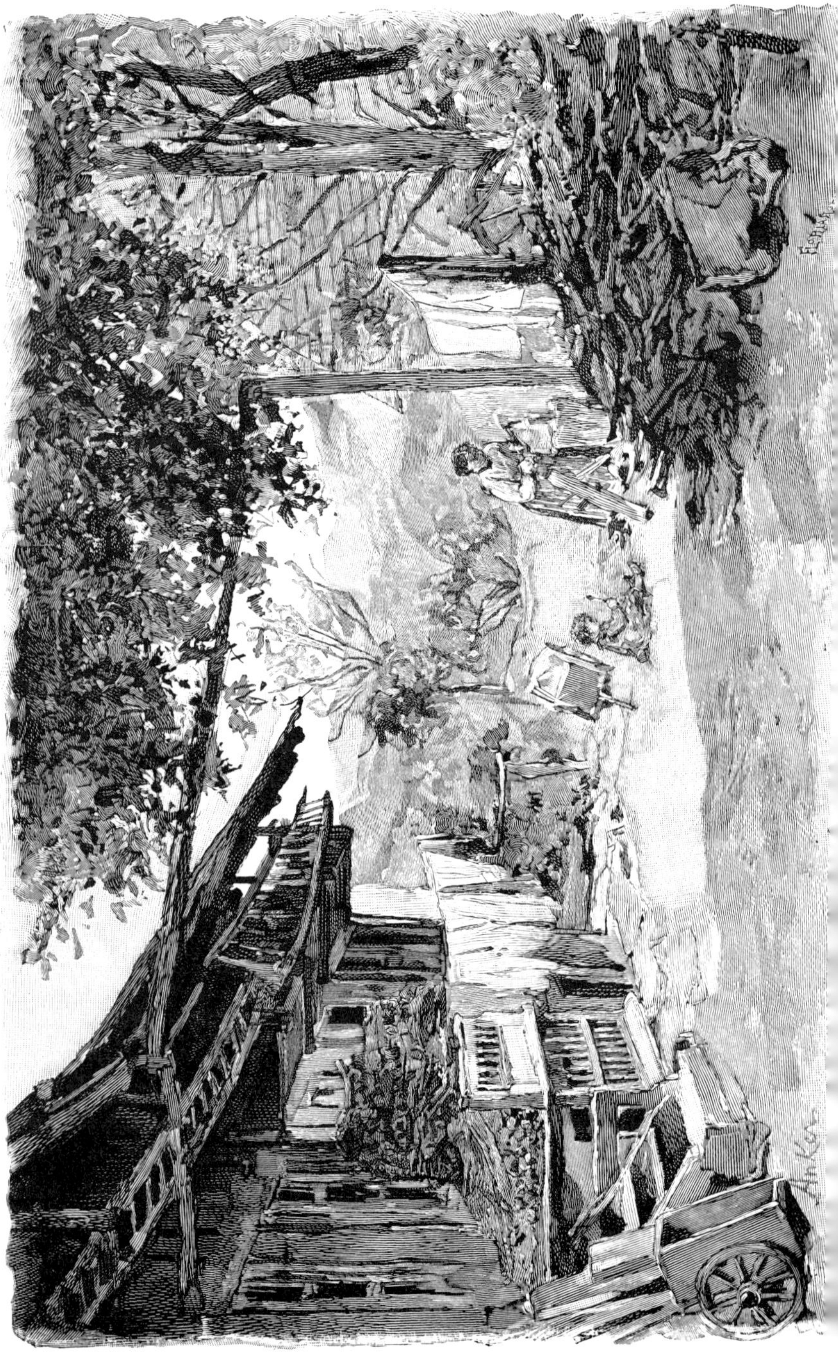

seine Sache fertig sei, oder wie lange er denn noch warten müsse? Und die Kinder fragen, wo der Ätti sei, und wann er wieder heimkommen werde? Und das Mütti sitzt am Rade und weiß keinen andern Bescheid zu geben als: es wüß es nit.

Muß da nicht in seinem Herzen die Bitterkeit sich ansetzen, und vor seiner Seele müssen da nicht aufsteigen Gedanken, einer düsterer als der andere? Müssen diese Gedanken es nicht führen in die Schlupfwinkel des Mannes, seiner Gspur nach? Da kömmt dann die Trauer, daß er, so herzgut, wie er gewesen, solchem Treiben sich ergeben, mit solchen Menschen laichen möge; dann kömmt das Mißtrauen und die Eifersucht, und die denkt, wie ein Laster am andern hange, und wie der und jener von des Mannes Kameraden auf dem Weibervolk sei, und wie in diesem und jenem Schlupfwinkel anlässige Menscher seien, und wie der Mann ein alerter sei, und was nun wohl alles da gehen möge. Und während dieses alles gehe, müsse es daheim sitzen, genug tun, werde vielleicht noch ausgelacht und verspottet.

Da kömmt dann wohl der Zorn, wild aufflammend, und leider müssen bei mancher Mutter diesen Zorn die Kinder entgelten; doch bei Bäbeli nicht.

Und wenn der Mutter durch das unstete Leben des Mannes die ganze Last des Haushalts allein auffällt, wenn alles auf ihr liegt, ihre Kräfte von jeder Seite in Anspruch genommen werden und sie in jedem Augenblicke mehr die Unzulänglichkeit dieser Kräfte fühlt, muß da nicht die Ungeduld sich steigern zu fast unerträglichem Grade? Wenn die Frau allein sorgen soll, daß die Kinder essen und Kleider haben, wenn sie nicht nur kochen, sondern auch pflanzen muß, allein Erdäpfel setzen und ausmachen, eine Kuh besorgen, grasen, heuen, melken, wenn sie noch spinnen soll dazu und Kinder haben und die ältern Kinder gaumen und in Ordnung halten, die Kinder alle noch klein sind, daß man sie mit einer Wanne alle decken könnte, sie vom Morgen bis zum Abend auf den Beinen sein muß und oft ganze Nächte durch Kindern abwarten und sie dennoch bei allem Fleiß nicht kommen mag, die Erdäpfel nicht zu rechter Zeit gesetzt und ausgemacht, das Heu bregnet wird, und unterdessen treibt der Mann sich sorgelos seinem lustigen Leben nach – so denke man sich doch, was für Gedanken diese arme Frau zu ihren Arbeiten, auf ihr Lager, wo sie vielleicht keine Viertelstunde schlafen kann, begleiten müssen!

Und wann dann endlich zu diesem Verlassensein, diesen Bedürfnissen noch die Not kömmt, unabwendbare, fürchterliche Not, wie furchtbar muß da des Weibes Gemüt nicht umnachtet werden! Wenn die Mutter Milch kaufen soll und es ist kein Geld mehr da, wenn die Kinder die Mutter um ein klein Schnäfeli Brot bitten und es ist keines mehr in der Tischdrucke, wenn die Muter kochen soll und sie hat keinen Schmutz mehr im Häfeli, wenn der Winter kömmt und es ist kein warmes Kleidli mehr da, kein ganzes Schühlipaar, wenn ein für den Haushalt unentbehrlich Stück nach dem andern verkauft wird und kein Kind erhält ein Brösmeli Brot aus dem Gelde, wenn Gläubiger um Gläubiger Geld wollen und keiner befriedigt werden kann, wenn ein Mensch nach dem andern das Weib verächtlich behandelt und es vermag sich doch alles dessen nicht, wenn die Kinder weinend fragen, warum ihnen die andern Kinder den Ätti und das Mütti vorhalten und die Mutter keine Antwort weiß, wenn der Ätti voll heimkömmt und die Kinder in ihren armseligen Bettlein hungrig schnüpfen, wenn der Mangel, der Jammer immer größer wird und der Alte immer vertunlicher – sagt mir, Leute, was muß wohl des armen Weibes Seele erfassen?

Wehmut, Jammer muß das Weib ergreifen, wenn es sich so tiefer und tiefer sinken sieht unter alle die, denen es früher gleichgestanden oder über ihnen. Vor den Leuten mag es sich nicht mehr sehen lassen, die ihm früher seine Heirat gewehrt oder ihm dieselbe mißgönnt hatten.

In der Gattin Herzen streitet die alte Liebe mit der neuen Bitterkeit, das Leid um den versinkenden Mann mit dem Zorn über seine Schuld an ihrem Elend.

In der Mutter Herzen wölbt sich wie mit Solothurner Stein unsäglicher Schmerz über ihrer armen Kinder Los, unsäglicher Kummer über ihr künftig Schicksal. Was soll aus den armen

Würmern werden in diesem Elend, mit dem liederlichen Vater Tag um Tag vor Augen, mit der immer tränenden Mutter, der immer mehr die Kraft ausgeht, fürs Nötigste zu sorgen, und noch viel mehr die Kraft, die Kinder aufzurichten in diesem Jammer und in diesem Jammer zu verklären ihre unschuldigen Seelen?

Wer zählt mir wieder die Zahl dieser fürchterlichen Stunden, die ausschweifende Männer ihren armen Weibern bereiten? Und wenn dann in solchen Stunden der Teufel an das gepeinigte Herz trittet, sich da einzunisten, bösen Samen auszustreuen, dieses Herz zu verhärten, die Selbstsucht über die Mutterliebe, die eigene Lust über die Treue und die Pflicht zu erheben sucht, wer hat den Teufel herbeigerufen und ihm Platz gemacht an des Weibes Herz? Und wenn dem Teufel sein Werk gelingt, wenn er das Weib in des Mannes Fußstapfen zu bringen vermag, wenn es ihm gelingt, die Mutter wie den Vater zu dem Teufel ihrer eigenen Kinder zu machen, wer trägt die Schuld?

Und um die Seelenleiden eines solchen gepeinigten Weibes kümmern sich wenige, am wenigsten die, von denen die Pein ausgeht. Und wenn einmal aus diesen Herzen der Jammer bricht stromsweise oder nur in einzelnen Lauten, so hat der Mann keine Ahndung des innern Zustandes, den er selbst erzeugt; er fühlt nur das Lästige der Vorwürfe, das Unangenehme, angeklagt, beschuldigt worden zu sein, das Peinliche des Gefühls eigenen Unrechtes, das er sich zwar selbst nicht eingesteht; er poltert auf und nimmt die Stimmung seines Weibes zum Vorwande, fortzulaufen, weil bei einer solchen jammersüchtigen Frau es nicht auszuhalten sei.

So waren auch einst dem Bäbeli Jammertöne entfahren, als es eine Kachle wollte heften lassen und nicht zwei Kreuzer im ganzen Hause waren für die nötigen Häfte, und Dursli brannte auf über diese Verkündiger des innern gewohnlichen Zustandes seiner Frau, die er nur für Ausbrüche zufälliger Laune nahm, und lief fort seine gewohnten Wege.

Als er so recht hässig und hastig ins Pintenschenk kam, wo Schnepf bereits oben am Tische saß, in der einen Hand seine Tubakpfeife, in der andern das Messer, und Dursli lange nicht lustig werden wollte, fragte ihn Schnepf, warum er ein Gesicht mache, als ob er hundert dörnige Wedeln gefressen hätte? Er hätte heute noch nichts Süßes gehabt, antwortete Dursli. «Dy Frau wird dr aber drPlätz gmacht ha!» sagte einer. «Dyni wird o nit geng di freinsti sy, si werde alle glych si mit Pflänne u Pläre, wes nit nah ihrem Gring geyt», sagte Dursli. «Ja, we die Dolders Wyber nit wäre, es wär eim dsHalb bas, mi wär ganz e angere Mönsch», sagte ein dritter, «und doch tut me so Dolders dumm, bis me eini het. Es chunnt ne aber bim Dolder wohl, daß me nit cha hingerefürenäh, da müßte meh als di Halbe wieder sühne nam ene Ma wie dHüng, we dr Mon schynt.» Mi müß die Dolders Husgränne usklopfe u, we si z'fast brülle welle, ne dr Gring i Brunntrog stoße, es besseri grad, sagte ein alter Roter. Ja, drWyber twege mache er kein ander Gesicht mehr, sagte Schnepf, sein Weib könne seinetwegen kären und plären, soviel es wolle, das mache ihm geradesoviel, als ob eine Mücke ins Emmental fliege. Und wenn sie nicht schweigen wolle, so gebe er ihr eines zum Gring, daß sie sturm werde, dann vergesse sie das Brüllen. Allbets sei er auch noch böse geworden, und nichts hätte ihn so taub gemacht, als wenn sie immer Geld gefordert und, wenn er ihr keines gegeben, ihm vorgehalten hätte, er brauche alles für sich. Son e Frau sei nie zfride; bald wolle sie Geld für Schmutz, bald für Salz, bald für Mehl, bald für Kaffee, bald für Milch, bald hätte ein Kind ein Gloschli nötig, bald ein Paar Schuhe; es nähm ein dsTüfels wunder, was si o alles z'rsinne wüsse, für Geld z'bruche. Aber er sei allbets bald fertig mit ihr. Er sage ihr, sie hätte die Kinder gehabt, sie solle jetzt sehen, wie sie es mache. Wenn sie etwas fressen wollten, so könnten sie es verdienen; er müsse auch sehen, wo er es nehme, wenn er fressen wolle. Und wenn sie hoffärtigi King well, so söll sie ihnen anschaffen, ihm seien sie lang recht so. Wo är son e Bueb gsi syg, syg er o nit geng gsunndiget gsi u heyg meh blutt Füß gha als Schuh dran. U de söll si ga heusche, es thüis dene Donners Bure sauft, ne o öppe z'helfe, u bsungerbar de Gvatterlüte, dene müß me jetz hützutag afe geng drVerstang mache, vo ne selber heyge ne afe wenig meh. U we si de no geng nit schwyge well, so gäb ere eis zm Gring u gang de. Mi müsse sich von denen Donners Wybere nicht regieren lassen, sonst wär dKilche grad nit meh zmitts im Dorf. Und wenn sie zu wüst täten, so solle man ihnen nur sagen, si heyge eim für dsTüfels Gwalt welle, si sölle eim jetz ha – «das gschweyget die meisten». «Das gschweyget dr dyni o, Dursli», sagte Schnepf, «we si scho eini vo de wüstiste ist. Du mußt se aber angers i dFinger näh, wed e Ma sy witt. I hätt ere scho lang drGring halb abgschrisse. Du mußt se rangiere wien e Schwabemähre, sust ist grad niemere sicher um se ume.»

So predigte Schnepf seine radikalen und im Schwabenlande nationalen Grundsätze. Wenn das Politisieren zu Ende war, so verhandelten sie gar oft die Weiber, und jeder erzählte, wie er es seiner Frau reise, und wie er sie rangiere, und wie man die Weiber am besten bodigen mög. Es ging fast wie im Schallenwerk, wo jeder Dieb der größte sein will und die andern brichtet, wie sie es machen müssen. Und während solchen Verhandlungen saßen die Weiber daheim und weinten und taten hungrige Kinder zu Bette! Allein mit diesen öffentlichen Vorlesungen begnügte Schnepf sich nicht. Da er Bäbeli privatim auf der Mugge hatte, so hielt er Dursli noch Privatvorlesungen auf jedem Gang und sagte ihm, wie er Bäbeli zwegnehmen solle. Sie mußten Wirkung tun, diese Vorlesungen, und taten es auch bei Dursli; doch hatten sie nicht die, welche sie bei vielen andern und selbst schwachen Männern gehabt hätten. Dursli war sehr gutmütig, und das sind bekanntlich nicht alle schwachen Männer, obgleich gemeine Leute, das heißt Leute, die nicht nachdenken, sondern nur nachplappern, sehr oft Gutmütigkeit und Schwäche verwechseln. Es gibt schwache Männer, die höllisch giftig sind und, eben weil sie nicht gewalttätig sein können, Gift in jedes Leben rühren, das sie umgibt. Dursli mißhandelte seine Frau nicht mit den Fäusten; aber wären eigentlich Schläge nicht leichter zu ertragen als ein stetiges, immerwachsendes Elend? Wäre ein zuzeiten aufbrausender, dreinschlagender Mann nicht leichter zu ertragen als einer, der mit wildem Gesicht des Abends heimkömmt, mit finsterem Gesicht des Morgens aufsteht, finstere Blicke überall herumsendet, schnöde Worte austeilt, mit niemand zufrieden ist, weil er es mit sich selbst nicht kann, der wie ein

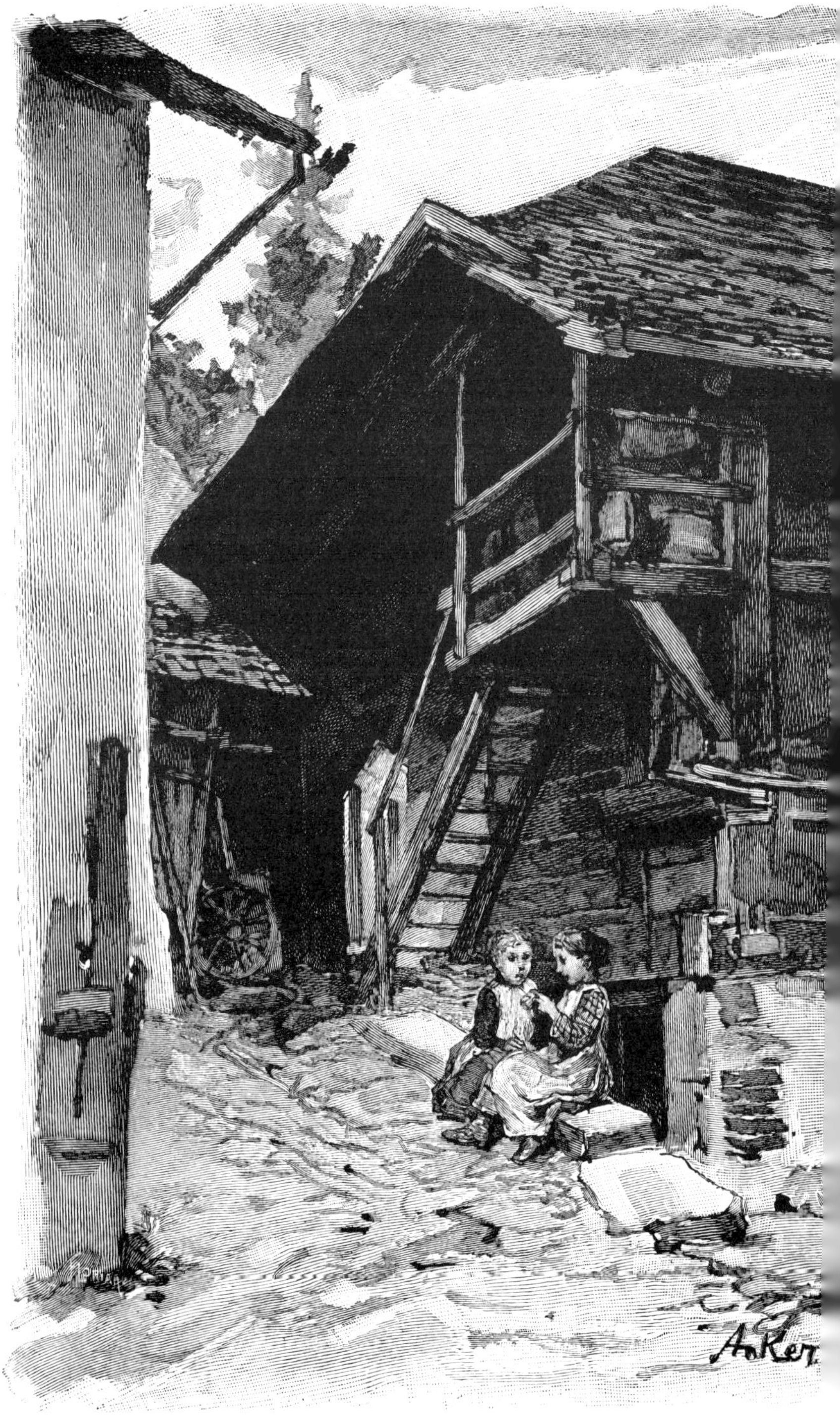
Anker

finster Gespenst im Hause herumgeht, bei dessen Verschwinden alle erst neu aufatmen und doch dieses Verschwinden wieder beweinen müssen, weil es das Mark aus dem Hause saugt. Ja, das Ehegespenst des Mißverstehens stund zwischen Bäbeli und Dursli immer finsterer, grauenvoller, drohender; es stund aber auch zwischen dem Vater und seinen Kindern.

Dursli hatte gar lustige und liebe Kinder; klein waren sie wie Ankenbälli, mit roten Backen und Augen wie Reckholderbeeren darin. Dann wuchsen sie auseinander schlank und schnell wie das Werch in der Bünde, waren glernig und anschlägig und poßliger Art, fast wie Dursli; nur das älteste, ein Mädchen, schlug mehr der Mutter nach. Und Dursli hatte gar bsunderbar große Freude an seinen Kindern gehabt, und die Kinder hingen auch an ihm wie Kletten. Er konnte früher ob ihnen alle Kameradschaft, alle Wirtshäuser vergessen, ganze Sonntage mit ihnen gvätterle, und zu Kram für sie reute ihn kein Geld. «Bäbeli», hatte er oft gesagt in ihren guten Tagen, «es isch doch e Freud, sellige King z'ha; für die reut mih kei Arbeit nüt, u wenn is Gott gsung lat, so muß öppis a die gwängt sy, das muß nit ume so gradane Holzbödeler gä.» Und Gott ließ den Dursli gesund am Leibe, aber seine Seele wurde krank, und das mußten die armen Kinder schwerer entgelten, als wenn sein Leib krank geworden wäre.

Ach, gar viele Kinder jammern um den Ätti, wenn er auf dem Siechbette liegt; ach, noch viel mehr Kinder hätten Ursache, blutige Tränen zu weinen, weil ihr Ätti in den Stricken des Teufels liegt; denn wer muß der Väter Sünden büßen – nicht die Kinder bis ins dritte und vierte Geschlecht? Wo das Laster über der Väter Seelen kömmt, da weicht meist die elterliche Liebe aus ihrem Herzen. Wo einer bösen Lüsten nachgeht, auf Kosten der Familie der Selbstsucht frönt, da werden ihm die Kinder allmälig nicht nur fremd, sondern lästig. Zudem drückt es wirklich auf niemand so schwer als auf die Kinder, wenn Zwiespalt ist zwischen den Eltern, wenn diesen jede frohe Laune schwindet, wenn sie nur trübe, saure Gesichter im Hause herumtragen. Die Kinder sind meist fröhlicher Art, der Freude so empfänglich, lachen so gerne und lachen und spaßen namentlich mit den Eltern so gerne, und dieses Spaßen und Lachen ist eine von Gott gegebene Wohltat. Diese Fröhlichkeit der Kinder ist das Frühlingswetter, welches die sauren Schneewolken des Winters fernehalten soll. Wenn nun aber Vater und Mutter nicht reden, wenn sie beisammen sind, oder bloß zankend und schnuzig, oder wenn die Mutter weint oder seufzt, wenn der Vater fort ist, da findet das heitere, offene Gemüt der Kinder keine offene Herzen mehr bei den Eltern, ihre kindliche Freude wirft keinen fröhlichen Schein mehr auf der Eltern Gesicht, findet keinen Widerklang mehr in ihrer Brust; aber einen trüben Schatten wirft das elterliche Verhältnis in ihr junges Leben hinein. Und die Kinder haben ein unendlich feines Gefühl für die Liebe; ohne Nachdenken empfinden sie, von welcher Seite her der Schatten fällt in ihr junges Leben hinein, wo Liebe walte, wo Selbstsucht herrsche, ob des Vaters oder der Mutter Herz für sie schlage. Wo beider Herzen für die Kinder schlagen, in beiden Herzen Liebe wohnt, aber beide ihre Liebe nicht mehr verstehen, wo das Ehegespenst des Mißverständnisses zwischen sie getreten ist, Eigentümlichkeiten oder Vorurteile die Strahlen der Liebe auffangen und als Blitze des Hasses wiedergeben, wo die Blitze die Kinder umzüngeln, da treibt der Teufel ein traurig Spiel. Und wird dieses Teufelsspiel nie ein Ende nehmen, wird den armen Kindern an ihrem kindlichen Himmel nie ihre eigentliche Sonne wieder aufgehen, die elterliche Einigkeit und der aus der Einigkeit emporblühende Frohsinn?

Wo nun die Kinder die Selbstsucht fühlen, wo ihre Seelen den Störer ihrer Freuden ahnen, da entfernen sie sich unwillkürlich. Wo aber ein böses Gewissen hauset, da fühlt es nicht bloß jedes Wort, es achtet auf jede Miene und deutet oft das Argloseste als Zeichen von Groll und Mißtrauen; so fühlt der selbstsüchtige Vater ebenso fein und scharf wie die Kinder seine Selbstsucht, das Kinderentfremden, das Erkalten ihrer Liebe. Und daß das böse Gewissen entweder wegtreibt oder hart und roh macht, weiß jedermann. So trieb es auch Dursli von den Kindern weg als den lebendigen Zeugen seines Unrechts, als den nie verstummenden Vorwürfen seiner väterlichen Untreue.

Und wenn nun aus Bäbelis innerlichem Jammer zuweilen Worte brachen, Worte des Jammers über das Los ihrer armen, armen Kinder, die es so bös hätten, von den Leuten so verachtet würden, fast keine Kleidchen mehr hätten, so daß es sie kaum mehr in die Schule schicken dürfe, so erbarmten den Dursli seine Kinder vielleicht im Herzen, aber er machte sich hart und verbarg sich hinter Schnepfs Worte, er hätte es auch nicht besser gehabt in seiner Jugend, hätte auch nicht mehr in die Schule gehen können; er wüßte nicht, warum es seine Kinder besser haben sollten!

Das nun war nicht wahr, Dursli hatte es besser gehabt; auf alle Fälle hatte er keinen liederlichen Vater gehabt, der ihm vor dem Munde weg das Brot versoff; und hätte er wirklich es nicht anders gehabt als jetzt seine Kinder, so waren doch seine Worte eine jeden Vater schändende Rede. Aufgewiesen und wider sein eigentliches Wesen war Dursli unter die Väter geraten, die in sündiger Selbstsucht, in strafwürdiger Verblendung ihre eigene geistige Verblendung nicht erkennen und den Kindern leiblich und geistig nichts Besseres gönnen, als sie selbst genossen. «Ih ha o nit meh glehrt u has doch müsse mache, my Alte het mih no angers zweggno; ih ha o nit gut gha, es tut nes sauft eso, u bi doch zwegcho; u we de my Bueb e sövel macht als ih, su chann er zfride sy; er cha de minethalb sini King angers la lehre, wes ne freut.» Das sind dieser Väter Redensarten, die grauenerregend widerhallen in Dörfern und Städten. Das sind aber nicht bloß Redensarten, sondern nach denselben werden Tausende von Kindern erzogen, sollen nichts lernen, weil der Vater nichts gelernt, sollen bös haben, weil die Mutter bös gehabt, sollen zKilt laufen, weil es auch der Vater getan, und müssen vielleicht tausendmal hören: «Du bisch e Leyde; won ih so alt bi gsy wie du, su bin ih en angere Kerli gsi, da isch niemere sicher uf drGaß gsi, es het mih alles gforchtet wyt und breit.»

In allen diesen Vätern ist entweder die so oft und besonders bei dummen oder beschränkten oder einsam lebenden Menschen anzutreffende Selbstverklärung, in der sie in sich das unübertreffbare Urbild aller Gescheutheit und Geschicklichkeit erblicken, neben dem alle andern Menschen seien was ein Kalb neben einer Kuh.

Es hat sicher schon mancher, wenn er so einen rechten vierschrötigen Tribel aus irgendeinem Tannwalde, wo man niemand Zweibeiniges sieht als alle halb Jahre den Polizeier, wenn er an die Hausvätergemeinde bietet, vor sich hatte, die angenehme Empfindung gehabt, auf dessen Gesichte ellenlang lesen zu können: «Red du ume, du bisch ume es Kalb!» Doch diese Empfindung könnte sich auch wiederholen, wenn man mitten in einer Stadt stünde und nicht vor einem Tribel, sondern vor einem Herrn, der aber ungefähr mit gleichem Grunde ein Gesicht macht eben wie ein Tribel.

Oder in diesen Vätern ist ganz einfach des Teufels zweitgebornes Kind, der Neid, der den Abel erschlagen, und der nicht will, daß jemand es besser habe, besser sei als er, selbst das eigene Fleisch und Blut nicht.

Das ist aber eine traurige Väterrasse, die den Glauben nicht in sich trägt, daß die Erfahrungen, die Entbehrungen und die Entdeckungen, die Leiden und die Freuden der früheren Geschlechter zugut kommen sollen den nachfolgenden Geschlechtern, die diesen Glauben nicht durch das Streben ausdrückt, aus ihrer Kinder Leben alles zu entfernen, was in die eigene Jugend verkrüppelnd, störend, trübend hineingeragt hatte, in ihrer Kinder Jugend alles hineinzuziehen, was erst das jugendliche Sehnen, nun die männliche Erfahrung schmerzlich vermißt. Ja, das ist eine traurige Väterrasse, die nicht allem aufbietet, in ihren Kindern das Ebenbild Gottes schöner und freudiger aufzurichten, als es sich in der eigenen Brust gestalten konnte.

Aber es war mit der wachsenden Selbstsucht des Lasters auch der immer wachsende Mangel, der Dursli immer engherziger machte, ein immer herzzerreißenderer Mangel.

Es gibt eine Menge Familien, die in einer gewissen Art von Wohlstand leben, und Ärmere sagen von diesen bald, die hätten Geld zum Fressen, Geld genug, soviel als Steine. Aber der Grund, auf welchem dieser Wohlstand ruht, ist gar schmal, darum auch durch geringen Wellenschlag untergraben und eingestürzt. Der Grund besteht im Ertrag von etwas Land oder im täglichen Verdienst. Einjähriger Mißwachs, der Verlust einer Ziege oder einer

Kuh können solche Leute auf Jahre schlagen oder in Mangel versetzen; Krankheiten der Familienglieder, daherige Ausgaben haben schnell das vorrätige Geldlein aufgezehrt, und es beginnt mühselig zuzugehen in der Haushaltung; wird der Vater krank, so müssen alle andern sich aufraffen zu ungewohnter Anstrengung, sonst reißt Mangel ein. Jede ungewohnte Ausgabe wird fühlbar und muß durch verdoppelte Anstrengung gutgemacht werden, wenn es nicht rückwärts gehen soll. Wenn einmal Vater und Mutter zMärit gehen, sich da einmal vergessen, eine Halbe nach der andern bschicke und noch einkehren auf dem Heimweg, so muß es die Haushaltung wochenlang entgelten: das Brot wird noch mehr gespart, der Kaffee dünner gemacht und die Mehlsuppe um ein Bedenkliches lauterer. Wenn nun aber ungewohnte Ausgaben fast täglich wiederkehren, und wenn in dem Maße, als der Verdienst abnimmt, die Hudelzeit immer länger, die Arbeitszeit immer kürzer wird, so kann jeder Vernünftige sich denken, wie in einer solchen Haushaltung bald aller Wohlstand aufgezehrt und Not und Jammer immer schneller kommen, immer tiefer sich einfressen müssen.

Und wer zählt im Kanton Bern die Haushaltungen auf schmalem Boden, denen durch die neuen Wirtschaften, durch die politischen Aufregungen die Ausgaben vermehrt, der Verdienst verringert, der Grund ihres hablichen Seins weggefressen wird? Wer tut die Augen auf und sieht, wie eine um die andere ins Elend fällt, von der Not verschlungen?

Wir haben bald sieben gute Jahre hintereinander gehabt, in denen das Brot nicht teuer war, die Erdäpfel wohlgerieten; laßt nun magere Jahre kommen, nur zwei hintereinander, laßt die Lebensmittel teuer werden, dann wird man die Hände über dem Kopf zusammenschlagen ob dem Elende, das an den Tag kommen wird in den niedern Klassen, ob der Masse neuer Armen, die auf einmal vor den Türen der Gemeindsstuben stehen. Und sie werden kommen, diese magern Jahre, vor und nach Joseph haben auf die fetten Jahre die magern nie gefehlt, und wer weiß, ob sie nicht bereits vor der Türe stehen, zum Einbrechen sich rüsten? Wie dann, wenn in den fetten Jahren nicht gespart, sondern gegeudet wurde, wenn die Armen keinen Sparpfennig haben, die Regierungen keine Handvoll Korn, dem Wuchern zu wehren, die Kassen leer sind? Wird man da aus Kieselsteinen Brot machen können und auf den Straßen die Erdäpfel zusammenlesen oder volle Kornkästen finden?

In diese Klasse von schmalem Grunde gehörte auch Dursli; er war daher bei seinen Ausschweifungen bald geldlos, und doch gehörte er unter die Hablicheren in dieser Klasse. Er besaß ein Häuschen, brauchte also keinen Hauszins zu bezahlen, er konnte notdürftig eine Kuh halten, brauchte also wenig Milch zu kaufen, kein Land zum Pflanzen zu empfangen, und doch wurde sein Hudeln alsobald fühlbar.

Seinen Verdienst begann er im Sack mit sich zu tragen, legte ihn nicht mehr ins Gänterli, wo er sonst sein Geld verwahrte; dort war selten ein Kreuzer mehr.

Aus dem Ertrag ihres kleinen Heimwesens konnte bei den vielen Kindern wenig oder nichts gelöst werden; Bäbeli mußte daher jeden Kreuzer, den es in die Haushaltung brauchte, dem Dursli abbetteln und erhielt ihn gewöhnlich mit Widerwillen.

Da Dursli immer weniger arbeitete, so reichte für ihn sein Verdienst nicht hin. Er hatte auf einmal eine Menge überflüssige Sachen, von denen er sonst gesagt hatte, er well se emel no bhalte, si chömme eim geng chummlich. Er hatte einen Habersack zu verkaufen, ein altes Flintli, dies und jenes von seinem Vater selig. In allen Ecken sah er etwas, das im Weg war, das man nicht mehr brauchte; selbst Werkzeug, fand er, hätte er allerlei, das nichts abtrage, das man des Jahrs nicht einmal brauche. Er ließ sich auskommen mit allen Vorräten und namentlich mit Holz, dessen sein Vater immer für manches Jahr vorrätig gehabt und eben deswegen ein so berühmter Holzbödeler gewesen war. Im gelösten Geld war kein Segen, es verschwand immer wie Schnee in der Maisonne (ehedem sagte man Märzsonne); und wenn Dursli es nicht selber brauchte, so wurde es ihm von andern abgezapft; denn von dem Gesindel, mit dem er sich abgab, wurde er gewaltig mißbraucht, dafür ihm dann alle Ehre angetan und ihm vorgerühmt, wie er ihre Stütze sei, und was er einst alles werden müsse, und wie sie an seine Guttaten sinnen werden. Als endlich alles Überflüssige fort war, geriet man in Schulden; denn Bäbeli und die Kinder mußten doch gelebt haben, und hatte man kein Geld, so mußte man dings nehmen. Bäbeli tat es schrecklich ungern und nicht hinter dem Rücken des Mannes, sondern es sagte ihm immer, was man afe hier und dort schuldig sei. Darüber fluchte Dursli dann mörderisch, nannte Bäcker- und Krämerschulden Weiberschulden, und hatten doch seine Kinder das Brot gegessen, den Kaffee getrunken. Er betrachtete immer mehr die Haushaltung als ihn nichts angehend, als fremd, als eine verfluchte Plag, aß und trank er doch immer weniger mit seiner Haushaltung, sondern immer mehr im Wirtshause. Dort mußte er nach und nach auch Schulden machen, was ihm leicht wurde, da man wohl wußte, er besitze noch ein Heimetli.

Während Dursli Schulden in den Wirtshäusern machte, also kein Geld für sich hatte, hatte er noch viel weniger dessen für die Haushaltung; und Bäbeli brachte es nicht übers Herz, so lange dings zu nehmen, es war es nicht gewohnt und schämte sich gar bitterlich, den Leuten in die Mäuler zu kommen. Bäbeli begann daher auch unter seinen Sachen zu suchen, was es allenfalls entbehren und veräußern konnte, ohne Aufsehen zu machen, um doch einige Zeit wieder das Nötigste bar kaufen zu können. So hatte es zum Beispiel seine silbernen Göllerketteli nicht mehr getragen, aber sich herzlich gefreut, sie seinem ältesten Mädchen aufzubewahren, bis es unterwiesen sei. Eiseli war ein gar sinniges Mädchen, es tat der Mutter, was es ihr an den Augen absehen konnte, und das arme Meitschi sah der Mutter auch den innern Gram an den Augen ab und weinte oft gar bitterlich, aber heimlich, über der Mutter Leid. Als aber einmal Dursli eine dreiwöchige Stör machte mit Lumpen und nicht arbeitete und noch Kinder krank wurden dazu, da wußte Bäbeli sich nicht anders zu helfen als die Kettchen heimlich zu verkaufen. Mit welchem Herzen aber eine arbeitsame Frau, eine liebende Mutter solche Sachen aus den Händen gibt, und wie es ihr bei jedem Stück, das sie verkaufen muß, ist, als reiße man ihr Stück um Stück das Herz aus, kann man sich denken.

So konnte am Ende das nicht länger gehen, die Lücke wurde zu groß. Unter Vorwänden verkaufte Dursli die Kuh, und ihr nach gingen Schiff und Gschirr; aber der Erlös füllte den Abgrund nicht, zudem löst ein Hudel nie aus einer Sache, was ein huslicher Mann. Ein Stückli Land nach dem andern ging fort, jedem weinte Bäbeli bitterlich nach: auf dem gab es den Flachs am liebsten, auf jenem den Kabis, von dem dritten molk man immer am meisten, wenn man dort grasete – und doch mußte Bäbeli sie verkaufen lassen. Es hätte nicht gewußt, wie es machen ohne den Erlös aus ihnen.

Wenn dann Dursli ein Stück Geld frei bekam, so war er wieder Hans oben im Dorf und ein König unter seinen Schmarotzern. Er mußte in dieser Zeit einmal Kindbett halten; und wie jämmerlich es auch zu Hause aussah, so ließ er doch die Fünfunddreißiger flädern wie Federn.

Aber es findet nicht leicht etwas ein schnelleres Ende als ein Stück Geld, aus dem man viel Rückständiges bezahlen muß, und dessen Rest man nicht schnell wieder anwendet. Das hat mancher reiche Bauer erfahren, dem ein Kapital abgelöst wurde. Er nahm einige ungerade Päckli Münz, einige abgeschliffene Brabänter davon weg und tat es dann in einem schön gestrichelten Säckeli unten in den Schaft im Stübli. Und wenn er nach Jahresfrist den Schaden umsieht, ist es dem Säckeli gschmuckt worde, und es het nume no es Ränzli wie öpper, der a drUszehrig gstorbe ist. Geht es reichen Leuten so, um wieviel mehr dann nicht dem immer durstigen Dursli!

Wenn übrigens einmal eine Haushaltung von allem entblößt ist, wenn nirgends mehr etwas ist, nichts in der Küche, nichts im Keller, nichts in den Schäften, von keiner Sache etwas Vorrat mehr ist, kein Faden, kein Gspünnst, ja nicht einmal Plätze mehr, wenn die alle dem Hudilumper zugewandert sind für unentbehrliche Sachen, wenn so an allem Mangel ist, und wenn man alles, was man kauft, bereits vor Wochen und Monaten hätte kaufen sollen, da bschüßt kein Geld, da scheint gar kein Segen zu sein, da ists wie mit einem ausgehungerten Menschen: den kann man lange füttern doppelt soviel als einen andern, der Mond scheint noch immer durch ihn durch, und er sieht aus, als wenn er den hungrigen Serbet hätte. Darum kann der Bär im Herbst, wenn er recht fett ist von guten Dingen, leicht sich zum Winterschlafe hinlegen, und an den Tatzen saugend, mag er es erleiden, bis die Sonne warm scheint; so überstehen leicht wohlversehene Haushaltungen vorübergehende Geldnot.

So eine ausgezehrte Haushaltung ist eine fürchterliche Sache und kömmt einem fast vor wie ein auszehrender Mensch, nämlich hoffnungslos. Und eben weil alles nichts mehr bschüßt, verlieren solche Leute allen Mut, alle Kraft. «Es hilft doch alles nüt, was Tüfels will ih!» sagen sie; «gäb es paar Tag früher oder später, zBode muß es doch sy.» Sie verlieren den Glauben, daß sie es epha können, und, wo der Glaube verloren ist, daß man es nicht ume epha, sondern sich auch aufschwingen könne, da ist alles verloren; denn nur dieser Glaube gibt die Kraft und Ausdauer, welche notwendig ist, einer gesunkenen Haushaltung aufzuhelfen, und nur dieser Glaube, daß Besserung, Umkehr noch etwas helfen, daß es noch nicht zu spät sei, gibt die Kraft einem Mann, von bösen Gewohnheiten sich loszureißen und der Familie sich wieder zuzuwenden. Und, wo ein Mann so über die Stränge schlägt und keinen Glauben mehr hat an bessere Zeiten, da fängt gar zu gerne auch das Weib an, den Mut zu verlieren, zu denken, wenn doch alles durchmüsse, so wolle es ein Narr sein, sich allein zu plagen, es wolle auch noch einen Teil von Gutha, dem Bösha entrinne es doch nicht. Da geht es dann zweispännig dem Verderben zu; und unter den Rädern dieses Fuhrwerks, das zum Teufel geht, liegen gekettet die armen Kinder, werden gerädert von den zum Teufel fahrenden Eltern, und da ist kein Loskommen für sie; selten zeigt ein Retter sich, ehe die Seelen der armen Kinder in den Schlamm gerädert und gepreßt sind.

Doch so machte es das arme Bäbeli nicht; dazu hatte es seine Kinder zu lieb und war zu ehrbar gewohnt von Jugend auf. Es spann sich fast die Seele aus dem Leibe, um seinen Kindern den Hunger zu wehren und doch das Betteln zu ersparen. Das älteste

Mädchen erkannte, wie gesagt, gar wohl ihre Not und der Mutter Leiden, weinte oft an der Mutter Halse und hielt ihr dr tusig Gottswille an, sie solle es doch nie betteln schicken, es könnte nichts heuschen vor Schämen, könnte sich sein Leben lang nie mehr über die Sonne freuen, wenn die es mit dem Säckli hätte laufen sehen. Es wolle ja sonst alles machen, was ihm möglich sei, es wolle kein Brot mehr essen und sonst nur halb genug, wolle mit ihr spinnen, so früh und spät sie wolle, und ga Holz uflesen, drBysluft mög gah, wie er well.

Und treulich hielt es sein Versprechen; aber, wie Eiseli auch und seine Mutter sich mühten, die Not und den Mangel konnten sie doch nicht wenden von ihrer Hütte, von den kleinen Kindern, besonders im Winter nicht.

Und wenn Dursli zur Seltene wieder einmal schusterte und mit fertig gewordenen Holzschuhen ein Kind aussandte und das Kind die Batzen dafür heimbrachte, ach, wie sehnsüchtig sahen die armen Kinder auf die Batzen und dachten an ihre kalten Füßchen, an ihre hungrigen Mäglein und sahen mit nassen Augen zu, wo der Vater das Geld hintue, ob in der Mutter Hand oder in seinen Sack. Und wenn er es tat in seinen Sack und polternd mit wildem Gesicht das Haus verließ, dann legten die armen Kindlein ihre Köpflein auf den leeren Tisch und ließen leise ihre Tränen rinnen, und leise weinte am Rade die Mutter. Aber wenn das leise Weinen der Kinder in lautes Schluchzen überging, dann brach auch der Mutter Herz, und aufs Bett legte sie ihr Gesicht, den Kindern ihren Jammer zu verbergen.

Aber an diesen Jammer hat keiner gedacht, der für das Patentsystem gestimmt hat; an diesen Jammer denkt keiner, der jetzt, statt durch scharfe Ordnung die grenzenlosen Folgen desselben zu verhüten, die Hände ruhig in den Schoß legt und tubaket, am allerwenigsten die, welche die bestehenden Gesetze eigenmächtig erweitern und dann noch allemal hässig werden, wenn ihnen eine Übertretung der zu Schaumkellen gemachten Gesetze gemeldet wird.

Und wenn Dursli gemachte Arbeit selbst forttrug, so durfte

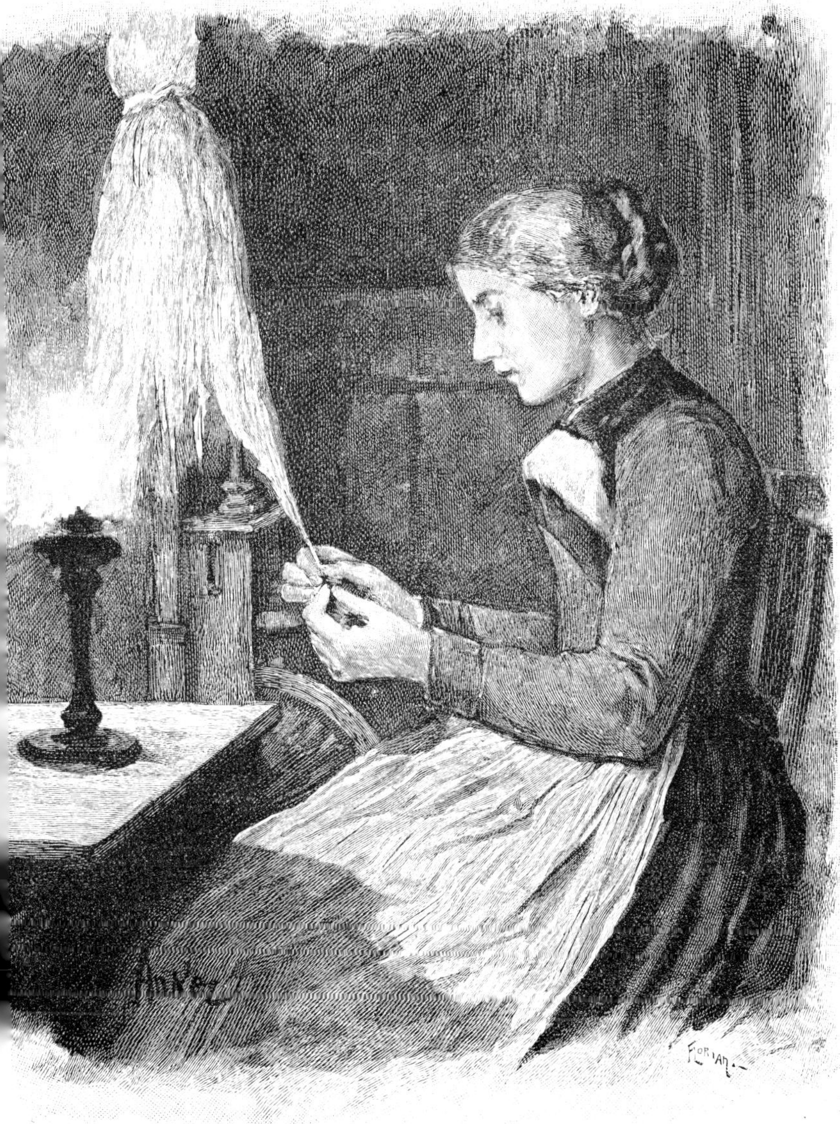
Anker
FLORIAN

weder Weib noch Kind fragen, ob er wiederkomme. Aber eins sah aus der Türe, das andere aus dem Fenster, ob der Vater nicht wiederkomme mit einem Stücklein Geld, mit Holz, sie zu wärmen, mit Brot, sie zu nähren; sie sahen hinaus, bis es dunkel ward draußen, bis es dunkel ward vor ihren Augen. Wenn dann kein Vater kommen wollte, so betete mit den weinenden Kindern die weinende Mutter zum himmlischen Vater, daß er sie doch nicht verlasse, sondern ihr rechter Vater sein möge. Aber ach, auch während dem Beten verließ der Hunger die armen Kinder nicht, und die vor Frost klappernden Zähne waren die Musik zu den Tränen der Augen.

Und während zu Hause Weib und Kinder hungerten und froren und beteten, drückte mit dem erhaltenen Gelde Dursli in einem Pintenschenk oder in einer Stubenwirtschaft sich nieder und trank Branntewein. Wenn er einen halben oder einen ganzen Schoppen getrunken hatte, so wollte er auch essen; und dieses Essen trieb er oft in sündigem Mutwillen an den Wänden umher, und seine Kinder hungerten daheim. Und wenn er hier wüst getan hatte, so ging er in eine andere Sauwirtschaft und spielte und raufte sich dort und ging so von einer zur andern, bis der Morgen anbrach, und ging noch hie und da aus, bis ein Morgen nach dem andern anbrach. – Und daheim sahen die Kinder alle Abende aus den Fenstern nach dem Vater, bis es dunkel wurde draußen, bis es dunkel wurde vor ihren Augen. Und wenn dann kein Vater kam, so weinten sie und beteten mit der Mutter; aber ach, während dem Beten verließ die armen Kinder der Hunger nicht, und in ihr Beten hinein klang das Klappern der in Frost bebenden Zähne der armen Kinder, deren Vater im warmen Wirtshause saß.

Es war ein Winter eingebrochen, wie es sie zuweilen gibt, wo fast alle Monate eine strenge Kälte eintrittet, dann plötzlich bricht und in Tauwetter sich auflöst. Das sind die strengsten Winter für arme Leute. Ehe es kalt wird, schneit es; dann können sie kein Holz auflesen in den Wäldern, und die ungebahnten Wege bannen sie mit ihren schlechten Kleidern in ihre Häuser, wo manchmal kaum eine Maus etwas zu fressen fände. Dann kömmt die durch Mark und

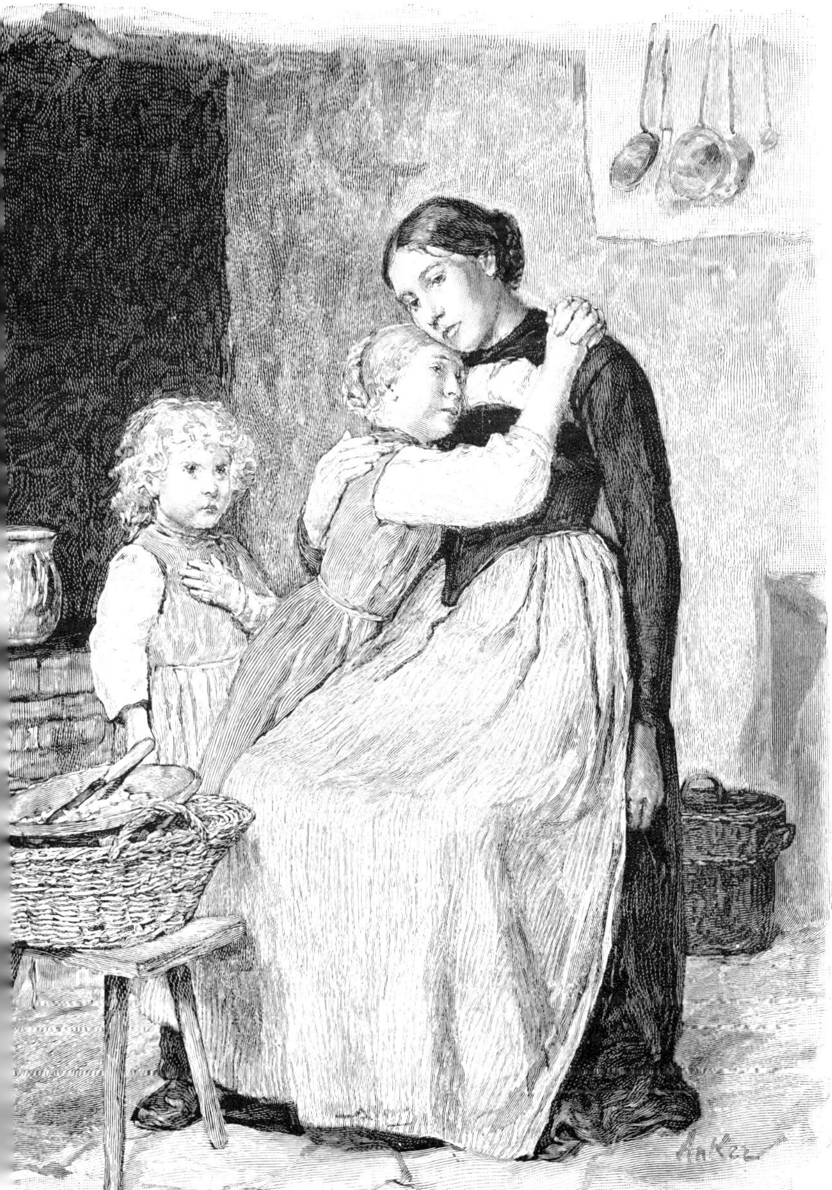
Anker

Bein, geschweige durch die dünnen Hüdeli dringende Kälte, durchbricht die dünnen Wände der schlechten Hütte und treibt Biecht an deren innere Seiten. Dann kömmt das Tauwetter, löst Schnee und Biecht in Wasser auf. In der Hütte tropfen alle Wände, daß es Schwetten gibt am Boden; draußen ist überall ein See, die Wälder sind unbetretbar, nicht einmal zum Bäcker können die armen Kinder in ihren schlechten Schuhen mit keinen oder zersprengten Hinterstücken ohne Fußwasser, und daheim ist kein warmer Ofen, die Füße zu trocknen und zu wärmen.

Ein solcher Winter war übers Land hereingebrochen und hatte viele Not gebracht und manche Krankheit. Bäbeli litt unaussprechlich mit seinen Kindern in diesem Winter. Das letzte Stück Land war verkauft worden, das letzte Stück Geld schon lange ausgegangen, mit dem Spinnen wegen dem immer mehr einbrechenden englischen Garn fast nichts mehr zu machen, und über Dursli schien ein immer wilderer schwarzer Geist zu kommen; er sah so wild drein, daß die Kinder sich verbargen, wenn er sie ansah, flohen, wenn er ihnen begegnete unter der Türe oder in der Küche.

Für den Winter hatte nichts angeschafft werden können, und wie Eiseli und der älteste Knabe sich auch preisgaben bei dem wüsten, veränderlichen Wetter, konnten sie doch nicht das nötigste Holz zum Kochen zusammenbringen; und das Holz, das sie drGottswille von der Gemeinde erhalten und soviel als möglich zum Heizen gespart hatten, ging vor Weihnacht zu Ende. Erdäpfel hatten sie wohl genug gemacht, aber wie etwas dazu anschaffen, wie den armen Kindern ihre Schuhe nur im notdürftigsten Zustande halten? Das trieb Bäbeli oft den Angstschweiß aus, und so weit kams, daß es Nächte durch ohne Licht beim Mondschein spann. Und wenn in Durslis Anwesenheit nur eine Klage laut wurde, nur eine Bitte, deren Abschlag mit stillem Weinen vernommen wurde, so fuhr er wild zweg, schoß das Werkzeug in die Ecken, ließ die Arbeit liegen und machte sich fort und zeigte sich oft lange nicht wieder.

So war in Not und Nässe Weihnacht herangekommen. Der Tauwind schnob durch die Felder, die Dorfgassen taten ihr weites

Maul auf, armer Leute Kindern die Schuhe zu verschlingen oder wenigstens ihnen ihre kalte Nässe in dieselben zu gießen.

Dursli war am Tage vor Weihnacht am Morgen heimgekommen und war herumgelegen. Sie hatten abgegessen, Erdäpfel, aber ohne dreikreuzeriges Salz.

«Johannesli», sagte die Mutter einem siebenjährigen Knaben, «Johannesli, du blybst dä Nachmittag daheim, es macht vil z'strube Weg für dih, du hesch so dä Morge ganz nassi Füßli heibrocht, u de chasch se niene tröchne.» «Ach nei, Mutter», sagte Johannesli, «ih muß wäger zSchul, ih cha nit daheime blybe.» «Folg schön, Johannesli!» sagte Bäbeli, «du weisch, wenn ih öppis bifehle, so blibts de drby.» Da hing Johannesli weinend der Mutter an die Scheube und jammerte: «Ach Mutter, soll ih de myr Lebtig nüt Guts ha? DsAmmes Benz het hüt e morge dsWirts Mareili ds Buch i Dreck usegschlage, u du bin ihms ga reyche, u du hets mr vrsproche, es well dä halb Tag es Pfyfebäggeli i dSchul bringe, ganz es zuckerigs, u de wells mih es paarmal la drüber schlecke, un es bringts gwüß! DsWiehnechtkingli het ihms scho am Donnste vo Burdlef brocht; u du hey du di angere King gseyt, zAbe chöu me de bim Beck großi Wiehnechtmanne luege, ganz vo Lebkuche. O Müetti, la mih doch recht gah!»

Wo wäre wohl die arme Mutter gewesen, die ihrem Johannesli, dem sie selbst nichts zu geben wußte, die Freude, ein Lebküchli wenigstens zu schlecken ein- oder zweimal, versagt hätte? Johannesli jauchzte laut auf, als er mit der Erlaubnis fortsprang, und die Mutter sah, das Gesicht ans Fenster gedrückt, ihm nach, sah, wie er schon nach wenig Sprüngen einen Schuh verloren hatte und schuhlos im Wasser stand. Aber ehe sie ihn zurückrufen konnte, hatte der muntere Junge die Schuhe wieder an den Füßen und fühlte die nassen Füße nicht, fühlte nur das ihm wartende Glück und war den Augen der Mutter entschwunden.

Die aber konnte sich nicht enthalten, dem faulenzenden Manne zu sagen, ob er eigentlich keinen Blutstropfen im Leibe mehr hätte für seine Kinder, nicht einmal ihre bösen Schühli mög er ihnen plätzen; es düchs doch, si sötte ne o afe dure. Aber Dursli hatte noch kein Herz für Weib und Kind. Es nähm ne de wunger, sagte er, wenn er einmal rühyig zu Hause sein könnte ohne Kär; es söll sih de niemere vrwungere, wenn er nit daheim sy mög, we me de eim nie chönn rühyig la. Aber so syge die Dolders Wyber usw. So polterte Dursli, obgleich Bäbeli schon lange wieder schwieg, bis er sich in Zorn gewerchet hatte, und bis ihn der Zorn, der das Gewissen betäuben mußte, aufjagte und fort zum Hause aus, nachdem er mit seinem Fluchen das Kind in der Wiege geweckt hatte, so daß das ihm zetermordio nachschrie. Es war fast, als ob dieses Geschrei ihn jage, denn er ging nicht in die nächste Wirtschaft, nicht in die zweite. Er durchschritt schnell das Dorf, durchstrich ein weites Feld, ging durch den im Tauwetter schwarzen Wald, alles durch dick und dünn, als ob er es nicht achte, schnurstracks dem nächsten Dorfe zu. Dort waren auch neue Pintenschenke, waren auch Bundesbrüder von allen Sorten und Schnepf nicht selten dort anzutreffen und Dursli dort ein wohlbekannter Gast. Es war eine düstere, niedere Stube, in die er trat; auf unsauberem Tisch stunden noch einige Schnapsgläser, aber Gäste waren keine da. Der schmutzige Wirt saß allein auf dem Ofen und tubakete.

«He, chunnst du?» sagte der Wirt, «ih ha afe glaubt, es well hüt niemer cho, es syg alles geistlich worde. Was wottsch, was soll dr bringe?» «Emel afe e Halbe», sagte Dursli, «aber Truse, ih bi nasse.» Als sie alleine saßen, sagte der Wirt Dursli, es sei bald Neujahr, und da werd me mit Zahle nie fertig, bsunderbar wenn man auch Dienste heyg, und wenn Dursli ihm geben könnte, was er ihm schuldig sei, es mach neue bei dreiundsiebzig Batzen, so wäre es ihm anständig, mi heig dSach o nit vrgebe. Dursli ward düster und sagte, das hätt er emel nit grad byn ihm, es syge ihm o no vil Lüt schuldig u sinne nüt dra; er well ne heusche, und wenn er de überchömm, su well er o zahle. «O bhüetis», sagte der Wirt, «das pressiert nüt, i hätts nume gern so bald als mügli; mi cha nit geng usgä, me muß ynäh o.»

Beider Gespräch war eben nicht zärtlich, als Schnepf kam, naß und müde, also auch nicht in zärtlicher Stimmung. Er tat noch herrischer als sonst und behandelte Wirt und Dursli tüchtig von oben herab, schimpfte über alle Leute und sagte, er hätte jetz doch bald genug für andere die Katze durch den Bach gezogen, er well jetz de afe anderi o ne chly la mache, si chönne de o gseh, was me für Profit drby heyg. Er ranzte den Dursli an, wie er es lustig habe daheim, auf dem warmen Ofen zu sitzen, während er in so strubem Wetter herumlaufen müsse, da könn e jede Baschi ein weites Maul mache; aber wenn man dann vor die Herre söll, da well sih de niemere fürela, und e jedere well hingertsi drus; «es isch grad en jedere e Höseler wie du.»

Dursli hatte seinen halben Trusen getrunken, war sonst aufgeregt und nahm das nicht so unterwürfig auf wie sonst. Er sagte: er hätte seinen Teil auch getan, und er sei nicht nur gelaufen, sondern er hätte noch viel Geld eingeschossen und viel für andere bezahlt; er möchte doch de jetzt afe wüsse, ob er etwas ume überchömm und wann? Er well nit länger ihre Melkkuh sein, all Lüt heusche ihm Geld, er möcht o afe wüsse, wer ihm sis umegäbi, er hätts neue nötig; und wenn ihm Schnepf nur das geben wollte, was er für ihn aparti ausgelegt oder ihm gegeben, wenn er gesagt habe: «Dursli, ih ha mys Geld i de angere Hose vrgesse.» Er wolle schon mit ihm rechnen, sagte Schnepf. Das käm ihm afe sufer use, wenn e jedere Schnuderbueb ihm wett Rechnig darschla. Er scheiße auf die paar Kreuzer, die ihm Dursli gegeben; wenn er well dKutte drehe, su flügen ihm Dublone dry, was drymög. Er söll ihm hüt de afe nümme dsMul uftu, sust well er ihm de säge, was är fürn e Lumpebueb, fürn e Löhl sei.

So wetterte Schnepf auf den Dursli los mit seiner geschliffenen Zunge, daß dieser in stillem Ingrimm eine Zeitlang zuhörte und, da er mit den wenigen Worten, die er zwischenhineinbrachte, nichts ausrichtete, endlich die Türe in die Hand nahm und ging. Aber es kochete wild in ihm, und der gelbe, lange Mann mit dem wilden, schwarzen Bart sah unrichtig aus allen Begegnenden in der Abenddämmerung. Mit dem innern Frieden war der heitere Dursli und seine roten Backen schon lange verschwunden.

Er brachte es aber nicht weiter als etwa hundert Schritte, das heißt zur nächsten Wirtschaft. Dort saßen mehrere und spielten, trotzdem daß es heiliger Abend war; es waren auch Durslis Bekannte. Derselbe setzte sich zu ihnen, und nicht lange ging es, so sprach einer derselben ihn um ein paar Batzen Geld an, er well ihms nach dem Neujahr wiedergeben. Da brach Dursli wüst los: er solle ihm das zuerst wiedergeben, was er ihm schuldig sei. Ihm fordere alles Geld, und wenn er das seine wiederhaben wolle, so hätte man keins für ihn; er sei jetzt bal lang genug drNarr im Spiel gsi. He, we me Bundesbrüder sy well, su müsse man einander helfen, hieß es, und er hätte noch lange mehr als sie, ein Häuschen, brauche keinen Hauszins zu geben usw., und wenn er kein Geld habe, so solle er wenigstens gut sein für ihre Ürti beim Wirt. Aber Dursli wollte nicht, wollte einmal wissen, was er von seinem Gutsein hätte; er sehe nichts dabei herauskommen als ein Böshaben.

So entspann sich ein immer wüsterer Streit tief in die Nacht hinein, der in eine Schlägerei auszuarten drohte, von der der Wirt möglicherweise Ungelegenheit haben konnte. Er suchte daher einzulenken und fragte Dursli, ob er nicht fortwolle, das sei die Nacht ja, wo die Bürglenherren ihren Umgang hielten. In der heiligen Nacht sei es nie richtig, durch den Utzenstörfer Wald zu gehen. Da begann Dursli, in dem Wut und Branntewein ein wütend Feuer entzündet hatten, gar lästerliche Reden auszustoßen, die ich nicht wiederholen mag, denn er lästerte die heilige Nacht. Das Reputierlichste, was er sagte, war, daß er, der Teufel solle ihn nehmen, sich nicht fürchten täte, wenn der Teufel selber käme samt seiner Großmutter; er wollte dem Teufel den Schwanz ausreißen und damit seine Großmutter an die höchste Tanne hängen auf der Bürgeln. Den andern, so wüst sie waren, war doch nach und nach bange, und es strich sich einer nach dem andern nach Hause. Und alleine saß bald der gelbe, wilde Dursli und saß hinter dem dritten Schoppen und wollte noch absolut etwas essen; und daheim saß bei erlöschender Lampe sein seufzend Weib und betete, und die armen, blassen Kinder, die um eine leere Tischdrucke und hinter einer kleinen Kachel gesessen, in welcher eine blinde Wassersuppe gewesen war, lagen schlafend in den Armen ihrer Engelein. Endlich schlugs elf Uhr; in der düstern Stube saß der Wirt weit von Dursli hinter düsterer Lampe, fast unsichtbar im Tabaksrauch, draußen heulte der Wind, Schnee und Regen schlugen prasselnd an die Fenster. Da schlug Dursli wild seine letzten Batzen auf den Tisch, vom Wirte schon lange zum Weggehen gemahnt, und ehe derselbe schläfrig sie zusammengelesen hatte, war Dursli draußen in dem wilden Wetter.

Kein Lichtlein brannte mehr im Dorfe, kein Lichtlein brannte in Durslis Herzen, hohl heulte der Wind durch die Gassen und wirbelte Schnee und Regen herein. Ein furchtbarer Zorn brauste durch Durslis Adern über die Menschen, über die ganze Welt, über alles, alles; und daß ihm doch jemand begegnen möchte, den er halb totschlagen, daß ihn doch nur ein Hund anbellen möchte, den er erstechen könnte, war des gelben, wilden Mannes Gebet in der heiligen Nacht. Aber still bliebs auf der Straße, still um die Häuser, kein Mensch eilte durch die Nacht, in die Nacht hinein bellte kein Hund; Gott wacht auch über die Schritte der Menschen, über das Bellen der Hunde. Aber immer gewaltiger toste der Sturm von ferne her, gleich dem Donner des aufgeregten, tausendjährige Felsen stürmenden Meeres, und grauenvolle Finsternis lagerte über der Erde. Und immer finsterer wards, als er in die Einschläge kam, wo in dichten Reihen Bäume stehen, mit weit hinausreichenden Ästen den Boden berührend, als der mächtige Wald wie eine unendlich schwarze Wand immer näher vor ihn trat; und immer fürchterlicher heulte der Wind durch der Eichen spröde Äste, durch der Tannen biegsame Wipfel. Und immer heißer kochte in Dursli der Zorn über Gott und Menschen, immer wilder stürmte er weiter; da glitschte er aus auf dem schlüpfrigen Fußweg, und hart fiel er nieder. Fluchend sprang er auf, stürmte weiter, nach wenig Schritten hart an einen Baum und stürzte rücklings nieder, und wie höhnend und jubelnd sauste über ihn hin der Sturm. Da rieselte wie vom kalten Boden auf eine kältende Gewalt ihm durch die Glieder, und ohne Fluch, aber trotzig noch stellte er sich auf die Beine und schritt rasch alswie gegen einen Feind dem immer schwärzer, grauser sich darstellenden Walde zu.

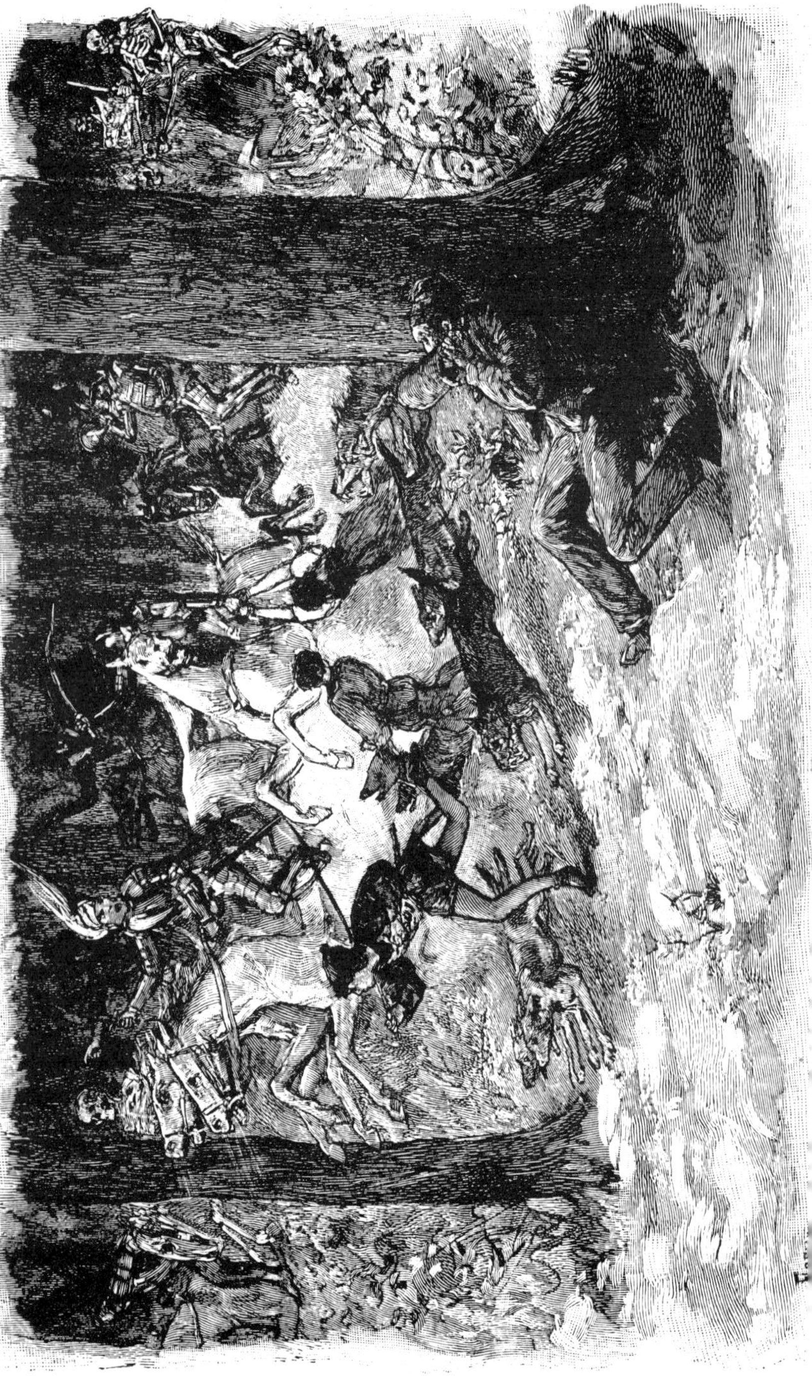

Da schlug wie mit unsichtbarer Hand ein herabhängender Ast das Gesicht ihm blutig; da fiel er halb betäubt über die Stapfeten in den Wald hinein, dicht bei der Bürgeln, und mit dem Kopf in eine Pfütze. Nun brach der ganze Trotz zusammen; das Bewußtsein, daß er ein Sandkorn sei in eines Allgewaltigen Hand, brach in ihm auf, ward aber zur schrecklichen Gespensterfurcht, die dicht vor sich in einem kleinen, dichten Tannenbaum des Teufels Großmutter sah und in einem jungen, schlanken Eichli den Teufel selbst. Höllenangst schnürte des Durslis kurz zuvor so trotzig Herz zusammen, die Lippen, die so frech gelästert hatten, bebten, und seine Zähne klapperten noch lauter als die Zähne seiner Kinder, wenn sie beteten, vom Frost geschüttelt.

Dursli, der lange nie zu seinem Gott gebetet, denselben verhöhnt hatte, derselbe Dursli betete jetzt in heißer Seelenangst zum Teufel und seiner Großmutter, bat seine Lästerungen ab, bat, daß sie ihn doch ruhig ließen, daß er ihnen ja gern wolle helfen Teufel sein und im Lande herum hausieren wolle mit Aufweisungen und Branntewein, und daß er ihnen helfen wolle den Leuten die Haare noch verflüchter zusammenknüpfen, als sie es bereits wären. Da schien es dem zum Teufel Betenden, als ob derselbe zu seiner Großmutter sich neige, als ob es darauf hinter ihnen zu seufzen und zu stöhnen beginne, als ob etwas schlüpfe zwischen beiden durch über ihn weg und wie Windeswehen hinaufeile gegen die Koppiger Gaß mit fliegendem Atem.

Aber nur einen Augenblick hörte er es, dann brach es los, als ob die ganze Hölle von dem Teufel und seiner Großmutter aufgerufen worden sei gegen ihn. Es heulte wie Hundegebell, es schmetterte wie Pferdewiehern und Hufengestampf, es klang wie das Hallo brünstiger Jäger, wie Sporengeklirr und Peitschenknall, es klang und tönte über den Boden hin, durch die Kronen der Bäume auf ihn ein. Ihm wollten die Sinne vergehen. Aber die wilde, gräßliche Jagd weilte nicht bei ihm, sie eilte dem seufzenden Windeswehen nach hinauf in den Wald dem Lindenhubel zu. Und wie der gräßliche Spuk weiter und weiter vertönte, ward freier und freier des wilden Mannes in Todesangst geklemmte Brust, höher und höher hob er sein Gesicht aus der Pfütze. Und als er nichts mehr hörte, als er mit seinen verkoteten Augen auch den Teufel und seine Großmutter nicht mehr sah, da begann es ihm zu wohlen, und er erhob sich. Schräg durch den Wald der Ecke des Einschlags zu zielend, um auf die Gasse zu kommen, tappte er mit zitternden Beinen vorwärts und dachte bei sich, wenn er jetzt dem Teufel entrinne, so söll dä ne de gwüß nümme übercho.

Schwarz wie die Hölle war der Wald, den Weg fühlte er unter den Füßen, er sah nicht einmal die über einem Weg übliche Heiteri durch die Bäume. Vorsichtig tappte er auf dem bösen Wege, und er meinte schon, als heitere es ihm etwas gegen das Koppiger Türli zu, da ward oben im Walde gegen das Oberholz zu wieder hörbar ein seltsam Schnauben und Tosen. Als ob ein gespenstig Wild oberhalb dem Lindenhubel bei dem alten Jägern wohlbekannten Kreuzwege im Lohn sich gewendet und durch das Oberholz nieder dem verlassenen Lager zueile und hinter ihm drein die wilde Jagd, die Hunde und die Jäger, alles auf der Feldseite dem Bühl nach den Wald nieder, tobte es näher und immer näher, immer schauerlicher, immer grausiger. Kalt wurde es Dursli ums Herz, jetzt konnte er Glauben fassen, aber den gräßlichen Glauben, daß der Teufel ihn nicht lassen wolle, und dieser Glaube stellte ihm die Haare bolzgrade auf, und eisig faßte ihn der Gedanke, warum er früher nicht einen andern Glauben hätte fassen können? Als mit diesem eisigen Gedanken glühende Reue ihm in die Seele glitschte, rauschte wieder an ihm vorüber das frühere Windeswehen mit Seufzen und Keuchen, aber markdurchdringender, herzdurchschneidender, rauschte wie in letzter Anstrengung durch den offenen Wald, die alten Eichen hin, die Wolfrichti hinab dem Bachtelenbrunnen zu.

Aber hinter ihm heran stob das wütende Heer heulend durch die Bäume, wilder klafften die Hunde, wilder schnoben die Rosse; durch Sporenklirren und Peitschenknall wie Donner Gottes klang der Jagdhörner Geschmetter, wie das Bersten der Erde der wütenden Jäger Jagdruf, und hintendrein schien ihm auf haushohem Roß, schwarz wie die Nacht, lang und schwärzer wie die Nacht, der

Teufel selbst zu reiten mit wildem Ruf und Peitschenknall. Hart an ihm vorüber stürmte die wilde Jagd, und noch näher an ihm vorbei sauste der schwarze, gewaltige Reiter, und unter seinem Kinn fühlte er dessen Stiefelspitze, fühlte unter seinen Füßen den Boden nicht mehr, und als führe er wie ein Stein von der Schleuder durch die Lüfte, ward ihm zumut. Und mitten in der schwarzen Nacht schien plötzlich ein gräßlich Feuer vor ihm aufzuwallen, ein flutend Flammenmeer; eine unwiderstehliche Gewalt warf ihn mitten hinein in dasselbe, die Feuerwellen schlugen über ihm zusammen, brannten ihm bis ins Herz hinein, brannten ihn immer fürchterlicher, aber verbrannten ihn nicht. Alles ward an ihm zu Feuer, aus den Augen siedeten Feuerströme, aus den Ohren sprühten Flammenbogen, und doch sah er mit den Augen, hörte mit den Ohren. Er sah mit den Augen einen gräßlichen, glühroten Teufel mit feurigem Tannenbaum das Feuer schüren in dem ungeheuren Ofen, aus dem die Feuerwellen quollen häuserhoch, und in der Ofenglut schienen Tausende von Menschen sich zu winden, zu feurigem Knäuel geballt; und mitten hinein in diesen Ofen fühlte er sich selbsten fallen, und mit dem glühenden Tannenbaum rührte ihn der Teufel in den glühenden Knäuel mitten hinein. Da erfuhr er, was Höllenpein sagen will.

Und wie der Teufel ihn herumrührte im Ofen, daß das Feuer aufbrodelte mit wütender Gewalt und jedes Härlein an ihm zur eigenen Hölle wurde vor Hitze und Glut, so rollte die Worte in heiserem Donner der Teufel ihm zu: «Kennst du jetzt den Ofen, der dem Teufel seine Pinten heizt mit lauter Vätern, deren Kinder froren in schlechten Schuhen auf kaltem Ofen, während die Väter Branntewein soffen?» Und aufs neue rührte der Teufel von Grund auf die Glut, und Tausende von Menschenhäuptern wirbelten von neuem auf wie glühende Kohlen, und in den Häuptern glänzten die Augen, und aus ihnen quollen Feuerströme, die heißen Tränenströme der Väter, deren Kindern aufroren auf den kalten Backen ihre kalten Tränlein, während die Väter in warmen Pinten saßen. Und wie der Teufel den Knäuel wieder umrührte mit seinem Tannenbaum, das Feuer neu aufzischte, hob eine Flut ihn empor über den Ofen hinaus, und tiefer und tiefer sank er wieder ins Feuermeer. Für diese Hölle ward er zu leicht erfunden.

Bald sah er es unter sich glitzern und funkeln, wie Eisen im Feuer funkelt, wie gezückte Schwerter in der Sonne blinken, und wie ein Lanzensee bohrte es sich ihm entgegen. Millionen Hecheln warens, nebeneinander in unendlichen Weiten, weltenhoch aufeinandergetürmt; in dieses Hecheln hinein regnete es Menschen fort und fort, und er fiel hinein und durch eine Reihe nach der andern, und die Reihen nahmen kein Ende, und jede untere Reihe war feiner als die obere Reihe und durchbohrte, was die andere ganz gelassen. Billionenmal durchstochen von den feurigen Spitzen, zerriß er dennoch nicht, sein Leib war zäch geworden, wie es seine Seele war; aber unbeschreiblich war diese Pein und des feurigen Ofens Pein dagegen wie Hochzeitlust. Und mitten in den Hecheln rollten glühende Walzen, und zwischen die Walzen rollten die Zerfetzten und, zusammengedrückt in den Walzen, wieder in die Hecheln hinein, in feinere und immer feinere.

Das Fallen nahm kein Ende, und an jeder Walze stund ein rotglühender Teufel und wirbelte Wolken feurigen Pfeffers auf die Zermalmten und lachte ihnen zu mit teuflischen Gebärden: das sei des Teufels Truel, wo er für seine Pinten den Branntewein presse aus denen, welche auf Erden Herzen gepeinigt, gemartert, zerdrückt hätten, ihrer Weiber, ihrer Männer, ihrer Kinder Herzen. So fiel er von Hechel zu Hechel, von Walze zu Walze und endlich in eine, aus der er nicht wieder hinauskam; es ward wieder finster um ihn, durch die schwarze Nacht schien er wieder zu fahren und verlor sich selbst darin nach und nach.

Ausgetobt hatte der Sturm, durch zerrissene Wolken glänzte der untergehende Mond, gegen Morgen dämmerte Licht, und stille wars über der Erde; es war, als ob sie in tiefer Andacht lauschen wolle der frohen Kunde, daß ihr heute der Heiland geboren worden, der Ehre Gott in der Höhe bereiten werde und Friede den Welten.

Beim Koppiger Türli in der alten Griengrube regte es sich, und tiefes Stöhnen drang über die Ränder derselben. Dort lag Dursli, und in ihm dämmerte nach und nach wieder Bewußtsein empor, er begann zu fühlen, daß er noch lebe; aber schrecklich, in dumpfer Rückerinnerung des gräßlichen Traumes, schien ihm sein Zustand, wie Feuer brannte es ihn im Halse, in den Augen, allenthalben, zerstochen, zerfetzt schien ihm sein Leib, herumgewirbelt in feurigen Walzen. Er begann sich zu erinnern, wie ihn der Teufel mit seines Stiefels Spitze seiner Hölle zugeschleudert, und zu welchen Qualen er verdammt worden, weil er seine Kinder hungern und frieren ließ, während er in allen Kneipen schlemmte, weil er das Herz seines braven Weibes täglich gemartert hatte in scheußlicher Unbarmherzigkeit. Heiß brannte ihn der Angstschweiß, aber nicht auf der Stirne – wer sich in der Hölle glaubt, dem brennt der Angstschweiß auf dem Herzen – und im Frost klapperten seine Glieder.

So lag er lange in schauerlicher Stille und lauschte seiner Qual. Aber stille blieb es um ihn, er hörte nicht des Feuers Prasseln, nicht der Walzen zermalmend Knirschen, nicht des glühroten Teufels Hohn, nicht der zermalmten Menschen Angstgestöhn, und stille schien ihm sein Leib zu liegen, nicht herumgewirbelt zu werden im Ofen, nicht zu fallen von Hechel zu Hechel; er wußte nicht mehr, wo er war. Er versuchte, die Augen zu öffnen, lange umsonst, und als die verkleisterten Augenlider endlich sich trennten, sah er keine Nacht mehr, keine Teufel, kein Feuer, es flimmerten Sterne ihm in die Augen, und der stille Mond warf seinen lieblichen Blick ihm zu.

Da kam ein unbeschreiblich Gefühl über ihn, da wußte er, wie es einem armen, verdammten Sünder zumute wird, wenn ihn Gottes Hand aus der Hölle führt; denn das wußte er nun, in der Hölle war er nicht mehr, da glänzen Gottes Sterne nicht, da spendet nicht der stille Mond seinen tröstenden Schein. Aber wo war er? War er im Himmel? Er konnte es nicht glauben; er wußte nun, daß ein gewissenloser, unbarmherziger Vater nicht in den Himmel komme. Seinen schweren, zerschlagenen Kopf hob er mühsam auf, sah mit immer tieferem Staunen um sich, denn er sah Baumwipfel, sah eine Grube um sich, hörte Wasser rauschen dicht neben sich; mühsam hob er höher sich auf, da sah er sich im Walde, sah eine Straße, sah ein Türlein, Felder hinter demselben und hinter denselben ein langes Dorf, und endlich ward es ihm deutlich, daß er noch auf Erden sei und zwar in der alten Griengrube beim Koppiger Türli. Da saß er nun, der jämmerlich zerschlagene, im Froste klappernde Mann, verwirrt und betäubt; und ehe er zur Besinnung gekommen, wie er in diese Griengrube geraten, ob auf einem natürlichen Wege oder von guten Geistern aus der Hölle hieher getragen, übermannte ihn ein markdurchdringend Gefühl seiner Erbärmlichkeit, er weinte bitterlich, seit Jahren zum erstenmal. Seit Jahren zum erstenmal war der Feuergeist so recht gründlich aus seinem Leibe gewichen, und in seinem Leibe hatte er nichts mehr als seine arme Seele; seit Jahren war der Feuergeist, der Branntewein Meister in diesem Leibe gewesen, er hatte geredet und gehandelt, und seine arme Seele war in seinem Leibe nur gewesen, was ein arm, schitter, weinend Mutterli, das ein bös Söhnisweib nur in finsterem Winkel duldet und dort nicht einmal einen Seufzer verträgt.

Nun hatte die kühle, nasse Nacht den Feuergeist gänzlich aus dem Leibe gejagt, und draußen in der Griengrube war kein Branntewein. Dursli trug glücklicherweise kein Gütterli bei sich, den bösen Geist konnte er nicht zurückrufen. Nun begann seine Seele sich zu regen, die arme Seele aus ihrem finstern Winkel hervor; und diese arme Seele, nun nicht mehr unter der Gewalt des Feuergeistes verstummt, begann zu reden wie mit tausend Zungen von Weib und Kindern, von falschen Freunden und teuflischen Verführern, von Elend und Not, von Gott und dem Teufel, und tausend Ohren schienen ihm zu wachsen und zu vervielfältigen alles, was seine tausend Zungen sprachen. Was andern in Jahren Stunde um Stunde ihr Gewissen zuraunt, überflutete Dursli auf einmal in Sekunden. Diese Flut war nicht eine Rede, nicht ein langes Vorhalten vieler Dinge, es war das blitzartige Aufrollen seines ganzen Lebens, unverschleiert, unübertüncht, in seiner ganzen grellen Sündhaftigkeit. Wie er es gehabt, und wie er jetzt dran sei, was Weib und Kinder ausgestanden, und wie er selbst sein eigener Teufel gewesen, wie er aus dem fröhlich singenden Dursli einen wüsten, wilden Mann gemacht – das stund alles lebendig vor seinem inneren aufgegangenen Auge. Da durchdrang ihn, als das Bild so recht lebendig vor ihm stund, eine grenzenlose Mutlosigkeit, die tiefste Selbstverachtung; in so tiefes Elend hinein hatte er sich reißen lassen, mit so kleiner Mühe hatte er sich aus einem liebenden Gatten und Vater zum Peiniger seines Weibes, seiner Kinder umschaffen lassen! Da fühlte er den Sinn in sich, der betet: «Mein Gott, ich schäme mich, mein Angesicht aufzuheben zu dir, mein Gott! Meine Missetaten sind über mein Haupt gewachsen, meine Schuld ist groß geworden bis in den Himmel.» Da kamen von selbst aus seiner Seele die Worte: «Ihr Berge, fallet über mir zusammen, ihr Hügel, decket mich!»

Und in diesem Elend kam die Sehnsucht über ihn nach seinen Kindern, nach seinem Bäbeli; wenn er den Kindern nur noch ein Müntschi geben, wenn er Bäbeli nur noch einmal die Hand geben und ihm sagen könnte, wie leid ihm alles sei, dann, dünkte ihn, wolle er gerne sterben. Und wie er so sterbensmatt da schlotternd saß in der Griengrube, so dünkte ihn, er wisse nicht, wie weit noch sein Sterben sei, und wenn er noch einmal zu Weib und Kindern wolle, so müsse er eilen. Und so richtete er langsam sich auf; kein Glied war ihm gebrochen im Falle, aber gar langsam trugen ihn diese matten, zerschlagenen Glieder.

Schon beim Türli mußte er wieder stillestehen und sich lehnen an den Türlistock, sein Leib dünkte ihn viele, viele Zentner schwer, und als ob er mit den Beinen tief in der Erde ginge, war es ihm; und seine Seele war auch so matt und trostlos, daß er keinen Mut mehr darin fand, heimzugehen und sein Elend zu bekennen. Und als er so mutlos sich lehnte an den Türlistock, begann es im vor ihm liegenden Dorfe zu läuten. Es war das Zeichen, daß die Menschen erwacht seien, daß sie sich bereiten wollten, dem Herrn Lob und Ehre darzubringen an seinem heiligen Tage, und alsobald mischte diesem Geläute das Kirchlein des Dorfes, woher Dursli gekommen war, seine schwesterlichen Klänge bei; und so, wie es von beiden Kirchen her läutete hell und klar, so kamen aus weitern Kreisen her die Stimmen anderer Kirchen und bildeten zu den hellen Klängen den feierlichen Chor. Da ward ihm feierlich zumute; es war ihm,

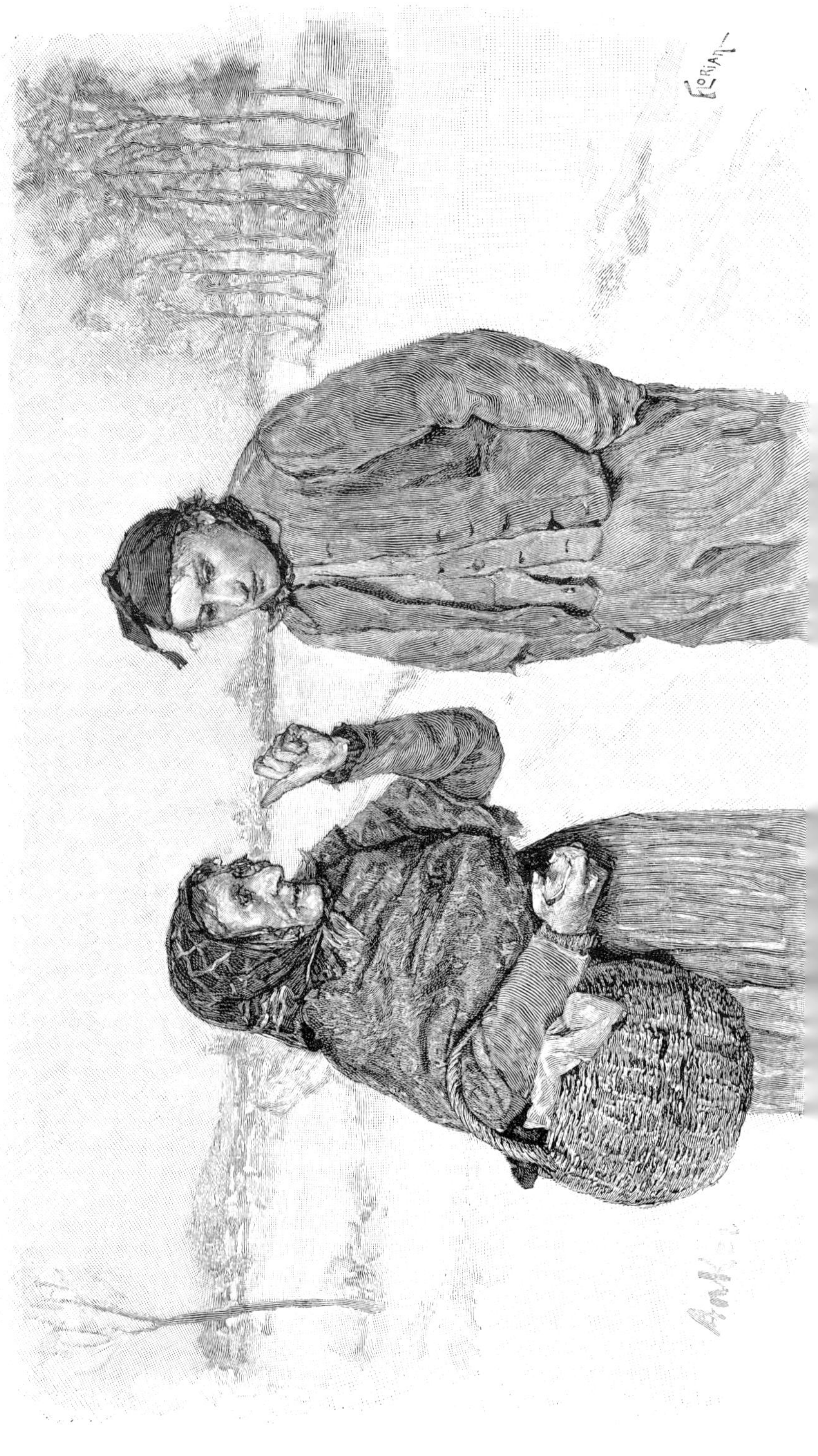
FLORIAN

als riefe ihm dieses Läuten zu, heimzukehren, es war ihm, als ob auf dem Grunde seines Herzens sich ein Hoffen zu regen beginne auf eine neue, kommende Zeit, als ob ihm der Glaube käme, daß auch ihm heute nicht nur der Welt Heiland, sondern gerade sein eigener Heiland geboren worden, als ob jede Glockenstimme eine Mahnung sei, daß Freude im Himmel sei über jeden sich bekehrenden Sünder und ein Frohlocken bei den heiligen Engeln, als ob jeder Ton, der ihm in die Ohren dringe, eine Verheißung sei, daß die Kraft Gottes so gut in sein Herz kommen könne als seiner Glocken Stimme.

Es zog ihn aufs neue heimwärts, es glomm der Mut wieder, zu seinem armen Weibe zu sagen: «Bäbeli, ich habe gesündigt vor Gott und vor dir, ich bin nicht wert, deiner Kinder Vater zu sein; aber kannst du mir vergeben und vergessen, so will ich mit Gottes Hülfe ein anderer, der alte Dursli wieder werden.» Und als er dieses dachte, da ward es warm in seinem Herzen, und Tränen kamen ihm in die Augen, und er hob den Fuß zu dem heiligen Gang. Da kreischte neben ihm eine Stimme, die zerdrückt aus einem verquollenen Halse kam: «E gute Tag, Dursli, was stehst du da wie ein Pfaff an einer Kilbi? Siehst aus, als ob des Teufels Großmutter mit dir gnarret hätte, und luegst dry, wie wenn du an einem hämpfeligen Tannzapfen erworgen wolltest!» Es war die Stimme der wohlbekannten Landstreicherin Ch., berühmt als Wahrsagerin und Hexe, die in allen Pinten sehr gut bekannt war und mit allen Hudeln gute Kameradschaft hielt. «Komm du», sagte sie, «mit mir ins Pintli, e Trost ga näh, du hast es nötig! Was Tüfels ist mit dir?» Recht weichmütig wies er von der Hand dieses Ansinnen und sagte offenherzig, wie er heimwolle zu seinem Weibe und seinen armen Kindern, wie er sein wüstes Leben einsehe und wieder Vater sein wolle ihnen. Verwundert hatte die Ch. aus ihren triefenden Sauaugen ihn angesehen, als sie Dursli so reden hörte; und als er fertig war, schlug sie ein heiseres, wüstes Gelächter auf. «Was Teufels kömmt dich an, Dursli?» sagte sie, «ist es dir tromsigs in Kopf gekommen, oder bist du bei den Stündelern in der Versammlig gsi? Was, dyr bleiche Gränne wottsch ga anekneue?

Wottsch ere drGring groß mache u dr däweg drLätsch selber ga a Hals mache? Die würd dr de drPlätz schön mache! Komm du ins Pintli, gschwing! Wenn du nur einen Tropf Guten im Leibe hast, so wirst du schon aus einem andern Loch pfeifen. Wenn es einen friert, so ist man nur ein halber Mensch, und du wirst diese Nacht volle am ene Hag glege sy, u du wird dr dsHerz i dSchuh abegrütscht sy.» «Nein», sagte Dursli, «von dem allem ist nichts; aber wenn dir begegnet wäre, was mir, du würdest auch wieder lernen beten.» «Nadis bott nit!» sagte die Ch., «und wenn der Tüfel selber kämt, er zwängti mih nit, drKopf z'chiere.» «Wohl, Ch.», sagte Dursli, «wenn du gesehen und gehört hättest, was ich, so würdest du auch glauben, daß no öppis angers isch, als was me da gseht – und daß e Höll isch, u daß me sih ändere muß, we me nit drywill.»

Und nun erzählte ihr Dursli offenherzig die Abenteuer der vergangenen Nacht, was er von der Bürglen herkommen sehen, wie der Teufel selbst ihn angeritten und durch die Luft geworfen, und wie er dann durch die Hölle gefahren und endlich in der Griengrube erwacht sei. Bei dieser Erzählung zog die Ch. nach und nach ein ernsthaftes Gesicht, und Dursli glaubte schon, sie bekehrt zu haben und zum Glauben gebracht; da leuchtete es in ihren Augen auf wie ein brennend Haus. «Und du willst geistlich werden, wo du jetzt glücklich werden kannst!» schrie sie auf und faßte Dursli mit ihren langen, klauichten Fingern krampfhaft beim Arme. «Weißt du und merkst du dann nicht, daß sich dir die Bürglenherren geküdet haben, und daß sie dir ihre Schätze geben müssen, wenn du nur willst und du Gurasche hättest und nit pflännetisch wie eine alte Frau? Und drTüfel wird afe gnietig sy, ne nahzryte; er het dir ja selber dr Stifel dargha, daßd ufhockisch, und weil du dann dagestanden bist wie ein Ölgötz, so hat er dr einen Mupf in die Griengrube gegeben. Aber, was du da von der Hölle sagst, das ist dir nume vorcho im Traum; drTüfel isch nit e Narr, daß er die, wos mit ihm hey, geyt ga erschrecke und de no hintendry geyt ga quälen. Du mußt aber ein Fraufastenkind sein, daß du das alles gesehen. Und o Herr Jeses, Dursli, wie glücklich chönntisch werde, wenn nume Guraschi hättest! Wenn du auch wüßtest, wie groß der Schatz ist auf der Bürglen! Du könntest damit die Kirchberger und Utzenstörfer auskaufen, und der Dünkel-Dursli müßt dy Schnuderbub sy oder höchstens dy Melcher, dSchloßweiher zLandshut chönntst ganz volle Branntenwein haben, und denn chönntist rühyig im Gabenetli uf drTerrasse hocke, und hundert Knechte müßten dir ihn zuchetragen und alles in silberige Gschirre. Und dann chönntest deinen Kindern meinethalb auch z'fresse la zuecho und dym Bäbi allbeneinisch e Wedele, für z'heize; aber e schöneri Frau würdest denn wohl welle als son e bleiche Gränne. Wenn du morgen nacht wieder da bist, so kannst du den Schatz noch immer gewinnen; sie müssen drei Nächt nacheinander den Wald auf- und abreiten und hinter ihnen her der Teufel. Komm doch geschwind ins Pintli! Dort kannst du erwarmen, und ich will dir alles brichte, und was du zu machen hast.» Aber Dursli sagte: «Nein, ins Pintli komm ich jetzt emel einisch nicht; du kannst mich hier auch brichte, was das mit den Bürglenherren ist.»

«Da auf der Bürglen», sagte die Ch., «ist vor alten Zeiten ein Schloß gestanden, und das hat gar grusam fürnehmen Edelleuten gehört, aber die sind liederlich gewesen und verputzten all ihr Gut, daß sie gar kein Geld mehr hatten, für Wein zu kaufen und Kleider, und sind doch immer durstig gewesen und hoffärtig. Da haben sie sich dem Teufel übergeben mit Leib und Seele, und der hat ihnen zu schröcklich viel Geld und Gut geholfen, soviel sie nur haben wollten. Und wo sie das Geld gehabt, ist es ihnen doch nicht recht gewesen, daß sie sich dem Teufel übergeben, sie hätten das Geld behalten mögen und doch vom Teufel los sein; aber sie wußten nicht, wie sie das anfangen sollten, die Listigsten waren sie nicht.»

Die sieben Brüder hätten aber ein Jungfräuli gehabt, das hätte ihnen ihre Sache gemacht und wäre aller Brüder Schatz gewesen und gar ein Listiges. Das hätte ihnen gesagt, sie wüßte wohl, wie der Teufel z'bschyße war, so daß sie ihm entrinnen könnten und doch alles behalten. Und die Brüder hätten dem Jungfräuli versprochen, der jüngste müsse es heiraten, wenn es ihnen den Rat geben wolle und sie glücklich davonkämen.

Da hätte es gesagt, in der heiligen Nacht und zwei Tage, zwei Nächte nachher dürfe der Teufel nicht aus der Hölle hervor, das hätte ihm einmal ein Pfaff gesagt. In der heiligen Nacht wollten sie sich also mit Hab und Gut fortmachen, und während den drei Tagen möchten sie denn doch weit kommen; wenn dann der Teufel wieder hervorkomme, so wisse er nicht, wo sie hingekommen seien, und wenn er sie nicht mehr finde, so seien sie ja entronnen. Aber der Teufel hatte auch einen Liebeshandel mit der Köchin zu Bürglen, und die war schalus auf das Jungfräuli; sie sagte daher dem Teufel wieder, was im Wurfe sei zu seinem Schaden. Da sei der Teufel nicht in die Hölle gegangen, deren Tor während den drei heiligen Tagen verschlossen werde; und damit man ihn nicht hineinjage, habe er sich als Draguner verkleidet und mit Wüsttun in der Nähe aufgehalten, und in der heiligen Nacht hätte er ihnen glußet unten am Schlosse auf einem großen schwarzen Rosse. Als sie nun fortzogen mit Sack und Pack, Hunden und Rossen und voran mit dem jüngsten Bruder das Jungfräuli, sei er hintendrein geritten mit Sausen und Brausen, daß sie erschrocken fortstoben wie das Dürstengjäg, z'voran das Jungfräuli, das alsbald ab dem Roß gefallen sei. In der heiligen Nacht hätte er ihnen eigentlich nichts tun dürfen; aber als sie vom Lindenhubel gegen das Oberholz zugeritten, wäre er ihnen vorangeritten und hätte sie umgwehrt, daß sie den Wald hinunter hätten reiten müssen dem Bachtelenbrunnen zu mit wildem Angstgeschrei. Dort hätten sie sich wieder umgewendet der Bürglen zu und seien glücklich vor dem Teufel im Schlosse gewesen und hätten das Tor wohl vermacht, so daß der Teufel, der in diesen Nächten keine aparti Gewalt hat, davor bleiben mußte.

«Drinnen ward den Brüdern nun gar angst, was der Teufel wohl mit ihnen anfangen werde, wenn die heilige Zeit vorbei sei. Aber das Jungfräuli, welches vor allen andern wieder im Schlosse war, tröstete sie, der Teufel werde jetzt wohl wieder in der Hölle sein und in der folgenden Nacht sie nicht stören können; sie sollten die Flucht nur noch einmal versuchen. Sie taten es, aber es ging ihnen akkurat wie das erstemal. Da fürchteten sie sich noch mehr und drohten dem Jungfräuli, daß sie es dem Teufel dargeben wollten für seinen bösen Rat; es könne die Suppe selbst ausessen, die es eingebrockt. Aber das Jungfräuli hielt ihnen grusam an, daß sie das nicht tun sollten, sondern die Fahrt zum drittenmal versuchen. Wenn der Teufel schon nicht in der Hölle sei, so werde er sicher, weil er zwei Nächte hintereinander nicht geschlafen, jetzt so fest schlafen, daß er sie nicht höre, und wenn si ume einist dänne wäre, so könnte er ihnen nicht mehr nach, er hätte sie ja nie recht einholen können. Und die Ritter glaubten der Dirne und ritten zum drittenmal, und zum drittenmal der Teufel hintenrum, schnaubend in wildem Zorn.»

Aber diesmal hätte er sie weit hinauf ins Oberholz reiten lassen, ehe er sie herumgewehrt, hätte sie in den Leimgrubeneinschlag hineingetrieben und dann erst gegen der Bürglen zu. So hätte er sie versäumt, daß es gerade zwölf Uhr geschlagen, als der letzte Bruder unter dem Tor war und gerade hinter ihm der Teufel. Der habe nun mit dem Glockenschlag zwölf alle seine Macht erhalten, dem letzten Bruder das Genick umgedreht und sei in den Schloßhof hineingefahren und habe allen Brüdern die Köpfe umgedreht und auch dem Jungfräuli. Dann habe er alle z'klyne Stücklene zerschrisse. Nun habe er alles Geld und alle Edelsteine zusammengelesen und in den Brunnen geworfen und die zerschrissene Leut oben darauf und habe sich verflucht: wenn sie doch so Lust am Reiten hätten, so müßten sie ihm reiten alle Jahre zu gleicher Zeit, bis einst einer das Herz habe, während er sie jage, zu ihm aufs Roß zu springen i dsTüfels Name, mitzureiten in das Schloß, dort, während er den Brüdern tue wie das erstemal, das Geld zusammenzulesen und davonzulaufen; dann sollten sie Ruhe haben. «Das dürfe niemer, hat er gedacht. Die, wo schatzgrabe hey auf der Bürglen, kannten den Fluch; aber sie hatten kein Guraschi und wollten es zwänge mit dem siebenten Buch Mosis. Damit hatten sie viel Läuf und Gäng und zuletzt nichts mehr davon als lange Nasen und so dicke wie Küferhämmer.

«Aber du darfst, Dursli», sagte die Ch., «du bist geng e Guraschierte gsi und hast niemere gförchtet! Und z'verspile ist do nüt; mi brucht jo nüt z'mache als ufzhocke u z'ryte, und drTüfel het dr jo drStifel selber dargha. Es hätte den Schatz sicher schon lange einer gehoben; aber es gibt gar wenige Fraufastenkinder, die meisten Leute sehen nichts von diesem Gjäg, sie hören es bloß. Komm jetzt ins Pintli! Wenn du wieder einen halben Schoppen im Leibe hast, so bist du wieder der rechte Dursli. Komm, wir wollen heute eins saufen, während der Donners Pfaff ‹Hem, hem› macht; ich zahle alles. Häb nit Kummer, wenn du kein Geld hast! Und zNacht gehst du dann und reitest und bringst Geld mit, es weiß kein Mensch, wieviel. Dann wollen wir ein lustig Leben führen miteinander ins Teufels Namen: Krebseli zMorge und Fischeli zNacht, und de dy bleichi Gränne la Kuder spinne i Gotts Name!»

Dursli hatte gespannt zugehört. Recht wahrscheinlich kam ihm die ganze Geschichte vor, war es ihm doch, als fühle er noch des Teufels Stiefelspitze unterm Kinn; und das lustige Leben ohne Arbeit mit überflüssigem Gelde dünkte ihn auch gar schön, konnte er ja mit dem Gelde anfangen, was er wollte, es auch an Weib und Kind wenden; und ein Schlücklein Branntenwein könnte ihm auch nicht schaden, wars ihm doch, als sollte er Stück um Stück auseinanderfallen vor Müchti. Und hätte die Ch. ihr Branntenweingütterli wie gewöhnlich bei sich gehabt, wer weiß, was geschehen wäre!

Da klangen wieder wunderschöne, helle Glockentöne durch die heiter werdenden Lüfte den Wald herauf. Es drangen dumpf und schauerlich, wie Stimmen aus einer andern Welt, aus tieferem Hintergrunde mächtige, erschütternde Klänge; sie verschwammen ineinander zu den wunderbaren Lauten, welche die Lust der Welt aus den Herzen treiben, in tiefe Andacht die Seelen versenken und Millionen Knie beugen in wirklicher Demut vor dem Allerhöchsten. Es läutete aus dem Solothurnerbiet herauf, und zu dem Läuten von vielen Glocken klang in wunderbarer, erschütternder Tiefe laut und vernehmlich die große Glocke im Münster zu Solothurn.

Sie schlugen nicht unvernommen an Durslis Herz, sie kamen wie guter Geister warnende Stimmen in der Stunde der Versuchung.

Wie aus hohem Himmel herab schienen ihm die wunderbaren Klänge zu kommen, sie kamen ihm vor wie die Stimmen seiner gestorbenen Eltern, denen Gott vergönne, aus einer andern Welt her den wankenden Sohn zu stärken, ihn zu mahnen an Weib und Kind, an Gott und die andere Welt, in der sie nun wandelten, weil sie fromm gewesen auf Erden und der Heiland ihnen auch geboren war. Und fromm bewegt fühlte Dursli sich wieder, es kam ihn an wie Heimweh nach Vater und Mutter, bei ihnen sein, sein müdes Haupt in ihren Schoß legen hätte er mögen; aber dann kamen ihm vor Weib und Kind, die er verlassen müßte, mit doppelter Sehnsucht fühlte er sich nach heim gezogen, sie noch einmal zu sehen, ihnen noch zu zeigen sein liebevolles Herz, ehe er folgen müsse dem elterlichen Rufen nach einer andern Welt. Er vergaß die Ch., ihre freche Rede, ihr wüstes Locken, und unwillkürlich wendete er den Fuß der Heimat zu. Da krallte das Weib ihm in den Arm und wollte ihn drehen auf den Fußweg, der zum Pintli führte, und trieb lachend ihr Gespött mit seiner Feigheit. Da kam den Dursli ein eigentlich Grausen an ob dem Weibe und der Gedanke, ob heute der Teufel statt ein Dragoner ein Weib geworden und in der Ch. stecke.

Schon schienen sich ihm ihre Haarschnüre emporzuringeln wie ein Schweif, Katzenaugen aus ihrem Gesicht ihn glühend anzufunkeln, ihre Zunge sich zu spitzen und zu züngeln wie eine leibhaftige Schlangenzunge und die magern Finger zu feurigen Krallen zu werden, und als ob er sie feurig fühle am ergriffenen Arm bis ins Mark hinein, ward es ihm. Da kam ihn ein jäher Schrecken an, er riß sich los mit Gewalt und floh, so schnell es seine matten Glieder erlaubten, durch die Koppiger Gasse der Heimat zu, und hinter ihm drein schallte noch lange das wilde Fluchen, das heisere Gelächter des teuflischen Weibes.

Zwischen hohen und breiten Lebhägen durch, in denen Bäume von allen Arten stunden, lief sein Weg. Träge Cügger hüpften schwerfällig von Zweig zu Zweig, lüftige Amseln, gelb geschnäbelt, flogen schnell in kurzen Bogen vor ihm her; beide suchten in den Beeren des Hages ihr kaltes, aber süßes Morgenbrot. Vor ihm zeichneten sich am blauen Himmel immer deutlicher die Rauchwolken ab, steigend aus den Wohnungen der Menschen, die sich kochten ein warmes Morgenbrot. Schwarz und dick und wild wirbelten aus den Öfen der Bäcker, die nicht weißes Brot und Ringe genug backen konnten für den heutigen Tag, die Rauchsäulen empor. Klarer und ruhiger stieg der Rauch auf aus den weißen Schornsteinen der Häuser, die um die Fenster her bekränzt waren mit niedlichen, sorgfältig gebiegeten Scheitern aus Buchen- oder Eichenholz. Ungeduldig und zornig drängte er sich aus mancher Küchentüre, welche endlich die sorgsame Hausfrau öffnen mußte, wenn sie nicht ersticken wollte. Dünn und fast nicht sichtbar umschwebte er, bequem aus dem dünnen Stroh des Daches emporsteigend, die kleinen Häuschen, wo vor dem Hause kaum einige Respen lagen und in die Küche selten eigentliche Scheiter kamen. Ungetrübt aber blieb der Himmel über den Häusern, vor denen hohe Tannen stunden, an denen Flaschen und Bänder flatterten. In solchen Häusern wird es am Tage des Herrn gar spät Tag. Der Gedanke an den Herrn weckt dort selten jemand, die Glocken, die an den Herrn mahnen, verschläft man; nur das Klopfen der Gäste, das Hoffen von Gästen weckt aus dem Schlafe. Aber, wenn der Herr einst selber klopft, was wird dann für ein Erwachen sein für Leute, die Sonntag und Werktag den Herrn verschlafen haben!

Wie Dursli dem Dorfe näher kam, schien es ihm entgegenzuduften wie von Eiertätsch und Weihnachtsringen; geschäftig sah er die Leute um die Häuser sich regen mit Wasserholen und Holztragen, sah die Mädchen laufen mit ihren Milchtöpfen, Milch zu holen, die Küher mit ihren Bränten, Milch zu vertragen, hörte Kinder jubeln in hellen Weihnachtsfreuden, einander ihre Ringe spienzelnd. Ein lustiger Bube, pfausbackig und vierschrötig, in der einen Hand einen Milchhafen, in der anderen einen mächtigen Lebkuchen haltend, von dem er munter abbiß, begegnete ihm und rief ihm zu in seiner Herzensfreude: «Lue doch, Dursli, wie mr dsWiehnachtskingli e Lebkuche brocht het! Er isch fast so groß wie my Kuttefecke.»

Da wurden Dursli die Beine wieder schwer, und es war ihm, als ob es ihn wie Rauch zu beißen anfange in den Augen und sie ihm übertreibe. Hatte sein Weib wohl etwas, um Rauch damit zu machen und Feuer? Er wußte es nicht, er hatte sich lange nicht darum bekümmert, und gestern war der Ofen kalt gewesen. Er wagte es nicht, dahin, wo seine Hütte lag, zu sehen, ob nicht auch ein lichtes Wölkchen schwimme über derselben. Daß sie den Herrn nicht verschliefen, das wußte er wohl; aber hatten sie wohl auch etwas zu essen? Keine Eiertätsche, keine Weihnachtsringe, das wußte er wohl; aber hatten sie doch irgend etwas anderes als das trübe Sinnen, was sie alles entbehren müßten, was sie alles nicht hätten, was andere Leute, weil sie einen Vater hätten, der sie vergesse? Seine armen Kinder saßen vielleicht um einen leeren Tisch am heutigen heiligen Tage, und Weinen und Klagen war unter ihnen, während Freude sein soll auf Erden und in den meisten Häusern Freude war.

Und er hatte keinen Kreuzer, ihnen etwas zu kaufen! So manchen Batzen hatte er mutwillig verschwendet, und jetzt, wo er Jahre vom Leben um etwas Geld gegeben, jetzt hatte er keinen Kreuzer, hatte gar nichts ihnen heimzubringen als den wüsten, nichtsnutzigen Vater, der die Quelle von all ihrem Elend war, den mußte er heimtragen als seiner armen Kinder Weihnachtskindli. Das tat Dursli gar bitter weh im Herzen. Er floh daher das Dorf, um niemanden mehr zu begegnen, um keine Bäckerladen sehen zu müssen, in denen er nichts kaufen konnte, wo er nur an seine armen Kinder denken mußte, mit welch sehnsüchtigen Augen sie die Herrlichkeiten alle gestern werden betrachtet haben. Aber, auf welche Fußwege er auch fliehen mochte, die rauchenden Häuser brachte er nicht aus dem Gesichte. Der Duft von allen den guten im Dorfe gekochten Dingen schien immer dichter ihn zu umwallen. Dagegen fand sein ängstlich suchend Auge keinen einzigen Zaunstecken, keinen im letzten Sturme abgebrochenen Ast, um wenigstens etwas zur Feuerung beitragen zu können. Er kam immer näher seinem Häuschen, und immer schwerer ward ihm ums Herz; zu fliehen hatte er nicht mehr die Kraft, aber in die Erde hätte er versinken mögen. Neben dem Hause, das sein Häuschen bedeckte,

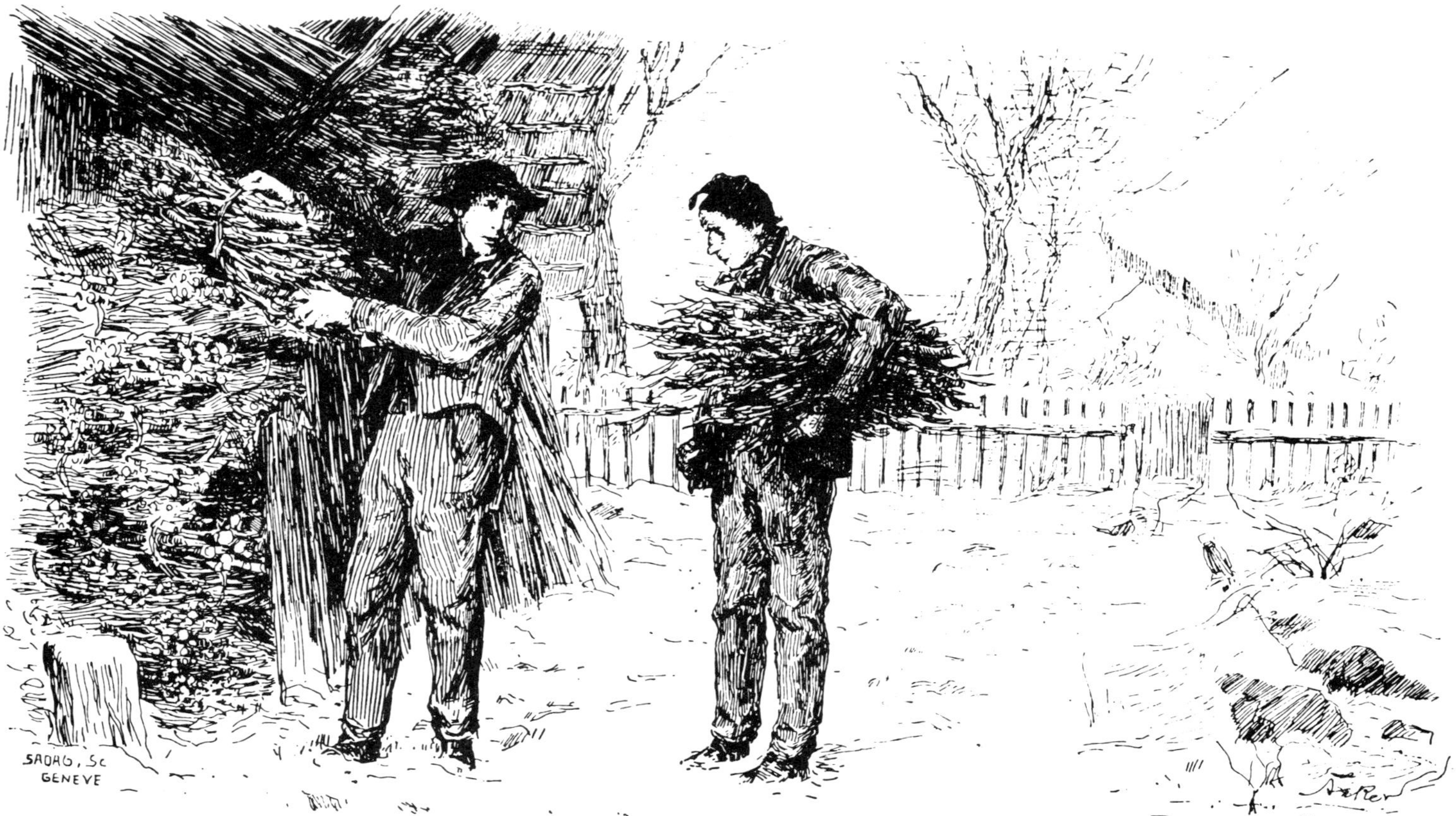
SADAG, Sc
GENEVE
Anker

konnte er nicht weiter, er lehnte sich an die Gartenwand und weinte wieder bitterlich. Es kam ein Jammer über ihn, wie ihn sicher nur ein Vater empfinden kann, der Ernährer und Schützer seiner Familie sein soll, und der an einem heiligen Morgen zu durch seine Schuld hungrigen und frierenden Kindern heimkehrt, matt, zerschlagen, verschlemmt, aber seiner Schuld wohl sich bewußt. Ach, wenn Dursli dachte, wie vor einigen Jahren noch seine Kinder ihn jubelnd immer empfingen und am fröhlichen Vater sich nicht satt küssen konnten, und wie er jetzt heimkehre, und wie seine Kinder nur weinen müßten, wenn sie ihn erblickten und aus Angst vor ihm nicht einmal recht weinen dürften, da lief sein Jammer von neuem über.

Dursli stünde vielleicht noch dort, wenn ihm nicht jemand fortgeholfen hätte. Aus dem Schopfe des Hauses hatte ihn schon lange mit mißtrauischen und ärgerlichen Blicken ein Mann betrachtet, der mit Füttern sich beschäftigte. Endlich, da er sah, daß Dursli sich nicht da anlehne, um dem Uli zu rufen, sondern daß er weine und zwar recht, trat er zu ihm, fragend: «Was fehlt dir, Durs?» Es war ein Nachbar und Jugendfreund von Dursli, der aber mit ihm schon lange keine Gemeinschaft mehr hielt, weil derselbe auf gemachte Vorstellungen ihm gar pöchischen Bescheid gegeben hatte. Vor Schluchzen konnte ihm Dursli fast nicht sagen, daß ihm aparti nichts fehle, aber daß er nicht heimdürfe, weil sie daheim wahrscheinlich nichts hätten, um einen warmen Ofen zu machen und er ihnen nichts heimbringen könne, und daß er an diesem allem selbst schuld sei, drehe ihm fast das Herz aus dem Leibe: «Es ist gut, daß du das einmal einsiehst, und gut wäre es, du würdest es nie mehr vergessen. Deine Frau und Kinder dauren mich; darum nimm da vom Haufen zwei Wedelen, aber geschwind, und mache, daß du damit fortkömmst und dich mein Alter nicht sicht, sonst gibt es Donnerwetter. Er kann keinen Hudel leiden und dich am allerwenigsten, weil er deines Vaters Kamerad war und dich früher lieb hatte.» So sprach Res zum Dursli. Da dieser sich nicht gleich fassen konnte, so schob ihm Res zwei mächtige Wedelen unter die Arme und ihn hinter der Ladenwand hervor seinem Häuschen zu.

Stille war alles dort, zu die Küchentüre, kein Räuchchen kräuselte sich weder über dem Dach noch unter demselben. Mit klopfendem Herzen drehte er den hölzernen Riegel um und trat in die Küche.

Da war kein Feuer, die Feuerplatte wie gewohnt sauber abgerieben und hinten im Kunstloch noch ein klein Häufchen warme Asche; also hatten sie diesen Morgen doch etwas Warmes gehabt. Das träufelte etwas Trost und Mut ihm ein; er legte seine Wedelen auf die Feuerplatte und trat an die Stubentüre. Bis hierher hatte ihm sein Mut geholfen, hier verließ er ihn. Er hoffte, es öffne jemand, zu sehen, wer da sei. Aber stille blieb es in der Stube, nur glaubte er, das Rad seiner Frau schnurren zu hören. Mit klopfendem Herzen lauschte er lange, er hörte kein Schrittlein, nicht einmal ein Flüstern. Er sog es so recht in sich, was es heiße, ein armer Sünder sein, und welch Unterschied es sei zwischen einem Vater, bei dessen Erscheinen Fenster und Türen sich öffnen, ihm entgegenspringt, was Beine hat, und den Beinen voraus die jubelnde Stimme schickt, auch wenn er keinen Kram bringt, und zwischen einem andern Vater, den man heimkommen hört, und niemand sich regt, ja vielleicht Große und Kleine zittern, sich verkriechen und beten, daß er wieder fortgehen und nicht sein wüstes Wesen noch bringen möchte in das Elend hinein, das er angerichtet.

Er hatte so manchmal mit wüstem Branntenweinkopf die Türe aufgepoltert und war in die Stube hineingefahren wie ein Habicht in einen Taubenschlag, und die Kinder waren in alle Ecken geschossen, als ob sie die Tauben wären, daß er nur zu wohl wußte, warum niemand öffne. Er fühlte es, was es heiße, an einer Türe stehen zu müssen, als ob es die Türe der Hölle wäre, während es die Türe des Paradieses sein soll, das jeder Vater sich selbst zu schaffen hat, die Türe zu Weib und Kindern. Aber eben, Leute, merket euch dieses Zeichen wieder, wie der Mensch aus dem Himmel, den Gott ihm darbietet, die Hölle, aus dem Paradiese ein Dornen- und Distelfeld machen kann! Ach, wie er sich wieder sehnte nach einem Tröpfchen Branntenwein, um Mut und Kraft zu erhalten, seine eigene Türe zu öffnen! So weit kömmt ein Mensch, wenn der Branntenwein sein Alles ist, daß er selbsten ein Nichts wird. Aber kein Branntenwein ward ihm; er mußte endlich die Türe öffnen. Er wollte guten Tag sagen, aber er brachte es nicht heraus, es blieb ihm klemmen im Halse. Seine Frau spann und wiegelte zugleich das grännende jüngste Kind. Eiseli haspelte, und die andern Kinder saßen um den Tisch, auf dem noch eine Kachle stand, der man es ansah, daß im Wasser gekochte Erdäpfelbitzli darin gewesen waren. Kalt und fröstelig war es in der Stube, doch sauber und reinlich; Bäbeli meinte nicht, je weniger man zu essen habe, desto unreinlicher müsse man werden.

Die Kinder hielten sich mäuschenstill, als er hineinkam, drückten ihre Köpfchen tief in die Arme hinein, und Eiseli haspelte noch geschwinder, wie von innerer Angst getrieben, und Bäbeli fragte übers Rad weg tonlos: «Du wirst öppis zMorge welle?» «Nein», sagte Dursli, von diesem Bilde, das er hundertmal gesehen, aber nie wahrgenommen hatte, tief ergriffen, «nein, essen mag ich nicht», so mucht und öde ihm auch war. Aber ihn friere gar, sagte er, er wolle einheizen und eine warme Stube machen, es sei gar kalt hier innen. Da sagte Bäbeli ganz leise, dann hätten sie kein Holz mehr für heute, zu kochen, und wenn man sich durch den Morgen etwas leide, so werde über Mittag die Kunst warm vom Kochen. Da fand Dursli die Stimme wieder, zu sagen, sie solle nur nicht Kummer haben, er hätte Holz mitgebracht. Da wars, als ob die Morgenröte besserer Tage schon auf der Kinder Wangen wieder glänzte, ihre Backen röteten sich schon von der Hoffnung, heute eine warme Stube zu haben, und freundlicher sahen sie zum Vater auf. Aber beklommen fragte Bäbeli: «Woher bringst du Holz heute?» «Wäger han ihs nit gstohle», sagte Dursli, ohne aufzubegehren, «drRes da äne het mr gä, du chast ne frage, obs nit wahr syg.»

Er ging hinaus und heizte mit Mühe ein in den kalten Ofen, an dem schon tagelang nur die Kunst durch das Kochen warm geworden war; und, wie warm die wird, wenn man keinen Säuen kocht, sondern nur mit zusammengelesenem Holz ein paar halb Stunden im Tage etwas Warmes, das weiß jedermann. Als endlich das Feuer im Ofen prasselte, konnten sich die Kinder nicht enthalten, hinaus in die Küche zu kommen, vor den Ofen zu grupen, Hände und Gesichter mit innigem Wohlbehagen dem Feuer entgegenzustrekken und zu jubeln, wie lustig das doch brenne und wie warm. Wer nie recht Kälte ausstehen muß, begreift nicht, wie hoch der Arme die Wärme hält. Nicht nur die Hände, sondern auch die Herzen tauten den Kindern am Feuer auf. Ach, Kinderherzen sind noch nicht mit tiefem Eis belegt; wenige warme Blicke vermögen das, welches sich in ihnen angesetzt hat, zu schmelzen.

Sie stunden näher und näher zum Vater, es war, als ob ordentlich ein Magnet sie zu ihm hinziehe; doch berührte ihn noch keins, und auch der Vater durfte die Hand nach keinem ausstrecken aus Furcht, sie möchten entfliehen vor dieser harten väterlichen Hand. Endlich durchbrach ein vierjähriger Knabe die unsichtbare Scheidewand und legte seine Hände auf des Vaters Backen, er solle doch fühlen, wie schön warm sie seien, und küßte darauf den Vater, weil er ihnen ein so schönes Feuer gemacht. Da durchrieselte den Dursli eine eigene Empfindung. Kindliche Küsse tun allen Vätern wohl, und als der Vater den verlornen Sohn küßte, mußte es auch diesem rieseln durchs Herz; aber muß es einem verlornen Vater nicht noch tiefer gehen, wenn sein unschuldig Kind, ob dem er die Hölle verdient, ihn küßt und mit dem Kusse ihm das Pfand der Vergebung gibt? Dursli konnte nichts sagen, aber er rührte nun ein Kind nach dem andern an, und eins nach dem andern drängte sich ihm näher, bis er alle an einem Arfel hatte. Da fühlte er es deutlich in seinem Herzen, daß er wieder ein besserer Mensch und glücklich werden könne.

Und wie das Feuer im Ofen verglomm, glomm ein anderes in ihm auf, und mutiger betrat er wieder die sich wärmende Stube. Drinnen hatte seine Frau ihren Spulen voll gesponnen und abgenommen und übergab ihn dem ältesten Mädchen zum Haspeln. Während dieses geschah, räumte sie ab, ratsamte die Kinder und gab dann, als Eiseli mit Haspeln fertig war, samt drei Strangen Garn demselben folgende Instruktionen: es solle diese drei Strangen unter die Scheube nehmen, daß sie ja niemand sehe, und damit zum Garnjoggi gehen und daraus sechs Batzen zu lösen suchen.

Und wenn es soviel Geld erhalten, so solle es einen Vierling Speck oder im Wirtshaus Feißi ab der Fleischsuppe, ein zweipfündig Brötli, einen halben Vierling Kaffee daraus kaufen und aus dem Rest abgenommene Milch, was es erleiden möge, damit sie etwas Warmes und diesmal, weil es doch Weihnacht sei, Erdäpfelrösti zu Mittag machen könnten. Die Kinder jubelten gewaltig, als sie von Erdäpfelrösti hörten; so was Gutes war ihnen lange nicht geworden. Und um ihnen diese Freude zu machen, hatte das arme Weib einen bedeutenden Teil der Nacht durch gesponnen, und der Vater hatte in den letzten Wochen ein Geld verpraßt, mit dem man zwanzig Erdäpfelröstene mit ganzen Hampfelen Speckbröckli hätte kochen können.

So sorgte also das Weib für alles Essen, und der Vater hatte nichts, keinen einzigen Kreuzer dazu gegeben. Doch hatte Dursli jetzt den Mut dazu, zu sagen, er hätte kein Geld heute, aber es söll es sich diesmal nicht reuen lassen, in Zukunft müsse das anders gehen und Erdäpfelrösti ihnen nicht eine so seltsame Sache sein. «Es wäre nötig», sagte Bäbeli, «daß es so kämte.» Dann schwieg es wieder. «Ja, Frau, so soll es kommen!» Da sah ihn Bäbeli an mit einem Blick, in dem zerdrückte Liebe und verhaltener Zorn lag, beides, aber die Liebe tief gewurzelt, der Zorn nur wie Schaum auf der Oberfläche; an manchen Orten ist es umgekehrt. Bei diesem Blick ließ Bäbeli es bewenden und ging seinen Geschäften nach, und Dursli gab sich mit den Kindern ab still und freundlich; und wenn eins ihn anrührte, flog allemal ein trüber Zug aus seinem Gesichte fort, und mit sichtbarem Bestreben, ihm zu gefallen, aber nicht ohne Schüchternheit gwirbeten die Kinder um ihn herum. Als Bäbeli dieses ungewohnte Treiben sah, glänzte ihm auch etwas in den Augen, aber es sagte nichts. Endlich sagte es, wenn es wüßte, daß er zu Hause bleiben und zu den Kindern sehen wollte, so möchte es gerne wieder einmal zKilche und zu dsHerre Tisch; es hätte schon lange danach blanget und nie mehr als jetzt. Und dann hätte es dem lieben Gott no abzbätte, daß es heute gesponnen; es heyg das sust nie ta; «dsEiseli wird scho koche, wenns umechunnt, und dSach mache!»

Da ging dem armen Dursli ein Stich durchs Herz, daß er fast ab dem Ofen gefallen wäre. Als ihn jüngst der Hudeldrang so recht ankam, das von seinem Lande eingelöste Geld verbraucht war, als er das ganze Haus durchsucht hatte und er nichts mehr zu vergrützen fand, geriet er auch hinter seines Weibes Sachen, und da kam ihm unglücklicherweise noch ein schönes schwarzes Fürtuch in die Hände, das Bäbeli von seiner Mutter geerbt hatte und es deswegen sehr wert hielt und nicht verkaufte. Dursli wußte das und nahm es doch. Er dachte in seinem Hudeldrang, Bäbeli werde das doch so bald nicht brauchen und deswegen den Verlust am wenigsten merken. Und gerade jetzt, wo er Friede machen wollte für immer, wo ihm an Versöhnung alles gelegen war, mußte Bäbeli über seine Schelmerei kommen; aber wo eine Kirche gebaut wird, baut der Teufel eine Kapelle daneben, wo es Friede geben will, stößt er den Fuß dazwischen. Wie ein Maletschloß hing es dem Dursli vor dem Munde; als ob ihm einer die verkehrte Hand im Halstuch hätte, ward ihm. Da fragte Bäbeli noch einmal: «Hesch öppis drwider, wenn ih gange? Ih bi scho lang nüt gsi, un es duecht mih, es liechteti mr uf em Herze, wenn ih einist wider gah chönnt.» «Bhüetis nei!» sagte Dursli, «aber ih darf dr neuis fast nit säge, ih bi vil zen e Wüste a dr gsi u ha öppis gmacht, ih darfs dr weiß Gott nit säge.» «Sägs nume! Es wird wohl o öppe z'ertrage sy», sagte Bäbeli. «Dein schwarzes Fürtuch habe ich dir verkauft, das du von der Mutter geerbt hast; aber du sollst es bis zOstern wieder haben, und sollte ich mir die Arme bis an die Ellbogen abwerchen», sagte Dursli. Man sah, es ward Bäbeli, als ob man ihm ein neues Weh anwürfe, in die Augen drang ihm das Wasser, seine Lippen bebten, aber zugleich begann eine unsichtbare Gewalt in seinem ganzen Wesen zu arbeiten, die nicht zum erstenmal den Kampf versuchte mit auflodernden Gemütsbewegungen. Bäbeli wußte, daß man mit zornigen Worten nichts ausrichte gegen ein störrisch gewordenes Gemüt, und hatte daher ein stilles Tragen sich angewöhnt; nur wenn es die Kinder betraf, entrann der Mutter noch zuweilen ein rasches Wort. «So will ich mein altes anlegen», sagte es leise, «das tuts einem armen Weibe, wie ich bin, sauft», und ging hinein ins

Stübli. Dursli fühlte wohl, daß er diese Schonung nicht verdiene; aber eben dieses unverdiente Schonen härtete seine Gelübde, ein anderer Gatte, ein anderer Vater werden zu wollen, wie Stahl gehärtet wird in des Feuers Glut. Bäbeli blieb lange im Stübli. Endlich, als es schon lange läutete zur Kirche, kam es heraus mit stillem Gesicht und armütig angetan. Es pressierte nicht fort und hatte noch dies und jenes den Kindern zu sagen, und Dursli mahnte auch nicht, daß es bereits verläutet habe; er wußte wohl, dass so armütig angetane Weiber nicht zuerst frühe zur Kirche gehen und nicht zuvorderst sich setzen, sondern ganz leise sich hineinschleichen, während die andern singen, und die hintersten Bänke suchen, damit kein verletzend Auge ihre Armütigkeit betrachte und das Weh in ihrem Herzen mehre.

Als endlich Bäbeli gehen wollte, längte ihm Dursli zaghaft die Hand und bat: «Bet de o für mih!», und Bäbeli sagte nichts, sah ihm tief in die Augen, seufzte dann auf und ging. Bald darauf kam Eiseli heim mit seinen Herrlichkeiten, und die Kinder umsprangen es, und jedes wollte ihm auspacken, an die Hand gehen, und in fröhlichem Wirrwarr kamen sie einander zwischen die Beine. Und wehmütig schaute Dursli dem zu, und allgemach wurde er immer matter. In seinem Magen knurrte und ruggete es, es dünkte ihn, sein ganzer Leib sei hohl und nie mehr zu füllen, und im ganzen Hause war kein äßig Brösmeli als das Brötli, das Eiseli gebracht. Davon aber den Kindern vorwegzuessen, die es so sehnsüchtig ansahen, und es ohne die Mutter, die es ersponnen hatte, anzuschneiden, hätte er nicht übers Herz gebracht. Zudem wollte die Zeit nicht vorwärts, es dünkte ihn, der Tag stehe still wie zu Josuas Zeiten.

Er bat Eiseli, daß es doch recht viel Rösti machen möchte, und als es ihm die kleine Platte voll Schyblem zeigte mit dem Bedeuten, daß keine mehr seien als die, da seufzte er schwer auf; denn er hätte die Hälfte mehr ring allein gegessen. Aber er klagte nicht, sondern dachte, Gott wolle ihm einmal zeigen, wie der Hunger tue; seine Kinder hätten oft seinetwegen gehungert, es sei nun billig, daß auch er einmal hungere. Aber, daß er nicht mehr so hungern wolle, und daß seine Kinder nicht mehr hungern sollten seinetwillen, das nahm er sich vor, sooft er eins der Kinder sah, sooft die kleine Platte Schybli ihm in die Augen fiel.

Bäbeli war spät in die Kirche gekommen und drückte sich gar demütig in einen Winkel. Es sah nicht viel auf; aber sooft es aufsah, wollte der böse Geist über ihns kommen, wollte ihm alle seine alten Gespielen zeigen und alle Weiber mit schönen schwarzen Fürtüchern, wollte ihm zuflüstern: «Siehe, wie hoffärtig die sind, wie armütig du! Siehe, daran, und daß du in fuchsrotem Fetzen zum heiligen Abendmahl gehen mußt und alle Leute auf dich sehen, ist dein Hudel schuld! Wäre der nicht, du könntest auch daherkommen wie die andern.»

Aber Bäbeli wehrte sich standhaft gegen diesen Geist, sah nie mehr auf, sah nicht auf sein Fürtuch hin; es dachte nur an Gott, der unser aller himmlischer Vater sei und keine Herzen verstoßen wolle, besonders die armen nicht. Dann schloß es sein Ohr der Predigt auf, wie heute der Welt der Heiland geboren worden sei, und wie er allen Menschen besonders geboren werden müsse, ja, wie er vielleicht dem einen oder dem andern unter ihnen gerade heute geboren werde in Glaube, Hoffnung und Liebe, und wie dieser Heiland dann mächtig sei im Ertragen und im Schaffen und Freude bringe über jede Seele und Segen in jedes Haus. Und wenn dann Bäbeli an Dursli dachte, wie er so mild und weich heimgekommen und gesagt habe: «Bet o für mih!», und wie es sich selbst überwunden und ohne Zorn fortgegangen sei, da schlug froh bewegt sein Herz, ob wohl ihm und seinen Kindern der Heiland einkehre in ihre Hütte und austreibe jeden bösen Geist. Und als es in froher Ahnung zum Nachtmahl ging, da ward ihm gar süß und selig dabei zumute. Es war ihm im Geiste, als sehe es die weiße Taube, die dem Noah das Ölblatt brachte, das Zeichen, daß die Wasser verlaufen, die Not vorbei, bessere Zeiten da seien, als schwebe sie ob seinem Haupte und lasse sacht und leise das Ölblatt ihm auf die Stirne nieder.

Aufgerichtet ging Bäbeli heim, und wenn ein alter Bekannter ihm nicht freundlich dankte, ein paar böse Augen auf sein rotes Fürtuch sahen, es tat ihm nicht weh im Herzen, es achtete es nicht einmal. Es eilte heim. Die Predigt hatte lange gedauert und das milde Wetter viele Leute zum Nachtmahl gezogen, jedoch ohne daß vielen in Sinn kam, daß Gott mit dem Tauwetter ihnen andeute, daß es auch in ihren Herzen auffrieren müsse, wenn darin der Heiland solle geboren werden, denn in gefrornem Boden wird nichts geboren. Es wollte die Kinder nicht warten lassen, und zudem ward ihm angst, ob es wohl Dursli nicht irgendwo fehlen möchte und eine schwere Krankheit im Anzug sei. Es kam eilig, aber freundlich heim und sah ohne Groll mit der alten Liebe den Dursli an; aber vor dem Jubel der Kinder, die es zu Tische zogen, weil die Milch schon erwellt sei, die Erdäpfelrösti fertig und man die Speckbröckli nicht dürfe kalten lassen, hatte es nicht Zeit, zu fragen, obs ihm fehle.

Mit jauchzenden Augen setzten sich die Kinder um den Tisch; und wenn sie schon mit andächtigen Gesichtern beteten, die Füße, die konnten nicht stillehalten, die gingen wie Fahnen in lustigem Sturme. So glücklich können Königskinder nie sein, so jauchzend nie sich um ihre goldenen Tafeln setzen. Sie haben nie entbehrt, nie so bis zum rechten Hunger gehungert, und wer nie entbehrt hat, kennt die rechte Freude, den eigentlichen Herzensjubel nicht. Ach, Leute, wenn ihr wüßtet, wie glücklich man bei wenigem sein kann, wie unglücklich oft bei vielem, wie glücklich ein Mensch werden kann, wenn er als Kind sein Joch getragen, ihr machtet aus euren Kindern nicht lauter Weißbrotkindlein, in Baumwolle eingewikkelt! Wenn die an den Bysluft des Lebens müssen, wie werden die den Pfnüsel kriegen und mit ihren Pfnüselgesichtern jammern über den wüsten Bysluft und jammern, wenn der Bysluft vorbei ist, über den Pfnüsel, der sie nicht verlassen will, bei der wärmsten Sonne nicht!

Wie die Kinder in die Suppenkachel längten und, wenn auf ihrem Löffel ein Dünkli Brot schwamm, den Löffel den andern zeigten und sagten: «Lue, Brot han ih!», und die andern schrien: «Lue, ih o, ih o!» Und wie sie dann in die Erdäpfelrösti längten und laut aufjubelten: «Lue, ih han es Speckbröckli!» und dann den Löffel in das Kaffeekacheli dunkten und das Speckbröckli nie aus den Augen verloren, bis es im Munde war, und immerfort mit den Beinen zappelten und sie nicht stillehalten konnten, wenn ihnen auch die Mutter sagte, sie machten wohl viel Lärm! Aber wie ein armer Sünder saß der Vater mitten unter den glücklichen Kindern. An dieser Freude sah er erst jetzt recht, wie bös sie es gehabt haben mußten, welche Not sie gelitten seinetwegen.

Wie zaudernd und zagend reckte er mit seinem Löffel in die Schüssel! Er war hungriger als sie alle, ganz hohl inwendig. Der Hunger trieb ihn zum Zulangen recht tief in die Schüssel hinein; aber hatte er das Recht dazu, hatte er einen Kreuzer zu dem Mahl beigetragen, war es nicht die Frucht des Schweißes einer bittern Nacht? Wie hungrig er war, er konnte die Bissen fast nicht hinunterbringen. Zudem, wenn er auf die kleinen Schüsseln sah und den Hunger seiner Kinder an dem seinen maß, so schnürte tiefe Angst ihm die Brust zusammen, das Mahl möchte, auch wenn er nichts esse, für die Kinder nicht hinreichen und, wenn in keinem Hafen, in keiner Schüssel mehr etwas wäre, alles, alles gegessen, ein Kind zur Mutter noch sagen: «Ach Müetti, ih bi no hungerig!» Mit ängstlicher Miene sah er von der Erdäpfelrösti auf den Milchhafen, wie es mindere, sah auf die Kinder, wie ihr munterer Appetit nicht nachließ, sie alle Augenblicke sagten: «O wie gut! Müetti, hesch no meh Milch, wenn ih mys Kacheli usha?» Dann band er mit seiner Herzensangst den eigenen Hunger zusammen, längte so langsam als möglich in die Schüssel, schüttelte immer noch ab und mäuelte am Rest, als ob er Hobelspäne im Munde hätte.

Endlich war der letzte Bissen gegessen, der letzte Tropfen getrunken, und die Mutter hatte noch jedem als Dessert ein Stücklein Brot gegeben, und das Brot war auch fast all geworden. Da öffnete ein Kind den Mund, und dem Dursli drehte sich schon das Herz im Leibe um aus Angst, das Kind möchte jammern, daß nichts mehr da sei; aber der Herr, der mit wenigem viele speisen kann, hatte dieses Mahl gesegnet, und das Kind sagte: «O Müetti, jetzt han ih o so recht gnue, jetz man ihs sauft erlyde bis zNacht, wenn ih scho nüt meh überchumme.» «Ih o, ih o!» riefen alle mit.

Das tönte dem armen Vater wie himmlische Lieder, ward ihm zur Speise, die seinen Hunger stillte; so recht frei aufatmen, so recht frei aufblicken konnte er zum erstenmal heute, denn er hatte in sich ein heiliges Gelübde getan, daß sie bald ein Mahl aus seinem Verdienst halten wollten, wo sie sich alle aus vollem Herzen freuen wollten ohne Kummer, daß nicht genug da sei.

Nach dem Essen haushaltete die Mutter, die gesättigten Kinder tummelten sich lustig, und der Vater hatte das jüngste Kind zum Gaumen übernommen. Erst hatte das Kind sich ihm entfremdet; denn gar lange wars, daß Dursli es nicht auf den Armen gehabt, ja, ihm kein freundlich Gesicht gemacht hatte. Aber Dursli ließ nicht nach mit Flattieren und sang so lustig und tat so narrochtig wie das beste Kindermeitschi, daß das Kind zu schreien aufhörte, ihn mit großen Augen ansah und, als erkenne es nach und nach den Vater wieder, ihm zu lächeln begann, ihn bei der Nase nahm und endlich auch beide Ärmchen um seinen Hals schlang und ihm äh machte. Da fühlte Dursli, daß er wieder ganz daheim sei in seinem Hause. Die ältern Kinder mußten in die Kinderlehre. Heute ging es Dursli zu Herzen, als er sah, wie mühselig sie ihre bösen Schuhe durch den Kot brachten. Die jüngern, von dem guten Essen und dem Wildelen schläfrig, legten sich aufs Ohr, und als auch das jüngste grännig wurde, legte es Dursli in die Wiege und trieb sie mit einem lustigen Liedchen lustig herum.

Unterdessen war auch Bäbeli mit dem Haushalten fertig geworden und setzte sich hin zu Dursli an die Wiege; es wolle ihn ablösen, sagte es. Und dann fragte es: «Aber fehlt dr öppis? Sägs doch recht! Ih will dr e Hafe voll Tee arichte.» Da sagte Dursli: «O nei, es fehlt mr nüt, es isch mr lang nie bas gsi. Warum glaubst, es fehl mr öppis?» «Ach», sagte Bäbeli, «du bist neue hüt ganz e angere als sust, ih ha dih lang, lang nie meh so gseh. Ach, wenns doch geng eso blieb!» sagte es ganz leise und fuhr mit der Hand über die stillen, dunklen Augen. Da wars, als ob das dunkle Ehegespenst, das sich zwischen beide gelagert hatte, in schneidender Kälte keinen Sonnenblick der Liebe von einem zum andern lassend, von unsichtbarer Gewalt erfaßt, zerstäube in die Lüfte und frei es werde zwischen beiden. Da wars, als ob die alten Zeiten wiederkehrten, wo Dursli nach acht durchkupeten Tagen an seines Bäbelis Gadenfenster lockend stund und Bäbeli erst nicht hören wollte, dann herbeikam, dann, je näher er kam, desto inniger vom Geist der Versöhnung ergriffen, wenn Dursli so innig und treuherzig um Einlaß bat, in seinen Armen lag, ehe es wußte, wie.

Aber diesmal kam Bäbeli zuerst und pochte mit leisem Finger nur an Durslis Herz, und dieses sprang, von tausend Empfindungen voll, alsobald auf und ergoß sich in seines Weibes Seele. «Ja, Bäbeli», sagte Dursli und nahm es bei der Hand, «ich weiß gar nicht, wie mir heute ist, bald weh und bald wohl, bald wills mr dsHerz zrschryße, wenn ih gseh, a was ih allem dSchuld bi; u gspüre ih i mr öppis, das mr seyt, ih könn wider gutmache, u ih gspüre, daß ihs o will, de wirds mr wider wohl, un es duecht mih, ih mög nit warte, bis ih cha arbeite, ih möcht scho hüt drWerkzüg fürenäh. O Herr Jeses, was chas doch us eme Mönsch gä, un er merkt selber nit, wie! Es het mih hüt scho mengisch ducht, ih möcht tief i d Erde ab schlüfe oder mr drKopf a drWand zrschlage, wenn ih so gseh ha, was fürn e Wüste ih gsi bi, u wien ih mih a dir u de Kinge vrsünget ha. Es nimmt mih nume wunder, daß o nit vil wüster mit mr ta hest!

Hier hätte nun manches Weib, dessen Herz eine Bütti voll Lauge ist, den Zapfen gezogen aus dieser Bütti und hätte die Lauge laufen lassen über den weichen Mann und alle seine bittern Gefühle über ihn ergossen. Und wie im Tauwetter die Steine rollen in einer Risi an den Bergen, hätte es Vorwürfe rollen lassen, wie wüst er getan, und was jede Frau über ihn gesagt, und wie groß ihre Not und Elend gewesen, und wie eine andere ihn würde rangiert haben, und mit solchen Reden hätte sie eingesteckt in sein Herz, aus dem offen die Reue floß, den Zapfen, die Reue wäre zur Galle geworden, denn solche Weiberreden sind merkwürdig zersetzende Elemente für die Empfindung, und am Abend wäre Dursli vielleicht schon wieder in einer Pinte gesessen.

Aber Bäbeli schmiegte sich näher an Dursli und fand keine Worte zu Vorwürfen; alle seine vorrätigen Worte brauchte es, ihm zu sagen, wie wohl es auch ihm im Herzen werde, es könne nicht sagen, wie, daß es seinen Dursli wieder habe. Es hätte doch immer gedacht, es sei noch nicht alles verloren. Wenn es ihn so recht gschauet habe, so habe es ihns immer dünkt, es sei noch soviel vom alten Dursli an ihm, daß er nicht so schlecht sein könne, daß eigentlich seine Kameradschaft und die Aufweisig an allem schuld sei und vor allem der wüste Schnepf, der ihm gerade vorkomme wie sein Eheteufel («Gott verzieh mr my Sünd!»). Es habe es manchmal dünkt, wenn es o nume einist eine Stunde gäbe, wo es ihm die Sache so recht sagen könnte in der Liebe und ihm zeigen könnte, wie lieb es ihn habe und einzig an ihm hange, und wie es niemere gut mit ihm meine als gerade es, es würde schon bessere, und es möchte ihn wohl äne umebringe. Aber es habe nie so recht mit ihm reden können; entweder sei er unwirsche heimgekommen, dann habe es sich gefürchtet, oder es selbst sei zornig gewesen, und da habe es wohl gewußt, daß es schweigen müsse, oder es habe ihns gar grusam duret, und dsPläre sei ihm im Hals gewesen, dann habe es kein Wort hervorgebracht um kein Lieb nit. Es sei sein Lebtag nie e Rede gsi, und so habe es sich ihm nie welle schicke; es habe deswegen manchmal halb Nächt durepläret und dr lieb Gott bete, er söll doch für ihns reden, es könne nicht. Nun nähmte es ihns doch gar wunder, was es eigentlich gegeben habe, da doch niemere mit Dursli geredet habe, daß er heute so ganz anders sei und es immer mehr hoffe und glaube, heute werde ihnen der Heiland geboren, und die Taube Noahs bringe ihnen heute das Ölblatt, wie es ihm so wunderbarerweise in der Kirche vorgekommen sei. Da zog Dursli seine Kappe ab und sagte: «Wohl, Bäbeli, het öpper mit mir gredt. Dä da obe het ghört, was du betet hest, und da het er selber mit mir geredet. Jetzt erst begreife ich, wie das alles so hat kommen müssen, und wie, ich möchte fast sagen, Gott und der Teufel sich um mich gestritten haben.»

Und nun erzählte Dursli seinem wie jung gewordenen Weibchen, wie alles gekommen. Er habe wohl gesehen, wie arm er werde, aber er habe ihm nicht nachdenken mögen. Was er verkauft, habe ihn allemal grusam gereut, aber um ihm nicht nachdenken zu müssen, habe er gesoffen; dabei habe er es etwas vergessen können. Am unwöhlsten sei ihm immer daheim gewesen, es habe ihm immer geschienen, man sehe ihn mit verdächtigen Augen an und wolle ihm Vorwürfe machen, und die hätte er nicht erleiden mögen, weil er nichts darauf zu sagen gewußt Rechtmäßiges. Es habe ihn immer gedünkt, er komme unwert, und die Kinder frügen ihm nichts mehr nach und hasseten ihn, und das habe er gar nicht an ihnen ertragen mögen, weil er sie im Verborgenen noch immer so lieb gehabt; und dann habe er wüst getan und sie alle noch weiter von ihm vertrieben. Aber auch unter seinen Kameraden sei er immer unwohler gewesen; seitdem er nicht mehr soviel Geld gehabt, sei er unwerter geworden, man habe ihn nicht halb mehr soviel gerühmt und sich seiner immer weniger geachtet. Habe er kein Geld mehr leihen wollen oder können, so habe man ihn ausgeführt; habe er zurückhaben wollen, so habe man ihm wüst gesagt; habe auch er borgen wollen, so habe niemand Geld gehabt für ihn. Die Sache, für die er soviel eingesetzt, scheine nicht vorwärts zu wollen. Es sei ihm immer mehr, das sei nur so ein Lockvogel gewesen für Geld und andere Sachen, und dagegen hätten alle Geld von ihm gewollt, denen er schuldig gewesen. So sei es ihm auch gestern abend gegangen in Koppigen, als er hier in vollem Zorn fortgelaufen. Schon im Hinübergehen habe es ihm aufrücken wollen, es wäre eigentlich bräver von ihm, wenn er seinen Kindern die Holzschuhe plätzte, als so herumzulaufen. Als er nun dort noch gesehen, wie wert er allen eigentlich sei und ihnen nur, was eine Fliege den Spinnen, zum Aussuggen, so sei es schwarz wie ein fürchterlich Donnerwetter in ihm aufgestiegen, und ganze Wolkenberge seien über ihn eingestürmt, und in Blitz und Donner sei das Wetter ausgebrochen und doch nicht recht; nach vielem Streit sei er fortgelaufen endlich. Und noch immer habe es ihn gedünkt, es wolle ihn zersprengen, und wie Feuer habe es ihm im Kopf gebrannt. Er sei überall rasete gewesen und hätte mit der ganzen Welt händeln mögen. In diesem Gemütszustand habe ihn der Graus der Nacht erfaßt, und Gott der Herr habe ihn lind gemacht und ihm die Augen aufgetan. Und was er nun diesen

Morgen alles erfahren und gesehen, das habe ihn so streng zweggenommen, daß er gewiß glaube, er könne jetzt halten, was er verspreche. Aber weh tue es ihm, was sie seinetwegen gelitten, er werde das nie vergessen und es nie gutmachen können.

«O wohl, Dursli!» sagte Bäbeli und schlang seinen Arm um ihn, «bis du ume wider üse, so ist nicht nur grad alles vergesse, sondern wir wissen erst dann recht, was es heißt, e gute Ätti z'ha. Mir hättes ja nie recht glehrt wüsse, wennd nit e Rung wüst ta hättisch. Es ist wahr, es hat mir schrecklich wehgetan, wenn ich ein Stück Hausrat, ein Stück Land nach dem andern gehen sah; ‹die arme King, die arme King!› han ih de denkt, was sölle die de ha einisch! Wahr ists, es het mir grusam wehta, als sie nicht recht Kleider mehr gehabt und nicht Speis und wir bald allen Leuten schuldig geworden sind. Ich durfte mich fast nicht mehr zeigen vor den Leuten und niemand mehr ansehen aus Furcht, ich sehe ein spöttisch Gesicht. Und wenn ich eins von meinen Geschwistern angetroffen, so fuhr es mich hart an und sagte mir: ‹Gell, jetz weisch, wasd für e Ma hesch; gell, hättisch gfolget, wo me dir ne gwehrt het! Aber jetzt chumm nit cho chlage!› Aber weiß Gott, es ist mir nie zSinn cho, öpperem ga z'klage als em liebe Gott; dem han ihs gseyt, wies mer ums Herz isch. Aber das alles hätt no nüt gmacht, ih hätt no gern welle arm sy und keis Land meh ha und kein Kleidleni für dKing, we si nume no e Ätti gha hätte. Aber daß du nichts mehr von ihnen wolltest, sie nie mehr freundlich ansahest, gerade machtest, als wenn sie nicht deine wären, das het mih em meisten duret. Und dann kamen noch die Kinder und fragten, warum drÄtti geng höhne syg, was si ihm echt o zleid ta heyge, und weinten, daß sie ihm nie am rechte Ort seien, er sie allenthalben wegschüpfe.» Das hätte ihm dann das Herz zerreißen wollen. Es habe ihns manchmal dünkt, wenns nume sterbe chönnt, und de heyg es de die Kind müsse aluege u denke, was de us ne werde, wer de zu ne luege sött, wenn äs nimme da wär, und da heyg es dr lieb Gott bete, daß er es doch lay lebe, es well gern alles Elend usstah.

«Nein», sagte Dursli, «sterbe sottsch mr nit, mys Bäbeli, du mußt by mr blybe! Ach, ich habe dich so nötig! Ich bin wüst krank gewesen und jetzt noch schwach, da muß mir jemand abwarten mit Raten und Warnen und Däselen und muß mir helfen den guten Weg finden. Und das mußt du, mein liebes Fraueli! Und Elend sollst du keins mehr ausstehen; ich will anfangen zu arbeiten, daß es Funken gibt. Es ist noch Arbeit da, und wenn es heißt: ‹DrDursli ist e andere worde, er arbeitet wieder›, so kommen die Weiber grad daher wie dSpatze nach einer Bäunde. Es soll bald für das Nötigste gesorgt sein, und dann will ich sehen, ob ich das Verlorne nicht wieder einbringe. Es hat mancher gar nichts gehabt und ist vermöglich geworden mit einem nicht bessern Handwerk, als ich habe. Aber wenn du mir nume wider vergesse kannst, was ihr meinethalben ausgestanden habt; ich will es nicht vergessen, keinen Tag und keine Nacht. Wenn du mich nur so recht lieb haben könntest wieder wie allbets und die Kinder mich wieder hätten wie den alten Ätti, dann dunkt mich, ich könnte alles ausstehen; aber wenn man mich nicht lieb hätte oder mir das Alte wieder hervorzöge, da wüßte ich nicht, wie es ginge.»

«O Dursli, my Dursli, häb doch recht nit Kummer!» sagte Bäbeli und hing ihm am Halse. «Es dünkt mich, ich möchte dir das Herz aus dem Leibe geben, und lieb habe ich dich ja immer gehabt, aber ich durfte es dir nicht zeigen, und das wollte mich manchmal fast zersprengen. Aber ich habe auch meine Fehler, ich weiß es wohl. Ich hätte oft ein Wörtlein in der Liebe mehr reden sollen, aber ich habe es verdrückt. Meine Mutter sagte allbets, we me nüt säg, su fehl me nüt; aber ich sehe jetzt auch ein, daß man mit Nütsäge wüst fehlen kann. Hätte ich zur rechten Zeit mehr geredet, es wäre mit mym liebe Dursli o anders cho. Und dKind, Dursli, die werde an dir hange wie dKlette, und du kannst gewiß mit ihnen machen, was du willst; es sy gwüß gar gute King und gar witzige, u we si gseh, daß me se lieb het, su cha me mit ne mache, was me will. O my Dursli, o my Dursli, han ih dih wider!» sagte Bäbeli und nahm ihn noch einmal an es Ärfeli. Da erwachte der Kleine in der Wiege, lächelte gar holdselig auf und streckte die Ärmchen aus, und sie nahmen ihn auf, und um beide schlang er seine Ärmchen; es war, als wäre er ein Engelchen aus dem Himmel, das zu neuem, unauflöslichem Bunde die beiden einsegnen wolle. Und beiden war es auch gar warm ums Herz, sie fühlten, es war eine heilige Stunde, und Engel flogen durch die Stube. Niemand störte diese heilige Stunde. Erst als sie ihre unauslöschlichen Siegel aufgedrückt hatte den beiden aufgebrochenen Herzen, kamen die Kinder heim oder erwachten und brachten neue Liebe.

Und bald darauf klopfte es draußen, und es war, als ob der liebe Gott Raben sende, den armen Dursli, der zwar seinen Hunger vergessen, ihn aber doch noch im Leibe hatte, zu speisen. Es kamen Gevatterleute, mehrere hintereinander, und brachten das Gutjahr den Kindern und Weihnachtringe damit. Wahrscheinlich dachten sie, die armen Kinder hätten heute nichts zu essen, während der Vater in irgendeiner Pinte sich wohlsein lasse; denn es gibt noch immer und allenthalben gute Leute, die nicht nur an sich, sondern auch an andere und besonders an gute Kinder denken. Sie taten alle gar verwundert, als sie ihn sahen, und gaben ihm die Hand nur so halb und halb; und Dursli machte auch ein Armsündergesicht und wußte nicht recht, wie sich gebärden. Es kam auch eine junge, lustige, anderthalbzentnerige Bauerntochter, die ein halb Dutzend Edelfräuleins mit gesundem Blut und Gutmütigkeit hätte versehen können. Die packte auch allerlei aus, gab es aber nur gegen Müntschi ihrem Götti ab, und das muntere Meitschi schmatzte gar brünstig; es war, als ob es ihm mit jedem Müntschi wohle. Mit hellen Augen sah es aber doch überall herum und endlich den Dursli mit sauren Augen an und schnauzte ihm zu: «Bist du o da? Ih ha glaubt, du seiest ganz an einem andern Ort.» Und man sah es dem Meitschi an, es krabbelte ihm in seinen warmen Gliedern, dem Dursli wüst zu sagen oder ihn zu haaren. Aber es ging und winkte Bäbeli hinaus, drückte ihm dort extra noch zehn Batzen in die Hand – vielleicht seine ganze Ersparnis aus Eiergeld oder Trinkgeldern – mit dem Bedeuten, es söll de für ihns u syni magere King o öppe es Bitzli Fleisch kaufe un e Halbi, «aber bis mr bym Dolder nit dsHergetts, dym wüste Hung es Brösmeli dervo z'gä!» Dursli litt das still im Gedanken, daß er es verdienet, daß aber übers Jahr die Leute ihn mit andern Augen ansehen sollten.

So sorgte der liebe Vater droben dafür, daß sie nicht hungrig seinen heiligen Abend zubringen mußten, sondern sich des Glaubens freuen konnten, daß der Herr die Seinen nicht verlasse, daß er auch dafür sorge, daß geweihte Stunden nicht durch peinigende Gefühle gestört werden. Die armen Leute hatten nun auch am Abend genug zu essen, und die Kinder mußten nicht vom Mittag her genug haben.

Und Bäbeli sorgte nach seinen Kräften für ein zweites fröhliches Mahl. Zu den Weihnachtringen hatte es ganze Milch holen lassen, seit langem, langem zum ersten Male, und zum Kaffee nur halb und halb Schiggoree genommen. Nun tafelten sie herrlich und in Freuden.

Es dünkte Dursli, er habe seiner Lebtag nie so herrlich gegessen, als sei ihm etwas aus dem Halse fort, das ihm schon lange alle Speisen verbittert und ihn manchmal beim Essen gewürgt hatte. Als er sein Kacheli zum dritten Male zum Füllen darstreckte, bezeugte ihm Bäbeli seine Freude, daß er so toll möge und also ganz gesund sei; er habe heute mittag so gar nicht essen mögen. Da erzählte er ganz aufrichtig, wie er geglaubt, es sei zu wenig da, und so habe er nicht den andern ihre Sache vorwegessen mögen; deswegen aber sei er nun so hungrig geworden. Da streckten ihm die Kinder ihre Ringenstücke dar und sagten: «Nimm, Ätti, und iß!» «U mys o, u mys o!» schrie es um den ganzen Tisch, und Eiseli küschelte der Mutter, es sei noch Milch draußen, ob es gehen und sie erwellen solle? Und Dursli hatte die größte Mühe, zu erwehren, daß man ihm jetzt nicht zu viel gab, wie er diesen Mittag zu wenig gehabt hatte.

So tafelten sie herrlich und in Freuden, mit offenen Herzen, fröhlichen Gesichtern und munterem Gespräch; doch hatten der Eltern Stimmen immer einen weichen Klang. Und als sie abgetafelt hatten, sollte die muntere Kinderschar ihren schlechten Bettlein zu, in denen sie gar trefflich schliefen, weil sie nicht wußten, wie schlecht sie waren. Aber sie hatten diesmal immer noch etwas mit dem Vater zu tun, ihm etwas zu sagen, und wenn er einem die Hand gab und es an sich zog, so machte keines gerne dem andern

Platz, und jedes wollte ein Müntschi haben, ehe es ging; und bei jedem, das gehen mußte, weil ein anderes kam, wischte sich Dursli die Augen und betete: «Vater, vergib mir! Ich wußte nicht, was ich tat.»

Und was Dursli und sein Weib seit langer Zeit zum erstenmal wieder miteinander beteten – denn um gemeinsam beten zu können, muß man ein Herz und eine Seele sein –, das hörte Gott, und Freude war darüber im ganzen Himmel.

Am andern Morgen früh setzte nun Dursli sich zur Arbeit, er hatte keine Ruhe im Bett und arbeitete von früh bis spät; und alle vorrätige Arbeit ferggete er und suchte neue auf, und man gab ihm gerne, wenn er die Arbeit machen und nicht ein halbes Jahr im Hause behalten wolle. Zuerst aber machte er seinen eigenen Kindern ihre Schuhe zurecht. Vor allem aus wollte er, daß sie aus seinem Verdienst neujahren könnten ordentlicherweise, wie sie es vor altem gewohnt waren; es sollte das ein Zeichen sein der wiederkehrenden bessern Zeit. Und er brachte es auch dahin, daß am selben Tage zweierlei Fleisch auf seinem Tische stund, grünes Fleisch und Schweinefleisch und glänzender Sauerkabis und zwei Kacheln Milch mit schöner dicker Nidle obendrauf. Die sollten den Wein ersetzen, mit dem er es noch nicht probieren wollte; er fürchtete den Nachdurst am folgenden Tag, fürchtete überhaupt in seinen noch schwachen Nerven die unheimliche, zu Kopf steigende Wärme, die so lange sein böser Geist gewesen war. Und geht ja vielen Leuten nichts über Milch zu Fleisch und Sauerkraut. So konnten sie freilich an diesem Mahle keine Gesundheiten ausbringen, daß die Lebehoch an den Wänden klebten; aber sie saßen in um so innigerer Freude beisammen, und der Engel des Friedens sprach zum Engel der Liebe: «Hier ist gut sein, hier laß uns Hütten bauen, dir eine und mir eine!»

Und Dursli hielt sich gut und fest wie ein wackerer Soldat bei allen den Kämpfen, die nun kamen; denn mit einem Entschluß und einem Mahl ist eine Bekehrung nicht abgetan, sind nicht alle Folgen der frühern Verirrung aufgehoben. Er hatte einen Feind in sich, der ihm noch viel zu schaffen machte. Es war eine leibliche innere

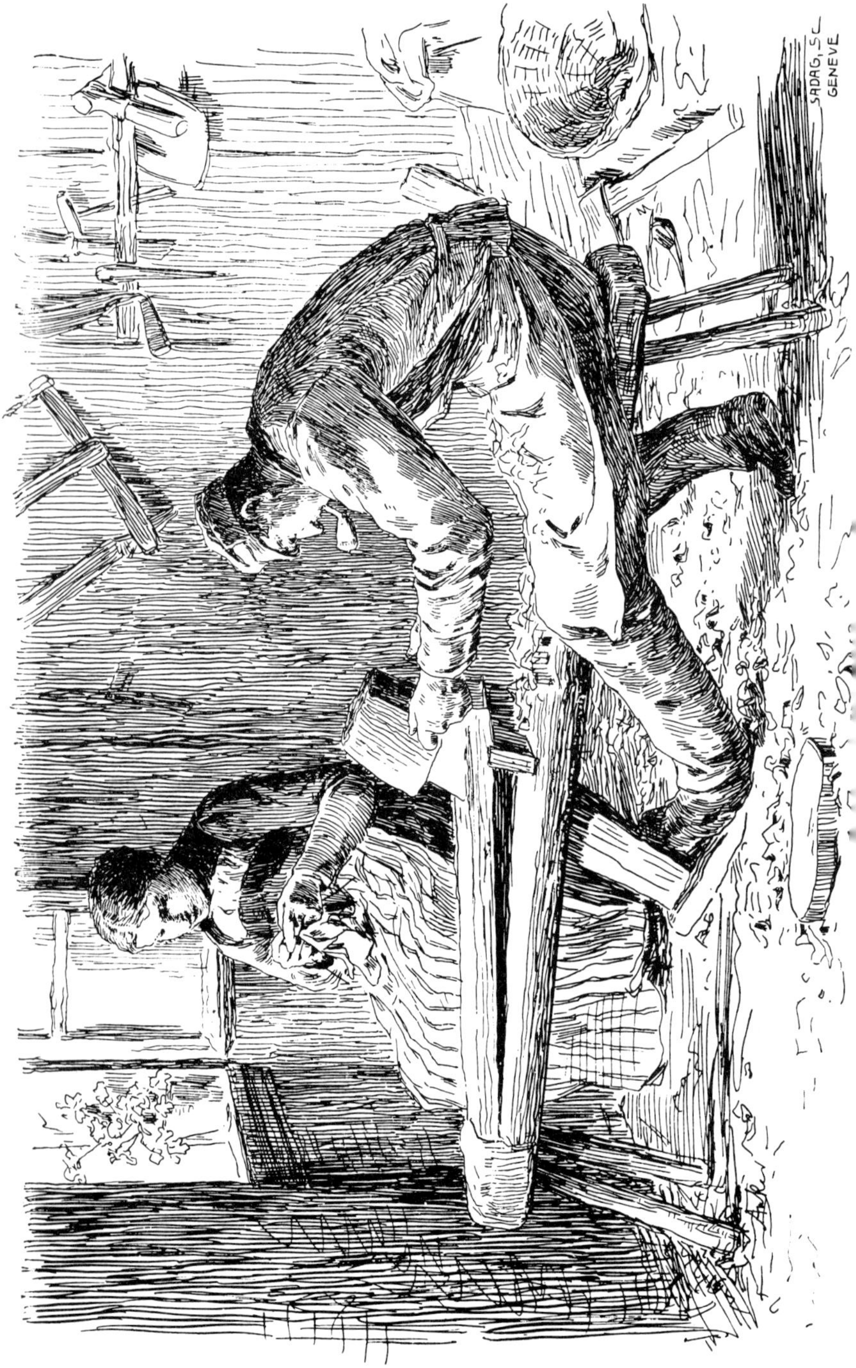
SADAG, SC
GENEVE

Leere, Öde, ein Nagen, das nach etwas verlangte, und das allerdings mit einem Gläschen Branntewein geheilt gewesen wäre für eine Stunde oder zwei. Aber er versuchte demselben abzuhelfen mit einem Mümpfeli Brot, und siehe, nach und nach tat es vollkommen den Dienst. Es schien ihm, als ob er gar matt in allen Gliedern sei, seitdem er nicht mehr trinke; aber seit er nicht mehr trank, kam der Appetit ihm wieder, er aß wie ein Drescher, und bald schien er sich stärker als nie. Seine Saufkameraden kamen wohl und lockten, machten ihm Bescheid hier- oder dorthin, rebelten ihn auf der Straße an und brauchten alle Mittel in Ernst und Hohn, ihn wieder anzuziehen. Aber das Rauhe, das er sonst im Hause gegen die Seinigen hervorgekehrt und die damit von sich weggescheucht hatte, das kehrte er jetzt gegen seine Kameraden, und er vertrieb sie endlich auch damit. Der Schnepf kam sogar wieder selbst zum Hause, aber Dursli hielt nun ihm zBode, und er kam nicht wieder.

Am schwersten aber ward ihm, den Mut aufrecht zu erhalten, daß seine Arbeit noch etwas bschüße, zu besseren Zeiten wieder bringen werde. Wenn er so recht die Leere allenthalben in Kisten und Kästen sah, was also alles anzuschaffen sei, wenn er seine Schulden hier und dort überschlug, die abbezahlt werden sollten, wenn er überdachte, wieviel er erwerben müsse, bis er wieder im vorigen Stand sei, und dabei betrachtete, wie langsam die Arbeit gehe, wie nur mühsam Kreuzer um Kreuzer hevorzupressen sei, wie man in der Stunde, in welcher man füglich einen Franken vertue, mit Not einen Batzen verdiene, dann wollte es ihm manchmal fast gschmucht werden und aller Mut vergehen und scheinen, es bschüße doch nichts, alles sei vergebens, es sei am besten, alles tschädern zu lassen. Aber dann munterte ihn Bäbeli wieder auf und rechnete ihm vor, was doch schon alles verdient sei, zeigte ihm die bessere, die heitere Seite. Und die Kinder gingen ihm zur Hand, wie sie nur konnten, und wenn er sie etwas brauchen konnte, so war es ihre größte Freude, so daß er sah, wieviel sie ihm helfen könnten, und daß er fester und fester den Glauben faßte, wenn sie alle an einem Seile zögen, so komme es doch noch gut.

Und es kam wirklich immer besser. Man sah es bald der ganzen Haushaltung an, daß der Vater ein anderer war. Die Kinder machten allenthalben ganz andere Gesichter, und der Schulmeister sagte oft, er wüsse gar nicht, was es gegeben hätte, dsHolzbödelers King flöge allerdinge durchs Fragenbuch. Sie hatten hie und da auch Brot oder einen Apfel im Sack, wenn sie in die Schule kamen, und mußten nicht bloß glustig zusehen, wenn andere aßen. Sie waren sonst oft sitzen geblieben traurig auf ihren Plätzen, wenn der Schulmeister die andern Kinder hinausließ, um nur nicht sehen zu müssen der andern Herrlichkeiten. Bäbeli hatte wieder ein Färbeli im Gesicht, versteckte sich nicht mehr vor den Menschen und zahlte alles bar, was es kaufte oder holen ließ.

Dursli machte auch nicht mehr ein Gfräs, als ob er alle Leute fressen wollte, sah nicht mehr so gelb und wild aus. Er trällerte zuweilen ein Liedchen oder pfiff vor sich hin, grüßete und dankte zum wenigsten wieder, wenn er jemand beggnete, und hatte ein vernünftig Wort für alle Leute, die mit ihm reden wollten. Es verwunderten sich nach und nach auch alle Leute darüber und fragten sich, was es doch wohl so auf einmal gegeben haben möge; drDursli sei ganz ein anderer geworden, man sehe es ihm und der ganzen Haushaltung deutlich an. Die Ch. streute aus, der Teufel habe ihn nehmen wollen in der heiligen Nacht, das hätte ihm das Herz i dHose achegmacht. Aber die Leute glaubten ihr nur halb. Sie sagten erstlich, wenn der Teufel jemand nehmen wolle, warum er nicht die Ch. nehme; und zweitens frugen sie, wenn der Teufel zÄrstem ihn hätte nehmen wollen, warum er ihn dann nicht hätte nehmen können? Von den Bürglenherren sagte die Ch. nichts. Sie hoffte, einen Guraschierten auftreiben zu können, der dann auf ihre Rechnung mit dem Teufel reite und den Schatz gewinne.

Wer insgeheim am meisten Durslis Anderswerden im Auge hatte, waren desselben gegenüberwohnende Nachbarsleute, wo Res sein Freund gewesen war und Sami, dessen Vater, seines Vaters Freund. Res hatte schon lange seine Leute aufmerksam gemacht, wie Dursli sich ändere und die ganze Haushaltung ein besseres Aussehen bekomme. Allein sein Vater wollte es nicht glauben, und darum sah er auch nichts. Wenn Dursli daheim bleibe, so geschehe es nur, weil er kein Geld mehr habe oder ihm niemand mehr dings geben wolle, sagte er. Aber Dursli hatte augenscheinlich wieder Geld, und er verhudelte es nicht wieder; man sah andere Kleider an den Kindern, sah sie alles bar zahlen und hörte, wie er hier und da etwas abgezahlt. Da sagte Sami, er hätte es bim Donner nit glaubt, daß es möglich sei, daß ein Mohr seine Farbe ändere und ein Parde seine Flecken, und er glaube es noch jetzt nicht. Aber es scheine ihm, verirrte Menschen seien eben noch keine Mohren oder Parden, sondern eben nur verirrte Menschen, denen Besserung möglich sei. Aber verflüemeret wunder nähmte es ihn, zu vernehmen, wodurch Dursli bekehrt worden und gerade an der heiligen Weihnacht.

Da kam einmal Dursli das Dorf herauf wohlgemut und pfeifend; er hatte Arbeit vertragen und klimperte mit dem Gelde im Sack. Vor ihrem Hause aber stunden Res und sein Vater tubakend und redeten die morndrige Arbeit ab, wenn es nämlich schön Wetter bleibe. Dursli wünschte ihnen einen guten Abend und schwenkte rasch gegen sein Haus ein; denn schon gumpeten ihm einige Kinder entgegen, und aus der Haustür scholl es: «DrÄtti, drÄtti!» Da rief Sami: «Se, wart e wenig! Ume nit geng so hochmütig vorbygschnußet, wie wed e Prüß wärist; es tät drs sauft, on e weneli mit is z'klappere.» «Ja bhütis, gar gern!» sagte Dursli und hatte schon das Kind, das ihm zwischen die Beine gelaufen war, auf den Arm genommen und ein anderes an die Hand, «aber ich habe geglaubt, ihr hättet miteinander zu reden, und dann habe ich gesehen, daß mein Fraueli mir wartet mit dem zNachtessen.» «Nun, das ist bravs von dir, daß du nicht gerne auf dich warten lässest und dir zSinn gekommen ist, wie weh es Weib und Kindern tut, wenn sie umsonst auf den Ätti warten müssen», sagte der Alte; «aber komm nachher zu uns z'Abesitz! Du wirst nicht immer kilten.» «Ich hätte wohl Zeit», sagte Dursli, «aber ich habe mir verheißen, nirgend mehr hin und zu gar niemand zAbesitz zu gehen, als wenn meine Frau mitkömmt; und mache ich einmal ein Loch ins Gesetz, so ist ds ganz Gesetz wien e Schumkelle – mi het Exempel.» «Du bist bi

Gopp e ganze Pursch worde, mi wird zletzt no Respekt vor dr ha müsse, und selbst Schultheißen könnten bei dir noch etwas lernen – gegenwärtig», sagte der Alte und trieb seine Kappe auf dem Kopf herum. «Aber weißt du, was! Bringe deine Frau mit! Sie wird wohl einmal abkommen können, wenn die Kinder schlafen und nirgend mehr Feuer ist. Sie kann ein Paar Fürfüße z'plätze mitbringe.» «Nu, wenn sie abkommen kann, gar gern!» sagte Dursli. Es nahm ihn wunder, was der Alte eigentlich mit ihm wolle. Denn daß er nun besser mit ihm meine, hatte er ihm noch nie zu erkennen gegeben und ihm kaum gedankt, wenn er ihn gegrüßt. Als Bäbeli die Einladung vernahm, tat sie ihm im Herzen wohl. Es erkannte daraus, daß auch andere Leute Durslis Besserung anerkannten; und da es sich seiner so lange geschämt hatte vor den Leuten, freute es sich jetzt, sich auf einmal mit ihm zu meinen vor denselben. Es tut Weibern gar wohl, sich mit den Männern meinen zu können.

Als sie hinüberkamen, stunden schon Küchlein auf dem Tisch – Res hatte kurz vorher Kindtaufe gehalten – und Wein, meinte der Alte, werde wohl noch an einem Orte sein. Sami konnte nicht lange hinterm Berge halten und so drum herumgehen wie die Katze um den heißen Brei, um herauszulocken, was er eigentlich wissen wollte, sondern er packte gleich heraus von der Leber weg. «Dein Alter und ich», sagte er, «sind unser Lebtag gute Freunde gewesen. Er war ein freiner Düseler, und schärfer wäre oft besser gewesen, aber er war mir nüsti lieb. Da mochte ich es gar nicht vertragen, daß sein Sohn ein Branntweinrülps werde und aller Hudeln Kamerad; und wenn ich dich einmal so angetroffen hätte, daß es sich mir wohl geschickt, so hättest du erfahren können, was es gegeben. Aber das traf sich nun nie so. Nun vernehme ich auf einmal, du habest dich ganz gebessert, und mein Bub fing an zu rühmen und zu lärmen, wie du dich nun stellst, seit er dir hinter meinem Rücken zwei Wedeln gegeben. Aber die ganze Besserung kam mir so vor wie ein Morgennebel, und wegen den zwei Wedeln lachte ich ihn aus. Ich habe noch nie gehört, daß jemand wegen zwei Wedeln sich bekehrt hätte. Aber deine Besserung hielt an, und das Ding kam wieder gut, und wie das zugegangen, nahm mich immer mehr wunder, denn alle Sachen wollen ihre Ursachen haben. Da habe ich auch allerlei gehört, was die Ch. brichtet, aber das ist ihrer Gattig gewesen, und rechten Bricht hätte ich nun einmal gerne vernommen.»

Da erzählte denn Dursli ihnen alles offenherzig, wie es ihm ergangen mit seinen Kameraden, wie es in seinem Gemüte getobt, wie er die Bürglenherren gehört, dem Teufel nahe gewesen, durch einen Teil der Hölle gefahren im Traume. Er verschwieg auch nicht, wie die Ch. ihn aufs neue versucht und was sie ihm erzählt und wie er geschwankt und sie vielleicht gesiegt hätte, wenn sie ein Branntweingütterli bei sich gehabt, daß er wieder des Teufels geworden wäre mit Leib und Seele, wie ihn aber die Glocken, die den Menschen ins Leben und aus dem Leben begleiten und während demselben alle Tage daran mahnen, daß er mit Gott die Erde betreten, mit Gott auf ihr wandeln müßte, wenn er mit Gott sie verlassen wollte, aufgemahnt hätten ganz eigen und wunderbar, und wie dann daheim Weib und Kinder ihn festgehalten hätten wunderbar, und wie in allem es deutlich gewesen, daß Gott Bäbelis Gebet erhört und statt seiner mit ihm geredet hätte. Und Bäbeli ergänzte mit glänzenden Augen an mancher Stelle den Bericht, und wie es nun ein neu Leben sei daheim, wie es gerade sei, als hätte man aus einer halben Hölle einen ganzen Himmel gemacht.

Oben am Tisch ihm zur Rechten, in der Hauptecke der Stube, gegen die Sonne hin die Bibel, saß auf einem Küssi der Urgroßvater des Hauses, ein zitternder, achtzigjähriger Greis, aber klaren Verstandes noch und immer frommen Sinnes und deswegen nicht behaftet mit geistigen Altersgebrechen. «Es ist doch kurios», sagte dieser, auf einen Hägglistecken die Hände gestützt, «es ist doch kurios, wie die Leute alles auslegen, Menschenwort und Gotteswort, auf ihre Art, wie Gotteswort in dem Munde eines Gottlosen ein tötend Gift wird, im Munde des Frommen das gleiche Wort das wahre Lebenselixier, wie aber auch Menschenwort, eine Sage zum Beispiel, ganz anders klingt in gutem oder schlechtem Munde. Von früher Jugend an habe ich immer von den Bürglenherren reden hören, aber immer auf zweierlei Weise, je nachdem die Menschen waren. Menschen, die der Welt dienten, dem Geld oder dessen Genüssen, erzählten das Märlein von der Bürglen ungefähr wie die Ch. Aber niemand je hat den Mut gehabt, den Versuch zu wagen, niemand daran gedacht, was dann aus den Bürglenherren oder dem, der den Schatz gewinne, werden solle. Solche Menschen, die an der Erde hangen, denken nur an sich und nur an Genuß oder Besitz; die Gedanken an andere und das eigene geistige Schicksal kommen nicht in ihren Sinn. Ganz anders erzählten fromme Leute diese Sage und in vollem Ernste, darum erbte sie sich auch fort durch so manches Geschlecht. Jetzt geht nach und nach der Glaube daran verloren, und deswegen verhallen sie, man erzählt sie einander nicht mehr, ja, man schämt sich gar derselben; und doch liegen in ihnen so manche schöne Lehren verborgen. Aber so wird es des Herrn Wille sein. Er erzieht das Menschengeschlecht auf seine Weise. Da es noch kindlich war, redete er zu ihm wie zu einem Kinde; da es aber aufwuchs, da redete er zu ihm nach den Kräften seines Alters. Nun wird er wollen, daß man die Menschen so wenig mehr durch Märlein als durch Bilder selig zu machen suche, sondern durch sein klar und lauter Wort.»

Nachdenklich schwieg der Urgroßvater nach seinen bedeutsamen Worten. Da wurde der Wunsch laut von einem zum andern, daß er doch von den Bürglenherren erzählen möchte nach seiner Weise. Es war tief Nacht geworden, und, je tiefer es hineingeht in die dunkle Nacht, desto mächtiger zieht es auch den Menschen, sich hineinleuchten zu lassen in die dunkle, unsichtbare Welt, von der er sich umringt fühlt. Während des Tages Schein die sichtbaren Dinge ihm erleuchtet, vergißt er ob ihnen die unsichtbare Welt; wenn dann aber die Nacht die Sinnenwelt verhüllt, dann drängt sich dem Menschen aus den Tiefen seines Geistes das Bewußtsein auf, daß er lebe inmitten einer unsichtbaren Welt. Und diese Welt sich zu gestalten unter Furcht und Zittern, mit Grauen und Beben, wie jedes Kind nur zitternd einen dunkeln Ort betritt, treibt ihn ein geheimnisvoller Drang. «Wohl will ich euch erzählen», sagte der Greis, «was ich von früher Jugend an erzählen gehört. Aber vergesset nicht, daß ich ein Märlein erzähle, daß aber dieses Märlein seinen tiefen Grund hat in jener Zeit, wo der Boden in den Herzen noch nicht urbar gemacht war für das einfache Gotteswort, und wo viele Verwalter desselben mit ihm wenig anzufangen wußten und denn doch die unbändigen, wilden Menschen in Schranken gehalten und gezähmt, die Unterdrückten getröstet werden sollten!»

Als Reses Frau die Küchli herumgereicht und manchmal ermahnt hatte: «Näht doch, näht doch!», als Resli die Gläser gefüllt und Gesundheit gemacht und Dursli aus Samis Tubakseckel seine Pfeife gestopft hatte nach langem Weigern, er hätte auch bei sich, begann der Großätti folgendes:

«Vor mehr als neunhundert Jahren war es noch gar wüst und öde in diesem Lande, und viel weniger Leute waren in demselben. Wo jetzt Wiesen die schönen Kühe nähren, rauschte ein See oder dampfte Morast; wo jetzt Schnitter mähen, dehnte sich das schrankenlose Bett eines Waldbaches aus, warf wilder Wald seine dunkeln Schatten. Mitten in solchen Wald hinein zwischen wilde Flüsse, lustige Seen, trügerische Moräste bauten sieben Brüder sich eine kleine Burg auf dem Hügel, den man daher Bürglen nannte. Noch manch großes Schloß besaßen sie; aber sie wollten ein dunkles, finsteres Schlößchen haben für ihre dunkeln Taten, wie auch die meisten Raubtiere die dunkle Nacht wählen für ihr blutiges Rauben und finstere Höhlen zum Aufenthalt. Das Böse drängt sich der Finsternis zu, verbirgt sich in die Lüge; das Gute freut sich des Lichts, sonnet sich in der Wahrheit. Es waren nämlich die sieben Brüder sieben blutige Raubtiere, die jeden Frevel verübten im öden Lande ohne Furcht vor Gott und vor Menschen; wenn diese übermächtig ihnen wurden, wußten sie sich zu retten auf verborgenen Pfaden durch die unzugänglichen Moräste auf ihre dunkle kleine Burg. Und es waren die sieben Brüder groß und stark wie Riesen, und wenn sie vom blutigen Raub weg verschwinden wollten spurlos, so trugen sie je einer nach dem andern seinen Hengst durch die schmalen, nassen Pfade zum dunkeln Schlößlein. Dort hausten sie oft wochenlang in wilder, blutiger Lust, trieben Jagd und manch Schandwerk des Tages, und am Abend ging ein wildes Zechen los; und wie der Wein zu sieden begann in ihren ungeheuren Gliedern, begann eine blutige Lust zu entbrennen in ihrer Seele, und war ein Gefangener auf dem Schlößlein, und hatte dieser noch einen Blutstropfen in seinem Leibe, dann quälten ihm die fürchterlichen Brüder in diesen dunkeln Stunden ihn ab, und war kein Gefangener mehr da, dann warfen sie sich blutbrünstig auf einander, bis Bruderblut herumspritzte an den Wänden.

Aber, wie oft in finsterer Höhle die süßeste Quelle rieselt, wie in wüstester Schlucht die schönste Lilie wächst, wie in dunkeln Kerker der Sonnenstrahl am sonnigsten fällt, so hauste mitten unter diesen menschlichen Ungeheuern in blutig finsterem Schlößchen das lieblichste Gebilde. Ein Schwesterlein hatten diese sieben Leuen, wie selten eins gesehen wird auf Erden. Wie zwei helle Sterne in des Himmels Blau glänzten dessen Augen, wie eine Rose im Morgentau das Antlitz, zart und schlank schwebte die Gestalt über der Erde, und wenn in den wunderschönen gelösten Haaren, die leichtgelockt das Fräulein umwallten, der Sonne Glanz sich brach, so wars, als ob ein goldner Mantel das wunderherrliche Kind umfließe. Und wie man schon in des wilden Löwen Zwinger ein Kind gesehen hat, spielend mit dessen Mähne, auf dessen Rücken sich setzen, ihn stachelnd mit den kleinen Füßchen, und den Löwen dazu blinzen wie in süßer Lust, knurrend in seinen mildesten Tönen, so spielte dieses himmlische Kind keck und kühn mit seinen Brüdern. Es spielte nicht bloß mit ihren Bärten, ihren Mähnen, es riß an ihnen in kühnem Mute und schlug sie rasch mit schlanker Gerte, wenn sie nicht seinem Willen schnell gehorchten. Wenn sie sich schlugen, wenn sie andere quälten, so trat es furchtlos befehlend mitten unter sie, schlug mit seiner Gerte zwischen die Schwerter, schlug damit auf die Peiniger der Armen, und mit freundlichem Grinsen lachten die Brüder des Schwesterleins, und in seinem Anblick legten sich die Wellen des Zorns, und etwas Menschliches tauchte auf in ihren ungeheuern Leibern bei des Schwesterchens Schelten und Gebieten. Und wenn die Brüder der Leibeigenen Hütten verbrannt, ihr Korn zerstampft, in frevlem Mutwillen ihnen Wunden geschlagen hatten, so geißelte sie die Brüder mit Gerte und Rede; das Tor mußten sie ihr öffnen, und

Cuno, der wildeste der Brüder, mußte sie in der Leibeigenen Hütten begleiten, mit Balsam beladen oder Korn, ja, die Brüder mußten Holz schaffen zu neuen Hütten. Es war, als ob die lichte Himmelskönigin walte da oben im dunkeln Schlößlein, und als solche war sie auch angesehen weit herum; und wenn die wilden Brüder fern waren auf Jagd oder Raub, so suchte, wer Trost und Hilfe nötig hatte, Trost und Hilfe bei dem lieben, kecken Kinde.

Unter diesen Armen fand das schöne Kind einst ein fremder Pfaffe, der im wilden Lande das Evangelium predigte; und in den reichen, weichen Boden im Herzen des schönen Kindes fing derselbe an, des Evangeliums heiligen Samen auszustreuen, und sechzig- und hundertfältig schoß er da auf in diesem starken, mächtigen Herzen. Zur frommen Jungfrau wuchs das Kind empor, aber auch aus der Jungfrau sprühte eine Kraft, die alle sieben Brüder bändigte; und auf welchen sie ihr sprühend Auge warf, der stand zu ihrem Dienst gefesselt, als ob demantene Ketten ihn bänden.

Aber, je mehr in ihrem Herzen Christi Sinn emporwuchs, desto mehr empörte sie der Brüder Tun, desto schärfer ward ihr Auge, das Häßliche und Wüste aufzufinden, und wunderbar schmiegten sich die wilden Brüder der mächtigen Jungfrau. Da geschah es, daß der reinen Jungfrau die Augen aufgingen über das wüste Leben ihrer Magd mit ihren Brüdern, und daß sie dieselbe, als die niedere Magd mit frechen Worten sich erheben wollte, in jähem Zorne schlug und niedertrat. Es schwieg die Magd fürder gegen das Burgfräulein, verbarg ihr unzüchtig Leben und gleisnete, der giftigen Schlange gleich, zu den Füßen, die sie getreten. Aber mit giftiger Rede begann sie die Brüder zu umgarnen, mit wüster Liebe sie zu umstricken. Mehr und mehr höhnte sie die Brüder über ihre Schwäche und der Schwester Meisterschaft; mehr und mehr versuchte sie, ihre Gunst zu sparen und zu spenden, je nachdem einer der Brüder der Schwester willfahrte oder trotzte. Wenn solches Reizen aus zahmen Menschen wilde macht, was muß es aus wilden machen! So begannen die Brüder zu knurren, zu brummen gegen die Schwester; aber diese kehrte sich daran so wenig als der Hausherr an das Knurren seines Hundes. Aber die Buhlerin stachelte immer giftiger und gewann sich immer größere Gewalt über die tierischen Brüder und reizte sie immer höher auf gegen die Schwester und stachelte ihren Geiz gegen der Schwester Gutherzigkeit und stachelte ihren Hochmut gegen der Schwester Gemeinschaft mit den Armen. Da brannten endlich die Brüder auf und wollten Herren ihrer Herrin werden und verboten ihr, Geschenke zu geben und der Armen zu pflegen, mit manch grobem Wort. Da hob hochauf sich die Maid, befahl ihrer niedern Magd, den Korb, schon gefüllt mit mancher Guttat, ihr nachzutragen, und schritt des Schlosses Pforte zu mitten durch die Brüder, und ihrer klaren Augen zürnend Funkeln schlug lähmender auf die sieben Riesen ein als hundert Männer kühn geschwungene Schwerter. Aber des hohen Fräuleins niedere Magd glühte nachtretend auch die Brüder mit ihren geilen Augen an und reizte sie auf mit höhnischem Munde und verächtlichen Gebärden, daß Grimbart, der tierischste der Brüder, der niedern Magd zu Lieb und Huld der Schwester Kleid ergriff und sie zurückriß in den Schloßhof und mißhandelnd der innern Türe zustieß. Da hob das Fräulein kühn sich auf, und, der Mißhandlung wehrend, redete es wie mit Pfeilen auf die Brüder ein, daß diese der alten Oberherrschaft sich zu beugen begannen und ihrer Schwester Herrlichkeit. Aber hinter dem Burgfräulein stund die wüste Magd und höhnte die Brüder, höhnte mit Blick und Gebärde einen nach dem andern. Und die Blicke und Gebärden der lüsternen Magd siegten über der reinen Schwester Worte, und mit ihren gewaltigen Händen stießen sie die Schwester, die stolzen Blickes keines Wortes sie mehr würdigte, in des Schlößleins schlechtestes Gemach.

Als das Burgfräulein tagelang ausblieb in den Hütten der Armen, an den Lagerstätten Gemißhandelter, da machten sich Scharen auf, ihren goldenen Engel im Schlosse zu suchen; aber heulend und blutig stoben sie wieder heim, von Bolzen getroffen, von Hunden gejagt. Da wandelte alleine der fromme Pfaff den Burgweg auf, sein Beichtkind zu suchen, und kein Hund sprang ihn an, kein Bolz flog ihm entgegen; die Brüder fürchteten den Pfaff, der Pferde und Hunde gesund machen konnte, und der Gewalt über die Elemente habe, wie sie glaubten. Sie ließen ihn ungehindert ein zur Schwester, die sie zu dauren begann, ohne daß sie es zeigen durften vor ihrer Magd, die Tag für Tag ihre gestrengere Herrin wurde. Als der Pfaffe weiterging, fragte er ums Wiederkommen, und gerne gestatteten es ihm die Brüder.

Sie selbst zogen samt der Magd fort auf Raub und Mord, und erst vor Weihnacht kehrten sie wieder heimlich ein ins Schlößchen. Am heiligen Vorabend hatten sie zwischen den Seen, Äschi zu, wütend gejagt, mit Bär und Wolf gekämpft und kehrten abends blutig, müde mit reicher Beute heim. Da begann ein Zechen, das immer wilder ward, jeder überprahlte den andern mit seinen Heldentaten, sie träufelten in die Becher Blut aus ihren Jagdwunden und tranken einander zu auf Kampf und Sieg. Und immer unheimlicher glühte in ihren Adern das Feuer, immer unheimlicher sprühte es aus ihren Augen, ein immer fürchterlicherer Blutdurst kam über sie. Lauter und lauter scholl das Prahlen, ward zum Streit, und die wilden Hände faßten die Schwerter zu Brudermord. Und draußen war es still und mild, und silbern schaute der Mond ins wüste Getümmel.

Da schlug Gondebald, der schlauste der Brüder, Jagd vor durch die Nacht auf ein gefährlich Wild, damit die aufgeregte Wut nicht im Bruderblut sich kühle. Und jubelnd sprangen die Brüder auf, faßten ihre Speere und riefen nach Pferden und Hunden, die müde schlummerten von schwerem Tagewerk. Da trat die zur Herrin gewordene Magd unter sie und sprach, wenn sie jagen wollten, so wüßte sie ein edles Wild. Drunten im Walde unter den Eichen am Brunnen sitze ihr sauber Schwesterlein unter dem Schutze des heuchlerischen Pfaffen, umgeben von Bettlerscharen, und verteile der Brüder Hab und Gut; die zu jagen mit Hund und Roß, wäre neue, lustige Jagd.

Drunten saß allerdings das Burgfräulein unter armen Weibern und Kindern und tröstete die Armen mit allerlei Worten und Gaben. Es wußte, daß die Bruder heute in der heiligen Nacht zechen würden wüst und wild, ohne um ihr arm Schwesterlein sich zu kümmern. Es sehnte sich nach seinen armen Kindern und Weibern. Der Pfaffe richtete an die Armen die treue Botschaft aus, und ein dem Fräulein treu ergebener Wächter ließ es hinaus, unbemerkt, wie er glaubte. Aber er irrte sich. Die Magd hatte unter den Knechten einen Buhlen und den zum Wächter bestellt über ihre Herrin. Der merkte ihre Abrede, der traf auch seine Abrede mit der Magd, und als er das Fräulein am Brunnen wußte, brachte die Kunde den wütenden Brüdern die schlaue Magd.

Laut aufheulend in schäumendem Zorn griffen sie nach Bogen und Armbrüsten, nach Speer und Schwert, und auf mußten die müden Tiere, Pferde und Hunde zu neuer, ungewohnter Jagd. Doch wie gebannt durch des Weidwerks Kunst und Regel, ritten sie still, mühsam ihre Wut zügelnd, auf Umwegen, wie um ein edles Wild zu beschleichen, dem Brunnen zu. Und während sie ritten, blieb die Magd im Schlößlein mit ihrem Buhlen, und in teuflischer Schadenfreude bereiteten sie ihr abgeredetes Werk.

Unfern des Brunnens in tiefem Mondesschatten hielten lautlos die wilden Gestalten hoch zu Roß, an den Leinen die Hunde. Vor ihnen lag der freie Platz, mit einzelnen Eichen geschmückt, wo silbern die Quelle rieselte, und an derselben saß das schöne Burgfräulein in seinem goldenen Mantel und rings um ihns die glückliche, beschenkte Menge armer Mütter, armer Kinder, hinter ihnen stund im Schatten einer mächtigen Eiche betend der Pfaff, und über allen wanderte am Himmel in stiller Klarheit der Mond und leuchtete mit seinem lieblichsten Lächeln der schönen Geberin zu, dem Austeilen ihrer Gaben. Da sah er vom hohen Himmel nieder die finstern Gestalten lauernd in des Waldes Schatten und ahnte das werdende Mörderstück. Er hieß die Winde warnend rauschen durch der Bäume Wipfel; aber die Glücklichen an der Quelle hörten es nicht, und durch die Harnische an die Mördergewissen vermochten die Winde nicht zu dringen. Da sah der Mond auf zu Gott, ob dieser wohl den Unschuldigen eine Hülfe bereite, aber stille blieb es da oben; da wanderte er traurig weiter auf seiner luftigen Bahn, den Winden winkend, daß sie mit dem finstersten Wolkenschleier ihn verhüllen möchten. Aber ehe sie den Schleier gewoben hatten aus der Erde Dünsten, brach der Brüder Mordlust los, und mit Holla und Hussa hetzten sie die Hunde, des Streites mit Bär und Wolf gewohnt, auf die arme Weiber- und Kinderschar, mit gespannten Bogen wie eines gejagten Wildes der Fliehenden gewärtig. Mit wütendem Geheul stürzten in weiten Sätzen die grimmen Hunde auf die Armen ein; wie schüchternes Wild fuhren die empor beim ersten Heulen der fürchterlichen Tiere. Aber wie ein klares Himmelsbild, golden glänzend in seinem flatternden Mantel, trat kühn das Burgfräulein den Hunden entgegen und rief mit ihrer hellen Silberstimme abwehrend auf sie ein. Die bekannte Stimme der geliebten, lang entbehrten Herrin drang an die Herzen der Hunde, und mit freudigem Winseln schmiegten sie sich zu ihren Füßen, sprangen an ihr empor und vergaßen das zu jagende Wild, hörten nicht das immer wütendere Holla und Hussa der Brüder. Da flogen von den Bogen der Wütenden die Bolzen und Pfeile in Menschen und Hunde mitten hinein, und Menschenjammer und Hundegeheul fuhr klagend auf zum Himmel. Aber der Bolzen und Pfeilen nach stürzten die Brüder mit geschwungenen Speeren. Schwankend, in der keuschen, kühnen Brust einen blutigen Pfeil, trat ihnen die Schwester entgegen, breitete abwehrend die Arme aus und bat milde um Schonung für die arme Schar. Vor der holden Erscheinung prallten die Pferde zurück; aber der Schwester Stimme drang nicht zu der Brüder Herzen, die blutig gestachelten Rosse sollten über die holde Schwester weg in die Winselnden mitten hinein. Aber die gewaltigen Hengste setzten in bäumenden Sprüngen neben dem in blutigem Golde glänzenden Fräulein weg, und kein Huf berührte sie. Es wankte den Wütenden nach, die zur Jagd gegeißelten Hunde lockend, blutende Kinder ihnen entreißend, Speere aus den Brüsten der Mütter ziehend. Sie achtete ihr strömend Blut nicht, sie wollte dem Greuel wehren, aber immer leiser ward ihre Stimme, immer wankender ihr Fuß; die Hunde, die fliehende Kinder im Dunkel des Waldes zerrissen, hörten ihre Stimme nicht mehr. Da hörte sie, wie der Pfaff, an den Stamm der Eiche gelehnt, mit weithin hallender Stimme den Brüdern fluchte: daß das hier vergossene Blut auf ihre Seelen kommen und auf denselben brennen solle von Ewigkeit zu Ewigkeit, und daß sie keine Ruhe im Grabe haben, sondern an jeder Weihnacht hier jagen und morden müßten, solange der Brunnen fließe, solange der Mond am Himmel wandle.

Da wandte sie sich zu ihm hin mit sterbenden Schritten, starrend in blutigem Golde, und leise, leise flehte sie: «O wende den Fluch, es sind ja meine Brüder; wende ihn um Maria willen, unserer Himmelskönigin!» Und leise sank sie in die Knie, und leise sank ihr Haupt zur Erde, und leise flochten Engelein aus den kleinen rieselnden Blutstropfen blühende Rosenkränze, das sterbende Haupt umwindend. Da sprach der Pfaff: «Den Fluch kann ich nicht mehr wenden, das gesprochene Wort geht zu Gott und liegt in seiner Hand; aber wenn die wütenden Brüder in tausend Jahren auf ihrer wilden Jagd zehn verwilderte Männer trostlosen Weibern, weinenden Kindern wieder zuführen zur Sühne der hier gemordeten Mütter und Kinder, so mögen sie eingehen in des Grabes Ruhe! Das Fernere walte Gott!» «Das aber ist mein Walten, verfluchter Pfaffe!» brüllte Cuno, der wildeste der Brüder, und schleuderte seinen Speer mit sicherer Hand. Durchbohrt sank sterbend der Pfaff nieder neben das scheidende Himmelskind, es segnend mit dem heiligen Kreuz; dann kam der Tod und drückte leise ihnen die Augen zu, und des Herrn Engel trugen die Seelen der schuldlos Geschlachteten hinauf an den Ort, den ihnen der Herr bereitet hatte.

Als ihr blutig Werk vollendet war und kein Lebendiger mehr atmete auf dem blutigen Platze, da saßen die Brüder wieder hoch zu Roß und zogen heim in dumpfem Schweigen. Finster war es am Himmel geworden, schwarz war der Wald, hohl ging der Wind, und von ferne her brauste der Sturm heran. Als sie den Burgweg auf zum Tore ritten, stund es offen hintenan, und sterbend daneben der gebundene Wächter. Als er ihnen noch Kunde gegeben, daß ihre niedere Magd mit ihrem Buhlen ihn erdolchet und, mit all ihren Schätzen beladen, geflohen seien in des Waldes Nacht, verschied er. Da flammte es in ihrem wilden Gehirn auf wie die Strahlen des jüngsten Gerichts; laut auf, daß das Schlößlein zitterte, heulten sie in Weh und Wut, wandten die Rosse, hetzten die Hunde auf die neue Fährte und jagten hintendrein mit Holla und

Hussa, mit Peitschenknall und Sporenklang dem schlechten Wilde nach. Die Dirne und ihr Buhle erschraken, als sie hinter sich die wilde Jagd vernahmen; sie hatten so schnelle Rückkehr nicht erwartet, nicht erwartet das so schnelle Finden ihrer Spur. Mit Windeseile huschten sie seufzend und keuchend durch die Büsche graden Weges den Wald hinauf, dem Lindenhubel zu. Aber näher und näher kam ihnen die wilde Jagd; sie verließen in rascher Wendung den geraden Lauf, eilten quer durch die Büsche, dann wieder den Wald hinab, glaubend, die Hunde zu täuschen. Aber müde Hunde lassen weniger sich täuschen als frische. Die schreckliche Meute heulte immer näher an ihren Fersen, der wütende Jagdruf drang immer wilder auf sie ein. Sie flohen mit Windeseile am Waldessaume den Bühleinschlag ab, aber immer näher kam der Brüder Holla, der Rosse wildes Schnauben. Sie huschten über den Koppiger Weg, flohen die Wolfsteige nieder und fast unbewußt dem blutigen Brunnen zu, und an ihren Fersen schienen die Hunde zu hangen, in ihrem Nacken funkelten die Speere. Als die wilde Jagd, Hunde, Wild und Jäger, zu einem Knäuel zusammengerollt, gestoben kam auf den blutigen Platz, da erleuchtete auf einmal ein gewaltiger Blitz den Platz; wie in Flammen stand der Wald und wie eingewurzelt plötzlich die ganze Jagd, und aus dem Boden heraus wuchs schwarz und ungeheuer eine Hand und faßte Wild, Jäger und Hunde zusammen, einem Büschel Gras gleich. Ein ungeheurer Schrei, dann verschwand die Hand in die Erde, und schwarz und stille war es wieder auf dem blutigen Platz. So soll am nächsten Morgen auf dem nächsten Hofe ein Kind erzählt haben, das, von allen das einzige, sich hatte retten können.

Die Bürglenherren wurden nie mehr gesehen, leer stund ihr dunkles Schlößchen und verfiel allgemach. Aber im Frühjahr wird es lebendig um den Brunnen herum. Wenn die Sonne ihrer bräutlichen Erde die ersten freundlichen Blicke gibt, sprossen Blumen ohne Zahl um den Brunnen auf, wo des Fräuleins Tränen begraben liegen; und wie in goldenem Kleide glänzt der Brunnen weithin durch den Wald, gekränzt mit den goldnen Glockenblumen, der Kinder Freude. Und wo die Blutstropfen der Kinder fielen und begraben liegen weit herum in den Büschen, da sprossen Sträucher auf und mahnen mit den schwarzen Reckholderbeeren an die schwarzen vergossenen Blutstropfen der armen, unschuldigen Kinder. Und im Frühjahr, wenn der Brunnen glänzt in seinem Golde, jubeln Kinderscharen um den Brunnen, sich Kränze flechtend aus den schönen Glockenblumen; und im Herbste, wenn reif die Beeren werden, streichen Kinder durch die Büsche, zu sammeln die schwarzen Reckholderbeeren. Und wenn die Kinder um den Brunnen jubeln, oder wenn sie durch die Büsche streifen, so soll unsichtbar in seinem goldnen Mantel das Fräulein in ihrer Mitte sein und sie hüten und wahren, und noch nie soll dort einem Übels begegnet sein. Darum auch heißt der Brunnen Bachtelenbrunnen, wie dort die Glockenblumen heißen, und Reckholdereinschläge die darum liegenden Gehäge. Aber wenn der Winter wiederkömmt und die heilige Weihnacht, dann sollen die Brüder wieder reiten still und finster zur blutigen Jagd, sollen wieder morden und wieder jagen die Dirne und ihren Buhlen Wald auf, Wald ab und verschwinden in der schwarzen Hand am Brunnen. Neunhundert Jahre haben sie jetzt gejagt und darüber, und in einer alten Chronik sollen acht Geschichten stehen von verwilderten Männern, welche die wilden Jäger trostlosen Müttern, weinenden Kindern wieder zugeführt.»

Lautlos waren alle dagesessen, und bange preßte sich der Atem in jeder Brust, als der Alte endigte. Endlich rang sich Durslis Stimme frei, und bebend fragte er: «Also habe ich nicht geträumt, und ich bin der neunte?» «Eine Sage habe ich erzählt», entgegnete der zitternde Greis; «aber alles, was auf Erden ist, ist Diener des Allerhöchsten, jeder Baum, jeder Stein und jedes Blatt, das am Baume sich bewegt, und jedes Sandkorn, das vom Steine der Wind weht. So wird jedes Wort aus Menschenmund zu Gottes Wort, wenn er will, und muß dienen zu Bekehrung und Erweckung der Menschen. So macht er auch die Sagen, solange er sie noch duldet, zu seinen Dienern und sprengt mit ihnen auch verschlossene Herzen. Des Herren Wege sind wunderbar, unerforschlich sind seine Ratschläge. Wie er die einen sucht in der Sonne hellem Licht oder mit seines klaren Wortes Kraft, kann er andere suchen in wilder Sturmesnacht mit dunkler Sage ahnungsvollem Grauen. Zeuget deine Seele, daß dich Gott gefunden, so grüble nicht; sorge nur, daß du nicht wieder verloren gehst!» So sprach der Greis und wankte an seinem Krückenstocke seinem Bette zu.

Ergriffen von mächtigem Geisteswehen sprachen die übrigen nur einzelne Worte, drückten die Hände sich und gingen ihrer Ruhe zu.

Dursli konnte nicht schlafen, aber in seliger Ruhe dachte er noch lange in beglücktem Gemüte an Gottes wunderbare Wege, und wie er in seiner Wundermacht mit Sturm und Regen, mit Weh und Graus Wunder schafft in den Herzen der Sterblichen, wie er wandelt die Finsternis in Licht, den Aberglauben in Glauben, des Unglaubens öde Steppen in blumenreiche Gefilde.

Und als er fühlte, wie über ihn der Schlaf entfalte seine Schwingen, dankte er noch innig seinem Gott für die Wunder seiner Wege und bat ihn, daß er für und für mit seiner mächtigen Hand seiner Schwachheit aufhelfen möge; er selbst aber wolle die Augen offen halten und ihn erkennen in Nacht und Licht. Er betete, daß er alle Männer, die mit ihm auf gleichen Wegen gingen, erfassen möchte mit seiner Kraft und sie wieder zuführen ihren jammernden Weibern, ihren verwahrlosten Kindern. Dann kam süßer Schlaf über ihn, und in süßem Frieden erwachte er, begrüßt von der Sonne Licht, vom sonnigen Lächeln seiner Kinder.

Und Dursli hielt fest am bessern Leben. Die Sonne ging ihm alle Tage neu auf in seinem Herzen; darum nahte sich auch alle Abend in sanften Schwingen der süße Schlaf, und alle Morgen erwachte er in süßem Frieden. Aber ehe er des Abends von des süßen Schlafes weichen Schwingen sich umfassen läßt, betet er für alle verwilderten Männer, die auf bösen Wegen gehen, daß sie Gott ihren weinenden Weibern, ihren unglücklichen Kindern zurückführen möge.

Und Gott will des guten Durslis Gebet erhören, will die Sonne scheinen lassen über die Erde und aufblühen lassen ihre holden Kinder, will den Sturm sausen lassen über die Erde, bevölkert mit jeglichem Grauen, will erfassen verwilderte Männer und sie zuführen ihrem unglücklichen Hause; aber es müssen die Männer auftun ihre Augen und schauen des Herrn Liebe in seiner Sonne reichem Schein, sie müssen öffnen ihre Ohren und vernehmen den Donner seines Wortes in wilden Wettern, müssen in die Herzen scheinen lassen die Sonne der Liebe, donnern in denselben sein strafend Wort, dann rettet sie Gott, rettet ihnen Weib und Kinder.

O ihr verwilderten Männer, seht ihr nichts, hört ihr nichts? Gottes Sonne scheint, Gottes Donner rollen, es jammern die Weiber, es weinen die Kinder; wann wollt ihr die Ohren auftun, wann eure Augen öffnen? Wehe, wehe allen, die erst erwachen, wenn Gottes Gerichte donnern, wenn die Weiber ausgejammert, ausgeweint die Kinder haben!

WIE JOGGELI EINE FRAU SUCHT

Im Bernbiet, aber ich sage nicht wo, liegt ein Bauernhof an sonnigem Rain. Birn- und Apfelbäume, mächtig wie Eichen, umkränzen ihn, Alleen von Kirschbäumen laufen von ihm aus nach allen Seiten, und fast so weit am Hügel das Auge reicht, breitet sich um denselben aus ein wunderschöner grüner Teppich, kostbarer als ihn ein König hat: hunderttausendpfündige Matten.

Unterm breiten Dache sprudelt ein prächtiger Brunnen, vor den blanken Fenstern stehn einige Blumenstöcke, und ums ganze Haus herum ist es lauter Sonntag, das heißt aufgeräumt und sauber; kein Strohhalm liegt herum, kein Spänchen ist zu sehen. Auf schöner grüner Bank sitzt ein schöner brauner Bursche, schaut nachdenklich hinauf in die dunklen Wälder, die am jenseitigen Hügel liegen, und langsam, schwermütig steigt zuweilen ein Tabakswölkchen aus seiner fast erlöschenden Pfeife.

Es ist Joggeli, der reiche, ledige Besitzer des schönen Hofes. Seine Mutter ist ihm jüngst gestorben, die so trefflich ihm die Wirtschaft geführt, ihm so lieb gewesen war, daß er gar nicht heiraten wollte, obgleich ihm die Mutter alle Tage zusprach, eine Frau zu nehmen. Rechte Mütter haben nicht gerne ledige Kinder, denken sich die Söhne nicht gerne als alte Sünder.

Jetzt führten ihm die Mägde die Haushaltung und schlecht genug. Seit seine Mutter gestorben war, legten seine Hühner nicht mehr, wenigstens bekam er wenig Eier zu Gesicht, die Kühe gaben schlechtere Milch, er konnte immer weniger Butter verkaufen, und die Schweine sahen ihn aus ihrem Troge hervor mit verweinten Augen an, klagend über schlechtes Fressen, und doch hatte er nie so oft Korn für sie fassen müssen. Noch nie war so wenig gemacht, gesponnen worden, er brauchte immer mehr Tagelöhner, und doch hatten die Mägde nie noch über so viele Arbeit sich beklagt und nie so wenig Zeit gehabt, das zu tun, was er befahl. Die Ermahnungen der guten Mutter stiegen ihm immer mehr auf, er dachte immer ernstlicher ans Weiben, und je mehr er daran dachte, desto mehr grausete es ihm davor.

Joggeli war nicht etwa so ein Haushöck, der nie von Hause wegkam, die Mädchen nie anreden, höchstens ansehen durfte, sie nur vom Hörensagen kannte. Er war ein lustiger Bursche, in der weiten Umgegend kannte er alle Dirnen, und wenn irgendwo ein hübsches reiches Mädchen unterwiesen wurde, so war er meist der erste unter dessen Fenster. Aber Fenstern ist noch nicht Heiraten, und das war, was ihm Kummer machte und eben deswegen, wie er meinte, weil er die Mädchen nur zu gut kannte. Es sei nicht alles Gold, was glänze, und die Mädchen zeigen den Burschen gewöhnlich nur das Glänzende, pflegte er zu sagen, und das zu sehen, was nicht glänze, werde meist erst dem Ehemann zuteil. Dieses zu beweisen, wußte er Beispiele von Exempeln anzuführen, daß einem fast schwarz vor den Augen wurde. Er wüßte wohl, sagte er, zu einer reichen und hübschen Frau zu kommen, aber er wolle auch eine freine (gutmütige), fromme, fleißige; denn was hülfen ihm Schönheit und Geld, wenn Zanksucht dabei sei und Kupsucht (Schmollsucht), und wie die Suchten alle heißen mögen? Ein zanksüchtig Mädchen gebe eine alte Hexe, sagte er, einem kupsüchtigen saure alle Milch im Keller, und es kriege zuletzt ein Gesicht, gegen welches ein altes Judenkrös ein Prachtstück sei. Von einem geizigen Mädchen wolle er dann gar nicht reden, das werde ja zuletzt ein Geschöpf, gegen das der alte Drache auf der Gysnaufluh ein purer Engel sei. Nun sei aber das das Verflümeretste, daß man nie recht wissen könne, ob man eine Hexe, ein alt Judenkrös oder den alten Drachen selbst ins Haus kriege; denn alle diese Greuel seien meist schon im Mädchen eingepuppt, hinter glatter Mädchenhaut verborgen, und gar oft mache das Mädchen vor dem Hause und hinter dem Hause und besonders im Wirtshause das zärtlichste Gesicht, dem im Hause der Drache fußlang aus den Augen sehe und seine Krallen schon im Ankenhafen und in der Tischdrucke habe. Sobald ein Mannsgesicht über die Küchentüre hineinsehe, fahre der Drache in seine Höhle, und während das Mädchen holdselig lächle, wetze derselbe seine Krallen und denke: «Warte nur, bis ich dich habe, dann will ich dich!» Auf das Berichten von anderen Leuten könne man sich auch nicht verlassen, am allerwenigsten einer, der heiraten wolle. Von allen Seiten werde der angelogen. Man bezahle Leute, welche das Mädchen bis in den Himmel erheben sollen, und bezahle wiederum Leute, die es auszumachen hätten, als ob es in keinen Schuh gut wäre und man mit ihm ein Bschüttiloch vergiften könne. Da möchte er doch wissen, wer so eine feine Nase hätte, daß er immer richtig unterscheiden könne, ob die Leute bezahlt seien, um zu schelten, oder bezahlt, zu loben, oder gar nicht bezahlt. Nun möchte er wohl eine Frau, allein so hineintrappen und einen Schuh voll herausnehmen, das doch auch nicht. Wie das aber zu vermeiden sei, es auszusinnen, habe ihn schon oft fast wirbelsinnig gemacht.

Wenn Joggeli, der doch zu Kilt gehen und aus Pflanzplätzen und allerlei sonst immerhin in etwas auf die Tüchtigkeit eines Mädchens schließen konnte, in solcher Verlegenheit war, in welcher muß da nicht ein Stadtherr sein, der die Stadtmädchen nur an Bällen, in Soireen, in der Komödie oder in einem Konzerte sieht, der, er mag es machen, wie er will, nur ihre Sonntagsgesichter erblickt, keine Arbeit von ihnen zu Gesicht bekommt, ja selten mehr ihre Hände ohne Handschuhe!

Guter Rat ist meist sehr teuer, indessen kömmt er auch über Nacht umsonst. Eines Morgens zwischen Heuet und Ernte, wo die Bauerntöchter meist zu Hause waren, einige am Strümpfeplätzen sich versuchten, andere dem Weber spulten, die dritten im Garten grupeten (kauerten) oder ums Haus herum fiselten, sagte er seinen Leuten, er wolle ins Luzernerbiet um ein Roß aus. Dort seien weniger Tage im Jahr als hier, jeder Tag wenigstens zwei Stunden kürzer, daher werde weniger Geld verdient, daher alle Sachen dort wohlfeiler als bei uns, und wenn er schon acht Tage lang nicht wiederkomme, so sollten sie nicht Angst haben um ihn.

Joggeli ging fort, doch sah man zur selben Zeit im Luzernerbiet keinen Joggeli, der nach Rossen gefragt hätte. Aber zur selben Zeit sah man durch das Bernbiet einen Kesselflicker ziehen, den man vorher und nachher nie wahrgenommen hat, und von dem man noch immer reden hört, obgleich seither wenigstens fünfzig Jahre verflossen sind. Es war ein langer Bursche mit rußigem Gesicht, der das Handwerk noch nicht lange getrieben haben konnte, denn er war gar langsam dabei und ungeschickt dazu, und wenn ein nur leicht verwickelter Fall vorkam, so wußte er sich nicht zu helfen.

Am meisten fiel bei ihm auf, daß er keine Regel hatte in seinen Forderungen und keine Ordnung im Arbeitsuchen. Er übersprang ganze Reihen Häuser, fragte bei keinem einzigen nach verlöcherten Pfannen oder zerbrochenen Kacheln (Schüsseln), er strich, ohne stillzustehen, durch ganze Dörfer. Wiederum konnte er vor einem Hause, einem Hofe einen ganzen Tag leiern, ohne daß man eigentlich wußte, was er tat. Er stotzte (ging müßig) in der Küche herum, schnausete alles aus (durchstöberte alles), war jedermann im Wege und ging am Ende abends nicht einmal fort, sondern forderte noch ein Nachtlager. Er hatte alle Augenblicke etwas nötig, strich, um es zu fordern, den Töchtern des Hauses oder den Mägden nach, suchte mit ihnen zu wortwechseln, sie zu versäumen, und wo er über Nacht blieb, da erlaubte er sich gar unziemliche Dinge und trieb es so weit, daß man fast glauben mußte, er versuche, wieviel es erleiden möge, ehe man Schläge kriege. Auch ließ er schon geheftete Kacheln aus der Hand fallen, daß sie in tausend Stücke sprangen, forderte unverschämten Lohn, branzte (zankte) über die Menge der gemachten Arbeit, kurz, er war der widerwärtigste Bengel, der je das Land durchstrichen hatte.

Deswegen auch wurde er von manchem Hause weggejagt mit Fluchen und Schelten. Ertaubete (erzürnte) Bauern hetzten ihm die Hunde nach und drohten mit Steinen und Stecken; erboste Bauerntöchter warfen ihm Kachelstücke nach, gaben ihm Titel, mit denen man einen Hund hätte räudig machen können, und schnitten ihm Gesichter, neben welchen der geschundene Kopf einer Kröte ein anmutig Luegen war. Zu diesem allem lachte der Kerli nur, gab spöttische Antworten, nannte die Bauern Muttestüpfer, die Töchter Zyberligränne, und wenn man ihm den geforderten Lohn nicht geben wollte, so sagte er wohl, er begehre gar nichts, einem solchen Lumpenbürli, der seiner Tochter nur kudrige Strumpfbändel vermöge und knöpfig Haarschnüre, sei er noch imstande, ein paar Kreuzer zu schenken. Man kann denken, was ihm dann alles nachfuhr auf solche Reden hin, aber als ob er das geradeso wollte, ging er lachend von dannen. Hätte der Kesselflicker in dieser Zeit gelebt, und hätte er auch schreiben gekonnt, so würde er wahrscheinlich die Welt mit Reisebildern oder Wanderfahrten beschenkt haben.

So hatte er am dritten Tag seiner Wanderung ein großes Haus, das am Ende eines Dorfes lag, erreicht in vollem Laufe. Eine schwarze Wolke schwebte am Horizont und sandte flimmernden Regen herab in reichem Gusse. Kaum hatte er sich geschüttelt unter breitem Dache und seine leichte Boutique abgestellt, so kamen durch das Gras unter den Bäumen her andere Gestalten hergerannt mit Hauen auf den Schultern, Fürtücher die Mädchen über die Köpfe, die Schuhe in den Händen die Bursche, alles dem breiten Dache zu: es war das Gesinde, welches zum Hause gehörte und Erdäpfel gehacket hatte. Hinter ihnen drein sprang etwas unbehülflich eine zimperliche Gestalt, besser angezogen als die andern, aber eben nicht zu solchem Wettlauf eingerichtet. Als sie ankam, schäkerten bereits Mägde und Knechte miteinander, und ein dralles Mädchen schlug Sami, dem Melker, das nasse Fürtuch um den Kopf. Da zog Rösi, das zuletzt angelangte Mädchen, die Tochter des Hauses, ein gar schiefes Gesicht, warf Stüdi, dem drallen Mädchen, seine Haue und sein Fürtuch zu, hieß ihm beides abseits tun und tat selbst zimperlich unter den andern und trippelte mit allerlei Gebärden um die Knechte herum und übte den eigenen Augenaufschlag und das Blinzen durch die Augenecken, welche beide zu Stadt und Land wohl bekannt sind. Endlich kam die Mutter unter die Türe, eine lange, hagere Frau mit spitzer Nase, und hieß die Tochter, statt da außen zu galpen (schäkern), sich trocken anzuziehen; sie wisse ja wohl, wie sie eine Leide (Schwächliche) sei, nichts erleiden möge und gleich auf dem Schragen liege.

Bei dieser Frau meldete sich auch der Bursche um Arbeit. Er erhielt zur Antwort, daß er warten müsse bis nach dem Essen, man hätte jetzt nicht Zeit, ihm die Sachen zusammenzusuchen. Beschei-

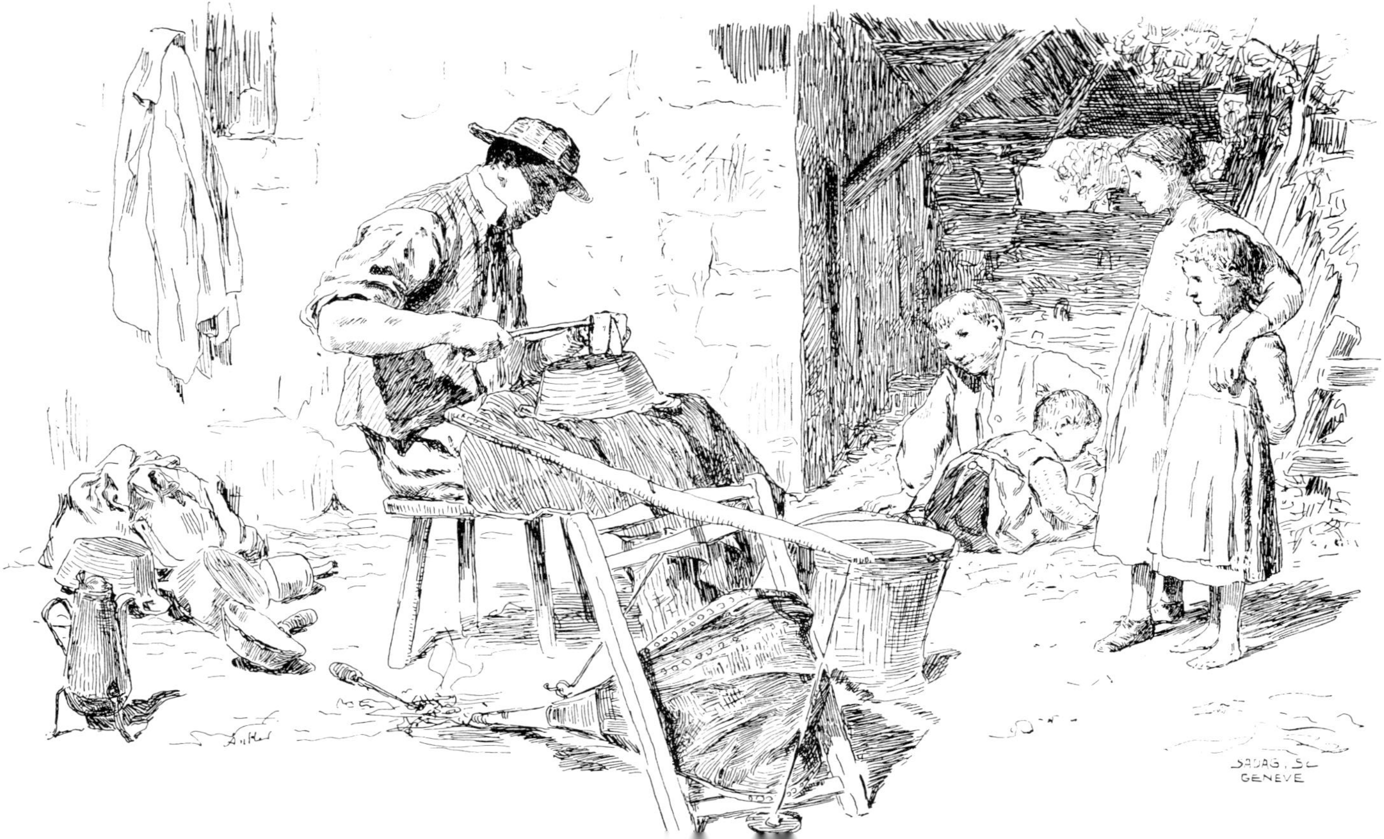
SADAG, SC
GENEVE

dentlich fragte er, ob er nicht mitessen könne, er wolle sich gern vom Lohne abziehen lassen dafür. Man wolle ihm etwas füruse geben, hieß es. Er setzte sich vor die Küchentüre, aber lange ging es, bis das Essen aufgetragen wurde, und noch länger, bis er etwas kriegte. Bald fehlte eine Kachle, bald eine Kelle beim Anrichten; bald schrie die Frau: «Stüdi, weißt du, wo der Waschlumpen ist?» und bald: «Rösi, wo hast du den Schiggoree?» Und als sie schon alle bei Tische saßen, schoß bald eins in die Küche, bald eins in den Keller, denn bald fehlte Milch auf dem Tisch, dann war kein Brot vorhanden. Endlich brachte man auch ihm etwas heraus, das eine Suppe sein sollte, aber aussah wie schmutziges Wasser, in dem ein Mehlsack ausgeschwenkt worden, ein aschgraues Gemüse, welches ehemals Schnitze gewesen, in himmelblauer Brühe schwimmend, und dazu ein Stücklein Brot, das von einem alten Wollhut, der lange in einem Krüschkasten (Kleiekasten) gelegen, abgeschnitten schien. Er merkte sich das Essen wohl, aber aß es nicht, sah dagegen, wie Rösi, als nur noch die Mutter in der Küche war, für sich köcherlete und endlich ein verstrupftes Eiertätschchen (Eierkuchen) zum Vorschein brachte und ins hintere Stübchen spedierte, wie es sich darauf eine Zeitlang im Keller aufhielt und mit einem verdächtigen Weingeruch heraufkam. Als alle wieder in die nassen Erdäpfel gegangen, sogar die Mutter, der Vater aber, ein ehrlicher Schlirpi, irgendwo auf dem Ohr lag, sah er, wie Rösi, wahrscheinlich mit einem Restchen des Eiertätsches, in den Futtergang ging, wo der Melker Futter rüstete für die Rosse. Als diese Promenade zu Ende war, setzte sich Rösi zu ihm auf die Bank, bohrte an einer Lismete mit ungewaschenen Fingern und frägelte ihn allerlei aus, tat wie ein Meisterlos und hörte ohne Zucken alle Dinge, sie mochten sein, wie sie wollten, die der Kesselflicker zu sagen beliebte.

Und dieses Rösi war das gleiche Mädchen, das so nett und aufgeputzt an Märkten und Musterungen erschien, so sittsam tat, so mäßig sich betrug, vor einem Schluck Wein sich schüttelte und vor jedem Blick eines Burschen sich verbergen zu wollen schien. Mit Gewalt mußte man es zum Tanzen zwingen, mit Gewalt zum Essen, mit Gewalt zum Reden, aber es hieß, daheim sei es gar werksam, gehe immer mit dem Volk aufs Feld und sei ohne allen Stolz und Hochmut.

Aber je mehr er Rösi ansah, desto mehr mißfiel es ihm und alles um ihns herum. Nicht nur die Finger waren schmutzig, sondern alles an ihm; ums Haus herum war es unaufgeräumt, in der Küche keine Ordnung, zu allen Kacheln, welche er heften sollte, fehlten Stücke. Es saß da bei ihm, sich offenbar gehen lassend, weil es ihn ohne Bedeutung meinte, und da war von Sittsamkeit nichts zu sehen, es hatte ein beflecktes Inneres, Lust an wüsten Dingen und stellte sich recht eigentlich dar als ein gemeines Ding, das nicht gerne arbeitete, das daheim sich alles erlaubt glaubte, wenn es nur im Wirtshause und auf der Straße sich anständig gebärdete. Es klagte nebenbei so recht zimperlich über das Arbeiten, und wie ihm das erleidet sei, es Kopfweh und Krämpfe mache und ein schönes Buch ihm das Liebste sei. Dazu schien es noch bösartig, stüpfte die Katze, neckte den Hund und jagte die Tauben unter dem Dache weg. Es hätte in diesem lüsternen, lässigen, langweiligen Ding niemand das schmucke, stille, ehrbare Mädchen erkannt, dem man recht gerne nachsah beim Tanze oder stillstund, wenn man es bei einem Krämer seine Einkäufe machen sah. Duldsam, solange sie alleine waren, fing es, sobald am Abend das Haus sich wieder füllte, mit dem Kesselflicker zu zanken an, gab ihm schnöde Worte und führte alle seine Arbeit aus. Da begann auch der Kesselflicker sein Spiel, höhnte das Töchterchen, hielt ihm den Melker vor, den Eiertätsch, sein sauberes Lismen, wo immer ein Lätsch (Masche) auf der Nadel sei und einer unter derselben, bis das Feuer ins Dach stieg, das Mädchen heulend Vater und Mutter klagte, der Vater fluchte, die Mutter schimpfte, der Ringgi bellte, die Katze miaute, alles lärmte, was da lärmen konnte – da zog der Kesselflicker lachend fürbaß.

Am Abend eines anderen Tages schleppte er seine Bürde müde einem großen Hause zu, das in der Nebengasse eines Dorfes stund. Das Dach des Hauses war schlecht, der Misthaufe aber groß, viel Holz lag darum herum, aber nicht geordnet, ein Schweinstall stieß daran, einige Fürtücher und Hemden hingen am Gartenzaune, schwarz und rauchicht war es um die Haustüre, voll Löcher der aus

Lehm gestampfte Schopf (Schuppen). Eine fluchende Stimme drang aus der Küche und donnerte mit einem unsichtbaren Jemand, der wahrscheinlich etwas zerbrochen hatte, und ihr nach kam ein stämmiges Mädchen mit rot angelaufenem Gesicht, ungekämmt seit vergangenem Michelstag, zwei Säumelchtern in den Armen, in denen Adern schwollen wie kreuzerige Seile, und auf Füßen, die letzten Samstag gewaschen worden, seither zweimal den Schweinen gemistet hatten und so breit waren, daß man die verhudelten Schuhe an denselben bequem als Kuchenschüsseln hätte gebrauchen können. Dieses Mädchen war in vollem Zorn, traf die Schweine beim Ausputzen ihres Troges mit dem mutzen Besen auf ihre Rüssel, daß sie krachten, fluchte mit ihnen, wie kein Kälberhändler es ärger hätte tun können, und schlug ihnen das Fressen in den Trog, daß es weit umherspritzte. Darauf die Hände nur notdürftig im Brunnentroge schwenkend, rief es zum Essen, und hervor kamen allerlei Gestalten, die wenigsten ihre Hände waschend, wie es doch bei jedem ehrbaren Bauernhause Sitte ist, und die es taten, taten es, als schonten sie dem, was sie aus den Ställen an den Händen mitgebracht. Es war ein wüstes, unordentliches Essen, an welchem der Keßler teilnehmen konnte unter dem Beding, umsonst zu heften, was er, während die andern rüsteten, zu heften imstande sei. Rohe Spässe, Zoten wurden alsobald flüssig; man schien damit das schlechte Essen würzen zu wollen. Marei, die Tochter, nahm herzhaft teil daran ohne irgend die geringste Scham, hatte aber nebenbei immer noch Zeit, Vater und Mutter zu widerreden, dem erstern zu sagen, wann er zum letzten Male voll heimgekommen sei, und der letztern vorzuhalten, sie hätte in den letzten drei Wochen nicht zwei Strangen Garn gesponnen, dann auch die Mägde zu schelten und den Knechten wüst zu sagen, wenn sie an den zu beschneidenden Rüben die Rinde zu dick machten. Freilich mußte sie sich auch gefallen lassen, derbe Antworten zu hören und besonders von den Knechten Worte anzunehmen, wie doch sonst kein ehrbares Mädchen sich sagen läßt von Knechten; aber wie man tut, so hat mans auch.

Sein Lager war ihm im Stall angewiesen. Der war schmutzig wie die Kühe darin, die Läger zu kurz und er in beständiger Gefahr, von einer Kuh mit ihrem Heimeligsten begossen zu werden. Im Hause war noch lange Lärm, es schien ihm auch nachts keine Ordnung da zu sein und alle zu machen, was jedem beliebe. Er war aber zu müde, zu gwundern. Am Morgen ward frühe Appell geschlagen, niemanden mehr Ruhe gegönnt, es drehte das Volk vor fünfe sich ums Haus herum, aber niemand tat doch eigentlich was Rechtes. Man mußte halt aufsein, damit es heiße, in dem und dem Hause gehe der Tanz schon vor fünfe los, und dsMarei sei immer die erste und die letzte. Aber vor halb achte konnte man doch nicht zMorgen essen und zwar eine Suppe ohne Schmalz und ohne Brot und Kraut, so lang, so hart, so trocken, daß man sich lange besinnen mußte ob das, was man hinunterschlucke, Geißelstecken seien oder wirkliche Krautstengel, und dazu machte die Marei Augen, mit denen man einen Hasenpfeffer hätte anmachen können.

Dem Keßler erleidete es bald da, am Kraut hatte er sich satt gegessen und an der Tochter, diesem unsauberen Werktier, satt gesehen. Daher, als sie ihm eine Milchkachle zum Heften brachte, sagte er ihr, diese werde sie doch nicht wollen heften lassen, sie säuerle ja wie eine Sauerkrautstande, in welcher dreijähriges Sauerkraut gewesen sei; wenn sie ihr Milchgeschirr nicht sauberer halte, so werde sie die Milch nicht lange gut haben und nicht viel süßen Anken machen. Potz Wetter, da gings los, die Kachelstücke flogen ihm ins Gesicht, und als die verschossen waren, riß sie ihre Schuhe von den Füßen, schlug auf ihn los wie der Drescher auf das Korn in der Tenne, und er hatte noch nie so Eile gehabt, sich wegzumachen, wenn er nicht geprügelt sein oder allen Ernstes sich wehren wollte.

Da könne auch einer einen Schuh voll herausnehmen, dachte der Bursche bei sich, als er das Haus im Rücken hatte. Das erstere Mädchen sei berühmt als gar sittsam, manierlich, das jedem Haus wohl anstehen würde, dieses aber als eine rechte Werkader, als eine angehende Bäuerin, wie es zu Berg und Tal keine geben werde, hätte die schönsten Schweine, wisse mit den Schweinehändlern am besten zu märten (handeln), dürfe alles selbst anrühren, und der sei ein Glücklicher, der es erhaschen könne. Nun habe er beide gesehen, und es schaudere ihn, wenn er eins oder das andere haben müßte, und wenn er nur ein Kesselflicker wäre. Und es sei doch gut, dachte er, daß so ein Kesselflicker überall hingucken könne, wo sonst niemand hinsehe, und daß man sich nicht vor ihm in acht nehme und das Sonntagsgesicht vornehme, wenn so einer im Hause sei, wie man es zu tun pflege, wenn Dorf (Besuch) komme, oder wenn man zDorf gehe. Gar auf Märkten und an Musterungen sei lauter Lug und Trug, nicht nur auf dem Kühmärit, sondern auch in Gast- und Tanzstuben, und die da am meisten aufgezäumt erscheine und geschlecket bis z'hinderst, die sei zu Hause nicht selten die wüsteste Kosle, die es geben könne, und komme daher, daß man nicht wisse, was hinten, was vornen sein solle. Wer Marei und Rösi auf einem Märit gesehen, der hätte geglaubt, sie stünden jedem Bauernhause wohl an; wer sie aber zu Hause sah, der müsse sagen, daß sie zu einem Bauernhof paßten wie Haare in die Suppe, wie Wanzen in ein Bett, wie Essig zu einer gestoßenen Nidel (Rahm). «Ja», dachte er bei sich selbst, «wahr ist wahr, und mit den Mädchen ist es, nicht zusammengezählt und Euer Ehren vorbehalten, wie mit den Kühen: was man auf dem Markt kauft, ist gewöhnlich daheim nur halb soviel wert, mit dem Unterschied, daß man von den einen wieder loskommen kann, wenn man Reukauf zahlt, von den andern dann meist weder Geld noch Seufzer einem helfen.»

Er war recht schwermütig geworden, und alle Arbeit war ihm verleidet. Er setzte sich in ein Wirtshaus und tagdiebte da, spielte den Hudel, tat, als ob er kein Geld hätte, wollte seinen Keßlerkram verkaufen, fand aber keinen Käufer. Die Wirtstochter fesselte ihn auch nicht. Ihre Pantöffelchen gefielen ihm nicht, sie steckte ihm ihren Daumen zu tief ins Kraut, welches sie ihm auftrug, machte ihm ein gar zu mißvergnügt Gesicht, wenn sie einmal aufstehen mußte, und gnepfte (ging schwerfällig) manchmal so bedenklich durch die Stube, als ob sie an jedem Fuße fünf Hühneraugen hätte.

Zeitlich ging er zu Bette, brach früh auf, da eben die Sonne so klar und frisch zu scheinen begann. Da ward ihm wieder froh und leicht im Gemüte, und er beschloß, weiterzuwandern mit seinem Keßlerkram, den ihm niemand hatte abkaufen wollen.

Einem Fußwege nach zog er einem schönen Bauernhofe zu;

lustig umflatterten ihn früh erwachte Vögelein, abgefallene, unreife Kirschen knitterten unter seinen Füßen, Spatzen jagten sich auf den hohen Bohnenstecken, zwei Bursche graseten, und zutrauliche Hühner pickten hinter ihnen auf den frisch gemähten Flecken die Würmer auf. Blank war das Haus, hell glitzerten die Fenster, ein freundlicher Garten lag vor demselben, und wohlbesorgte Blumen spendeten freigebig ihre reichen Düfte. Ein schlankes, großes Mädchen mit reinem Haar, reinem Hemd und Händen saß auf der Türschwelle, schnitt Brot ein und hatte ein lustig prasselnd Feuer in der Küche, doch nicht das halbe Feuer draußen auf der Feuerplatte, sondern alles drinnen im Loch, wie es sich gehört. Rauh und trotzig frug er nach Arbeit. Wo Weibervolk sei, da sei immer etwas zu heften oder plätzen, fügte er bei. Das Mädchen antwortete, wenn er warten wolle bis es angerichtet, so habe es ihm Arbeit genug. Da müßte er wohl viel Zeit versäumen, antwortete er, wenn er jedem Ziehfecken abwarten wolle bis es ihm sich schicke. Das sei doch keine Manier, sagte das Mädchen, gleich so aufzubegehren, und wolle er nicht warten, so könne er gehen. Wolle er aber Verstand brauchen, so könne er seinethalben mit ihnen zMorgen essen, während der Zeit wolle es ihm Arbeit rüsten. Der Keßler blieb nicht ungern da, das Ganze hatte so eine Art, daß es ihn heimelete. Er zog daher seine Pfeifen in etwas ein, stellte seine Drucke (Schachtel) ab und setzte sich zu dem Volk an den Tisch. Es hatte alles ein reinlich Ansehen, und das Volk tat manierlich, betete mit Andacht, und aus dem ganzen Benehmen sah man, daß da Gott und Meisterleute geehrt würden. Die Suppe war eben nicht überflüssig dick aber gut, der Brei bränntete nicht, die Milch war nur leichtlich abgeblasen, das Brot nicht ohne Roggen aber küstig und nicht hundertjährig.

Er saß noch nicht lange am Tische, so ließ er ein mächtiges halbes Brot in eine Milchkachel fallen, daß die Kachel in Scherben ging und rings am Tische alles mit Milch überspritzt wurde. Hie und da hörte man ein Kraftwort, aber halb verdrückt; eine vorlaute Magd hieß ihn der ungattlichst Hung, den sie noch gesehen. Anne Mareili aber, die Tochter, verzog keine Miene, hieß jene Magd mit ihr in den Keller kommen, und bald stund andere Milch und anderes Brot auf dem Tisch. Statt sich zu entschuldigen, stichelte der Keßler, im Länderbiet esse man weißeres Brot, dort würde solches nicht einmal von dr Gottswillen Leuten gegessen. Niemand antwortete ihm darauf.

Er pflanzte sich mit seiner Arbeit neben der Küchentüre auf, von welchem Standpunkt aus er die Arbeit in Küche und Garten beobachten konnte. Er sah, wie Anne Mareili das Großmüetti – die Mutter war gestorben – an die Sonne führte, ihm mit aller Sorgfalt ein Kissen auf der Bank zweglegte und nie unwillig wurde, wenn das Großmüetti kärete (murrte), bald hie aus, bald da aus wollte und beständig das Großtöchterchen an Sachen mahnte, die längst abgetan waren, nach Art aller Großmüetteni, die meinen, an Dinge, welche sie ehemals abgetan, jetzt aber nicht mehr vollbringen können, denke kein Mensch mehr, sie blieben ungemacht, wenn sie nicht daran erinnerten. Er sah, wie der Ätti fortwollte, seine Strümpfe suchte, sie nirgends fand und nun seine Tochter ausschimpfte, die sie ihm verlegt haben sollte. Ohne viel dagegen zu haben, half sie ihm geduldig dieselben suchen und fand sie endlich versteckt hinter der Kutte, welche der Vater anzog, wenn er bei strubem Wetter wässern wollte. Dorthin hatte der Alte sie selbst versteckt am vergangenen Tanzsonntage, damit sein Sohn sie ihm nicht wegstipitze, um auf dem Tanzboden damit zu glänzen. Das Mädchen gab sie dem Ätti ohne irgendeine Bemerkung, begleitete ihn freundlich einige Schritte weit und bat ihn, er solle doch ja nicht zu streng laufen und sich doch ordentlich Essen und Trinken gönnen, es wolle ihm schon mit etwas Warmem warten bis er heimkomme. Er hörte, wie es Bettelkindern Bescheid gab, die einen teilnehmend nach einem kranken Vater, einer kranken Mutter fragte und etwas Passendes ihnen gab, wie es andere zurechtwies, zur Arbeit sie mahnte, Arbeit ihnen anbot und sie dann sehr ernst abwies, wenn sie schnöden Bescheid gaben und die Arbeit von der Hand wiesen. Er hörte, wie es den Diensten Bescheid gab, kurz und deutlich jedem antwortete oder Arbeit anwies, daß man sah, es wußte allenthalben in Feld und Haus, was getan, was noch zu tun war. Bei dem allem saß es nicht auf einem Throne oder einem Ruhbett, streckte die Füße lang von sich weg und hatte im Schoße die Hände, sondern es war nie müßig, rüstete das Essen für eine ganze Menge Volk alleine, erlas das Kraut beim Brunnen mit einer Sorgfalt, daß man ihm wohl ansah, es sei ihm nicht gleichgültig, ob in demselben Schnecken blieben oder nicht. Aber es ging ihm alles von der Hand wie gehext, und seine Füße liefen wie auf Federn, blötschten nicht auf den Boden, daß es ihm bei jedem Schritt die Nase bis über die Stirne hinaufsprengte, wie man hie und da Menschenstücke um Häuser blötschen sieht (schwerfällig auftreten).

Des Mittags war das Essen wieder proper und anständig, und doch führte er es aus und sagte, am Schmalz im Kraut könnte wohl keine Fliege sich überschlucken. Das Mädchen, welches in der Abwesenheit des Vaters die Oberherrschaft führte, antwortete darauf bloß, daheim könne er kochen lassen wie er wolle, hier sei es so der Brauch, und wenn das ihm nicht recht sei, so brauche er ja nicht wiederzukommen.

Nachmittags als die Großmutter schlief, das Volk auf dem Felde war, ging er in die Küche, angeblich um die Pfeife anzuzünden, fing aber an zu spassen, zu schätzelen, wollte das Mädchen obeneinnehmen und küssen, da kriegte er eine Ohrfeige, daß er das Feuer im Elsaß sah und dazu die Schwelle in Bern rauschen hörte, und vernahm den kurzen Befehl, er solle sich an seine Arbeit machen, damit sie endlich fertig werde. Dann ging das Mädchen zum Hundestall, band den Blaß los, der es in freudigen Sätzen umsprang, und sagte zu ihm: «Komm, du armer Hund du, ich will dich ablösen, aber dafür mußt du hübsch bei mir bleiben und nicht wieder den Schafen nachlaufen, willst du?» Und der Hund sah zu ihm auf, als ob er es verstünde, war ihm immer zur Seite, wohin es ging, legte sich ihm, wenn es arbeitete, zu den Füßen und zeigte allemal die Zähne, wenn es beim Keßler vorbeiging, als ob er wüßte, wem er Respekt einzuflößen hätte.

Endlich, gegen Abend erst, brachte der Keßler Pfannen und Häfen in die Küche zurück und zuletzt auch einen Arm voll Kacheln. Als das Mädchen sie ihm abnehmen wollte, ließ er sie fallen, daß die Stücke weit in der Küche herumflogen, die Großmutter einen Schrei ausstieß und ängstlich fragte, ob nicht die Kachelbank umgefallen sei. Der Bursche fluchte nur und sagte, an dem wolle er nicht schuld sein, aber eine, die so dumm und uwatlig (ungeschickt) täte, hätte er noch nie angetroffen. Das Mädchen wurde hochrot, und der Blaß stellte sich mit offenem Maul neben ihns, aber es sagte bloß, es sei nicht sein Brauch, mit einem Keßler zu branzen, aber wer sie habe fallen lassen, wisse er und es. Er solle nur sagen, was man ihm schuldig sei, und dann machen, daß er fortkomme, sonst zeige ihm endlich der Blaß noch den Weg.

Er lasse sich nicht so begegnen, sagte der Keßler, und fürchte den Hund nicht. Das sei wohl die kommodeste Art, sich bezahlt zu machen, arme Leute, denen man Geld schuldig sei, mit dem Hund fortzujagen, aber bei ihm komme man an den Lätzen. Anne Mareili antwortete, er habe ja gehört, daß es ihn bezahlen wolle und das je eher je lieber, damit es ihn nicht mehr zu sehen brauche, und wiederzukommen brauche er nicht, denn es hätte nie mehr Arbeit für ihn. Da sagte der Keßler, und jetzt wolle er expreß nichts für seine Arbeit, aber so befehlen, nicht mehr zu kommen, das lasse sich ein Keßler nicht, das sei unverschämt. In vierzehn Tagen sei er wieder da, und dann nehme es ihn dsTüfels wunder, ob es nichts für ihn habe; und dazu machte der Keßler wieder Augen, als ob er Anne Mareili küssen wollte, aber der Blaß sperrte sein Maul auf zu einem Müntschi, das dem Keßler doch nicht angenehm war. Darum streckte er Anne Mareili nur die Hand und sagte: «Auf Wiedersehn!» Aber Anne Mareili wollte ihm die Hand nicht geben und sagte, es hätte noch nie einem Keßler die Hand gegeben, und es wolle schon zufrieden mit ihm sein, aber erst dann, wenn es ihm den Rücken sehe. Da lachte der Bursche und sagte, sy Seel gebe es ihm noch einmal die Hand, und es werde wohl eine Zeit kommen, wo es sein Gesicht lieber habe als seinen Rücken.

Somit machte er sich von dannen, hellauf ein lustig Lied singend, daß Berg und Tal widertönten. Anne Mareili wurde es recht angst dabei. Es hatte viel von Räubern gehört und namentlich, daß oft Keßler versteckte Räuber seien, die das Land ausspionierten, um zu sehen, wo etwas zu stehlen sei, und wie sie auch Weiber und

Mädchen mit sich fortschleppten in ihre Höhlen und dort sie bei sich behielten als ihre Weiber. Ein solcher Räuber, dachte es, könnte auch der Keßler sein – er sehe ganz darnach aus – und es auf ihns abgesehen haben. Aber das solle ihm nicht leicht werden, dachte es, sein Messer und der Blaß wollten auch noch etwas dazu sagen. Indessen ging es doch nicht gerne nachts aus dem Hause, zündete des Nachts allenthalben hin, besonders unter sein Bett, schloß die Türen sorgfältig und fütterte den Blaß extra alle Abend, damit er sich nicht etwa locken lasse, und betete noch einmal so inbrünstig zu seinem lieben Vater im Himmel, daß er ihm zur Wache seine Engelein senden möchte, zwei zu seinen Häupten, zwei zur Fußeten, einen an jede Seite und endlich einen, der ihns führe in sein himmlisch Reich. Und dann schlief es getrost ein, aber oft träumte das Mädchen von dem Keßler, doch eigentlich nicht mit Furcht und Zittern, sondern derselbe verwandelte sich gewöhnlich in einen schönen Jüngling, in einen Prinzen oder Königssohn, der es absolut zur Frau haben wollte und seinem Anne Mareili Himmel und Erde versprach.

Doch kein Keßler kam wieder. Aber nach vierzehn Tagen fuhr an einem schönen Nachmittag ein Wägeli vors Haus, ein schöner Grauschimmel mit stolzem Geschirr davor, ein großer, schöner Bursche darauf.

Ganz als wenn er da bekannt wäre, rief er einem Knechte, er solle doch kommen und ihm das Roß abnehmen. Darauf kam er an die Türe, und als Anne Mareili ihm Bescheid geben wollte und ihm in die Augen sah, da wurde ihm fast gschmuecht, der Keßler stund vor ihm, nicht als Prinz und nicht als Räuber, sondern als ein stattlicher Bauer. Und der Spitzbube lachte und zeigte noch schönere weiße Zähne als der Blaß hatte, und fragte so spitzbübisch: «Gäll, ich bin wiederum da, du hast es mir verbieten mögen, wie du wolltest.» Und lachend reichte er ihm die Hand, und verschämt gab ihm Anne Mareili die seine. Da, rasch sich umsehend und niemand gewahrend, sagte er ebenso rasch, und gerade seinetwegen komme er. Es werde wohl schon von ihm gehört haben, er sei der und der und hätte schon lange gerne eine Bäuerin auf seinen Hof gehabt, aber nicht eine auf die neue Mode, sondern eine wie seine Mutter selig.

Aber er hätte nicht gewußt, wie eine solche finden, da die Meitscheni gar schlimm seien und einem leicht Stroh für Heu verkaufen. Darum sei er als Keßler umhergezogen, hätte manches gesehen, er hätte es niemanden geglaubt, aber manchen Tag, ohne eine zu finden, die er nur vierzehn Tage hätte auf seinem Hofe haben mögen. Schon habe er die Sache aufgeben wollen, als er ihns gefunden und bei sich gesagt habe: «Die oder keine!» Und jetzt sei er da und möchte ihns geschwind fragen, ob er seinem Alten etwas davon sagen dürfe. Da sagte Anne Mareili, er sei einer, dem nicht zu trauen, aber er solle hineinkommen, es sei soviel Rauch in der Küche. Und Joggeli mußte hinein ohne weitere Antwort.

Indessen ging er nicht wieder hinaus, bis er eine Antwort hatte, und die muß nicht ungünstig gewesen sein, denn ehe ein Vierteljahr um war, ließ Joggeli verkünden mit Anne Mareili und hat es nie bereut und kriegte nie mehr eine Ohrfeige von ihm. Aber oft drohte es ihm mit einer, wenn er erzählte, wie Anne Mareili ihm die Hand nicht hatte geben wollen und ihm gesagt, es möge nicht warten, bis es ihm den Rücken sehe, und wie es dann doch froh gewesen sei, ihm die Hand zu geben und sein Gesicht zu sehen. Wenn er dann aber hinzusetzte, er glaube, jetzt sehe es sein Gesicht lieber als den Rücken, so gab Anne Mareili ihm friedlich die Hand und sagte: «Du bist ein wüster Mann, aber reuig bin ich doch nie gewesen, daß ich dich wieder angesehen.» Dann gab ihm wohl Joggeli sogar vor den Leuten einen Schmatz, was doch auf dem Lande nicht dick gesehen wird, und sagte, er glaube immer, er habe seine Frau seiner Mutter selig zu verdanken, die ihn gerade zu dieser geführt.

Und allemal wenn Joggeli hörte, einer sei hineingetrappt und hätte einen Schuh voll herausgenommen, so lachte er, sah Anne Mareili an und sagte: «Wenn der hätte lernen Pfannen plätzen und Kacheln heften, so wäre es ihm nicht so gegangen. Ja, ja, ein Marktgesicht ist vom Hausgesicht gerade so verschieden wie ein Sonntagsfürtuch etwa von einem Kuchischurz, und wenn man dieses nicht gesehen hat, so weiß man gerade soviel von einem Meitschi, als man von einem Tier weiß, das man im Sack kauft, da weiß ja auch keiner, hat er ein Lämmlein oder ein Böcklein.»

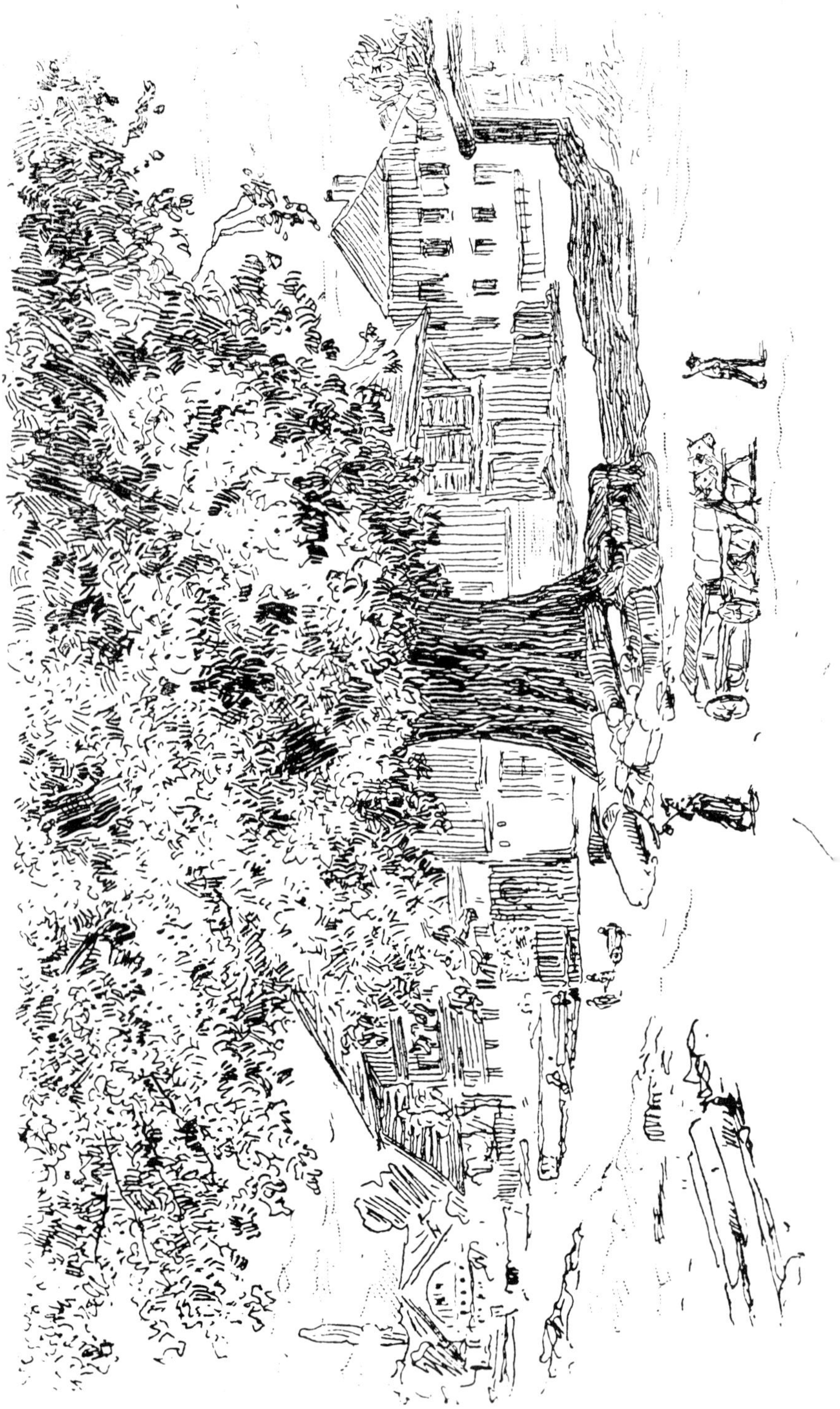

Oh, wenn die Meitscheni wüßten, daß jeden Augenblick ein solcher Kesselflicker über die Küchentüre hereinsehen könnte, wäre auch am Werktag um manche besser Wetter, und sie täte manierlicher jahraus und -ein und wäre gewaschen Vormittag und Nachmittag!